KB215088

대부분의 현대 그리스도인들은 교회가 어떻게 해서 오늘에 이르렀는지에 너무나도 무지하다. 그리고 얼마나 많은 현재의 교회 관습이 거의 성서에 뿌리를 두지 않은 채, 그저 축적된 전통 때문에 생긴 것인지에 또한 너무나도 무지하다. 이 책은 우리가 오늘날 "교회"라고 부르는 것의 기원을 보여주면서, 겹겹이 쌓인 전통의 층을 벗겨 내는 데 있어 유용한 서비스를 제공한다. 성서에 충실하기 원하는 그리스도인들은, 그들의 특별한 전통이나 교회 형태에 관계없이, 이 책에서 배우고 또 유익을 얻을 수 있다.

하워드 스나이더 | 애즈베리 신학대학원 선교 역사 및 신학 교수
「새 포도주는 새 부대에」「참으로 해방된 교회」「그리스도의 공동체」「교회 DNA」의 저자

『이교에 물든 기독교』는 대부분 그리스도인들이나 비 그리스도인들이 전혀 알지 못하는 흥미롭고 도움되는 광범위한 역사적 사실을 포함하고 있다. 이 책은 이전의 유대인들에게서나 경우에 따라서 더 최근의 관습들에서 도입된 것들을 드러낼 뿐만 아니라, 부분적으로나 전체적으로나 우리가 현재 가진 많은 교회 관습의 이교적 뿌리들을 확인시켜준다.

로버트 뱅크스 | 신약성서 학자 및 신학자
「바울의 공동체 사상」「1세기 교회의 예배모습」의 저자

우리는 왜 우리가 행하는 방법으로 "교회를 하는가?" 사람들 대부분은 우리 그리스도인의 종교적 올가미들이 1세기로 한참 거슬러 올라가서 추적될 수 있다고 가정하는 것 같다. 그러나 그렇게 될 수 없다. 우리가 소중히 여기는 것들, 즉 신성한 모임 장소, 강단, 의식용 테이블, 성직자, 예법 등은 바울의 교회들에선 알지도 못한 것들이었다.『이교에 물든 기독교』는 우리의 주요 교회 전통들과 문서들이 사도 시대 한참 후 언제, 어떻게 등장했는지에 주목한다. 당신은 사람들이 왜 주일예배에 가장 좋은 옷을 차려입고 가는 지 그것이 이상하다고 생각한 적은 없는가? 『이교에 물든 기독교』는 이것에 대한 대답과 또 많은 사람의 마음속 깊이 어렴풋이 떠오르는 여러 다른 질문들에 대한 대답을 펼쳐 보여준다.『이교에 물든 기독교』를 읽는 것은 교회의 황제가 진짜 옷을 걸치지 않았다는 사실에 당신의 눈을 뜨게 해줄 것이다.

존 젠스 | Searching Together의 편집장

이 책은 현대 교회생활과 사역 구조의 실제적인 모습 상당한 부분이 성서적인 기초가 거의 없고, 실은 대부분 그리스도인의 삶과 성장에 해로운 것들 다양한 비기독교적인 방식과 사상에 영향 받았음을 보여주는 중요한 저작이다. 많은 독자가 이 책을 극단적인 도전으로 여기겠지만, 교회의 미래에 관심 있는 사람은 누구나 이 책을 읽어야 한다.

데이브 노링턴 | 블랙풀 앤드 필드 컬리지의 종교학 강사
To Preach or Not to Preach? 의 저자

『이교에 물든 기독교』는 현대 교회생활이 성서의 원리들을 위반하는 특정한 분야를 상세히 기록한 책이다. 저자들이 내린 결론에 동의하든지 하지 않든지, 당신은 그들이 고증한 내용에 대해서는 이의가 없을 것이다. 그것은 폭발적인 결론을 도출해낸 학술적인 작업이다. 특별히, 현대 셀교회 운동에 가담한 우리 같은 사람들에게는, 이 책이 교회ecclesia라는 말의 의미를 재고하게 하는 귀중한 도구이다.

랄프 네이버 | *Where Do We Go from Here?* 의 저자

신약성서에서 말하는 교회의 예배와 그것이 어떻게 수세기에 걸쳐 변질하였는지에 관심 있는 사람 누구에게나 『이교에 물든 기독교』는 아주 유용할 것이다. 저자들의 견해는 명확하고 고증이 아주 잘 되어 있다.

그레이돈 스나이더 | 전 시카고 신학대학원 신약학 교수
*Ante Pacem: Archaeological Evidence of Church Life before Constantine*의 저자

이 책은 신앙적으로 정말 소중한 책이다. 이 책의 저자들이 주목하는 성서적 교회는 "유기적 교회"다. 이 교회에선 모든 성도가 각자의 은사에 따라, 자율적이고, 창조적이며, 평등하게, 그리고 다른 성도들과 더불어 친밀하게 기능을 한다. 이 교회의 머리는 예수님이며, 그분의 혁명적인 꿈이 공동체 속에서 철저하게 실현된다. 교회의 본질을 왜곡하는 일체의 문화적·정치적 이교주의와 치열하게 싸우며, 뒤틀린 세상 속에서 하나님나라를 강력하게 실현한다. 이런 공동체는 결코 사회의 주류로서 세상 속에 안착할 수 없으나, 진리와 생명을 상실한 세상에 진정한 구원을 강력하게 제시하고 증거한다. 자신의 세속적 기득권을 정당화·영속화하기 위해 타락한 문화와 부적절한 관계를 맺은 한국교회는 무릎 꿇고 이 메시지를 읽어야 한다. '예수와 상관없는 종교, 성서와 단절된 종교'란 참담한 낙인을 씻어내기 위해, 한국교회는 '지금 여기서' 이 역사적 진실 앞에 용감히 서야 한다. 그래야 산다.

배덕만 | 기독연구원 느헤미야 전임연구위원 | 백향나무교회 목사

이교에 물든 기독교

현대 교회에서 행하는 관습의 뿌리를 찾아서

프랭크 바이올라 & 조지 바나 공저

이 남 하 옮김

이교에 물든 기독교

지은이	프랭크 바이올라 & 조지 바나 공저
옮긴이	이남하
초판발행	2011년 12월 27일
초판5쇄	2020년 9월 25일
펴낸이	배용하
책임편집	배용하
등록	제364-2008-000013호
펴낸곳	도서출판 대장간
www.daejanggan.org	
등록한곳	충청남도 논산시 가야곡면 매죽헌로1176번길 8-54
편집부	(041) 742-1424 전송 (0303) 0959-1424
분류	기독교	교회사	신앙
ISBN	978-89-7071-240-6 03230

 값 15,000원

REVISED AND UPDATED

EXPLORING THE
ROOTS OF OUR
CHURCH PRACTICES

FRANK
VIOLA

GEORGE
BARNA

PAGAN

CHRISTIANITY?

역사상 대대로 제도권 기독교의 안전한 울타리를 목숨을 걸고

담대하게 박차고 나왔던 잊혀진 우리 형제들과 자매들에게.

여러분은 예수님께서 교회의 머리가 되시고,

그리스도인은 누구나 다 하나님 집의 제사장이요, 일꾼이요,

역할을 하는 지체라는 초기의 신앙고백을 보전하기 위해

핍박을 견디고, 불명예를 안고, 가족을 잃고, 고문을 당하고,

여러분의 피를 뿌리며 충성을 다했습니다.

이 책을 여러분에게 바칩니다.

차 례

발행인 서문 • 상처를 드러내는 마음으로… • 13

추천의 글 • 배덕만 • 15

추천의 글 • 진 에드워드 • 19

옮긴이의 글 • 이남하 • 21

감사의 글 • 프랭크 바이올라 • 25

프랭크 바이올라의 두 번째 서문 • 29

프랭크 바이올라의 초판 서문 • 32

조지 바나의 서론 • 교회에 무슨 일이 일어났는가? • 38

몇 가지 정의 • 45

1장 • 우리는 진정 성서대로 해왔는가? • 53

2장 • 교회 건물: 대를 물려온 집 콤플렉스 • 63

3장 • 예배 순서: 콘크리트처럼 굳어진 일요일 아침 • 101

4장 • 설교: 개신교의 신성 불가침 영역 • 140

5장 • 목사: 모든 지체의 역할 수행을 방해하는 존재 • 161

6장 • 주일 예배 의상: 문제를 덮는 가리개 • 200

7장 • 음악 사역자들: 음악을 곁들인 성직자 • 211

8장 · 십일조와 성직자 사례비: 상처투성이의 지갑 • 224

9장 · 침례와 주의 만찬: 희석된 의식들 • 241

10장 • 기독교 교육: 두개골 부풀리기 • 253

11장 • 신약성서에의 재접근: 성서는 그림맞추기가 아니다 • 273

12장 • 다시 봐야 할 구세주: 혁명을 일으키시는 예수님 • 298

맺는 말 ‧ 311

그다음 단계 • 311

프랭크 바이올라와 조지 바나와 함께 하는 질문과 답변 • 319

전통이 생긴 유래의 요약 • 334

교회사의 주요 인물들 • 341

관련 서적 목록 • 345

후 주 • 358

발행인 서문:
상처를 드러내는 마음으로…

배 용 하 _ 대장간 대표

이 책의 초판은 2003년에『교회가 없다』라는 도발적인 제목으로 출판한 프랭크 바이올라의 대표적인 저서이다. 이번에『이교에 물든 기독교』라는 원제 *Pagan Christianity*를 살려 개정증보판을 내는 것은 매우 뜻깊은 일이다. 이 책은 자끄 엘륄의『뒤틀려진 기독교』와 함께 왜곡된 현대 교회의 일그러진 얼굴 속에서 원형을 찾고자 갈망하는 그리스도인들에게 좋은 연구 자료가 될 것이다.

먼저 한글 개정증보판은 기독교 갤럽연구의 권위자인 조지 바나George Barna가 공저자로 참여하면서 풍성해지기도 했지만, 원서에는 없는 추가적인 원고와 부록 등을 저자와 번역자의 협조로 한국에 먼저 소개하는 행운도 얻었다. 이는 당연히 최신 자료이면서 저자들이 수정하려고 준비해둔 원고를 제공받아 한국어판에 먼저 적용한 것으로 적지 않은 분량의 최신 연구 자료가 포함되어 있으니 발행인으로서 얼마나 설레는 일인가.

또한, 개정증보판에는 천여 개가 넘는 주를 그대로 옮기고 필요한 경우에 덕자를 위해 옮긴이 주와 편집자 주를 추가하였다. 이점은 더 깊은 연구를 원하는 독자들에게 매우 유익할 것으로 생각한다.

사실 그간 기독교가 숨겨온(?) 역사나 교회사의 어두운 부분들을 드러내는 몫은 일반 출판사나 유사 기독교 출판사에서 다루는 주제 중 하나였다. 따라서 본디 기독교에 대한 충정에서 쓰여진 여러 책이 비기독교인들을 독자로 하거나 신앙적 배경이 없는 편집자나 출판사들에 의해서 오해되어 왜곡되거나 편집되었고 자극적인 형태로 전해질 수 밖에 없었던 점이 있다. 비록 지금의 한국 교회가 처한 위기의 대부분 원인이 교회 내부에서 시작한 것임에는 틀림없지만, 치료하려고 상처를 드러내는 것과 다른 목적으로 아픈 곳을 후비는 것은 어떤 형태로든 그 결과가 다르게 나타나리라 생각한다.

이 책은 저자들도 서문에서 밝히듯이 바른 교회를 세우려면 지금 누리는 전통이라는 것들의 기원과 의미에 직면할 필요가 있다는 충정에서 기획된 것이다. 내부의 쓴 소리에도 귀를 닫는다면 '잔치가 끝났다'며 탄식하는 한국교회의 앞날은 더 암담하지 않을까? 이 책이 가시방석에 앉은 것처럼 마음을 불편하게 하거나 때론 날카로운 송곳처럼 모른채 외면했던 신앙의 양심을 찔러댈지 모르지만, 회피하지 말고 끝까지 일독을 권한다. 감히.

이 책은 어쩌면 영어권 보다 한국교회에 더 필요한 책이다. 한국의 독자들은 이 책의 출판으로 흑백 논리에 직면할 수 밖에 없을 것이다. 이러한 책이 그간의 전통에 길든 어떤 독자들에게는 불편할 것이고 심하면 도발로 느껴질 수도 있다. 그럼에도, 다만 드러난 역사적 사실이 개혁이건 대안이건 바른 역사와 정확한 자료를 바탕으로 한국교회에서 열매를 맺기 시작한 작은 교회 운동과 교회 개혁에 창과 방패가 되기를 바라는 마음으로 이 책을 한국교회 앞에 내놓는다.

추천의 글
독자들에게

배 덕 만 _ 기독연구원 느헤미야 전임연구원 | 백향나무교회 담임목사

"21세기 한국에서 기독교인으로 산다는 것은 무슨 의미일까?" 요즘 제가 가장 고통스럽게 던지는 질문입니다. 교회와 거리가 멀었던 저의 아버지는 어린 제가 교회 가는 것을 금하지 않으셨습니다. 오히려 제가 주일 아침에 늦잠을 자면, 저의 엉덩이를 걷어차며 교회에 보내셨습니다. 정작 당신은 오랫동안 기독교인이 되길 주저하셨지만, 자식들이 자신과는 다른 삶을 살길 바라셨던 아버지는 교회에서 한줄기 희망의 빛을 보았던 것 같습니다. 그 때문이었을까요? 저는 기독교인이, 심지어 목사까지 되었습니다.

하지만, 개신교 목사인 저는 오늘날 제 자식들에게 기독교를, 교회를 "강추"?할 자신이 없습니다. 사방에서 들려오는 추문들, 심지어 제 눈으로 목격했던 기막힌 장면들에 대한 기억이 제 머릿속에 생생히 남아 있는 한, "천하보다 귀한" 제 자식들을 그렇게 '불량한 집단' 안으로 밀어 넣을 수는 없기 때문입니다. 이것은 저만의 이기적이고 독선적인 판단이 아닙니다. 교회에 대한 사회의 융단폭격이 날로 더해가고, 교회에 절망한 사람들의 집단개종이 급증하며, 소위 "대안적 교회"들이 버섯처럼 사방에서 솟아나는 현실은 이런 참담한 현실에 대한 참혹한 물증입니다. 광인狂人의 망언妄言이 아닌, 더는 부정하거나 감출 수 없는, 타락하여 몰락하는 추한 종교의 실체입니다.

이런 정황에서『이교에 물든 기독교』출판 소식은 '고통스러운 복음'입니다. 이 책의 출판 자체가 이런 '극약처방'이 필요한 상태까지 한국교회가 추락

했다는 간접증거이기에 극심한 고통입니다. 이렇게까지 발가벗겨야 할 정도로 뒤틀린 현실, 이렇게 치욕스런 폭로 앞에서 변명조차 할 수 없는 현실은 가히 고통을 넘어 절망입니다. 과연, 우리 목에 닿은 이 날 선 칼끝 앞에, 우리의 운명은 어떻게 될까요? 참으로 당혹스럽습니다. 하지만, 뒤틀린 역사, 병든 교회를 향해 "날 선 검"이 날아드는 상황은 동시에 "복음"입니다. 이제 죽음의 문턱에서 극적으로 살아날지도 모르기 때문입니다. 감추었던 진실을 드러내고, 뒤틀린 성서의 본 모습을 되찾으려는 몸부림 자체가 정녕 복음입니다. 더욱이 이때 사용되는 "날 선 검"이 원한에 사무친 자객의 칼이 아닌, 사랑하는 의사의 정교한 메스라는 소식은 정말 '기쁜 소식' 입니다.

프랭크 바이올라와 조지 바나가 쓴 『이교에 물든 기독교』는 학문적으로 훌륭한 책입니다. 현대 개신교의 핵심적 전통 혹은 관행교회건물, 예배순서, 설교 등의 역사적 기원에 대한 학문적 탐색을 탁월하게 수행했기 때문입니다. 우리에게 너무 익숙하여 일체의 의혹이나 도전이 허용되지 않는 것들에 대해, "과연 이것들이 얼마나 성서적 근거가 있는가?"란 도전적 질문을 제기하며, 그 질문에 대한 답을 교회사 속에서 철저히 추적·검증했기 때문입니다. 전문역사가들이 아님에도, 그들이 수행한 작업의 학문적 엄정함과 완성도는 탁월합니다. 물론, 21세기에 초대교회의 진실을 정확히 복원하는 일은 그 자체로 한계가 분명합니다. 고대사회의 다양한 전통 간의 복잡한 상호작용, 특히 그것들이 교회 안으로 내재화되는 과정에서 발생한 난해한 화학작용을 고대문헌들, 혹은 현대 역사가들의 연구에 의해 단정적으로 서술하는 것은 언제나 위험합니다. 그럼에도, 지금까지 밝혀진 연구 성과들을 충실히 반영하여 자신들의 주장을 논리적으로 전개한 점에서, 본 저서의 학문적 가치는 충분합니다.

　동시에 이 책은 교회적 차원에서 매우 위험한(?) 책입니다. 사실, 이 책에서 다룬 내용이 학문적 차원에서는 특별히 새로운 것은 없습니다. 이 책에서 지적한 '기독교 내의 이교적 요소들'은 이미 성서학자들이나 교회사가들에 의해 오래 전에 밝혀진 것들입니다. 하지만, 이런 학계의 결과물이 교회 안으로 충분히 전달되지 못했던 것은 안타까운 현실입니다. 특히, 한국교회는 성서를 그토록 숭앙하면서, 정작 성서를 철저하게 공부하는 데 실패했습니다. 교회생활을 그토록 열심히 하면서도 그 열심의 대상과 의미에 대해 비판적 성찰을 시도한 적은 거의 없습니다. 이런 상황에서 바이올라와 바나는 교회가 당연시했던 사항들을 조목조목 지적하며, 그것의 이교도적 기원과 실체를 적나라하게 폭로합니다. 그들의 펜 끝에서 그동안 교묘한 언어로 포장되었던 이교적 신학, 철통 같은 교권으로 강제되었던 이교적 관행, 그리고 세월의 흐름 속에 잊혔던 이교적 전통이 마치 두꺼운 분칠이 지워진 추녀의 얼굴처럼 그 흉한 실체를 드러냅니다. 이 금단의 열매가 한국교회에 일으킬 파장이 무섭습니다. 마치 최근 한국 정치판에 부는 "나꼼수"의 열풍이 이 책을 통해 한국교회 안에 재현될 것 같아 두렵습니다. 명백한 진리 앞에 용감하고 정직한 반성 대신, 타락한 교권주의자들의 기만적 마녀사냥이 발생할 것 같아 섬뜩합니다. 이 책을 읽은 어떤 사람도 결코 이전과 같을 수 없음을 그들도 알 것이기 때문입니다.

　끝으로 이 책은 신앙적 차원에서 정말 소중한 책입니다. 이 책이 시종일관 주장하는 것은 교회의 교권구조가 비성서적이라는 것입니다. 이 책의 저자들이 주목하는 성서적 교회는 "유기적 교회"입니다. 이 교회에선 모든 성도가 각자의 은사에 따라, 자율적이고, 창조적이며, 평등하게, 그리고 다른 성도들과 더

불어 친밀하게 기능을 합니다. 이 교회의 머리는 예수님이며, 그분의 혁명적인 꿈이 공동체 속에서 철저하게 실현됩니다. 교회의 본질을 왜곡하는 일체의 문화적·정치적 이교주의와 치열하게 싸우며, 뒤틀린 세상 속에서 하나님 나라를 강력하게 실현합니다. 이런 공동체는 결코 사회의 주류로서 세상 속에 안착할 수 없으나, 진리와 생명을 상실한 세상에 진정한 구원을 강력하게 제시하고 증거 합니다. 자신의 세속적 기득권을 정당화·영속화하기 위해 타락한 문화와 부적절한 관계를 맺은 한국교회는 무릎 꿇고 이 메시지를 읽어야 합니다. '예수와 상관없는 종교, 성서와 단절된 종교'란 참담한 낙인을 씻어내기 위해, 한국교회는 '지금 여기서' 이 역사적 진실 앞에 용감히 서야 합니다. 그래야 삽니다.

이 책을 읽는 내내 마음이 불편했습니다. 저 자신의 뒤틀린 모습이 너무나 선명하게 드러났기 때문입니다. 결국, 이런 질문을 저 자신에게 던질 수밖에 없었습니다. "당신은 이 책을 당신의 교회에서 교우들과 함께 읽을 용기가 있는가?" "교우들이 이 책을 읽고 나서 던질 질문들에, 제기할 비판들에 당신은 정직하고 용감하게 답변할 자신이 있는가?" 두렵습니다. 하지만, 그렇게 해야 합니다. 교우들과 이 책을 함께 읽겠습니다. 그리고 좀 더 겸손하고 정직하고 진지하게 성서를 읽겠습니다. 그 속에서 주님의 음성을 들으려고 분투하겠습니다. 그 결과, 벌어질 일들에 대해 신실하고 진실하게 반응하겠습니다. 이제, 한국교회의 진정한 회개와 참다운 부활을 꿈꾸는 모든 이들에게 동참을 호소합니다. 이 책을 함께 읽읍시다. 성령께서 선한 길로 인도하실 것입니다. 믿습니다.

추천의 글
이 책은 300년 전에 나왔어야 했다

진 에드워즈 _ 『신의 열애』, 『세 왕 이야기』의 저자

이 책은 300년 전에 이미 나왔어야 했다. 그랬다면 기독교 역사는 완전히 다른 행로를 택하였을 것이다. 만일 오늘날 세상의 모든 목사가 이 책을 읽는다면, 그들은 당장 목회를 그만두든지 아니면 평생 자기를 속이며 외식하며 살게 될 것이다.

기독교 신앙 안에서 행하여지고 있는 대부분 관습들은 신약성서와는 전혀 상관이 없다. 우리는 그것들을 계속 답습하고 있는데, 실은 대부분 우연히 생겨난 것들이다. 우리가 중요시하는 그 관습들은 실제로는 콘스탄틴 황제324년 이후 50년 또는 종교개혁 시작1517년 이후 50년 안에 등장했다.

바이올라 형제가 우리를 위해 그러한 개신교의 관습들의 기원을 추적해서 밝혀 내는 수고를 해 주었다. 단 하나 안타까운 것이 있다면, 이 책이 금년 한 해 동안 출판될, 적어도 십만 권은 되는 기독교 서적 가운데 하나밖에는 되지 않는다는 사실이다.

300년 전에, 아니 200년 전에만 출판되었더라도, 이 책은 수백 권 정도의 책 중 하나로서 많은 그리스도인에 의해 읽혀졌을 것이다. 그렇기 때문에 이 책을 읽은 당신이 친구들에게 이 책을 소개함으로써 더 많이 읽혀졌으면 하는 바람이 내게는 있다.

그런데 잠깐, 이 책을 읽고 나서 당신 역시 양심의 가책에 직면하게 될 것이다. 우리가 행하고 있는 것들이 성서에서 유래하지 않은 이교 관습임을 알게 될

것이기 때문이다. 당신은 다시는 "우리는 성서 중심이다. 우리는 모든 것을 신약성서에 근거해서 행하고 있다"라고 주장할 수 없게 될 것이다. 이 책을 읽어나가면서 우리가 참으로 신약성서와 아무런 관계 없는 것들을 행하고 있음을 보게 될 것이다.

그러나 여기에 더 슬픈 현실이 있다. 우리는 신약성서를 뒤틀리게 비비 꼰 후에 신약성서로 하여금 오늘날 우리가 행하고 있는 것들을 승인해 주도록 요구한다. 이런 사고방식은 평신도들이나 목회자들에게 만연한 보편적인 현상인데, 이런 사고방식이 우리의 신앙을 파괴해 왔고 또 지금도 파괴하고 있다는 사실이다.

오늘날 우리는 우리의 믿음을 어떻게 실천해야 하는지 전혀 알지 못하는 상태에 놓여 있다.

우리에게 필요한 것이 과연 무엇인가? 지금까지의 모든 관습들을 접어놓고 밑바닥부터 완전히 다시 시작해야만 한다. 그리고 1세기 때의 초기 교회의 이야기를 바로 알아서 우리의 신앙에 접목시켜야 할 것이다.

이 책을 읽은 후에 다른 그리스도인에게 소개하여 그들에게 읽히기를 다시 한 번 권고 드린다. 그리고 나서 당신의 양심에 따라 행하라. 그렇게 한다면 초기 교회에서 행하여졌던 단순한 신앙생활이 머지않아 재현되는 것을 보게 될 것이다.

옮긴이의 글
50년 전에라도 나왔어야했다

이 남 하

몇 년 전『예수는 없다』라는 삐딱한 책이 파문을 일으킨 적이 있었다. 조금 생각이 있는 기독교인이라면 그 책을 읽고 어떤 부분에선 공감이 갔을 것이다. 문자주의에 매여 있는 기독교의 문제들을 조리 있게 파헤친 점이 있기 때문이다.

하지만, 문제는 그 책의 저자가 정작 예수 그리스도가 어떤 분이신지는 잘 몰랐던 것 같다. 하나님이신 예수님, 창세 전에 우리를 택하신 예수님, 만물을 창조하신 예수님, 사람으로 오셔서 인생을 살아 보시고 우리의 죄를 위해 십자가에서 죽으시고 죽음의 권세를 이기시고 부활하셔서 승천하신 인자 예수님, 그리고 그의 몸인 교회의 머리이신 주 예수님은 알지 못한 것 같다.

하긴 성령님에 의하지 않고는 아무도 예수님을 주님으로 모실 수 없기 때문에 모르는 게 당연할지도 모른다.고전12:3 따라서『예수는 없다』는 도전적인 제목으로 "예수를 모르겠다"는 것을 스스로 고백한 것인지도 모른다.

당신이 손에 들고 있는 이 책『이교에 물든 기독교』는『예수는 없다』처럼 그렇게 삐딱한 책이 아니다. 저자의 편견에 따라 현대 기독교를 비판하기 위함이 아니라, 예수 그리스도의 머리 되심이 나타나지 않고, 그분의 몸인 교회가 몸으로서의 역동적인 기능을 제대로 발휘하지 못하고 있는 현실이 안타까워서 정확한 역사적 사실에 근거하여 쓴 책이다.

앞에 있는 진 에드워드의 '추천의 글'에서처럼 정말 이 책은 300년 전에 나왔어야 했을 책이다. 아니, 50년 전에만 나왔어도 오늘날 한국 교회가 이처럼 인간 제도에 묶이지는 않았을 것이다. 서양에서 이미 굳어진 인간적 기독교 전통들이 이 땅에 발붙이지 못하게 하고, 예수 그리스도가 자유롭게 주장하시는 교회들이 많이 생겨났을 것이기 때문이다.

한국 기독교에 인간적 전통을 고스란히 물려준 미국 기독교의 현주소는 날이 갈수록 암담할 뿐이다. 2002년 8월 5일자 『크리스채너티 투데이』Christianity Today:미국의 가장 권위 있는 기독교 잡지 중의 하나에 의하면, 이 책의 공동 저자인 조지 바나George Barna, 미국 기독교계에서 기독교 갤럽[Gallup, 통계 조사로 유명한 사람]이라 불릴 정도로 널리 알려져 있는 인물는 미국 목회자들에게 실망하고 자신의 사역이 실패로 돌아갔음을 고백했다고 한다.

그는 미국 교회들을 위해 많은 통계 자료를 분석해서 교회 지도자들을 일깨우는 역할을 해왔다. 베스트셀러가 된 많은 책을 저술했고, 지난 10년 동안 수도 없이 많은 지역2001년도에만 51개 도시을 돌아다니며 목회자들을 상대로 세미나를 열었다. 그의 세미나 주제는 언제나 교회의 '개혁'이었다. 그런데 10년 동안 교회 개혁을 부르짖었건만 다 실패로 끝났다는 것이다. 개혁은커녕 좋게 변한 것은 하나도 없고, 더 나빠졌다고 그는 말했다.

바나는 실패의 원인이 목회자들의 지도력 때문이라고 했다. 목회자들 대부분은 좋은 사람들이긴 하지만 지도자감은 아니라고 분석했다. 다들 설교하고 가르칠 줄만 알지 개혁 같은 것엔 도무지 관심이 없다는 것이다. 이것이 미국 목회자들에게만 국한된 것일까?

바나의 실패는 지극히 당연한 것이다. 왜 그런가? 지도력이 없는 게 문제가 아니다. 개혁이 필요한 것도 아니다. 이교 전통으로 도배를 하다시피 한 제도권 교회를 개혁해서 어쩌자는 것인가? 제도권 교회를 변화시키려는 것은 마치 조난당한 타이타닉호와 같은 난파선들을 찾아다니며 내부를 수리하라고 부르짖는 격이다. 불가능하다. 이 책은 그것을 확실하게 보여 줄 것이다.

이 책의 원제는 *Pagan Christianity?* 이다. 기독교가 이교사상으로 가득하다는 뜻이다. 우리말로는 『이교에 물든 기독교』라는 제목으로 출판하게 되었다.

이 책을 9년 전 처음 한국에 소개했을 때 여러 의도가 있었는데 그것은 지금도 변함이 없다. 첫째는 "오늘날 제도권 기독교에 정말 교회가 있는가"를 묻고 싶어서이다. 현대 교회에 예수 그리스도께서 실질적으로 머리 구실을 하고 계신가? 예수님의 몸으로서 모든 지체가 차별 없이 활동하고 있음이 눈에 보이고 피부에 와 닿는 그런 교회가 있는가? 예배당 건물도 많고, 목사도 많고, 교인 수도 많고, 교단도 많고, 기독교 단체도 많건만, 머리이신 예수님과 그분 몸의 움직임은 왜 발견하기가 힘든가? 그것을 묻고 싶었다. 오늘날 교회의 전통들이 예수님이나 사도들과 관계 없이 대부분 이교문화에서 흡수되어 접붙여진 것들이고 그것들이 한국에 직수입되었으므로, 진정한 의미에서 교회가 없다고 해도 과언이 아니기 때문이다. 그래서 9년 전에 소개했던 초판의 우리말 제목은 『교회가 없다』였다. 『예수는 없다』는 책과는 아무런 상관이 없음을 밝히는 바이다.

둘째로는 이 책이 제도권 교회 안에서 진지하게 고민하고 있는 많은 그리스도인의 눈에 띄게 하고 문제 의식을 더 강하게 제기하고자 출판했다. 좋은 책들이 있지만 헤아릴 수 없이 많은 책의 홍수 속에서 별로 주목받지 못하고 안타깝게 사장되는 경우가 많기 때문에, 이 보배 같은 책이 더 많은 하나님의 사람에게 읽혀지기를 간절하게 바란다.

이 책에서 "제도권 기독교"라 함은 주로 오늘날 대부분 개신교회들과 기독교 단체들을 가리키는 말이다.Institutional Christianity 혹은 Organized Church 인간이 만든 제도에 따라 운영되는 조직으로서의 교회를 일컫는 표현이다. 교파에 속했든지, 초교파 교회든지, 셀을 가진 교회든지, 가정교회를 두고 있는 교회든지, 제자훈련 단체든지, 캠퍼스 선교단체든지, 평신도 선교단체든지 관계 없이 모두를 포함한다. 물론 제도권 기독교 밖에서 그 이상으로 탄탄한 조직과 율법적인 규제, 혹은 개인 우상화로 가득한 분파들 Sects은 언급할 필요도 없다.

이 책의 원본에는 무려 1,100개가 넘는 각주들 footnotes이 기록되어 있다. 수백 권의 문헌들을 참고해서 책을 썼기 때문이다. 초판에서는 생략했던 각주를 모두 옮겼으며, 필요한 경우에 편집자주도 달았다.

이 책은 한 번에 그치지 말고 여러 번 반복해서 읽기를 권한다. 겸손하게 진리에 서기를 바라는 사람이라면 누구나 속에서부터 뭔가 꿈틀거리는 주님의 손길을 느끼게 될 것이다. 곧 머리이신 예수님에 의해 움직이는 몸을 사모하는 마음이 생겨나게 될 것이다.

감사의 글
프랭크 바이올라

유기적인 방식으로 그리스도인들과의 모임을 시작하기 위해 제도권 교회를 떠난 나는, 얼마 지나지 않아 그리스도인 교회가 어떻게 이 지경이 되었는지를 알고자 했다. 내가 여러 해 동안 찾고 있었던 것은, 우리 그리스도인들이 매주 행하는 모든 비성서적인 관습들이 어디에서 유래하였는지를 추적해서 고증해 놓은 자료였다.1)

수도 없이 많은 서적 목록과 카탈로그를 뒤졌고 여러 학자와 역사가에게 그것에 관한 문헌이 존재하는지를 문의하였지만, 한결같이 돌아온 대답은 그런 책이 저술된 적이 없다는 것이었다. 그래서 잠깐 미친 척하고 이 작업에 착수하기로 작정했다.

내 솔직한 심정은 이 엄청난 작업이 낮에 직장생활을 하지 않고, 자식도 없으며, 교수인 다른 사람에 의해 이루어지는 것이었다. 그랬다면 이렇게 헤아릴 수 없이 많은 고통의 시간과 좌절을 겪지 않아도 되었을 것이다. 그럼에도, 이제는 작업이 완료되어, 아무도 거들떠보지 않던 분야를 개척했다는 뿌듯함이 생겼다.

혹자는 내가 왜 현대 교회에서 행하여지는 관습들의 유래를 고증하는데 그 많은 시간과 힘을 쏟아부었는지 의아해할 것이다. 이에 대한 대답은 뜻밖에 간단하다. 교회 전통들의 기원에 대해 이해하는 것이 교회사의 흐름을 바꿀 수 있기 때문이다. 쇠렌 키에르케고르는 이렇게 말했다: "인생은 앞을 향해 살아지지만, 또한 뒤를 돌아보며 이해되는 것이다." 과거의 실수에 대해 이해하지 못한다면 우리에게 있어 실수투성이의 미래는 뻔한 것이다. 바로 이런 이유 때문에 히말라야 산맥과 같은 거대한 작업에 첫 시도를 해본 것이다.

이 책을 펴내면서 내가 바라는 것은 아주 간단하다. 주님께서 그분의 교회를 성서적 근원으로 회복시키시는 데에 이 책을 도구로 사용하시는 것이다.

다음의 여러분에게 감사의 마음을 전하고 싶다. 이 책을 공동 집필한 조지 바나, 책의 내용을 더 탄탄하게 해준 데 대하여. Frank Valdez, 예리한 통찰력과 변함없는 우정을 인하여. Mike Biggerstaff, Dan Merillat, Phil Warmanen, Eric Rapp, 그리고 Scott Manning, 원고를 검토해준 데 대하여. Howard Snyder, 학자들만 줄 수 있는 탁월한 피드백에 대하여. Neil Carter, 해 아래 있는 자료는 무엇이든 가리지 않고 기꺼이 찾아준 고집스러움을 대하여. Chris Lee와 Adam Parke, 도서관을 수도 없이 오가면서 필자의 서재로 먼지 가득한 고서 더미를 날라다 준 수고에 대하여. Dave Norrington, 시시때때로 대서양 너머로 긴요한 자료들을 보내준 데 대하여. Gene Edwards, 선구자적인 노고와 개인적으로 격려해준 데 대하여, 이름을 일일이 밝히기에는 너무 많은 신학대학원 교수들, 나의 집요하고 끈질긴 질문들에 세심하게 응답해준 친절에 대하여. Tyndale 출판사 스태프들, 소중한 조언과 탁월한 교정작업에 대하여. 그리고 Thom Black, 그가 없이는 이 수정증보판은 나올 수 없었다.

"처음엔 필요해서 생겨난 전통들이 나중엔 필수가 되어버린다는
뼈아픈 증거를 경험이 제공해준다. 결국에 가서는 그것들이
너무도 쉽게 우상이 되어, 모든 사람이 그것들에 절을 해야만 하고,
절하지 않으면 벌을 받게 된다."

J. C. 라일, 19세기 영국의 저술가, 사역자

"모든 진리는 세 단계를 거친다. 처음에 진리는 조롱당하고,
그다음엔 무섭게 공격당하고, 마지막에는 당연하게 받아들여진다."

아르투르 쇼펜하우어, 19세기 독일의 철학자

"과거를 기억하지 못하는 사람들은

그것을 되풀이할 운명에 처한다"

조지 산타야나, 20세기 스페인의 철학자 및 시인

"너희는 어찌하여 너희의 전통으로 하나님의 계명을 범하느냐"

예수 그리스도, 마태복음 15:3에서

프랭크 바이올라의
두 번째 서문

『이교에 물든 기독교』가 처음 출간된 이래로, 이 책에 대한 반응은 뜨거웠다. 어쩌면 지각변동이라 해야 할지도 모르겠다. 출간된 첫 해에, 이 책을 놓고 블로거들 사이에 논쟁이 치열했었다. 이 책은 칭송되었고, 욕도 많이 먹었다. 환영받았고, 두들겨 맞았다. 칭찬받았고, 비판받았다. 어떤 사람들은 이 책에 대해 흥미로운 평을 했는데, 그것은 조금도 읽어보지 않은 사람들에 의해서 평을 가장 많이 받는 책이라는 것이다.

그렇지만, 대부분 독자는 긍정적으로 반응하면서 다음과 같이 말했다. "이 책은 내가 오랫동안 교회에 대해 느껴왔던 것을 시원하게 표현했다. 그리고 그런 느낌에 대해 성서적이고 역사적인 가치를 나에게 제공해준다." 흥미로운 것은, 조지 바나와 내가 이런 말을 목사들에게서 받은 수많은 편지로 듣는다는 것이다. 의심할 여지 없이, 이 책은 공감을 불러 일으켰다. 그리고 아픈 곳을 좀 건드렸다.

이 책에 관련해서 우리가 받은 수많은 질문과 비평 때문에, 우리는 각 질문과 항의에 답변하는 FAQ page를 개설했다. 이것을 www.Pagan Christianity. org에서 볼 수 있다.

당신이 이 최신판을 읽기 전에 주의 깊게 살펴볼 중요한 다섯 가지가 있다:

1. 『이교에 물든 기독교』는 지난 4년 동안 수많은 그리스도인이 교회를 이해하고 실천하는 방법에 변화를 가져왔다. 많은 사람이 우리에게 말하기를, 이

책을 읽은 이후로 일반적으로 받아들여지는 교회 관습들1)에 의문을 품고, 또 그것들을 예수님과 사도들의 가르침에 비추어 테스트할 수 있는 자유를 찾았다고 했다. 아울러, 교회의 많은 유기적인 그룹이 세계 전역에서 형성되었다. 이 공동체들에서 신자들은 그리스도의 몸에서의 경험과 예수님의 머리 되심 아래서 모이는 것의 의미를 발견하고 있다.

2. 『이교에 물든 기독교』는 결코 독립된 한 권의 책으로 만들어진 것이 아니다. 그것은 대화의 한쪽일 뿐이다. 다른 한쪽은 건설적인 속편인 『다시 그려보는 교회』*Reimagining Church*에서 볼 수 있다. 『이교에 물든 기독교』는 허물고 『다시 그려보는 교회』는 세운다고 할 수 있다. 이 둘은 똑같은 주장의 양면이다. 결론적으로, 이 책만 읽는 것은 마치 통화할 때 절반만 듣고 전화를 끊는 것과 같다. 이 토론의 후반부 격인 『다시 그려보는 교회』는 실행 가능한 성서적인 해답을 제공해준다.

3. 지난 4년간의 혹독한 비평그리고 때로는 왜곡된 비판을 거친 후에도 이 책에서 주장한 내용은 여전히 그대로이다. 그 주장을 깔아뭉개려는 반발이 많이 있었음에도, 『이교에 물든 기독교』는 아직 믿을만한 근거에 의해 논박되거나 경시되지 않았다.

4. 조지George와 나는 교회를 향한 진심 어린 사랑으로 이 책을 집필했다. 아울러 우리는 우리 마음속에 불타는 비전 때문에 쓰게 되었다. 그러므로 집필한 스타일에는 도전하고자 하는 의도가 내포되어 있다. 이런 스타일에 익숙지 않은 독자들은 그 어투에 분이 담긴 것으로 오해할 수도 있다. 그러나 우리의 도전은 사랑의 동기에 의한 것이고, 또 하나님의 집을 회복하기 원해서

많은 눈물과 찢어진 가슴에 의해 태어난 것이다.

5. 이 책을 읽어가면서, 당신은 이 책에 대해 일반적으로 그릇되게 아는 것들이 사실이 아님을 알게 될 것이다. 예를 들면, 조지와 나는 "가정집 교회"house church를 교회의 올바른 모델로 주장하지 않는다. 그 대신, 우리는 가정집 교회와는 차이가 있는 "교회의 유기적인 표현"인 "유기적 교회"organic church을 강조하고 있다.

우리는 말씀 전하는 것과 가르치는 것에 반대하지 않고, 둘 다를 지지한다. 하지만, 우리는 역사적, 성서적, 그리고 실제적 바탕에서 현대의 설교에 도전한다.

아울러, 우리는 이교에 뿌리를 둔 관습이라 해서 무조건 틀렸다고 믿지 않는다. 그 대신 우리는 예수님과 사도들의 가르침을 위해 그 가르침에 어긋나는 관습들은 폐기되어야 한다고 주장한다.

『이교에 물든 기독교』는 그리스도의 몸을 분열하려고 집필된 것이 아니다. 오히려, 조지와 나는 당신으로 하여금 성서의 빛 가운데서 당신의 관습들을 재고하도록 격려하고자 이 책을 썼다. 그리고 성서적으로 믿음직스러울 뿐만 아니라, 주님이 크게 드러나게 하는 신선하고 창조적인 방법을 동원해서 공동체적으로 주님을 추구하도록 격려하고자 썼다. 이 책에 이어 출간된 건설적인 책들은 그런 목표들에 도달하도록 당신을 돕고자 기획되었다.[3]

프랭크 바이올라의
초판서문

주 예수께서 지상에 계셨을 때 주님을 가장 적대했던 사람들은 그 당시 종교적으로 주도적인 역할을 했던 두 부류인 바리새파와 사두개파 사람들이었다.

바리새인들은 신성한 성서에 뭔가를 첨가했다. 그들은 서기관들경건하고 절제된 삶을 살았던 율법의 전문가들이 해석하고 적용한 대로 하나님의 율법을 지켰다. 바리새인들은 하나님 말씀의 공식적인 해석자로서 전통을 만들어내는 자격을 부여받았다. 그들은 하나님의 말씀에 인간의 규범을 결합해서 대대손손 물려주었다. 이런 유서깊은 관습을 일컬어 종종 "장로들의 유전"이라 부르는데, 이것이 성서말씀과 동등하게 취급되었다.[4]

사두개인들의 잘못은 바리새파와는 정반대였다. 그들은 성서의 상당 부분을 제하여 버리고, 오로지 모세의 율법만을 지키기에 합당한 것으로 여겼다.[5] 사두개인들은 영과 천사와 혼의 존재, 사후 세계, 그리고 부활을 부정했다.[6]

그러므로 주 예수께서 인류역사의 드라마 속으로 들어오셨을 때 그분의 권위가 빗발치는 도전에 직면하게 된 것은 지극히 당연한 일이다.마가복음 11:28을 참조할 것 주님은 그 어느 쪽의 종교적인 틀에도 맞지 않으셨다. 그 결과, 예수님은 바리새파와 사두개파 양쪽 진영에서 의심의 눈초리를 피할 수 없었다. 얼마 가지 않아서 그 의심의 눈초리는 적대감으로 변했고, 종국에는 양쪽 다 하나님의 아들을 죽음으로 몰아갔다.

역사는 오늘날에도 되풀이되고 있다. 현대 기독교도 바리새인들과 사두개인들의 잘못을 저지르고 말았다.

첫째, 현대 기독교는 바리새인들의 잘못을 저지르고 있다. 즉, 주님의 교회 안에서 살아 숨 쉬며 역동하는 예수 그리스도의 머리 되심을 억압하는, 인간이 만든 많은 전통을 첨가했다.

둘째, 대량의 신약성서적 관습들이 사두개파의 전통 속에서 그리스도인의 삶에서 자취를 감추어 버렸다. 감사한 것은 그런 관습들이 오늘날 안락한 제도권 교회 진영을 과감하게 떠난 용감한 사람들에 의해 작게나마 회복되고 있다는 사실이다.

그건 그렇더라도, 바리새인들과 사두개인들 양쪽 모두 다음과 같은, 종종 무시되는 교훈을 우리에게 준다: 하나님의 말씀에 무엇을 더하든지 제함으로써 그 말씀의 권위를 희석시키는 것은 해로운 것이다. 우리는 성서의 원리들을 무시하는 만큼, 인간 전통의 거대한 산 밑에 성서를 파묻어버림에 의해 성서를 거역한다.

하나님은 그분의 교회에서 행해져야 할 관습을 주관하는 원리들에 관해서는 침묵하신 적이 없다. 이것을 설명하기 위해 질문을 던져보겠다: 우리는 그리스도인의 삶을 위한 관습들을 어디에서 찾는가? 그리스도인이 무엇인지를 이해하는 데 있어 일차적으로 우리의 모델은 어디에 있는가? 그것이 신약성서에 비친 예수 그리스도의 삶에 나타나 있지 않은가? 아니면, 우리가 다른 데서 빌려오는가? 어쩌면 이교의 철학자로부터?

신약성서에 나타난 예수 그리스도가 그리스도인의 삶을 위한 모델이라는 것에 이의를 제기할 그리스도인은 별로 없을 것이다. 예수 그리스도는 곧 그리스도인의 삶이다. 마찬가지로, 그리스도께서는 부활하시고 승천하시고서 자신의 교회를 탄생시키셨다. 이 교회는 다른 형태로 나타난 그분 자신이었다. 이것이 바로 "그리스도의 몸"이라는 표현이 주는 의미이다.7)

결과적으로, 우리는 신약성서에서 교회의 기원을 볼 수 있다. 나는 1세기 교회가 오염되고 타락하기 이전의 순수한 형태의 교회였다고 믿는다. 이 말은 초기 교회에 문제가 없었다는 뜻이 아니다. 바울의 서신들은 교회에 문제가 있었음을 분명히 보여준다. 그렇지만, 바울이 다뤄야 했던 문제들은 타락한 사람들이 친밀한 공동체를 이루고자 할 때 반드시 겪어야 할 불가피한 갈등이다.[8]

1세기 때 교회는 유기적 실체였다. 그 당시의 교회는 오늘날의 제도권 교회와는 아주 다르게 자신을 표현하는 살아 숨 쉬는 유기체였다. 그리고 그것은 모든 지체가 기능을 발휘하는 몸으로 말미암아 이 땅에서 예수 그리스도를 드러내는 것이었다. 이 책에서 우리는 오늘날 우리가 포용하는 수많은 것이 그런 유기체에는 존재하지 않았음을 밝히고자 한다.

1세기 교회의 관습들은 초기 그리스도인들 속에 내재하는 하나님의 생명을 자연스럽고도 자발적으로 드러내는 표현이었다. 그리고 그 관습들은 신약성서의 영구적인 원리와 가르침에 확고한 기초를 두고 있다. 이와는 대조적으로, 오늘날 많은 교회에서 행해지는 관습의 상당한 부분은 그 성서적 원리와 가르침에 상충한다. 우리가 더 깊이 파고들어간다면 다음과 같은 질문을 던지지 않을 수 없다. '현대 교회의 관습들은 어디에서 왔는가?' 이 질문에 대한 대답은 당혹스럽기 그지없다. '그 관습 대부분은 이교 문화에서 도입한 것이다.' 이런 주장을 들을 때 많은 그리스도인의 마음에 혼선이 일어나겠지만, 그것이 부동의 역사적 사실임을 이 책이 드러내 줄 것이다.

따라서 우리는 신학적, 역사적, 실용적 기초 위에서 신약성서적 교회의 비전이 하나님의 꿈을 가장 잘 실현했음을 입증할 것이다. 그 꿈은 하나님께서 인류 역사의 모든 장에 그분의 사랑하시는 공동체를 세우시고 또 세우시는 것이다. 한 무리의 사람들이 함께 하나님의 생명으로 살기 시작했을 때 그 하나님의 생명이 어떻게 드러나는지를 신약성서적 교회가 우리에게 가르쳐준다.

더 나아가서, 유기적인 교회들과 함께했던 나 자신의 경험이 이것을 확증해

준다. (유기적인 교회는, 인간의 제도에 의해 조직되어 종교적 프로그램에 의해 돌아가는 교회가 아니라 단순히 영적인 생명으로 태어난 교회를 뜻한다. 유기적 교회들은 성령의 인도를 받고, 모두가 참여하는 열린 모임을 하며, 지도자가 성직 계급이 아니라는 특징이 있다. 이것은 성직자가 주도하는 제도 중심의 교회와 극명한 대조를 이룬다.) 내가 미국과 외국의 교회들에서 경험한 바로는, 한 무리의 그리스도인들이 그들 안에 내재하는 주님의 생명을 따르기 시작할 때 신약성서적 교회의 특징과 똑같은 뛰어난 특성들이 자연스럽게 생겨나기 시작한다.

이것은 교회가 진정으로 유기체이기 때문이다. 따라서 교회는 자연스럽게 자라나는 것이 허용될 때 언제나 이런 특징들을 생성할 DNA를 갖고 있다. 물론 유기적인 교회들은 그들 고유의 문화에 따라 차이점이 있을 것이다. 하지만, 교회가 그 안에 내재하는 하나님의 생명을 따른다면 이 책이 제기하는 비성서적인 관습들은 절대 생겨나지 않을 것이다.[9] 그런 관습들은 4세기 때부터 그리스도인들이 주위의 이교도들에게서 도입한 이질적 요소들이다. 그것들이 포용되고, 침례세례 받은 다음 "그리스도인"으로 불렸다. 이것이 왜 교회가 오늘날 이 지경이 되었는지의 이유이다: 하나님의 백성에게서 벌어지는 끊임 없는 분열, 기득권 다툼, 나 몰라라 식의 태도, 그리고 변화되지 않는 삶.

요컨대, 이 책은 교회를 향한 하나님의 뜻에 눌어붙어 있는 전통들을 밝히 드러내고자 헌정되었다. 우리가 이 책을 집필한 이유는 간단하다: 주 예수 그리스도께서 그분의 교회를 주관하는 실제적인 머리가 되시도록 상당량의 불순물을 제거하기 위함이다.

이에 우리는 파격적인 제안을 하나 하고자 한다: 현대의 제도권 교회는 성서적으로나 역사적으로나 그런 형태로 존재할 자격이 없다. 물론 이 제안은 이 책에서 앞으로 제시할 역사적 증거에 기초한 우리의 확신이다. 이 제안이 타당한

지 아닌지는 독자인 당신이 결정해야 할 문제이다.

이 책은 학자들을 위해 쓴 것이 아니므로 결코 무엇을 총망라한 책이 아니다.10) 현대 교회의 관습들이 생긴 유래를 철저하게 다루려면 수십 권의 방대한 분량으로도 모자랄 것이다. 하지만, 그런 책은 지극히 소수 사람에 의해서만 읽히게 될 것이다. 이 책은 한 권으로 되어 있지만 방대한 역사가 함축되어 있다. 그렇지만, 모든 역사적 측면까지 일일이 추적하지는 않는다. 그 대신, 오늘날의 주류 기독교를 대변하는 주된 관습들을 추적하는데 초점을 맞추었다.11)

현대 교회에서 행해지는 관습들의 뿌리를 캐는 것이 아주 중요하기 때문에, 우리는 글을 읽을 줄 아는 모든 그리스도인이 이 책을 읽기 바라는 바이다.12) 그러기에 우리는 될 수 있으면 전문적인 용어를 피하고 평범한 말을 택하였다.

동시에 상세한 내용과 자료를 담은 각주들이 장마다 등장한다.13 우리의 주장을 확인하고 이 책에서 다루는 주제들에 대해 더 깊이 이해하고자 하는 사려 깊은 그리스도인들은 각주를 읽어보기 바란다. 그것들에 별로 관심 없는 사람들은 그것을 무시하고 읽어도 좋다. 또한, 경우에 따라서 각주들은 오해하기 쉬운 주장들에 무게를 실어주며 더 분명하게 해줄 것이다.

끝으로, 나는 이 수정 증보판을 펴내는 데 있어 조지 바나와 함께 하게 된 것을 기쁘게 생각한다. 읽기 쉬운 연구를 위한 그의 보기 드문 감각이 이 책을 더욱더 탄탄하게 해주었다.

요약하자면, 이 책은 유기적 교회의 일원이 되고자 제도권 기독교를 떠난 사람들이 존재해야 할 역사적인 권리가 있음을 확실하게 보여준다. 왜냐하면, 제도권 기독교의 많은 관습이 성서에 기초하지 않았음을 역사가 보여주고 있기 때문이다.

"황제는 벌거숭이다!" 라고 어린아이가 말했다.

"저 천진난만한 아이의 말을 들으라!" 라고 아이의 아버지가 외쳤다.

그러자 그 아이의 말이 이 귀에서 저 귀로 속삭이며 퍼져 나갔다.

결국 "그래 황제는 벌거숭이다!" 라고 백성이 한목소리로 외쳤다.

백성이 옳다는 것을 알았기 때문에 황제는 벌컥 화가 치밀어 올랐지만,

"그래도 황제의 행차는 계속되어야 한다!" 고 생각했다.

황제의 수행원들은 황제에게 끌리는 옷자락이 있는 것처럼 보이려고

전보다 더 애써서 들어 올리는 시늉을 했지만,

실은 들어 올릴 아무런 옷자락도 없었다.

−한스 크리스티안 안데르센

조지 바나의 서론
교회에 무슨 일이 일어났는가?

"사다리 꼭대기에 올라가서 당신이 엉뚱한 벽에 잘못 올라와 있음을
발견하는 것보다 더 괴로운 일은 아마 없을 것이다."
– 조셉 캠벨 Joseph Campbell, 미국 작가

우 리는 조용히 일어나는 신앙의 혁명 한 가운데에 살고 있다. 전 세
계적으로 수백만 명의 그리스도인이 "교회생활을 하는" 데 있어
오래되어 구태의연한 방법들을 떠나 오히려 더 오래된 방식들을 따르고
있다. 그 더 오래된 방식들은 성서와 살아계신 하나님의 영원한 원리에 그
뿌리를 두고 있다. 따라서 이렇게 오래된 것에서 더 오래된 것으로 옮겨가
게 하는 동기는 단지 우리를 역사에 연결해주거나 우리의 뿌리를 도로 찾
는 것 정도가 아니다. 그것은 진실함과 온전함을 가지고 우리 주님께 돌아
가려는 열망에서 생겨난다. 그것은 하나님의 말씀과 하나님나라와 하나
님의 영으로 말미암아 하나님과 연합되게 하는 추진력이다.

혁명가들의 마음 중심은 의심할 여지가 없다. 그들이 하나님을 더 깊이 알고
자 한다는 것을 보여주는 연구자료는 넘쳐난다. 그들은 하나님의 말씀에 충실
하고 하나님의 인도하심에 민감하기 위한 열정을 가지고 있고, 주님과의 관계
가 인생의 최우선이 되기를 간절히 원하고 있다. 그들은 주님과의 활발한 교제
를 방해하는 제도와 교단과 판에 박힌 것들에 신물이 났다. 변화를 가져오는 데
실패한 끝도 없는 프로그램들에 지쳐버렸다는 말이다. 그들은 과제물을 완성

하고, 성서 지식과 성서 구절을 암송하고, 하나님의 임재 가운데로 이끌어주지 못하는 단순한 종교행위를 답습하는데도 싫증이 났다.

이들은 하나님에게 순수하게 연결된 처음 실체를 경험해온 사람들이므로, 교회와 다른 종교단체들에게서 영적으로 들볶이는 것spiritual teasing을 더는 견딜 수 없다. 하나님께서 그들을 기다리고 계시고, 그들은 하나님을 원하고 있다. 더는 핑계를 댈 수 없다.

하지만, 이 믿음의 혁명은 도전을 받는다. 이 혁명에 가담한 사람들은 그들이 어디에서 떠났는지 알고 있다—생명력 없고 제도로 가득한 형태의 신앙을 타개하기 위해서. 그런데 그들은 어디로 가고자 하는가? 가정집 교회, 상가 선교, 사이버 교회, 독립 공동체 예배 모임, 계획 공동체, 이런 형태의 교회들이 다 매력적이긴 하지만, 그것들이 진정 하나님의 최종 목적을 향한 의미 있는 발걸음이라 할 수 있을까? 아니면 단지 무대만 바꿔놓은 똑같은 것들일까? 역할은 달라진 게 없으면서 다만 새로운 이름으로 다른 배역들을 동원한 것은 아닐까? 교회가 단순히 변화change가 아닌 근본적인 탈바꿈transformation에 역점을 둬야 한다는 것을 잊어버린, 너무 변화에만 치중하는 환경에서 우리가 살고 있지는 않은가?

우리는 이런 이슈들과 씨름하면서 하나님 백성의 역사에서 배워야 할 것이 많다. 그리스도를 따르는 사람들은 하나님께서 하나님의 말씀을 통해 우리에게 주신 이야기들을 고마워한다. 우리는 신구약 성서에 있는 하나님 백성의 여정을 통해 하나님과 인생과 문화에 대해서, 그리고 우리 자신에 대해서까지 많은 것을 발견한다. 약속의 땅을 향해 돌진하는 모세와 이스라엘 백성의 이야기에서 우리가 얼마나 많은 것을 배우는지 생각해보라. 또는 비천한 목동에서 이스라엘의 왕위에 오른 다윗이 힘들게 터득한 지혜에서. 또는 주님을 따르려고 생업을 뒤로하고 종국에는 순교로 인생을 마친 예수님 제자들의 곤경에서. 이와 마찬가지로, 우리의 육적, 영적 조상인 그리스도께서 그분의 피로 사신 순전한 교회가 되고자 했던 초대 그리스도인들의 수고에서 많은 것을 얻을 수 있다.

그러나 하나님을 높이고 참 교회가 되기 위한 오늘날의 시도들을 정립하는 데 도움을 줄 교회 역사에 관해 현대와 초현대 그리스도인들은 무엇을 알고 있는가? 거의 알고 있지 않다고 판명되었는데, 여기에 심각한 문제가 놓여 있다. 역사가들은 우리가 과거를 기억하지 못한다면 그것을 되풀이할 운명에 처한다는 것을 오랫동안 견지해왔다. 이 경고를 뒷받침해줄 증거는 얼마든지 널려 있다. 하지만, 우리가 종종 삶을 정화하기 위해 선의의 노력을 기울이지만 무지함을 벗어나지는 못한다.

최근 미국 교회들에서 벌어지는 일들이 이것의 좋은 예이다. 지난 반세기 동안 영적 관습의 주요 변화는 주로 진열장에서 물건을 고르는 식이었다. 유행을 하나 고르라–대형 교회, 구도자를 위한 교회, 위성 교회satellite campuses, 여름 성서학교, 어린이를 위한 교회, 맞춤형 사역예를 들면, 싱글들을 위한 사역, 여성을 위한 사역, 남성을 위한 사역, 결혼한 청년들을 위한 사역 등, 최신 예배 음악, 대형 화면 프로젝터 시스템, 온라인 헌금, 셀 그룹 교회, 다운로드 할 수 있는 설교, 주보에 실린 설교 개요, 알파 코스. 위에 열거한 것들은 단순히 마케팅 전략을 의지한 시도들이었다. 똑같은 작업을 실행하기 위해 다른 방법을 사용한다든지, 장소를 달리한다든지, 또는 특정한 지역집단과 함께 한다든지. 이런 시도들을 양산해내는 거대한 제도권 영역에 존재하는 어려움은 작거나 세분화된 영역에서도 반드시 존재한다.

이 책은 당신이 믿음을 실천하는 데 있어 더 획기적인 변화를 모색하도록 도전할 것이다. 우리의 예배방식을 바꾸는 것은 간단한 과제가 아니다. 신성시되고 있는 관습에 획기적인 변화를 줄 것을 사람들이 제안할 때 사방에서 오는 "이단적이다."라는 항의를 들을 수 있는데, 그런 항의는 당연하다. 왜냐하면,

사람들은 자신이 가진 신앙의 진짜 바탕에 대해 아는 것이 거의 없기 때문이다.

바로 여기에 이 책이 등장하는 것이다. 이제 그리스도의 몸이 그동안 해 오던 식으로 방법론 개선에 역점을 두기보다는, 우리가 할 수 있는 것과 해야 하는 것에 대해 더 잘 이해하게 되도록 (우리가 할 수 없는 것과 해서는 안 되는 것에 대해서도) 하나님 말씀과 교회사에 눈을 돌려야 할 때이다.

이 책의 저자들은 자신의 개인적 경험을 통해 당신에게 다음과 같이 말해 줄 수 있다: 새로운 발견을 향한 여정은 많은 깨우침을 준다. 이것은 조금도 과장이 아니다. 만약 당신이 시간을 내어 기존의 교회들에서 일반적으로 행해지는 대부분 관습을 하나님 말씀에서 찾으려 한다면 거의 찾지 못하게 될 것이다. 만일 한발 더 나아가서 그 관습의 역사를 추적하려 한다면, 얼마 못 가서 우리의 종교적 습관들 대부분이 인간의 선택에 의한 것임을 발견하게 될 것이다. 사실, 당신은 어쩌면 오늘날 우리가 "교회를 하는" 방식에 대해 다음과 같은 패턴을 분별하게 될 것이다: 우리가 무엇을 한다면 그것은 아마 성서에 있는 초대교회의 관습 중 하나가 아닐 것이다!

기독교계에서 행하여지는 대부분이 성서에서 그 전례를 찾을 수 없다는 사실에 놀라는가? 이것은 교회의 많은 활동을 포함한다. 또한, 기독교 교육, 목사 안수, 청소년사역에서 일반적으로 사용되는 프로그램, 사역기금 마련을 위한 방법, 교회에서 음악을 사용하는 방법, 그리고 교회 건물의 존재와 성격까지도 포함한다. 역사상 일반적인 기독교 관습에 일련의 변화가 일어난 때가 세 번 있었다. 콘스탄틴 황제 시대, 개신교의 종교개혁이 일어난 시대, 그리고 18세기와 19세기 부흥운동. 그러나 당신이 곧 알게 되겠지만 그런 변화들은 수동적인 종종 잘못 아는 그리스도인들을 양산해냈다. 그 기간 신자들은 그저 따라가기만 했고, 그 결과 교회들이 오랫동안 고수해온 새로운 견해들과 관습들이 생겨났다. 사실, 어쩌면 당신은 아주 오랜 세월 동안 그런 일상적인 것들이 성서에서 유래하였다고 생각했을 것이다.

놀랄 것도 없이, 우리는 교회의 성서적 모델을 변질시키면서 우리의 시도를 '본문을 증빙자료로 사용하기' proof-texting로 뒷받침하는데 숙련되어 왔다. Proof-texting이란 우리의 견해가 성서와 합치한다는 것을 "증명"하기 위해 성서에서 서로 본질적으로 다르거나 관계없는 구절들종종 문맥과 상관없는을 뽑아내는 버릇이다. 당신은 이 책을 읽어 나가면서 우리가 고수하는 많은 관습이 성서에서 한참 벗어난 것임을 발견하고 깜짝 놀라게 될 것이다.

그 관습들이 사람들로 하나님을 사랑하고 순종하게 한다면 우리가 어떤 식으로 신앙생활을 하든지 그것이 문제가 되겠는가? 하지만, 이런 견해, 규칙, 전통, 기대, 전제, 그리고 관습들이 우리의 신앙 성장에 빈번히 지장을 가져온다는 증거가 압도적으로 우세하다. 또 다른 경우, 그것들은 우리가 살아계신 하나님과 만나는 것을 가로막는 장벽의 구실을 한다. 실로, 우리가 신앙생활을 하는 방식이 신앙 그 자체에 영향을 줄 수 있다.

이것이 우리가 성서로 돌아가서 30년에서 60년 사이에 주님의 제자들이 했던 그대로 모든 것을 해야 한다는 뜻일까? 그렇지 않다. 지난 2천 년 동안의 사회적, 문화적 변화가 초대교회의 생활방식과 신앙생활을 그대로 따라 할 수 없게 만들었다. 예를 들어, 우리는 휴대전화를 사용하고, 자동차를 운전하고, 자동 냉온방 장치를 사용한다. 1세기에 살았던 그리스도인들에게는 이렇게 편리한 문명의 이기들이 없었다. 따라서 신약성서의 원리들에 충실하다는 것은 1세기 교회의 이벤트들을 재현한다는 뜻이 아니다. 만약 그렇게 한다면 우리는 모두 다 1세기 신자들처럼 토가togas, 옛 로마인의 헐렁한 겉옷를 입고 샌들을 신어야 할 것이다!

아울러, 우리가 분별은 해야겠지만 어떤 관습을 주위의 문화적 환경에서 습득했다고 해서 그 자체가 틀렸다고 할 수는 없다. 프랭크 센Frank Senn이 지적한 대로, "우리는 우리의 문화가 교회에 들어오는 것을 피할 수는 없다. 왜냐하면, 그것이 우리 존재 자체의 일부이기 때문이다. 하지만, 우리는 전통에 비추어 기독교 예배의 본질을 훼손시키는 문화적 영향력에서 그 본질에 도움이 되는 영향력을 가려내야 한다."14)

우리의 가장 큰 관심사는 초대교회의 핵심적인 원리와 특징을 확정한 다음 그 구성요소들을 우리의 삶에 회복하고자 하나님의 말씀을 탐구하는 것이다. 하나님은 그분을 높이고 그분과 연결될 수 있도록 우리 재량껏 사용할 방법들을 우리에게 허락하셨다. 그러나 이것이 우리에게 무제한의 자유가 있다는 의미는 아니다. 우리가 하나님의 중심적인 뜻을 찾는 겸손하고도 순종적인 백성이 되려면 주의가 요망된다. 우리의 목표는 우리가 하나님께서 바라시는 백성이 되고, 교회가 부르심을 받은 그대로 되도록 하나님의 계획에 충실히 하는 것이다.

그러므로 오늘날 우리의 종교적 관습이 얼마나 궤도에서 벗어났는지를 당신이 알게 되면, 비위를 거스르게 하는 영적 각성에 대비하라. 당신은 아마 오늘날의 제트기가 경로를 따라 비행하도록 끊임없이 기체를 방향 수정해주는 최첨단 컴퓨터 장치에 대해 알고 있을 것이다. 로스앤젤레스에서 뉴욕까지 비행하는 동안, 비행기를 특정한 활주로에 안전하게 착륙시키기 위해 글자 그대로 수천 번의 궤도수정이 이루어진다. 그런 궤도수정이 없다면 원래의 비행 계획에서 아주 미미한 1퍼센트의 오차만 생겨도 그 비행기는 다른 나라에 착륙하고 말 것이다!

이것이 믿어지지 않는가? 그렇다면, 우리는 당신이 스스로 이것에 대해 연구해볼 것을 권한다. 나와 함께 이 책을 공동집필하는 프랭크 바이올라는 교회가 어떻게 해서 이렇게 비뚤어진 길을 걸어왔는지 밝혀주는 역사적 자료를 여러 해에 걸쳐 애써서 추적했다. 그의 노고에서 나온 참고자료가 이 책의 각 장에 기록되어 있다. 만일 당신이 회의적이라면 우리는 사실 여부 및 진리로 인도하는 건전한 회의를 품을 것을 권한다. 그 긴 세월 동안 정확히 무슨 일이 벌어졌는지를 확인하는데 자신을 헌신해보라. 이것은 참 중요하다! 당신의 삶은 하나님께서 주신 선물이므로 하나님을 위해 살아야 한다. 더 나아가서, 교회는 하나님의 깊고 깊은 열정의 하나이다. 하나님은 교회의 안녕뿐만 아니라 교회가 이 땅에서 자신을 어떻게 드러낼 것인가에 관심이 많으시다. 그러므로 초대교회에서 현대교회까지 어떻게 내려왔는지를 이해하는 것과 그것에 대해 당신이 무엇을 할 것인지를 알아내는 것은 매우 중요하다.

좋은 저자는 누구든지 긍정적이고 의미 있는 변화를 가져오려고 글을 쓴다. 이 책도 예외가 아니다. 우리는 당신이 하나님의 말씀과 교회사에 능통하기를 바란다. 우리는 당신이 다른 그리스도인들과 함께 믿음을 어떻게 실천할 것인지에 대해 주의 깊게, 그리고 성서적으로 생각하기를 바란다. 그리고 당신이 하나님의 인도하심에 의해 발견하게 된 것을 다른 사람들도 이해할 수 있도록 그들에게 영향 주기를 바란다. 세상을 바라보는 성서적인 관점과 합치하는 삶을 사는 데 있어서의 도전 중 하나는, 우리를 위해 성서에 강조된 하나님의 의도와 당신의 영적인 삶을 연관시키는 것이다. 이 책이 현대교회의 비뚤어진 경로를 바로잡는데 당신이 일조할 수 있도록 돕게 되기를 우리는 기도하는 바이다.

몇 가지 정의

우리 생각엔, 당신이 이 책을 읽어나가면서 우리가 아래의 용어들을 어떻게 사용하고 있는지를 이해하는 것이 중요하다.

이교적인PAGAN

우리는 그 기원이 기독교적 또는 성서적이지 않은 관습과 원리를 지칭하기 위해 이 단어를 사용한다. 어떤 경우엔 우리가 로마제국의 신들을 따르는 고대 사람들을 지칭하는 데 이 단어를 사용한다. 우리는 그 단어를 나쁜, 악한, 죄 있는, 또는 틀린의 동의어로 사용하지 않는다. "이교적인 관습 또는 사고방식"은 교회를 둘러싼 문화에서 도입한 관습 또는 사고의 틀을 가리킨다. 우리는 어떤 이교적인 관습들은 중립적이어서 하나님의 영광을 위해 보완될 수 있다고 믿는다.

유기적 교회ORGANIC CHURCH

유기적 교회라는 용어는 교회의 특정한 모델을 가리키지 않는다. (우리는 완벽한 모델은 존재하지 않는다고 믿는다.) 그 대신, 우리는 교회를 향한 신약성서의 비전이 유기적이라고 믿는다. 유기적 교회는 살아 숨 쉬고, 역동적이고, 상호 간에 참여하고, 모든 지체가 기능을 발휘하고, 그리스도 중심이고, 그리스도의 몸의 집합적인 표현이다. 이 책에서 우리의 목표는 유기적 교회를 완벽하게 묘사하는 것이 아니고, 오직 필요할 때만 그것을 언급하고자 함을 주지하라.

제도권 교회INSTITUTIONAL CHURCH

이 용어는 종교적 제도system를 가리킨다.특정한 사람들의 그룹을 지칭하지 않는다 제도권 교회는 우선으로 그 교회를 이루는 지체들 위에, 지체들을 넘어, 그리고 지체들과는 독립적으로 존재하는 조직으로서 운영되는 교회이다. 그것은 관계성보다는 프로그램과 의식들로 구성된다. 이런 교회는 자원봉사자"평신도"의 도움을 받는, 따로 세워진 전문가들'사역자들' 또는 '성직자'에 의해 인도된다. 우리는 또한 오늘날의 제도권 교회를 일컫는 용어로 contemporary church, 전통 교회traditional church, present-day church, 그리고 modern church를 사용한다.옮긴이주: 이 번역서에서는 contemporary church, present-day church, 그리고 modern church가 '현대 교회' 또는 '오늘날의 교회'라는 말로 번역되었음

신약성서적 교회 또는 1세기 교회

이 용어들은 교회의 특정한 형태를 가리키지 않는다. 그 대신, 우리는 우리가 신약성서에서 보는 1세기 때의 교회를 말하는 것이다.이 책에서 1세기 교회는 신약성서적 교회의 동의어로 사용되었다. 우리는 초대교회의 특정한 모델로의 회귀를 지지하지 않는다. 오히려, 우리는 예수님과 사도들의 가르침과 함께 영적 원리, 유기적인 관습, 그리고 1세기 교회의 정신과 기풍으로의 회귀가 오늘 우리 시대에 우리의 교회 관습을 안내해야 한다고 믿는다.

성경적인BIBLICAL 또는 성서적인SCRIPTURAL

이 단어들은 우선 출처를 알려주는 데 사용되고, 그다음 가치를 판단하는 데 사용된다. 성경적인 또는 성서적인 이라는 말은 어떤 관습이 신약성서에 그 기원을 두었는지를 가리킨다. 비성서적인 또는 비성서적인 관습에 관한 언급이 자동으로 오류를 내포하는 것은 아니다. 이 단어들은 특정한 관습이 신약성서

에 등장하지 않는다는 사실을 가리킬 수 있다.(그럴 때 그것을 신성한 것으로 간주하여서는 안 된다) 그러나 그것들은 또한 신약성서의 원리나 가르침에 어긋나는 관습을 가리킬 수도 있다. 문맥으로 이 단어들이 어떻게 사용되었는지를 결정하게 될 것이다. 우리는 신약성서에 언급되어 있지 않은 관습을 따라서는 안 된다는 "성서의 침묵"the silence of Scripture 교리와 "절대적 원칙"the regulative principle 교리에 절대 동의하지 않는다.

송아지가 놓아 준 길 The Calf Path

하루는 송아지 한 마리가 원시림 우거진 사이로

집을 향해 걸어오고 있었네. 어진 송아지들이 그러하듯이.

헌데, 온통 비뚤고 굽은 오솔길만 생겨났다네.

구부러진 오솔길, 송아지가 다 그렇게 하듯이.

그로부터 삼백 년이 흘러가고 나서

그 송아지가 죽었다는 걸 난 알게 되었지.

헌데, 그 송아지는 오솔길을 남겼고

거기서 내 교훈 하나 생겨났지.

이튿날 그 오솔길을 외로운 개 한 마리가 지나갔다네.

이어서 똘똘한 길잡이 양 한 마리가

동무들을 이끌고 절벽을 타고 계곡을 건너

그 오솔길로 지나갔다네. 어진 길잡이 양들이 다 그러하듯이.

그날부터 언덕 넘어 늪을 건너

그 원시림 사이로 자그마한 통로 하나 생겨났지.

많고 많은 사람이 그 구부러진 길을 따라

이리 돌고 저리 피하고 몸을 비틀며 가다가

정당한 분노로 분통을 터뜨리곤 했지.

한참 구부러진 통로였으니까.15)

우습게 들릴지 모르지만,

그래도 그들은 여전히 맨 처음의 그 송아지 발자국을 따랐지.

그리고 이 구부러진 숲 사이로 걸어갔지.

그 송아지가 뒤뚱거리며 걸었으니까.

숲 속의 자그마한 그 통로가 작은 길이 되었고,

구부러지고, 돌고, 또다시 돌아서

이 구부러진 작은 길은 도로가 되었다네.

그로부터 백오십 년을

가엾은 말들이 짐을 잔뜩 지고

타오르는 해 아래 땀을 뻘뻘 흘리며

십리 길을 한 걸음처럼 달려와

송아지의 발자취를 따라갔었지.

세월은 흐르고 또 흘러

아무도 모르는 사이에 그 길은

조그만 동네 길에서

붐비는 한길이 되었고

얼마가 지나 이름난 큰 도시의

중심가로 탈바꿈해 버렸네.

사람들은 지난 이백오십 년간

송아지의 발자취를 따라온 셈이었지.

하루에 십만 명이

꼬불꼬불 송아지 길로 다녔네.

구부러진 오솔길이

대륙을 넘나드는 교통망이 되었다네.

근 삼백 년 전에 죽은 송아지 한 마리를
십만 명이 좇고 있다니.
오늘도 꼬부라진 그 길을 오가며
하루에 백 년씩 소모해 버린다네.
모르고 생겨난 옛일 하나에
이리도 단단히 매여 있다니.
이 얘기에 가르칠 교훈 하나 있는데,
나 안수 받아 설교할 수 있다면 좋으련만.
송아지가 남겨 놓은 길을 따르듯
사람들은 눈멀어
하루가 가고 또 하루가 와도
남들 뒤만 따르네.
이리저리 왔다 갔다
남들이 걸었던 발자취만 졸졸 따라간다네.
남들이 갔던 그 길 잃어버릴세라.
사람들은 여전히 구부러진 길로 다니네.
그들이 평생 걷고 거닌 그 길을
신성한 전통으로 모셔 놓았네.
하지만, 처음부터 그 송아지를 보고 있었던
슬기로운 옛 숲의 신들이 얼마나 웃고 있을까!

아아! 이 얘기에 가르칠 교훈 많지만

나는야 안수 못 받아 설교할 수 없구나.

- Sam Walter Foss[1858~1911]

1장
우리는 진정 성서대로 해왔는가?

"시험 되지 않은 인생은 살아야 할 가치조차 없다."
– 소크라테스

"우리는 모든 것을 하나님의 말씀대로 합니다! 신약성서는 우리 믿음과 실천에서 안내자입니다. 우리는 성서대로 살고 성서대로 죽습니다!"

이것은 주일 아침 설교시간에 팔리Farley 목사의 입에서 쏟아져 나온 우렁찬 목소리였다. 팔리 목사가 시무하는 교회의 교인인 윈체스터는 그동안 이 말을 열두 번도 더 들었었다. 그런데 오늘 아침엔 그것이 색다르게 다가왔다. 남색 양복을 위아래로 잘 차려입고 아내 트루디Trudy와 함께 교회당 끝줄에 앉아 굳은 얼굴을 하고 있던 윈체스터는, 팔리 목사가 "우리는 모든 것을 하나님의 말씀대로 합니다."라는 말을 이어갈 때에 천장을 응시하고 있었다.

팔리 목사가 설교를 시작하기 한 시간 전에, 윈체스터는 아내 트루디와 한바탕 싸움을 벌이고 있었다. 이것은 윈체스터의 가족이 주일 아침 교회에 갈 준비를 할 때마다 심심치 않게 있었던 일이었다.

그는 바로 그 한바탕 치렀던 일을 되뇌고 있었다.

"여봇! 애들은 왜 아직도 준비가 안 됐어? 왜 허구헌날 늦느냐 말이야! 당신은 어째서 한 번도 애들을 제시간에 준비시키지 못하는 거얏?" 윈체스터는 걱정스럽게 시계를 쳐다보며 고함을 질렀다.

이에 질세라 트루디도 늘 이렇게 응수하곤 했다. "당신이 조금만 도와줬어도 이렇게 늦지는 않지! 이 집에 나를 도와주는 사람이 누가 있나?" 이렇게 가시돋친 말을 서로 주고받은 다음 윈체스터의 화살은 딸들에게로 향했다. "자노비아! 넌 부모를 우습게 아니? 제시간에 준비 좀 할 수 없니? 펠리시아, 내가 몇 번을 말해야 9시 전에 그 게임을 그만두겠니?" 이에 거투르드는 울음을 터뜨렸다.

한바탕 일을 치르고 나서 주일 정장으로 잘 차려입은 윈체스터 가족은 마침내 교회를 향해 무시무시한 속도로 달렸다. 윈체스터는 늦어지는 것을 너무 싫어해서 속도를 내다가 지난 일 년 동안 속도위반 딱지를 석 장 받았는데, 물론 석 장 다 주일 아침에 받은 것이었다.

교회를 향해 질주하는 동안 차 안에는 적막이 흐르고 있었다. 윈체스터는 속에서 울화가 치미는 것을 참고 있었고, 트루디는 골이 나서 부루퉁한 얼굴로 앉아 있었다. 그리고 고개를 푹 숙인 세 딸은 저마다 속으로 오늘도 감내해야 할 괴로움을 참을 준비를 하고 있었다. 또 하나의 기나긴 주일학교 시간!

교회 주차장에 도착해서 윈체스터와 트루디는 품위있게 차에서 내려 환한 미소를 머금고 둘이 팔짱을 낀 채 다른 교인들과 인사를 나누었다. 아무 일도 없었다는 듯 껄껄 웃으면서. 물론 세 딸도 고개를 위로 쳐들고 아빠 엄마를 따라가고 있었다.

윈체스터는 지금 예배 바로 전에 있었던 이 일들을 고통스럽게 상기하며 팔리 목사의 설교를 듣고 있었던 것이다. 자책하며 생각에 잠겨 있던 그는 스스로 다음과 같은 질문을 던지기 시작했다: 불과 한 시간 전까지만 해도 불신자처럼 행동했던 내가 지금은 왜 이렇게 단정하게 빼입고 앉아서 좋은 그리스도인인 양 행세하고 있을까?… 오늘 아침에 우리처럼 한바탕 했던 가엾은 가족이 얼마나 많았을까? 그런데 우리는 다 하나님께 잘 보이려고 이러고 있겠지.

윈체스터에겐 스쳐가는 이런 생각이 좀 충격적이었다. 그가 그런 질문들을 한 번도 의식적으로 던져본 적이 없기 때문이었다.

윈체스터는 역시 위아래로 쫙 빼입고 맨 앞자리에 앉아 있던 팔리 목사의 사모와 아이들을 엿보며 곰곰이 생각해보았다: 팔리 목사님도 오늘 아침 사모님과 애들에게 고함치지는 않았을까? 흠….

윈체스터는 팔리 목사가 오른손으로 성서를 번쩍 들고 주먹으로 강대상을 치며 강조하는 모습을 보면서 계속 그 생각에 잠겨 있었다. "우리 제일성서신약공동체교회는 오직 이 성서대로만 모든 것을 합니다! 모든 것을 성서대로! 이것은 하나님의 말씀입니다. 이것을 떠나서는 한 발자국도 나갈 수 없습니다. 단 1밀리미터도 못 갑니다!"

별안간 윈체스터의 뇌리에 또 다른 생각이 스쳐갔다: 그러고 보니 그리스도인이 정장하고 교회에 가야 한다는 말을 성서에서 읽어본 적이 없는데, 이게 정말 성서대로 한다는 건가?

이 한 가지 의문이 꼬리를 물고 이어져 막혀 있던 봇물이 터지듯 다른 삐딱한 질문들이 쏟아져 나왔다. 수많은 교인이 얼어붙은 듯 의자에 꼿꼿이 앉아 있는 광경이 윈체스터의 시야를 가득 메우고 있었고, 그의 머릿속은 새로 비슷한 질문들로 채워지고 있었다. 그리스도인이 던져선 안 되는 질문들. 예를 들면:

이렇게 딱딱한 의자에 앉아서 45분 동안 셀 수 없는 뒤통수를 바라보는 것이 성서대로 한다는 말인가? 일주일에 두 번, 그것도 몇 시간만 사용하는 이 건물을 유지하려고 우리는 왜 그토록 많은 돈을 쏟아 부어야 하는가? 팔리 목사가 설교할 때 교인 반 정도가 조는 건 또 뭐란 말인가? 우리 애들이 주일학교를 싫어하는 이유는? 왜 우리는 하품 나오고, 보나 마나 빤한 똑같은 의식을 주일 아침마다 치러야 하는가? 나는 왜 눈물 날 정도로 지루하고 영적으로 영양가가 하나도 없는데 꼬박꼬박 예배당에 다니고 있을까? 어째서 나는 매주일 이 불편한 넥타이를 매는 고역을 치르고 있는가? 고작 한다는 게 머리로 가는 피의 통로만 막아 혈액순환만 방해하고 있을 뿐인데.

원체스터는 그런 질문들을 하는 것 자체가 불결하고 불경스럽다고 느꼈다. 하지만, 뭔가 그의 마음속에서 그동안의 교회생활에 대해 의심을 품게 하는 강한 충동이 일어나고 있었다. 이런 생각들은 실은 지난 수년 동안 그의 잠재의식 속에 자리 잡고 있었다가 오늘 아침 표면에 떠오른 것뿐이었다.

흥미롭게도, 그날 원체스터가 가졌던 의문들은 실제로 그리스도인 대부분 의식 속에는 한 번도 들어온 적이 없던 것들이었다. 한 가지 분명한 것은 원체스터의 눈이 열리기 시작했다는 사실이다.

이상하게 들릴지 모르지만, 오늘날의 교회들에서 행해지는 대부분은 성서적인 근거가 없는 것들이다. 목회자들이 강대상에서 외치는 "성서적" 이라든가 "순수한 하나님의 말씀만"을 따른다든가 하는 그들의 말 자체가 그것들을 부정하고 있다. 사실 오늘날 현대 기독교에서 행해지는 것 중에 신약성서적인 교회와 짝이 맞는 것을 찾아보기란 여간 어려운 게 아니다.

우리가 물어볼 생각도 하지 않는 질문들

소크라테스Socrates, 470-399 BC, 16 는 몇몇 역사가에 의해 '철학의 아버지' 로 불리는 인물이다. 아테네에서 태어나 자란 그는 시내를 돌아다니면서 당대에 유행하던 견해들에 대해 끊임없는 질문을 던지고 분석하곤 했다. 그는 진리가 어떤 쟁점을 주제로 광범위하게 토론하고 가차없이 질문해서 얻어진다고 믿었다. 이런 방법을 변증법dialectic 또는 "소크라테스식 방식"이라 부른다. 그는 아테네의 동료가 더는 토론하지 않기로 했던 주제들에 대해서도 자유롭게 생각했다.

집요하게 질문을 퍼붓고, 아테네에서 이미 공인되어 있던 관습들을 쟁점화시키곤 하는 소크라테스의 습관은 결국 그를 죽음으로 몰아갔다. 철저하게 지켜지던 전통들에 대한 그의 지칠 줄 모르는 토론이 아테네의 지도자들로 하여금 그에게 "청년들을 타락시킨다"는 죄목을 뒤집어씌우게 했고, 그 결과로 그는 사형에 처해졌다. 그의 동료 아테네 사람들에게 분명한 교훈이 전달된 것이었다: 이미 기정사실로 된 관습들에 대해 질문을 던지는 자는 누구든지 같은 운명에 처하게 될 것이다![17]

사회규범을 거부한다고 해서 가혹한 형벌을 당한 사람은 소크라데스 한 명뿐이 아니다. 이사야는 톱으로 켜는 죽임을 당했고, 침례자세례자 요한은 목 베임을 당했으며, 예수님은 십자가에 못 박혔다. 물론 더 나아가서 감히 정통의 가르침에 도전했다는 이유로 제도권 교회에 의해 고문당하고 순교 당한 헤아릴 수 없이 많은 그리스도인은 두말할 필요도 없다.[18]

우리는 그리스도인으로서 무엇을 믿어야 하고 어떻게 살아야 하는지를 지도자들에게서 배웠다. 또한, 성서를 읽어야 한다는 권유를 받았다. 그렇지만, 우리가 속한 기독교 전통이 물려준 안경을 쓰고 성서를 읽게끔 길들었다. 그리고 우리가 속한 교단또는 기독교 단체에 따라야 하고 그 가르침에 대해 이의를 제기해서는 안 된다고 배웠다.

여기까지 읽고 나서, 반항하기 좋아하는 사람들은 손뼉을 치며 위의 내용을 무기로 삼아 교회 안에서 마구 휘둘러대서 교회를 엉망으로 만들 궁리를 할지도 모른다. 만일 당신이 그런 사람이라면, 삐딱한 자여, 당신은 우리의 요지를 오해해도 한참 오해한 것이다. 우리는 당신을 지지할 수 없다. 우리의 충고: 평지풍파를 일으키지 말고 조용히 교회를 떠나든지 아니면 그냥 화평하게 지내라. 반항하는 것과 진리와 함께하는 것 사이는 땅과 하늘 차이이다.

사실, 그리스도인들은 우리가 왜 이렇게 행하는지 절대로 의문을 품지 않는 것 같다. 오히려 우리는 그 종교적 전통들이 어디서 유래했는지에는 관심 없이 흥겹게 그것들을 따라간다. 하나님 말씀의 순수성을 믿는다고 주장하는 대부분 그리스도인은 매주일 치르는 의식들이 과연 성서에 근거한 것인지 아닌지 알아볼 생각조차 하지 않는다. 우리가 이것을 어떻게 아느냐고? 그것은 만일 그들이 조금이라도 알아보려고 시도한다면 머지않아 혼란스런 결론에 도달하게 될 것이기 때문이다. 신앙양심상 그런 종교적 전통들과 영원히 결별하지 않고는 배길 수 없는 그런 결론 말이다.

놀랍게도, 현대 교회의 사상과 관습은 신약성서의 명령과 표본에 근거하기보다는 신약성서 이후에 벌어진 역사적 사건들의 영향을 한참 더 받았다. 하지만, 그리스도인 대부분은 그런 영향을 받았다는 사실에 무지하다. 그뿐 아니라, 그 사상과 관습들이 우리로 하여금 신봉하게 하는, 굳어진 수많은 인간적 전통을 만들어 냈다는 사실을 모르고 있다.[19] 모든 것이 알지도 못하는 사이에 "그리스도인"이라는 표딱지를 붙여 우리에게 전해내려왔음을 알지 못하는 것이다.[20]

겁나는 초대

우리는 이제 한 번도 가본 적이 없는 길을 떠나는 미지의 여행에 당신을 초대하고자 한다. 이것은 아주 겁나는 여정으로서, 아마 당신은 지금까지 의식적으로는 절대로 생각지 못했던 질문들을 던지게 될 것이다. 대답하기 곤란한 질문들. 성가시고 무섭기까지 한 질문들. 그리고 당신을 혼란스럽게 하는 대답들과 정면으로 맞닥뜨리게 될 것이다. 하지만, 그 대답들은 그리스도인이 발견할 수 있는 가장 풍성한 진리와의 만남으로 당신을 인도해줄 것이다.

이 책을 읽어 나가면서, 당신은 우리 그리스도인이 주일 아침에 예배당에서 하는 것들이 예수 그리스도나 사도들이나 성서에서, 혹은 유대교에서조차 유래하지 않았음을 발견하고 깜짝 놀라게 될 것이다. 70년에 로마제국이 예루살렘을 멸망시키고 나서 유대 기독교는 숫자로나 능력으로나 시들해졌고, 이방인 교회들이 강성해져서 새로운 신앙이 그리스와 로마의 철학과 의식을 흡수하기 시작했다. 유대 기독교는 에비오님Ebionim이라 불리는 작은 그룹의 시리아 그리스도인들로 5세기 동안 명맥을 유지했는데, 그들의 영향력은 미미했다. 셜리 케이스Shirley J.Case에 의하면, "기독교 운동의 사회적 환경은 이미 1세기 말 그 이전에 대부분 이방인 중심이었을 뿐 아니라, 팔레스타인Palestine에 있었던 유대 그리스도인들과의 사회적 연결고리도 거의 끊어졌다…100년 무렵, 기독교는 주로 이방인 중심의 종교운동이었다… 공통된 이방인의 사회환경에서 함께 살아가는."21)

놀라운 것은 우리가 소위 "교회"에서 하는 많은 것이 사도 시대 이후에 이교 문화에서 직수입된 것들이라는 사실이다. (일설에 의하면, 가장 오래 살아남았던 사도인 요한은 100년에 세상을 떠났다). 브래드쇼Paul F.Bradshaw에 의하면, 4세기 기독교는 "이교의 사상과 관습들을 흡수해서 기독교화시켰다. 그것을 마치 이전의 종교들이 희미하게 가리켰던 것의 성취로 보았던 것이다."22) 오늘날엔 우리가 아무런 종교가 없다는 사람들을 이교도pagan라고 칭하지만, 초기 그리스도인들에겐 이교도들이 로마제국의 신들을 섬기는 다신론자들이었다. 이교 문화는 4세기까지 로마제국을 지배했다. 그중 많은 것이 처음 500년 동안 그리스도인들에 의해 흡수되었는데, 특히 콘스탄틴 황제의 통치 기간부터 약 300년 동안(324년부터 600년까지) 그랬다.23) 오늘날의 많은 교회 관습이 유래한 다른 두 기간은 종교개혁시대16세기와 부흥운동시대18세기와 19세기이다.

2장부터 10장까지는 전통적으로 공인된 교회 관습을 하나씩 추적할 것이다. 각 장은 그 관습이 어디서 유래했는지를 파헤칠 것이다. 그러나 더 중요한 것은 그런 관습이 실제적인 머리 역할을 하시려는 예수 그리스도의 숨통을 어떻게 조였고, 또 그의 몸인 교회의 기능을 어떻게 마비시켰는가에 대해 설명해줄 것이다.

경고: 만일 당신이 기독교를 진지하게 검토하는 것이 마음에 내키지 않는다면, 여기서 읽기를 중단하고 관심 있는 사람에게 당장 이 책을 선물하기 바란다! 당신의 신앙생활이 거꾸로 뒤집히는 고통에서 자신을 스스로 구출하라.

그렇지만, 만일 당신이 "빨간 알약"을 선택하고 "토끼의 땅굴이 얼마나 깊은가?"를 보기 원한다면24), 기독교 관습들이 어디에서 유래했는지의 진짜 줄거리를 알고 싶다면, 현대 교회를 두른 휘장이 걷히고 전통적으로 고수해왔던 것들이 적나라하게 파헤쳐지는 것을 기꺼이 원한다면, 이 책이 당신을 혼란스럽게 하고, 눈을 뜨게 해주고, 인생을 변화시켜줄 것이다.

다시 말해서, 만일 당신이 신약성서를 진지하게 받아들이는 제도권 교회에 속한 그리스도인이라면, 지금부터 읽게 될 내용이 당신의 신앙 양심을 휘저어 놓게 될 것이다. 왜냐하면, 당신은 확고부동한 역사적 사실과 마주치게 될 것이기 때문이다.

반면에, 만일 당신이 제도권 기독교의 범주 밖에서 다른 그리스도인들과 함께 모임을 하는 사람이라면, 성서가 당신 편에 있을 뿐 아니라 역사 또한 당신과 함께 있음을 새로이 발견하게 될 것이다.

심층 탐구

1. 나는 윈체스터 가족의 교회 가기 전 언쟁이 교회 자체와는 아무런 상관이 없다고 생각한다. 윈체스터를 좌절하게 하고 그로 하여금 교회에서 벌어지는 모든 일에 냉소적이 되게 하는 것을 제외하곤. 당신들은 책의

서두를 왜 이런 이야기로 시작했는가?

맞다. 윈체스터의 주일 아침 소동은 평소 교회 관습들에 대해 전혀 생각지도 않고 앉아 있던 그로 하여금 그것들에 대해 질문을 던지게끔 했다. 이 이야기는 수많은 그리스도인이 왜 그렇게 해야 하는지도 모른 채 주일 아침마다 반복하는 것을 단지 예를 들어 재미있게 설명한 것이다.

2. 당신들은 현대 교회의 관습이 신약성서의 원리보다는 1세기 이후에 벌어진 역사적 사건들의 영향을 한참 더 받았다고 했는데, 사실 복음서와 사도행전과 바울의 서신들에는 교회 관습에 관한 상세한 기록이 없지 않은가? 당신들은 그리스도인들이 예배하러 모였을 때 어떻게 해야 하는지 성서의 어디를 지목하겠는가?

신약성서는 초기 그리스도인들이 어떻게 모임을 했는지에 대해 실제로 상세한 내용을 많이 담고 있다. 예를 들면, 우리는 초대교회가 정기적인 모임을 가정집에서 가졌음을 알 수 있다.행20:20; 롬16:3, 5; 고전16:19 그들은 식사 때 주의 만찬을 거행했다.고전11:21-34 그들의 교회 모임은 열려 있었고 누구나 참여할 수 있었다.고전14:26; 히10:24-25 영적 은사는 모든 지체에게 골고루 주어졌다.고전12-14 그들은 정말 서로 가족으로 여겼고 또 실제로 그렇게 행동했다.갈6:10; 딤전5:1-2; 롬12:5; 엡4:15; 롬 12:13; 고전12:25-26); 고후8:12-15 그들은 교회 성도들을 돌보는 복수의 장로들을 두었다.행20:17, 28-29; 딤전1:5-7 그들의 교회는 순회하는 사도적 일꾼들에 의해 세워졌고 또 그들의 도움을 받다.행13-21; 사도들이 쓴 모든 서신 그들은 한 지역 안에서 온전히 연합했고 분리된 여러 조직의 이름으로 존재하지 않았다.행8:1, 13:1, 18:22; 롬16:1, 살전1:1 그들은 사람을 높이는 존칭을 사용하지 않았다.마23:8-12 그들에겐 차별화된 계급구조가 없었

다.마20:25-28; 눅22:25-26

이 관습들의 성서적 기초를 모두 다 제공하는 것과 오늘날 그 관습들이 왜 도입되어야 하는지를 설명하는 것은 이 책의 범위를 벗어난다. 이것에 관해 다루는 책으로는 로버트 뱅크스Robert Banks가 쓴 『바울의 공동체 사상』*Paul's Idea of Community*, IVP이 있습니다. 나도 『다시 그려보는 교회』대장간, 2013에서 이 주제를 포괄적으로 다루었다.

2장 • 교회 건물:
대를 물려온 집 콤플렉스

"옛 종교를 대체하는 과정에서 기독교도 종교가 되어버렸다."
– 알렉산더 슈메만 Alexander Schmemann, 20세기 동방정교 사제, 교사, 저술가

"사도 시대의 그리스도인들이 특별한 예배 장소를 건축했다는 것은 말도 되지 않는다. … 세상의 구주가 마구간에서 태어나셨고 산에서 승천하셨듯이, 그분의 사도들과 그들의 후예들은 3세기까지 거리에서, 저자에서, 산에서, 배 안에서, 무덤에서, 처마밑에서, 광야에서, 그리고 회심한 사람들의 집에서 말씀을 전했다. 그러나 그 이후로 세계 방방곡곡에서 십자가에 달린 구속자를 기린다고 얼마나 많은 값비싼 수천수만의 교회당과 채플이 지어졌고 또 계속 지어지고 있는가! 그 구속자가 이 땅에서 굴욕을 당하실 때는 머리 둘 곳조차 없었는데 말이다."
– 필립 샤프 Philip Schaff, 19세기 미국 교회사가, 신학자

오늘날의 많은 그리스도인은 벽돌이나 시멘트와 사랑에 빠져 있다. 집 콤플렉스가 얼마나 우리 생각 속에 깊이 뿌리를 내리고 있는지, 신자들이 함께 모이기 시작할 때 처음으로 떠오르는 생각은 우선 건물부터 확보해야겠다는 것이다. 왜냐하면, 건물 없이 어떻게 그리스도인들이 교회라고 정정당당하게 주장할 수 있겠는가? 이런 식으로 생각한다.

'교회' 건물이 얼마나 교회라는 개념과 깊이 관련되어 있는지, 우리는 무의식중에 그 둘 다 똑같은 것으로 생각한다. 오늘날의 일반 그리스도인들이 표현하는 말을 들어보라:

"와! 여보, 당신도 우리가 조금 전에 지나쳤던 멋진 교회를 봤어요?"

"대단하네요. 저 교회는 내가 지금까지 본 교회 중 제일 큰 교회네요. 그런데

저렇게 큰 교회가 돌아가려면 전기료가 얼마나 들까요?"

"우리 교회는 너무 작아요. 난 폐쇄공포증에 걸릴 것 같아요. 우린 발코니를 좀 넓혀야 하는데…."

"오늘은 교회가 너무 춥네요. 여기 있다간 내 엉덩이가 얼어붙겠네요."

"밀드레드 아줌마가 전자레인지를 발등에 떨어뜨렸던 주일을 제외하곤, 우리는 작년 일 년 동안 매주일 교회에 갔었어요."

아니면 목사들이 보통 얘기하는 표현을 들어보라:

"오늘 하나님의 집에 온 것이 즐겁지 않습니까?"

"우리는 주님의 성전에 들어올 때 경건한 마음을 가져야 합니다."

또 마냥 즐겁기만 한 아이에게 주의를 주는 엄마를 보라:

(가라앉은 목소리로) "웃으면 안 돼. 여기는 교회야! 하나님의 집에선 스스로 행동을 조심해야 해!"

솔직하게 말해서, 위의 예들은 신약성서적 교회와는 아무런 상관이 없는 것들이다. 오히려 위의 예들은 타 종교의 사상을 반영하고 있다–우선적으로 유대교와 이교사상.

성전, 제사장, 그리고 희생 제사

고대 유대교는 세 가지 요소를 중심으로 형성되었다. 성전, 제사장, 그리고 희생 제사가 그것이다. 예수님께서 오셔서 세 가지 전부를 폐하시고 자신 안에서 그것들을 완성하셨다. 주님 자신이 성전에 되셔서 산 돌들로 만들어진 "손으로 짓지 아니한" 살아 있는 집을 구현하셨다. 주님은 새로운 제사장제도를 세우신 제사장이시다. 그리고 자신이 희생제물이 되어 희생 제사를 완성하고 종결시키셨다.25) 결과적으로 유대교의 성전, 전문 제사장제도, 희생 제사는 예수

그리스도의 오심으로 다 지나갔다.26) 그리스도는 그 모든 것의 완성이요 실체이시다.27)

그리스와 로마 이교사상에서도 이 세 가지 요소가 다 나타난다: 이교도들도 그들의 신전과 제사장과 희생 제사를 하고 있었다.28) 오직 그리스도인들만이 이런 요소들을 모두 용도폐기해 버렸다.29) 기독교는 역사상 최초로 출현한 성전 없는 종교라고 할 수 있다. 초기 그리스도인들의 생각에는, 건축물이 아니라 사람들이 신성한 공간을 구성해야 했다. 초기 그리스도인들은 그들 자신이-집합적으로-하나님의 성전이요 하나님의 집이라고 이해했다.30)

놀라운 것은 신약성서 어디에도 교회ekklesia나 성전이나 하나님의 집을 건물로 지칭한 적이 없다는 사실이다. 초기 그리스도인들에게는 교회를 건물이라고 부르는 것이 아내를 콘도라 칭하거나 어머니를 고층빌딩이라 하는 것과 매한가지였다!31)

그리스도인의 모임 장소를 에클레시아ekklesia라고 일컬었던 최초의 기록은 190년경 알렉산드리아의 클레멘트Clement of Alexandria, 150-215에 의한 것이었다.32) 또한 클레멘트는 "교회에 간다."라는 표현을 최초로 사용한 사람이었는데, 이것은 1세기 성도들에게는 생소한 개념이었다.33) (당신은 장소가 아닌, 사람인 당신에게로 갈 수 없다!) 신약성서 전체에서 에클레시아는 언제나 장소가 아닌 사람들의 모임을 가리킨다. 신약성서에 114번 등장하는 에클레시아는 전부 다 사람들의 모임을 가리킨다.(영어의 church라는 단어는 헬라어의 큐리아콘kuriakon에서 유래했는데, 그것은 "주님께 속하다"라는 뜻이다. 머지않아, 그 말에는 "하나님의 집"이라는 의미가 가미되었고 건물을 지칭하게 되었다.) 34)

그렇다고 하더라도, 클레멘트가 말한 "교회에 간다"라는 표현은 예배를 위해 특별한 건물에 간다는 뜻이 아니다. 그것은 2세기 그리스도인들이 그들의 모임을 위해 사용했던 개인 가정집을 지칭하는 말이다.35) 그리스도인들은 4세기에 콘스탄틴 시대가 도래하기 전까지는 예배를 위해 특별한 건물들을 세우지 않았다. 신약성서 학자인 그레이돈 스나이더Graydon F. Snyder는 다음과 같이 피력했다: "그런 가정집이 교회 건물로 개조된 어떤 건물이 남아 있다는 증거 문서나 고고학적 자료가 없다. 또 콘스탄틴 이전에 지어진 어떤 교회당도 현존하지 않는다." 또 다른 책에서 그는 이렇게 썼다: "초기 교회들은 한결같이 가정집에서 모였다. 우리가 아는바 300년까지는 먼저 교회당으로 지어진 건물이 존재하지 않았다."36)

또한, 그들에겐 하나님을 섬기도록 따로 세움을 받은 특별한 제사장 계급도 없었다. 그 대신 모든 신자가 하나님의 제사장임을 스스로 알고 있었다. 초기 그리스도인들은 또 희생 제사를 폐지했다. 왜냐하면, 그들은 진실한 마지막 희생제물그리스도이 왔다는 것을 이해했기 때문이다. 그들이 드린 유일한 제사는 찬양과 감사로 드리는 영적 제사였다. 히13:15과 벧전2:5을 참조할 것

4세기부터 6세기에 걸쳐 서서히 전면에 나선 로마 기톨릭은 이교사상과 유대교 양쪽의 종교적 관습을 많이 흡수시켰다. 로마 기톨릭은 또 전문 제사장 제도를 확립했고 신성한 건물들을 건축했다.37) 그리고 주의 만찬을 신비스러운 희생 제사로 둔갑시켰다.

이교도들의 방식을 따라, 기톨릭은 향을 피우는 관습과 신성한 독신제도를 도입했다.38) 개신교인들은 주의 만찬에서 희생 제사의 개념을 빼 버렸고, 향을 피우는 것과 신성한 독신제도를 폐지했다. 그러나 그들은 제사장계급성직자뿐만 아니라 신성한 건물도 그대로 유지했다.

가정집 교회에서 거룩한 성당으로

초기 그리스도인들은 예수님이 바로 하나님의 임재 그 자체라고 믿었다. 그

리고 그리스도의 몸인 교회가 성전을 구성한다고 믿었다.

주 예수님께서 이 땅에 계셨을 때 몇 번 유대 성전에 대해 과격할 정도로 부정적인 표현을 하셨다.39) 수많은 유대인을 가장 화나게 했던 것은, 만일 성전이 헐린다면 예수님이 사흘 안에 새 성전을 세우겠다고 하신 선언이었다!요2:19-21을 참조할 것 예수님께서 건물로 존재하던 성전을 지칭하셨지만, 실은 자신의 몸에 대해 말씀하신 것이다. 예수님은 이 성전이 헐리고 자신이 사흘 안에 그것을 일으키시겠다고 말씀하셨다. 예수님은 진정한 성전, 곧 사흘 만에 예수님 자신 안에 일으키신 교회를 가리키셨다.엡2:6

그리스도께서 부활하신 이래로 우리 그리스도인들은 하나님의 성전이 되었다. 부활하셨을 때 그리스도는 "살려주는 영"이 되셨다.고전15:45 그러므로 믿는 사람들 안에 거주하심으로써 그들을 자신의 성전 곧 자신의 집으로 만드셨다. 이런 이유 때문에 신약성서는 교회ekklesia라는 말을 항상 하나님의 백성을 지칭하는 것에 국한한다. 신약성서는 건물이나 그런 부류의 것을 지칭하는 데에 이 말을 결코 사용한 적이 없다.

예수님께서 성전에서 소동을 일으키신 사건은 돈 바꾸는 사람들이 하나님의 진짜 집인 성전을 모독한 것에 대한 분노였을 뿐만 아니라, 유대교의 "성전 예배"가 주님에 의해 대체되었음을 의미한다.40) 예수님의 오심으로 말미암아 하나님 아버지께서 더는 산이나 성전에서 예배를 받으실 필요가 없게 되었다. 그 대신 하나님은 영과 진리로 드리는 예배를 받으신다.41)

그리스도교가 태어났을 때, 그것은 신성한 물건이나 신성한 사람이나 신성한 장소가 없는 지상의 유일한 종교였다.42) 유대교 회당들과 이교 신전들로 둘러싸여 있었지만, 초기 그리스도인들은 예배를 위해 신성한 건물을 세우지 않은 지상의 유일한 종교적인 사람들이었다.43) 그리스도교의 신앙은 가정에서, 밖의 뜰에서, 그리고 길가에서 태어났던 것이다.44)

처음 3세기 동안에는, 그리스도인들이 어떤 특별한 건물도 갖고 있지 않았다.[45] 어떤 학자는 "로마제국을 정복한 그리스도교는 본질적으로 가정집 중심의 운동이었다."라고 말했다.[46] 어떤 사람들은 교회 건물을 세우는 것이 그리스도인들에게 허락되지 않았기 때문이라고 주장한다. 그러나 그렇지 않다.[47] 가정집에서 모임을 하는 것은 초기 그리스도인들이 의식적으로 선택한 것이었다.

그리스도인들의 모임이 규모가 커지면서, 더 많은 사람을 수용하기 위해 그들의 집들을 고치기 시작했다.[48] 고고학의 가장 위대한 발견 중의 하나는 지금의 시리아에 있는 듀라 유로포스DURA-Europos의 집이다. 이 집은 그리스도인의 모임 장소로 확인된 최초의 것이다. 그것은 232년경에 그리스도인의 모임 장소로 개조된 단순한 개인 집이었다.[49]

듀라 유로포스에 있던 집은 큰 거실을 만들려고 특별히 두 개의 침실 사이에 있던 벽을 터서 된 집이었다.[50] 이렇게 변경된 집은 약 70명이 모일 수 있는 크기가 되었다.[51] 듀라 유로포스의 것처럼 개조된 집들은 "교회 건물"이라고 부르기에는 적합하지 않다. 그것들은 단지 더 큰 모임을 수용하기 위해 만들어진 개량된 집이었을 뿐이다.[52] 더 나아가서, 이 집들은 이교도들과 유대인들이 그들의 신성한 장소를 일컬었던 말인 성전또는 신전temples이라고 불린 적이 결코 없었다. 그리스도인들은 15세기까지는 그들의 건물을 성전이라고 부르지 않았다.[53]

신성한 장소와 물건의 등장

2세기 말과 3세기에 변화가 일어났다. 그리스도인들이 죽은 사람을 숭배하는 이교도의 사상을 받아들이기 시작했다.[54] 그들의 초점은 순교자들을 기리며 높이는 것이었다. 그래서 성인들을 위한 기도가 시작되었다 나중에 이것은 그들을 향한 기도로 발전하였다.55)

그리스도인들은 죽은 사람에게 경의를 표하여 음식을 먹는 이교도들의 관습을 받아들였다.56) 기독교의 장례식과 장송곡은 둘 다 3세기 때 이교도들에게서 직수입되었다.57)

3세기 그리스도인들은 두 개의 모임 장소를 갖고 있었다: 그들의 개인 집과 공동묘지가 그것이다.58) 그들은 죽은 그리스도인 형제들과 가깝게 있고 싶어서 공동묘지에서 모였다.59) 순교자의 묘지에서 식사를 나누는 것이 그를 기리고 그와 함께 예배하는 것이라고 그들은 믿었다.60)

'거룩한' 순교자들의 시신이 그 안에 있었으므로, 기독교 무덤들은 '거룩한 곳'이라고 여겨졌다. 그래서 그리스도인들은 이런 장소들에 작은 기념비를 세우기 시작했다 특히 유명했던 성도들의 무덤에.61) 무덤에 기념비 같은 것을 세우고 그것을 거룩하다고 부르는 것 또한 이교도의 관습이었다.62)

로마에서는 그리스도인들이 기독교의 상징으로 카타콤catacombs, 지하 무덤을 꾸미기 시작했다.63) 그래서 예술이 신성한 장소와 접목되었다. 알렉산드리아의 클레멘트Clement of Alexandria는 예배에 시각예술을 도입할 것을 주창한 최초의 그리스도인 중 하나였다. (흥미롭게도, 그리스도의 죽음을 상징하는 십자가는 콘스탄틴 이전에는 찾아볼 수 없다.64) 십자가에 달린 구세주를 예술적으로 표현한 예수 십자고상은 5세기 때 처음 등장했다.65) 한 손으로 '십자가 표시'를 하는 관습은 2세기 때로 거슬러 올라간다.)66)

약 2세기경에는 그리스도인들이 성도들의 유골을 거룩하고 신성한 것으로 숭상하기 시작했다. 이것이 궁극적으로 유품 수집relic collecting을 태동시켰다.67) 죽은 사람을 숭배하는 것은 로마제국에서 집단을 형성하는 가장 강력한 힘이었다. 이제 그리스도인들이 이것을 그들의 신앙 안으로 흡수시켜 버린 것이다.68)

2세기 말에는 주의 만찬에 대한 다른 견해가 태동하기 시작했다. 주의 만찬이 식사에서 성만찬Holy Communion이라고 불리는 일정한 양식을 갖춘 의식으로 둔갑했다. 이런 변화가 어떻게 일어났는지는 9장을 참조할 것. 4세기에 가서는 떡과 잔이 위압적이고, 두렵고, 신비한 분위기를 창출해 내는 것으로 보았다. 결과적으로, 동방의 교회들은 떡과 잔을 놓아두는 제단 테이블 위에 덮개canopy를 달기도 했다. 16세기 때는 제단 테이블 위에 가로막rail을 얹어 놓았다.69) 가로막은 제단 테이블이 거룩한 사람들성직자들에 의해서만 다루어져야 하는 거룩한 물건임을 의미한다.70)

그래서 3세기에 가서 그리스도인들은 신성한 장소뿐만 아니라 신성한 물건들도 가지게 되었다. (그들은 얼마 안 가서 신성한 제사장제도를 채택하게 된다.) 이 모든 것에서 2세기와 3세기 그리스도인들은 이교사상을 특징짓는 마술적 사고방식에 동화되기 시작했다.71) 이 모든 요소가 곧 교회 건물들을 세우는 데 주도적인 역할을 하게 될 한 사람을 위해 기독교계를 준비시키고 있었다.

콘스탄틴, 교회 건물의 아버지

콘스탄틴 황제Constantine, 약 285~337가 그리스도인들에게 예배의 자유를 안겨주고 그들의 특권을 확대시켜준 장본인으로 종종 칭송을 받지만, 그의 이야기는 기독교 역사의 어두운 면을 가득 채우고 있다. 교회 건물이 그에서 시작되었다.72) 그 이야기는 깜짝 놀랄 만하다.

콘스탄틴이 무대에 등장했을 때, 그리스도인들이 멸시받던 소수 무리에서 벗어날 분위기가 무르익고 있었다. 지위를 인정받게 되는 시험은 거부하기엔 너무 엄청났고, 콘스탄틴의 영향력이 본격적으로 발휘되기 시작했다.

312년에 콘스탄틴은 서로마제국의 시저Caesar가 되었다.73) 324년에 가서 그는 로마제국 전체의 황제가 되었다. 그 후 얼마 안 가서, 그는 교회 건물들을 건축하라는 명령을 내리기 시작했다. 그는 이렇게 함으로써 기독교를 일반화시켜 받아들여지게 했다. 만일 그리스도인들이 그들 소유의 신성한 건물을 가졌다면-유대인들과 이교도들이 그랬던 것처럼-그들의 신앙은 합법적인 것으로 여겨졌을 것이다.

콘스탄틴의 사고방식을 이해하는 것이 중요하다. 왜냐하면, 그것이 그가 왜 교회 건물을 세우는데 그토록 열성이었는지의 이유를 설명해주기 때문이다. 콘스탄틴의 생각은 미신과 이교 마술로 가득 차 있었다. 황제가 된 이후에도, 그는 옛 이교 기관들이 그대로 보존되도록 허락했다.[74]

콘스탄틴은 기독교로 개종한 이후에도 결코 태양신 섬기는 것을 포기하지 않았다. 그는 동전에 태양을 새겨 넣었고, 콘스탄티노플Constantinople, 그가 새로 건설한 수도 광장에 그의 형상을 새긴 태양신상을 세웠다. 또한, 키벨레 Cybele라는 모신mother-goddess의 여신상도 세웠다 (그것을 그리스도인이 기도하는 모습으로 만들기는 했지만).[75] 역사가들은 콘스탄틴이 진짜 그리스도인이었는지 아닌지를 놓고 계속 논쟁을 벌이고 있다. 그가 그의 장남과 조카와 매부를 사형시킨 사실은 그가 회심했다는 주장에 별로 도움되지 않는 듯하다.[76] 여기서는 그 문제를 더는 다루지 않기로 하겠다.

321년에, 콘스탄틴은 일요일을 휴일법정 공휴일로 공포했다.[77] 콘스탄틴이 이렇게 했던 의도는 정복되지 않은 태양신 미드라Mithras를 숭배하기 위한 것으로 보인다.[78] (그는 일요일을 "태양의 날"로 표현했다.) 그가 태양숭배와 얼마나 깊이 관련되어 있었는가는, 로마의 성베드로 대성당에서 발굴된 정복되지 않은 태양의 형상을 한 그리스도의 모자이크가 잘 설명해주고 있다.[79]

콘스탄틴은 죽음이 임박할 때까지 "여전히 이교의 대제사장 구실을 하고 있었다."[80] 사실 그는 이교 제사장의 총수라는 뜻이 있는 '폰티펙스 맥시무스' Pontifex Maximus라는 이교의 타이틀을 고수했다!81) (15세기에 와서 이 똑같은 타이틀이 로마 기톨릭 교황의 영예로운 직함이 되었다.)82)

330년 5월 11일, 콘스탄틴은 그의 새 수도인 콘스탄티노플을 헌정할 때, 이방 신전들에서 취한 보물로 장식했다.83) 그리고 곡식을 보호하고 병을 고치기 위한 목적으로 이교 마술을 사용했다.84)

더 나아가서, 모든 역사적 증거는 콘스탄틴이 병적으로 자기 중심적인 인물이었음을 보여준다. 그가 콘스탄티노플에 사도들의 교회를 건축했을 때 12사도의 기념비들을 세웠는데, 그 12개의 기념비가 한 개의 무덤을 중앙에 두고 에워싸는 형식으로 만들었는데, 그 무덤은 바로 콘스탄틴 자신을 위해 예비한 무덤이었다. 곧 자신을 13번째 사도인 동시에 우두머리 사도로 만든 것이다. 따라서 콘스탄틴은 죽은 자를 숭배하는 이교 관습을 계속 하였을 뿐 아니라, 자신도 죽은 자 중 중요한 한 사람으로 포함되기를 원했다.85)

아울러, 콘스탄틴은 물건과 장소가 신성하다는 개념을 이교도들유대인들이 아니고에게서 받아들였다.86) 그의 영향에 힘입어서, 유품 매매relic mongering가 교회 안에 성행하게 되었다.87) 4세기에 가서 유품 중독이 너무 심해졌으므로 어떤 기독교 지도자들은 그것을 비난하며 말하기를, "이방 관습이 종교의 옷을 입고 교회 안에 들어왔다… 우상숭배자들의 행위이다"라고 했다.88)

콘스탄틴은 또 이교 성지의 모델에 기초를 둔 거룩한 장소의 개념을 기독교 신앙에 도입한 사람이다. 4세기 그리스도인들이 팔레스타인에 접목시킨 '신성함'의 분위기 때문에, 그곳이 6세기에 가서는 '성지' the Holy Land로 알려지게 되었다.89)

콘스탄틴은 죽은 후에 '신격인 존재'로 공포되었다. (이것은 콘스탄틴 이전에 죽은 모든 이교 황제들을 위한 관습이었다.)90) 그가 죽었을 때 그를 이교의 신으로 공포한 것은 로마의 원로원Senate이었다.91) 그리고 그들이 이렇게 하는 것을 아무도 말리지 않았다.

여기서 콘스탄틴의 어머니인 헬레나Helena에 대해 언급할 필요가 있다. 이 여자야말로 유품에 중독된 사람으로 가장 주목해야 할 사람이다. 326년에 헬레나는 팔레스타인으로 순례의 길을 떠났다.[92] 327년에 예루살렘에서 예수님을 못박는 데 사용되었던 십자가와 대못들을 그녀가 발견했다고 보고되었다.[93] 그리스도의 십자가에서 나온 나무 조각들에 영적인 능력이 있다는 사상은 콘스탄틴이 조장한 것으로 알려졌다.[94] 진실로, 이교의 마술 사상이 교회 건물의 아버지로 불리는 콘스탄틴 황제를 사로잡았다.

콘스탄틴의 건축 프로그램

327년에 있었던 헬레나의 예루살렘 여행에 이어서 콘스탄틴은 로마제국 전역에 처음으로 교회 건물을 짓기 시작했는데, 그중 어떤 것들엔 공적 자금이 사용되었다.[95] 그렇게 함으로써, 그는 하나님을 높이기 위한 성전을 건축하는데 이교도의 방법을 따랐다.[96]

흥미로운 것은, 그가 이교도들이 그들의 신전에 신들의 이름을 붙이듯이 교회 건물들에 성인들의 이름을 붙였다는 사실이다. 콘스탄틴은 그리스도인들이 죽은 성인들을 기리며 식사를 나누던 묘지들 위에 최초의 교회 건물들을 건축했다.[97] 즉, 그는 죽은 성인들의 시신 위에 교회 건물을 지은 것이다.[98] 왜 그렇게 했을까? 그것은 적어도 1세기 전부터 성인들의 무덤이 '거룩한 공간' 으로 인식되어 있기 때문이었다.[99]

수많은 거대한 건물이 순교자들의 무덤 위에 세워졌다.[100] 이런 관습은 한 때 이교의 신들에게 부여되었던 것과 똑같은 능력을 순교자들이 지녔다는 사상에 기초한 것이었다.[101] 그리스도인들은 이 사상을 전적으로 받아들였다.

기독교 '성지'로 가장 잘 알려진 곳은 바티칸 언덕의 성베드로 대성당베드로의 무덤으로 알려진 곳 위에 세워졌음, 성벽 밖의 성바울 대성당바울의 무덤으로 여겨지는 곳에 세워졌음, 눈부시게 놀라운 예루살렘의 성묘교회그리스도의 무덤으로 여겨지는 곳에 세워졌음, 그리고 베들레헴의 예수출생교회예수님이 탄생한 동굴로 여겨지는 곳에 세워졌음 등이 있다. 콘스탄틴은 로마에 아홉 개의 교회 건물을 건축했고, 예루살렘과 베들레헴과 콘스탄티노플에도 여러 개의 건물을 세웠다.102)

최초의 교회 건물들에 관한 탐구

교회 건물이 신성하다고 여겨졌기 때문에, 회중은 교회 건물 안으로 들어가기 전에 정결 의식을 거쳐야 했다. 그래서 4세기 때는 그리스도인들이 건물 안으로 들어가기 전에 씻을 수 있도록 밖의 뜰에 세면대를 세워놓았다.103)

콘스탄틴의 교회 건물들은 "황제에 걸맞게" 지었다고 불릴 정도로 널찍하고 웅장한 건축물이었다. 그것들은 아주 화려해서 그 당시의 이교도들이 이교 신전의 구조를 "모방한 엄청나게 큰 건물들"이라고 했다.104) 심지어 콘스탄틴은 새 교회 건물들을 이교의 예술품으로 장식하기도 했다.105)

콘스탄틴의 통치 아래에서 지어진 교회 건축물들은 로마의 바실리카basilica 모델을 정확히 본뜬 것이다.106) 바실리카는 그리스의 이교 신전들을 모방하여 설계된107) 로마의 일반적인 정부청사 건물이었다.108)

바실리카는 오늘날의 고등학교 강당과 같은 역할을 했었다. 그것은 공연을 구경하는 수동적이고 고분고분한 관객들을 앉혀 놓기에 안성맞춤이었다. 이것이 바로 콘스탄틴이 왜 바실리카의 모델을 선택했는지 그 이유 중 하나였다.109)

아울러, 그는 태양신 숭배에 심취했기 때문에 그 모델을 선호했다. 바실리카는 연설가가 청중을 향했을 때 햇빛이 그에게 비취도록 설계되었다.110) 그리스

와 로마의 신전들처럼 기독교 바실리카들도 외관앞의 정면이 동쪽을 향하도록 지어졌다.111)

기독교 바실리카의 안을 들여다보자. 그것은 로마 행정관과 사무관들이 사용하던 로마 바실리카의 정확한 복사판이다. 기독교 바실리카엔 성직자가 올라가서 의식을 집전하는 우뚝 솟은 단이 세워져 있었다. 그 단에는 보통 여러 개의 계단이 부착되어 있었다. 또 성직자와 평신도를 분리시키는 가로막 또는 스크린이 있었다.112)

건물의 중앙에는 제단이 놓여 있었다. 그것은 테이블 또는 덮개가 덮인 상자였다.113) 제단은 두 가지 이유에 의해서 건물 안에 있는 것 중 가장 거룩한 자리로 여겨졌다. 첫째는 그것이 종종 순교자들의 유품으로 꾸며져 있었기 때문이다.114) (5세기 이후에는 교회 제단에 있던 유품의 존재가 교회가 교회 되게 하는 데 있어 필수요건이었다.)115) 둘째는 제단 위에 성찬떡과 잔이 놓여 있었기 때문이었다.

그 당시에 이미 신성한 제사로 인정되었던 성찬은 제단 위에 드려졌다. "거룩한 사람들"로 여겨졌던 성직자들 외에는 그 누구도 제단의 가로막 안에서 성찬을 받는 것이 허용되지 않았다.116)

제단 앞에는 캐씨드라cathedra, 주교좌라고 불리는 감독의 의자가 놓여 있었다.117) 'Ex cathedra' 라는 말은 이 의자에서 나온 말이다. 'Ex cathedra' 는 "보좌로부터"라는 뜻이다.118) '감독의 의자' 또는 '보좌' 라고 불렸던 이 의자는 건물 안에서 가장 크고 정교한 의자였다. 그것은 로마 바실리카의 재판관 의자를 대체한 것이었다.119) 그리고 그것은 장로들을 위해 지정된 두 줄로 된 의자들에 둘러싸여 있었다.120)

설교는 감독의 의자에서 행해졌다.121) 능력과 권세가 흰색 천으로 덮여 있던 그 의자에 머물러 있었다. 장로들과 집사들은 양쪽에 반원을 그리며 앉았다.122) 바실리카 건축양식에서는 계급의 구분이 확실했다.

흥미로운 것은, 오늘날 대부분 교회 건물이 강대상 뒤의 플랫폼 위에 목사와 부교역자를 위한 특별 좌석을 갖고 있다는 사실이다. (감독의 보좌처럼 목사의 의자도 보통 그중에서 제일 크다.) 이것들은 모두 이교의 바실리카에서 그대로 도입된 것들이다.

이 모든 것 외에, 콘스탄틴은 이교 신전들을 대규모로 파괴하지 않았다. 그것들의 문을 닫지도 않았다.123) 어떤 곳에서는 이교 신전들이 우상을 제하고 기독교 건축물로 바뀌었다.124) 그리스도인들은 이교 신전들에서 빼앗은 물건을 그대로 사용했고, 이교 신전 자리에 새 교회 건물을 지었다.125)

예배에 끼친 주요 영향들

교회 건물의 등장은 기독교 예배에 상당한 변화를 가져왔다. 황제가 교회 안에서 제일 높은 "평신도"였으므로, 단순한 의식으로는 충분하지 않았다. 그를 높이고자 황실의 의식과 행렬이 기독교 의식에 도입되었다.126)

로마 황제들이 공중 앞에 모습을 드러낼 때마다 그들 앞에 불빛을 밝히게 하던 관습이 있었는데, 그 불빛은 향기로운 갖가지 향이 가득한 불타는 그릇에서 나는 것이었다.127) 콘스탄틴은 이런 관습을 본받아서 교회 예배에 촛불과 향불의 사용을 도입했다. 그리고 성직자가 건물 안에 들어올 때 그것들도 따라 들어왔다.128)

콘스탄틴의 통치 아래서, 전에 평상복을 입었던 성직자들이 특별한 제복을 입기 시작했다. 그 특별한 제복은 무엇이었는가? 바로 로마 행정관들이 입던 의복들이었다. 더구나 로마 행정관들을 높이는 데 사용되었던 제스처들과 맞

먹는, 성직자를 높이기 위한 갖가지 제스처가 교회 안에 도입되었다.[129]

행진 음악과 함께 의식을 시작했던 로마 관습도 도입되었다. 이 목적을 위해 성가대가 조직되어 교회 안에 들어왔다. (성가대의 유래에 대해 더 자세한 것은 7장을 참조할 것.) 예배는 더욱더 전문적이 되었고, 극적 효과와 의식적인 분위기를 풍기게 되었다.

이 모든 요소는 그리스와 로마식 문화에서 교회로 직수입된 것들이다.[130] 4세기 기독교는 그리스의 이교 문화와 로마의 제국주의에 따라 크게 그 모습이 빚어졌다.[131] 이 모든 것의 결말은 친밀감이 사라진 것과 누구나 참여할 수 있었던 열린 모임이 자취를 감추게 된 것이다. 구경꾼인 평신도들이 바라보는 가운데 전문적인 성직자가 예배의 모든 것을 인도했다.[132]

한 가톨릭 학자는 다음과 같이 기술했다: 콘스탄틴의 등장과 함께 "고대 로마문화의 각종 관습이 기독교 의식 속으로 흘러들어왔다… 황제를 신으로 모시는 고대 로마의 제사 의식들까지도 그 모습 그대로 교회의 예배 속으로 파고들었다."[133]

콘스탄틴은 모든 그리스도인에게 평화를 가져다주었다.[134] 그의 통치 아래서 기독교 신앙은 합법화되었다. 사실 그것은 유대교와 이교도보다 더 높은 위치를 차지했다.[135]

이런 이유 때문에 그리스도인들은 콘스탄틴의 등극을 하나님의 역사 하심으로 보았다. 그들을 구출하러 온 하나님의 사자가 여기에 있다고 생각했던 것이다. 기독교와 로마 문화가 이제 함께 녹아서 융합되었다.[136]

기독교 건물은, 원했거나 원하지 않았거나 관계없이, 교회가 이교문화와 밀접한 관계 속으로 들어가게 되었음을 보여준다.[137] 『문명이야기』*The Story of Civilization*, 민음사, 저자에게 퓰리처상을 안겨준 세계 역사에 관한 11권짜리의 대작의 저자인 윌 듀란트Will Durant가 말한 대로, "넓어져 가는 기독교라는 바다에 이교의 섬들이 그대로 남아 있었다."138) 이것은 예수 그리스도의 교회가 처음부터 알고 있었던 본래의 순수함에서 비극적으로 변질한 것이었다.

1세기 그리스도인들은 이 세상의 제도에 역행하고 이교 문화와의 접촉을 피했다. 이 모든 것이 교회가 세상의 공공기관으로 등장해서 "이교의 종교사상과 관습을 흡수하여 기독교화"하기 시작했던 4세기 때 전부 다 바뀌어 버렸다.139) 어떤 역사가가 말한 것처럼 "교회 건물들이 신전들의 자리를 취하고, 교회 재산이 신전의 토지와 자금을 대신했다."140) 콘스탄틴 아래에서 모든 교회 자산에 대한 면세가 허용되었다.141)

결과적으로, 교회 건물 이야기는 이교문화를 빌려와서 우리 신앙의 면면을 현저하게 변질시킨 기독교의 슬픈 대하소설이다.142) 더 솔직하게 표현하자면, 콘스탄틴 시대와 그 이후의 교회 건물들은 특히 거룩한 사당shrines이 되었다.143) 그리스도인들은 성전의 개념을 채택했고, 신이 특별한 방법으로 특별한 장소에 존재한다는 이교사상을 흡수했다. 그리고 그 장소는 "손으로" 지은 곳이다.144)

3세기와 4세기 그리스도인들은 교회 건물의 유래를 기독교 신앙에 흡수된 이교 관습들(예를 들면, 의식, 설교, 성직자 제복, 계층적 지도자 구조 등) 뿐만 아니라, 엉뚱하게도 구약성서에서 찾았다.145) 그러나 이것은 잘못된 생각이었다.

교회 건물은 이교문화에서 직수입된 것이었다. "품위있고 신성한 의식이 신비주의이교문화의 방식으로 교회에 침투했고, 그것이 많은 다른 것과 마찬가지로 구약성서를 참조해서 정당화되었다."146)

교회 건물을 정당화하려고 구약성서를 갖다 대는 것은 틀렸을 뿐만 아니라 스스로 패배를 자초하는 것이다. 옛날에 모세를 통해 주어진 신성한 제사장, 신성한 건물, 신성한 의식, 그리고 신성한 도구들의 효력은 예수 그리스도의 십자가에 의해 영원히 소멸하였다. 이에 덧붙여서, 그것은 계급이 없고, 예법도 없고, 의식절차도 없는 '교회'*ekklesia*라고 불리는 생명체에 의해 대체되었다.147)

교회 건축양식의 발달

콘스탄틴 시대 이후, 교회 건물은 여러 단계를 통과했다. (여기서 우리가 그 것을 상세히 살펴보기에는 너무 복잡하다.) 어떤 학자의 말을 빌리자면, "교회 건축양식의 변화는 한 줄기로 일정하게 발달했다기보다는 돌연변이에 의해 변 종된 결과이다." 이런 돌연변이는 모든 것을 독점하는 성직자와 자생력이 모 자란 회중을 육성해내는 독보적인 건축양식에 아무런 변화를 가져오지 못했 다.148)

교회 건축양식의 발달과정을 잠깐 살펴보자:

- 콘스탄틴 이후, 기독교 건축양식은 바실리카 단계에서 비잔틴 단계로 넘 어갔다.149) 비잔틴 교회들은 중앙에 넓은 돔dome과 성상들과 모자이크 로 꾸며졌다.150)
- 비잔틴 건축양식 이후에 로마네스크 건축양식이 그 뒤를 이었다.151) 로 마네스크 건물들은 높이 올린 세 개의 층, 둥근 아치arch를 받쳐 주는 대 규모의 기둥들, 그리고 화려한 색깔의 실내가 돋보였다.152) 이런 건축양 식은 800년 크리스마스에 샤를마뉴Charlemagne가 신성로마제국의 황제 가 된 직후부터 시작되었다.
- 로마네스크Romanesque 시대 다음엔 12세기의 고딕 시대로 접어들었다. 고딕 건축양식은 십자가를 붙인 둥근 천장과 뾰족한 아치와 벽 날개로 가득한, 황홀하게 만드는 고딕 대성당cathedrals의 시대를 열었다.153) Ca-

thedral이라는 말은 '캐씨드라'cathedra; 주교좌에서 온 것이다. 그것은 주교좌를 놓아두는 건물, 즉 감독의 보좌가 있는 건물을 뜻한다.154)

색 유리는 6세기에 뚜루의 그레고리Gregory of Tours 538-594에 의해 교회 건물에 처음으로 소개되었다.155) 몇몇 로마네스크 교회의 좁은 창들에 유리를 박아놓았다. 생드니St. Denis수도원의 원장이었던 쉬제르Suger는 색 유리를 더 높은 단계로 끌어올렸다. 그는 유리에 신성한 그림들을 그려서 장식했다. 결국, 그는 고딕 대성당들에 색 유리를 도입함으로써 교회 건물에 색 유리창을 사용한 최초의 인물이 되었다.156)

색 유리의 큰 패널들이 밝게 번쩍번쩍 빛나는 각양 빛을 발산시키며 고딕 교회 건물의 벽들을 가득 채웠다.157) 아울러, 새 예루살렘의 효과를 만들어내려고 화려하고 어두운 색깔들이 사용되었다. 12세기와 13세기 색 유리창들은 아름다움과 우수성에서 비교할 상대가 거의 없었다. 색 유리창들은 눈부신 색깔과 함께 장엄하고 호화로운 분위기를 효과적으로 창출해 냈다. 그것들은 전능하고 두려움을 자아내는 하나님에게 예배하는 느낌을 주입시켰다.158)

고딕 대성당도 콘스탄틴의 바실리카와 마찬가지로 그 뿌리를 완전히 이교에 두었다. 고딕 건축가들은 그리스 이교 철학자인 플라톤의 가르침을 크게 의지했다. 플라톤은 소리와 색상과 빛은 고상하고 신비한 의미를 지닌다고 가르쳤다. 그것들은 분위기를 주입시킬 수 있고 또 "영원한 선"Eternal Good에 사람을 더 가까이 가도록 도와줄 수 있다고 했다.159) 고딕 설계자들은 플라톤의 가르침을 벽돌과 돌에 새겨 놓았다. 그들은 위압적인 광채와 예배의 분위기를 끌도록 위엄을 자아내는 빛을 고안해 냈다.160)

색채는 감정을 일으키는 데 있어 현존하는 가장 강력한 요소 중 하나이다. 따라서 고딕 색 유리창들은 신비스럽고도 초월적인 분위기를 자아내도록 교묘하게 사용되었다. 고딕 건축양식은 고대 이집트의 웅장한 신상들과 탑들에서 영감을 얻어 지나칠 정도로 높게 만들어서 장엄한 분위기를 되살리려 했다.161)

고딕 구조에 대해 다음과 같이 말한 사람이 있다: "건물 전체가 땅에 고정된 날아가는 형상처럼 보인다… 그것은 마치 증기처럼 땅에서 피어오른다… 이것 처럼 물체를 영화롭게 하고spiritualize, 품위있게 하고, 하늘을 향해 비상하도록 다른 건축양식은 없다."162) 그것은 하늘과 땅이 서로 만나는 것의 궁극적인 상 징이었다.163)

그러므로 고딕 대성당은 빛과 색채와 과도한 높이를 사용해서 신비스럽고, 초월적이고, 두려운 분위기를 조장시켰다.164) 이 모든 요소는 플라톤에게서 빌 려와서 기독교에 넘겨진 것들이었다.165)

바실리카, 로마네스크, 그리고 고딕 교회 건물들은 하늘에 있는 것과 영적 인 것을 복사해 보려는 인간적인 시도이다.166) 역사를 통틀어 교회 건물은 아주 실제적인 방법을 동원해서 육적 감각으로 신적인 것을 감지해 보려는 인간의 추구를 반영한다. 아름다운 환경에 둘러싸여 있으면 분명히 사람의 마음이 하 나님께 향하게 될 수는 있지만, 하나님은 그분의 교회가 미학적인 경험보다 더 월등한 것을 하기 바라신다. 4세기에 가서, 기독교 공동체는 하늘의 실체들과 보이지 않는 감각으로는 감지할 수 없고 오직 사람의 영에 의해서만 경험할 수 있는 영적인 것들과의 접촉을 잃어버렸다.고전2:9-16을 찾아볼 것

고딕 건축양식의 주요 메시지는 "하나님은 초월적이시고 도달할 수 없는 분 이시다. 그러므로 그의 위엄 앞에서 두려워해야 한다"는 것이다. 그러나 그런 메시지는 하나님이 언제나 만날 수 있도록 열려 있는 분이라는 복음 메시지에 정면으로 도전하는 것이다. 하나님은 자신의 백성 안에 들어오셔서 거하시는 분이다.

개신교 교회 건물

16세기 때 개혁자들은 앞에서 언급했던 건축의 전통을 이어받았다. 단기간 내에 수천 개의 중세 대성당이 그들의 소유가 되었다. 그 건물들을 관장하는 지역의 통치자들이 종교개혁에 합세했기 때문이다.167)

개혁자들 대부분은 전직 사제였다. 그러므로 그들은 모르는 사이에 중세 기톨릭의 사고방식에 의해 길들어 있었다.168) 그래서 개혁자들이 새로 얻게 된 교회 건물들을 일부 고쳤다 할지라도, 그들은 건축양식의 역할 변화에 대해선 별로 신경 쓰지 않았다.169)

개혁자들이 교회의 관습에 혁신적인 변화를 원했다 할지라도, 일반 대중은 그것에 대한 준비가 되지 않았었다.170) 마틴 루터Martin Luther는 교회가 건물이나 기관이 아니라는 것에 대해 분명히 알고 있었다.171) 하지만 이 주제에 관해 천 년 이상 지속하여 온 혼란을 그가 뒤집어엎기엔 불가능했었을 것이다.172)

개혁자들이 가져온 건축양식의 주요 변화는 그들의 시각을 반영한다. 그들은 제단 테이블이 아닌 강대상을 건물의 정 중앙에 놓았다.173) 종교개혁은 사람들이 설교를 듣지 않고는 하나님을 알 수 없고 영적으로 성장할 수 없다는 개념 위에 세워졌다. 따라서 개혁자들은 잔존하는 교회 건물들을 물려받았을 때 그 목적에 따라 그것들을 고쳤다.174)

뾰족탑

바벨의 주민들이 "하늘에 닿게 하려고" 탑을 쌓았던 이래로, 인류문명은 그 선례에 따라 뾰족한 꼭대기가 달린 건물구조를 선호했다.175) 바벨론 사람들과 이집트 사람들은 불멸을 지향하는 신앙을 반영하는 오벨리스크obelisk와 피라미드를 세웠다. 그리스 철학과 문화에 와서는, 건축양식의 방향이 위를 향한 수직에서 아래를 향한 수평으로 바뀌었다. 이 모든 것은 민주주의, 인간 평등, 그리고 땅 지향적인 신들을 믿는 그리스 사람들의 사상을 암시했다.176)

그렇지만, 로마 기톨릭 교회의 등장과 함께 건물 위에 뾰족한 꼭대기를 얹는 관습이 다시 생겨났다. 비잔틴 시대의 마지막 때, 기톨릭 교황들은 고대 이집트의 오벨리스크에서 영감을 얻었다.177) 종교적 건축양식이 로마네스크 시대로 접어들자, 로마제국에 건축이 된 모든 대성당의 외부와 모퉁이에 뾰족한 끝이 다시 나타나기 시작했다. 이런 추세는 고딕 건축양식의 시대에 와서 수도원장 쉬제르가 생드니에 대성당을 건축하면서 그 극에 달했다.

고딕 양식의 선이 가진 특징은 그리스 건축양식과는 달리 위를 향해 힘써 올라가는 것을 암시하는 수직이었다. 이때에 이탈리아 전역에 걸쳐 교회 건물의 입구 쪽에 탑이 등장하기 시작했다. 탑 안에는 사람들을 예배로 부르기 위한 종을 달아 놓았다.178) 이 탑은 하늘과 땅이 만나는 것을 상징한다.179)

시간이 흘러, 고딕 건축가들은 수직에 강조점을 두고 모든 탑에 뾰족한 끝을 첨가했다.180) 뾰족탑spire 또는 steeple; spire는 영국에서 사용한 단어임은 창조주와 연합하려는 인간의 열망을 상징한다.181 그 후 수 세기 동안에는 탑들이 더 높아지고 더 홀쭉해졌다. 그것들은 궁극적으로 건축양식에서 시각적 초점이 되었다. 탑의 수가 줄어 "웨스트워크"westwork라 불리던 쌍둥이 탑에서 노르망디와 영국의 교회들을 특징짓는 한 개의 뾰족탑으로 바뀌었다.

1666년에는 탑 건축양식의 방향을 바꾸는 뭔가가 벌어졌다. 런던 전역에 걸쳐 큰 화재가 나서 87채의 교회 건물 거의 전부를 태워버렸다.182) 이에 크리스토퍼 렌 경Sir Christopher Wren, 632-1723이 런던의 모든 교회 건물을 다시 설계하도록 임명받았다. 프랑스와 독일의 고딕 뾰족탑들을 변경하는 데에 자신의 혁신적인 방식을 사용한 렌은 현대의 뾰족탑을 고안해 냈다.183) 그때로부터, 뾰족탑은 영국 건축양식을 특징짓는 독보적인 존재가 되었다.

나중에 청교도들은 그들의 선배인 가톨릭과 성공회보다 훨씬 더 단순한 교회 건물을 지었다. 그러나 그들은 뾰족탑은 그대로 보존하고 신대륙으로 그것을 가져왔다.[184]

뾰족탑의 메시지는 신약성서의 메시지와 모순된다. 그리스도인들은 하나님을 찾고자 하늘에 도달할 필요가 없다. 하나님은 여기에 계신다! 임마누엘의 오심으로, 하나님께서 우리와 함께 계신다.마1:23 그리고 예수님의 부활과 함께 우리는 내재하시는 주님을 모시고 있다. 뾰족탑은 이런 실체에 도전하고 있다.

강대상

처음의 설교들은 제단 뒤에 있었던 감독의 의자또는 cathedra에서 행해졌다.[185] 나중에는 성서 교훈이 읽히던 챈슬chancel 옆의 높이 올려진 낭독대ambo가 설교하는 자리가 되었다.[186] 낭독대는 유대교 회당에서 가져온 것이다.[187] 그렇지만 그것은 그 이전의 옛 그리스와 로마의 책상과 강단platform에 그 뿌리를 두고 있다. 존 크리소스톰John Chriysostom, 347-407이 낭독대ambo를 설교하는 자리로 만든 장본인이다.[188]

이미 250년에 낭독대는 강대상으로 대체되었다. 카르타고의 시프리안Cyprian of Carthage, 200-258은 교회 지도자를 낭독대pulpitum 위에 세운다는 말을 했다.[189] 영어의 펄핏pulpit은 "무대"라는 뜻이 있는 라틴어의 펄핏툼pulpitum에서 유래한 것이다.[190] 펄핏툼 또는 강대상은 회중의 가장 높이 올려진 자리에 놓여 있었다.[191]

머지않아, "강단으로 올라간다"ad pulpitum venire는 표현이 성직자가 사용하는 종교적 용어의 일부가 되었다. 252년에 시프리안은 평신도들에게서 성직자를 분리시키는 높이 올려진 강단을 "성직자의 신성하고 숭고한 콩게스툼congestum"
으로 암시했다.192)

중세 말기에 가서, 강대상은 교구 본당교회들 안에 일반화되었다.193) 그것
은 종교개혁으로 말미암아 교회 건물 안에 있는 가장 중요한 가구가 되었다.194)
강대상은 의식 행위미사 중심에서 성직자의 구두 교훈설교으로 대체된 것을 상
징했다.195)

루터교 교회들에서는 강대상이 제단 앞으로 옮겨졌다.196) 개혁교회들에
서는 제단이 결국 사라지고 '성찬 테이블'로 대체될 때까지 강대상이 독점했
다.197) 강대상은 언제나 개신교 교회의 중심이었다. 빌리 그레이엄 전도협회가
후원한 세미나에 강사로 온 저명한 목사는 "교회가 살아 있다면 그것은 강대상
이 살아 있기 때문이다. 교회가 죽었다면 그것은 강대상이 죽었기 때문이다"라
고 주장했다.198)

강대상은 성직자를 우월한 위치에 올려놓기 때문에 해로운 것이다. 강대상
은 그것이 의미하는 바에 충실하고자 설교자를 중심 '무대'에 세운다─그를 분
리시켜 하나님의 사람들 위에 높이 올려놓는다.

회중석과 발코니

회중석은 어쩌면 마주 보는 친밀한 교제의 가장 큰 방해꾼일지도 모른다. 그
것은 현대 교회의 무기력함과 수동성의 상징으로서, 집합체로서의 예배를 공연
구경으로 탈바꿈시켰다.199)

"회중석"Pew이라는 단어는 라틴어 포디움podium에서 파생되었다. 그것은 밑
바닥 위로 올려진 좌석 또는 "발코니"라는 뜻이다.200) 회중석은 기독교 역사의
처음 천 년 동안엔 교회 건물에 있지 않았다. 초기 바실리카에서는 회중이 예배

의 처음부터 끝까지 계속 서 있었다.201) (오늘날 많은 동방정교 교회에서는 아직도 이런 식으로 한다.)202)

13세기에 가서, 기대는 것이 없는 벤치가 영국의 교구 건물들에 서서히 등장했다.203 이 벤치는 돌로 만들어졌고 벽을 향해 놓였다. 그리고 나중엔 건물 중앙 쪽으로 옮겨졌다.네이브nave,교회당 중앙의 회중석이라고 불리는 장소로, 204) 처음에는 벤치가 강대상을 가운데 놓고 반원형으로 배치되었고, 나중에는 바닥에 고정되었다.205)

현대의 회중석은 15세기에 가서야 일반화되었지만 선보인 것은 14세기였다.206) 그때 나무 벤치가 돌로 된 의자를 대신했다.207) 18세기에 가서는 상자형 교회좌석box pew, 방으로 꾸며진 개인전용 좌석이 널리 유행했다.208)

상자형 교회좌석은 재미있는 역사를 갖고 있다. 그것은 쿠션과 카펫과 다른 액세서리로 만들어졌는데, 그것을 가정 단위로 팔았기 때문에 개인의 소유가 되었다.209) 상자형 교회좌석의 소유자들은 가능한 한 그것을 안락하게 꾸몄다.

어떤 사람들은 그것을 커튼, 쿠션, 손을 올려놓을 수 있는 두툼한 의자, 난로, 심지어는 애완견을 위한 특수 칸막이 등으로 장식했다. 소유자들이 자신의 회중석을 자물쇠로 채워두는 것도 흔한 일이었다. 이런 장식된 회중석은 성직자들에게서 많은 비판을 받고 나서 열린 좌석으로 대체되었다.210)

상자형 교회좌석의 옆이 높은 벽으로 되어 있던 적이 종종 있었으므로, 강대상은 회중이 바라볼 수 있게끔 더 높이 올려졌다. 그래서 "와인글래스"wineglass 강대상이 식민지 시대에 등장하게 되었다.211) 18세기 가족 상자형 교회좌석은 가느다란 회중석으로 대체되어 목사가 예배를 인도하는 곳인 새로 높이 들어올린 강대상으로 모든 사람이 향하도록 했다.212)

그렇다면, 회중석이란 무엇인가? 그 단어의 뜻이 다 설명해준다. 그것은 낮춰진 '발코니'이다. 무대강단 위에서 행해지는 것을 구경하게끔 분리된 좌석으로서, 성도의 무리를 꼼짝 못하게 하고 벙어리 구경꾼이 되게 한다. 마주 보며 친밀하게 상호 교제하는 것을 방해한다.

갤러리Gallery:방청석 또는 교회 발코니는 16세기에 독일 사람들에 의해 고안되었고, 18세기에 청교도들에 의해 일반화되었다. 그때부터 발코니가 개신교 교회 건물의 트레이드마크가 되었다. 그것의 목적은 회중을 강대상으로 더 가까이 오게 하는 것이었다. 다시 강조하자면, 회중이 설교자의 설교를 명확하게 듣게 하는 것이 개신교 교회를 설계하는 데 있어 언제나 주요 고려대상이었다.213)

현대 교회의 건축양식

지난 200년 동안 개신교 교회들에 의해 사용된 독보적인 건축양식 두 가지는 분리된 챈슬chancel:예배때 성직자와 합창대가 앉는 제단 옆 자리 방식의식에 치중하는 교회들에서 사용과 콘서트 무대 방식복음주의 교회들에서 사용이다.214) 챈슬은 성직자때로는 성가대가 예배를 인도하는 자리이다.215) 챈슬 방식의 교회에서는 아직도 성직자와 평신도들을 분리시키는 가로막이나 스크린이 존재한다.

콘서트 방식의 교회 건물은 19세기 부흥운동의 영향을 많이 받았다.216) 그것은 본질적으로 강당이다. 콘서트 방식의 건물은 설교자와 성가대가 앞에서 인도하는 극적인 예배를 강조하는 구조물이다.217) 그것의 구조는 성가대또는 예배 인도팀가 예배 또는 다른 모임에서 회중을 감화시키는 데에 초점 맞추었음을 함축성 있게 암시해준다.218) 그것은 또한 설교자가 서 있든지 앉아 있든지 관계없이 그에게 과도하게 집중하도록 한다.

콘서트 방식 건물에서는 작은 성찬 테이블이 보통 강대상 아래에 있다. 성찬 테이블은 일반적으로 놋으로 된 촛대들과 십자가와 꽃으로 꾸며져 있다. 테이블 위에 있는 두 개의 촛불은 오늘날 대부분 개신교 교회들에서 정통의 증거가

되었다. 교회 예배의 다른 많은 요소처럼 촛불의 존재도 로마 황실의 의전실에서 빌려온 것이다.[219]

하지만, 이런 변화에도, 모든 개신교 건축양식은 콘스탄틴의 바실리카에서 행해졌던 것과 똑같이 무미건조한 결과만 만들어낸다. 그것은 비성서적인 성직자와 평신도의 분리를 계속 유지하고, 회중이 구경꾼 역할을 하도록 조장한다. 건물의 배치와 분위기는 회중을 수동적인 상태로 길들인다. 강대상은 무대와 같고 회중은 극장의 좌석에 앉아 있는 것과 별반 다름이 없다.[220] 간단히 말해서, 기독교 건축양식은 그것이 4세기 때 등장한 이래 하나님 백성의 역할 수행을 교착상태에 빠지게 했다.

건물에 대한 해석

여기서 당신은 아마 스스로 이렇게 생각할 것이다. 그래서 문제 될 것이 무엇인가? 1세기 그리스도인들에게 건물이 없었던 것이 무슨 상관인가? 교회 건물이 이교사상과 관습에 기초해서 지어진 것도 무슨 상관인가? 중세 기톨릭이 이교철학에 근거해서 건축했던 것도 무슨 상관인가? 그것이 오늘 우리와 무슨 상관이란 말인가?

다음 문장을 깊이 생각해보라: 교회 모임의 사회적인 위치는 그 교회의 특징을 나타내고 또 그것에 영향을 준다.[221] 당신이 만일 교회의 모임 장소가 단지 편리한가 아닌가의 문제라고 가정한다면, 당신은 아주 크게 오해한 것이다. 당신은 인간 본연의 실체를 간과하고 있다. 우리가 접하는 모든 교회 건물은 우리에게서 반응을 이끌어내고 있다. 속이든 겉이든, 그것이 교회가 무엇이며 그 기능이 어떤지를 분명하게 보여주고 있다.

앙리 르페브르Henri Lefebvre의 말을 빌리면, "공간은 결코 비어 있지 않다. 그것은 언제나 모임이 있어야 한다."222) 이 원칙은 또한 "형식은 기능을 따라간다"는 건축 표어에도 나타나 있다. 건물의 형식은 그 건물의 독특한 기능을 반영한다.223)

교회 모임 장소의 사회적 환경은 교회가 그리스도의 몸을 향한 하나님의 목적을 이해하는 데 있어 좋은 본보기가 된다. 교회의 위치는 어떻게 모여야 하는가를 우리에게 가르쳐준다. 그것은 무엇이 중요하고 그렇지 않은지를 가르쳐준다. 그리고 상호 간에 무슨 말이 허용되는가 아닌가를 가르쳐준다.

우리는 그것이 교회 건물이든 개인 집이든 상관없이 이런 교훈들을 모임 장소에서 배운다. 이런 교훈들은 결코 중립적이지 않다. 어떤 교회 건물이든지 들어가 보고 그 건축양식을 해석해보라. 당신 자신에게 무엇이 더 높고 무엇이 더 낮은지를 질문해보라. 앞에는 무엇이 있고 뒤에는 무엇이 있는지를 질문해보라. 거기서 진행되고 있는 것에 대해 "조정" 가능한 방법이 무엇인지를 즉석에서 생각해보라. 교인이 앉은 자리에서 다른 모든 교인으로 하여금 그를 보고 들을 수 있게 하는 것이 얼마나 어려운지 아니면 쉬운지를 당신 자신에게 질문해보라.

만일 당신이 교회 건물의 환경을 보고 스스로 위의 질문들을 던진다면그리고 그와 같은 종류의 다른 질문들, 당신은 현대 교회가 왜 그런 특징을 가졌는지 이해하게 될 것이다. 당신이 개인 집의 거실을 향해 똑같은 질문들을 던진다면 아주 다른 대답을 얻게 될 것이다. 당신은 초기 그리스도인들이 그랬던 것처럼 일반 가정집에서 모이는 교회가 왜 그런 특징을 가졌는지 이해하게 될 것이다.

교회의 사회적 위치는 교회생활에서 결정적 요인이다. 그것을 단순히 '역사의 우연한 사실'로 돌릴 수는 없다.224) 사회적 위치는 선하고 경건한 사람들에게 몹시 나쁜 교훈을 가르쳐주고 또 그들의 삶을 질식시킬 수도 있다. 교회가정집이건 교회 건물이건의 사회적 위치의 중요성에 관해 주의를 환기시키는 것은 사회적 환경의 엄청난 힘을 우리에게 이해시켜준다.

더 자세히 말하면, 교회 건물은 예배가 일상생활과는 동떨어진 것이라는 어리석은 생각에 기초를 두고 있다. 물론 이런 괴리현상을 얼마나 고상하게 강조하느냐는 사람마다 다르다. 어떤 사람들은 한 술 더 떠서, 일상생활에서 느끼는 것과는 다른 느낌이 들도록 설계된 특별한 공간에서 예배해야 한다고 강조한다.

예배와 일상생활 사이의 괴리현상은 서구 기독교를 특징짓는다. 예배가 삶의 전체구조와 분리되어 특별한 목적을 위해 그룹으로 모아 포장시킨 것이라고 이해한다. 수 세기 동안의 고딕 건축양식은 우리에게 예배가 진정 무엇인가를 형편없이 가르쳐 주었다. 거대한 대성당 안에 들어가서 공간의 위력을 경험하지 못할 사람은 거의 없을 것이다.

조명은 간접적이고 잔잔하다. 천장은 높다. 색깔은 소박하면서도 화려하다. 소리는 독특한 방식으로 울린다. 이 모든 것이 조화를 이루어 두렵고 경이로운 분위기를 자아낸다. 그것들은 감각을 조작해서 "예배 분위기"를 연출하기 위해 설계된 것들이다.225)

어떤 전통에서는 그것들에 냄새를 가미시킨다. 그러나 효과는 언제나 똑같다: 우리의 감각은 독특한 영혼의 상태로 우리를 이끌고자 우리의 공간과 상호작용을 일으킨다.—정상적인 생활에서 이탈하는 것과 버금가는 두렵고, 신비스럽고, 초월적인 상태로.226)

우리 개신교인들은 같은 효과를 얻기 위한 목적으로 특정한 음악을 사용해서 몇몇 웅장한 장식을 대체했다. 따라서 개신교 진영에서 "훌륭한" 예배 인도자들은 다른 전통들이 공간을 사용해서 만들어내는 분위기특별히 혼적인 감각으로 드리는 예배와 같은 분위기를 도출해내기 위해 음악을 사용할 줄 아는 사람들이다.227) 그렇지만, 이것은 일상생활과 괴리되고 실제가 아니다. 조나단 에드워즈Jonathan Edwards는 감정이 일시적이므로 하나님과의 관계를 측정하는 데 사용할 수 없다고 정확하게 지적했다.228)

세속적인 것과 영적인 것 사이의 이런 괴리현상은 전형적인 교회 건물이 당신에게 '단계'를 거치도록계단을 걸어서 올라가게 하든지 아니면 본당 입구의 넓은 홀을 통과하게 하든지 요구하는 사실에서 두드러진다. 이것은 당신이 일상생활에서 또 다른 삶으로 옮겨가는 느낌을 증가시킨다. 그래서 일시적인 중간 과정이 필요한 것이다. 이것들은 전부 다 월요일 시험에 낙제하고 만다. 일요일이 제아무리 좋았다 할지라도, 월요일 아침은 우리의 예배를 시험하려고 어김없이 찾아온다.229)

교회 예배 시작 전에 가운을 입은 성가대원들을 주목해보라. 그들은 웃고, 떠들고, 농담까지 한다. 그러나 일단 예배가 시작되면 완전히 딴 사람이 된다. 당신은 그들이 웃고 떠드는 것을 거의 볼 수 없다. 이렇게 거짓되게 세속적인 것과 신성한 것을 분리하려고 하는 것, 즉 일요일 아침 교회의 "색유리가 주는 신비스런 분위기"stained-glass mystique는 진실과 사실에 정면으로 도전하고 있다.

게다가, 교회 건물은 초기 그리스도인들의 유기적인 모임 장소인 가정집에 비해 차갑고, 비인격적이고, 비우호적이다.230) 교회 건물이 친교나 교제를 위해 설계되어 있지 않다. 대부분 교회 건물에서는 바닥에 고정된 나무로 된 장의자를 사용한다. 회중석장의자 또는 의자은 전부 강대상을 향해 일렬로 배열되어 있다. 강대상은 성직자의 의자가 위치한 연단 위에 높이 올려져 있다.로마 바실리카의 후예

이런 배열은 예배자가 다른 교인의 얼굴을 똑바로 보는 것을 거의 불가능하게 만든다. 그 대신 기능을 발휘해야 할 그리스도인들을 "의자에 안성맞춤인 사람"으로 둔갑시켜 앉아서 스펀지처럼 받기만 하는 예배 형태를 만들어 낸다. 다르게 표현하자면, 이런 건축양식은 하나님과 하나님 백성 사이의 교제가 목사

를 통해야 함을 강조한다! 하지만, 이런 사실들에도, 우리 그리스도인들은 여전히 건물을 신성한 것으로 취급한다.

그렇다 하더라도, 당신은 교회 건물이 신성하다는 개념에 이의가 있을 것이다. 그러나 우리 대다수의 말과 행동은 우리의 믿음과 따로 놀 것이다. 그리스도인들이 교회 건물에 관하여 말하는 것을 들어보라. 당신이 교회 건물에 대해 말하는 것을 당신 스스로 들어보라. 당신은 교회 건물이 "교회"를 지칭한다고 들은 적이 있는가? 당신은 그것이 "하나님의 집"으로 일컬어지는 것을 들은 적이 있는가? 어느 교파를 막론하고 그리스도인들이 일반적으로 공감하는 것은 "교회는 예배를 위해 특별히 따로 마련한 장소"이다.[231] 이것은 지난 1,700년 동안 그래 왔던 것이다. 콘스탄틴이 여전히 살아서 우리 마음속에서 숨 쉬고 있다.

상상을 초월하는 막대한 경비

대부분 현대 그리스도인들은 교회 건물이 예배를 위한 필수적 요소라고 착각하고 있다. 그래서 그들은 건물 자체와 그것을 유지하는 데 필요한 재정은 결코 문제 삼지 않는다.

교회 건물은 엄청난 돈의 유입을 요구한다. 오늘날 미국에서만 제도권 교회들이 소유한 부동산이 2,300억 달러가 넘는다. 약 250조 원 교회들이 일 년 동안 십일조로 거둬들이는 500억에서 600억 달러의 18퍼센트가 교회 건물 때문에 진 빚, 유지비, 관리비로 나가 버린다.[232] 다시 말해서, 현대 그리스도인들은 그들의 건물에 천문학적인 금액의 돈을 사용하고 있다.

교회 건물이 "필요"하다는 모든 전통적인 이유를 주의 깊게 조사해봐야 한다.[233] 우리는 초기 그리스도인들이 건물 하나 없이 천하를 어지럽게 했던 사실을 너무도 쉽게 잊어버린다. 행17:6 그들은 교회 건물의 도움 혹은 방해 없이도 300년 동안 급속도로 성장했다.

비즈니스 세계에서는 경비 때문에 휘청거린다. 경비는 고객들을 위한 비즈니스의 '실제' 업무에 첨가된 것이다. 건물의 사용, 문구, 직원 봉급 등이 그것이다. 더 나아가서, 교회 건물봉급을 받는 목사와 직원들뿐만 아니라은 일회성 지출보다 한참 더 많은 지속적인 비용을 요구한다. 이런 예산 폭탄은 단지 오늘뿐만 아니라, 다음 달, 내년 … 이렇게 계속해서 교회의 헌금에서 떼어 간다.

직원들의 봉급 및 교회 건물에 들어가는 경비가 포함된 전통 교회의 경비와 가정집 교회의 경비를 대조해보라. 가정집 교회 헌금의 50~85퍼센트를 빨아들이는 그런 경비 대신, 예산에서 운영비용을 작은 비율로 줄이고 95퍼센트 이상을 세상을 향한 사역과 선교와 전도 등의 실질적인 것들에 사용할 수 있다.234)

우리는 이 전통에 도전할 수 있는가?

우리가 오직 예배만을 위해 건물을 세우기 시작했을 때 그리스도인으로서 무엇을 잃었는지 우리 대부분은 철저하게 무지하다. 기독교 신앙이 믿는 사람들의 가정집에서 탄생했는데도, 수많은 그리스도인이 일요일마다 이교 철학에 기초를 둔 이교에서 유래한 건물 안에 앉아 있다.

교회 건물에는 성서적 근거가 조금도 없다.235) 하지만 수많은 그리스도인이 벽돌과 돌을 정결하게 하려고 매년 상당한 돈을 바치고 있다. 그렇게 함으로써 그들은 수동적으로 길들게 하고 다른 신자들과의 자연스럽고 친밀한 관계를 막아 버리는 부자연스런 환경을 지지해왔다.236)

우리는 우리 과거의 희생자가 되었다. 우리는 건물을 소유하는 데 있어 명예로운 지위를 안겨준 콘스탄틴의 자식들이 되었고, 계급구조에 따라 세워진 바실리카를 우리에게 강제로 물려준 로마인들과 그리스인들에 의해 눈이 멀었고, 우리에게 플라톤식 건축양식을 떠맡긴 고트족에 의해 사로잡혔고, 우리에게 신성한 뾰족탑을 안겨준 이집트인들과 바벨론 사람들에 의해 납치되었다. 그리고 우리에게 도리스식 기둥을 강요한 아테네 사람들에 의해 사기당하고 말았다.237)

어쨌든 우리는 "하나님의 집" 안에 있을 때 더 거룩한 느낌이 들도록 배워왔고, 하나님을 예배하기 위한 건물에 병적으로 의지하는 것을 물려받았다. 그러나 사실은 교회 건물이 교회가 무엇이며 무엇을 하는가에 대해 우리를 아주 잘못 가르쳐 왔다. 건물은 모든 신자가 제사장임을 부정하는 건축양식이다. 그것은 세상 문화에 역행하는 공동체인 에클레시아*ekklesia*의 본질 자체와 모순된다. 교회가 그리스도의 머리 되심 아래서 살아 숨 쉬며 기능을 수행하는 그리스도의 몸이라는 사실을 우리가 이해하고 경험하지 못하도록 교회 건물이 방해한다.

교회 건물을 지지하는 것이 성서적이거나 영적이지 않다는 사실에 우리 그리스도인들이 깨어나야 할 때가 바로 지금이다. 그리고 우리는 인간이 만든 건물을 '교회'라고 부름으로써 신약성서의 메시지를 심각하게 훼손하고 있음을 알아야 한다. 만일 지구상의 모든 그리스도인이 다시는 결코 건물을 교회라고 부르지 않는다면, 이것만 가지고도 우리 신앙에 혁명이 일어날 것이다.

존 뉴턴John Newton은 다음과 같이 정확하게 지적했다: "뾰족탑 아래에서 예배하는 사람은 굴뚝 밑에서 예배하는 사람을 비난하지 말지어다." 이말을 명심한다면, 애초에 그리스도인이 뾰족탑 아래에서 모이는 것은 성서적, 영적, 역사적으로 어떤 권위를 갖는가?

심층 탐구

1. 교회 건물은 예배를 위해 많은 사람이 함께 모일 수 있게 한다. 초대교회는 그 많은 사람을 어떻게 가정집들에서 예배할 수 있도록 했고, 그와 동시에 자신을 한몸이라고 여겼을까? 실제로, 오늘날 유기적인 교회들은 크기가 커질 때 어떻게 모든 지체가 기능을 발휘하게 하는가?

   오늘날 그리스도인들은 종종 다음과 같은 가정을 한다: 초대교회들도 현대의 많은 제도권 교회처럼 큰 교회였을 것이다. 그러나 그렇지 않다. 초기 그리스도인들은 교회 모임을 가정집에서 가졌다.행2:46; 20:20; 롬16:3, 5; 고전16:19; 골4:15; 몬2 1세기 집들의 크기를 따져볼 때, 초기 교회들은 오늘날의 표준에 비해 비교적 작았다. 신약학자인 로버트 뱅크스Robert Banks는 그의 책『바울의 공동체 사상』*Paul's Idea of Community*, IVP에서 다음과 같이 말했다: 교회의 평균 크기가 30~35명 정도였을 것이다.238)

   1세기 교회 중 예루살렘에 있던 교회 같은 경우는 훨씬 더 컸다. 누가는 예루살렘의 교회가 도성의 전역에 걸쳐 가정집들에서 모임을 했다고 했다.행2:46 하지만, 각 가정집 모임은 자신을 스스로 분리된 교회나 교파로 보지 않고 그 도성에 있는 한 교회의 일부분으로 여겼다. 이런 이유로, 누가는 언제나 이 교회를 "예루살렘에 있는 교회들"이라 하지 않고 "예루살렘에 있는 교회"로 일컬었다.행8:1, 11:22, 15:4 교회 전체가 특별한 목적을 위해 다 함께 모였을 때사도행전 15장의 경우처럼, 이미 존재했었던 모든 지체를 수용할 수 있는 큰 장소를 사용했다. 그런 때에는 성전 외곽의 솔로몬 행각이 사용되었다.행5:12

   오늘날 유기적 교회가 가정집에서 모일 수 없을 정도로 커질 때, 보통 그 도시에 있는 다른 가정집들로 분산하게 될 것이다. 하지만, 자신을 여러 곳에서 모임을 하는 한 교회로 여기게 될 것이다. 만일 가정집 그룹들이 특별한 경우 다 함께 모일 필요가 있다면, 모든 지체를 수용할 큰 장소를 빌리면 된다.

2. 내가 교회 건물의 문제에 대해 이해했는지 확실하지 않다. 당신들은 최초의 교회 건물들이 거대한 공공건물들을 모델로 삼았거나 신학적 기초가 의심스러운 황제에 의해 추진되었다는 이유로 나쁘다고 하는가? 그리스도의 몸이 그런 건물에서 모임 갖는 것을 금하는 성서적 근거가 있는가?

첫 번째 질문에 대한 답은 "아니다" 이다. 우리는 그렇게 말한 적이 없다. 그렇지만, 우리가 교회 건물의 유래를 자세히 제시함으로써, 어떤 그리스도인들이 믿는 것과는 정반대로 그것이 성서의 그 어떤 요구와도 맞지 않게 생겨났음을 우리는 보여주고 있다. 더 나아가서, 교회 건물이 교회가 믿는 사람들의 몸이라는 올바른 이해를 하지 못하게 한다고 우리는 믿는다.

성서가 이 주제에 대해 구체적으로 다루지는 않지만, 교회 건물은 신약성서의 원리에 어긋나는 많은 좋지 못한 교훈을 우리에게 주고 있다. 그것은 지체들 사이의 교통과 교제를 제한시킨다. 종종 그 웅장함이 그리스도께서 믿는 사람 안에 거하심을 그들에게 상기시켜주기보다는 하나님과 거리를 두게 한다. 윈스턴 처칠이 말한 것처럼, "먼저는 우리가 건물의 틀을 잡았는데, 이제는 건물이 우리의 틀을 잡고 있다." 이것이 교회 건물에서도 확실히 그래 왔다.

교회 건물이 '하나님의 집' 이라는 개념과 그것이 끊임없이 '교회' 라고 일컬어지는 것이야말로 비성서적일 뿐만 아니라 신약성서의 에클레시아ekklesia:부르심을 받은 무리라는 뜻에 대한 이해를 부정하는 것이다. 우리는 이것이 왜 콘스탄틴 시대 이전의 초기 그리스도인들이 그런 건물들을 세우지 않았는지의 이유라고 믿는다.

교회 역사가인 로드니 스타크Rodney Stark는 말하기를, "너무나도 오랫동안 역사가들은 콘스탄틴 황제285-337의 회심이 기독교의 승리를 가져왔다는 주장을 받아들였다. 이와는 정반대로, 그는 교회의 가장 매력적이고 역동적인 모습을 파괴했다. 즉, 초강도의 원초적인 운동을 종종 잔혹하게 또는 흐리멍덩하게 처리하는 엘리트 한 명에 의해 좌우되는 오만한 기관으로 전락시켰다… 콘스탄틴의 '호의'는 이교 신전들이 항상 의존해왔던 엄청난 국가보조금을 그리스도인들에게로 돌리게 한 그의 결정이었다. 하루아침에 기독교는 '황실의 특혜로 자원의 공급을 거의 무한정으로 받는 최고의 수혜자'가 되었다. 초라한 구조물에서 모임을 하던 신앙이 졸지에 웅장한 공공건물들로 옮겨갔다─로마의 새 교회인 성 베드로 대성당은 황실의 보좌가 있는 건물에 사용된 바실리카 형식의 모델을 따랐다."239)

3. 소리와 빛과 색상이 분위기에 영향을 주고 신비감과 두려움과 예배 분위기를 자아낸다고 말한 최초의 사람이 이교 철학자인 플라톤이라고 해서, 교회들이 건물을 설계할 때 이런 요소들을 극대화하는 것이 왜 잘못되었는가? 이런 요소들을 기독교 예배에 충분히 활용하는 것이 적절하지 않은가? 무엇보다도, 성서는 우리가 하나님의 거룩하심과 의로우심을 기억해야 함을 분명히 밝혔다.

플라톤에 관한 간단한 고찰에서 우리가 강조한 것은 단순히 사람들 안에 심리적인 경험을 만들어내기 위해 신성한 건물을 짓는 데 있어 이교철학의 손길이 닿아 있다는 점이다. 우리 생각엔, 심리적 경험을 절대로 영적 경험과 혼동해서는 안 된다.

4. 신자들이 일주일에 단 두세 시간 정도만 교회 건물 안에 있는데, 어떻게 당신들은 이런 건물 구조가 하나님 사람들의 기능을 마비시킨다고 말할 수 있는가?

대부분 그리스도인은 교회 건물 안에서 하는 예배와 "교회"를 동일시한다. 교회 지도자들은 교인들에게 주일 아침에 "교회에 가야 한다"고 말할 때 종종 히브리서 10:25("모이기를 폐하는 어떤 사람들의 습관과 같이 하지 말고")을 인용한다. 이것은 다음과 같은 오해를 가중시킨다: 신약성서의 저자들이 교회에 대해 말할 때, 교회 지도자들은 일주일에 한 번 특별한 건물 안에서 하는 예배에 수동적으로 앉아 있는 것을 의미했다.

그러나 사실은, 교회 모임에 대한 신약성서의 비전은 모임에서 모든 지체가 기능을 발휘하고 참여하는 그런 것이다. 그리고 우리가 이미 입증했듯이, 교회 건물은 그 건축양식에 의해 이 목적을 상실케 한다.

주요 포인트: 나프랭크는 교회 모임이 열려 있어야 하고 모두가 참여해야 함을 신약성서가 가르친다고 확신하게 된 많은 목사를 만났다. 그 목사들은 이것을 알게 된 직후 교회 예배를 '열어놓고' 교인들이 자유롭게 참여할 수 있도록 허용했다. 그러나 이것이 한 번도 제대로 된 적이 없었다. 교인들은 여전히 수동적이었다. 그 이유는 교회 건물의 건축양식 때문이다. 예를 들어, 회중석과 높이 올려진 강대상이 자유롭게 나누고자 하는 것에 전혀 도움되지 않고 방해를 놓는다. 이와 대조적으로, 똑같은 교인들이 가정집에서 모임을 하게 되면 나눔과 모든 지체의 참여가 잘 이루어진다.

다르게 표현해서, 만일 우리가 교회를 회중석에 앉아서 대부분 수동적인 역할을 하는 것과 동일시한다면, 교회 건물은 그런 목적에 적합할 것이다. 그러나 신약성서엔 교회 건물에 대해 아무런 언급이 없으므로, 우리는 역시 그것을 성서적이라고 주장할 수 없다.

반면에, 만일 교회 모임에 대한 하나님의 생각이 상호 간에 영적으로 사역하는 데 있어 모든 지체가 참여하는 것이라고 우리가 믿는다면, 오늘날 우리가 아는 교회 건물은 그런 모임의 진행에 크게 방해가 된다.

5. "신성한 장소"의 개념은 이교 사상일 뿐만 아니라 유대교적 사상이 아닌가?

그렇다. 유대인들은 신성한 장소성전, 신성한 제사장레위족, 그리고 신성한 의식구약의 제사을 믿었다. 그렇지만, 이것들은 그리스도의 죽음으로 말미암아 폐하여졌고, 신약의 그리스도인들은 그것들과 상관없었다. 나중에, 그리스도인들이 이 개념을 유대인들이 아닌 이교도들에게서 받아들였다. 이 장은 이 주장에 대한 증거를 제시한다.

6. 그 어떤 기독교 그룹도 예배나 사역을 위해 건물을 사용하는 것이 무조건 틀렸다고 당신들은 생각하는가?

전혀 그렇지 않다. 바울은 에베소에 있을 때 건물두란노 서원을 빌렸었고, 예루살렘교회는 특별 모임을 위해 성전의 바깥 뜰을 사용했다. 우리가 이 장에서 정립하고자 한 것은 다섯 가지 핵심이다: 1) 건물을 '교회', '하나님의 집', '하나님의 성전', '주님의 성소" 그리고 비슷한 다른 이름으로 부르는 것은 비성서적이다. 2) 전형적인 교회 건물의 건축은 교회로 하여금 모두가 참여하는 열린 모임을 하지 못하도록 방해한다. 3)

건물을 신성시하는 것은 비성서적이다. 4) 보통 건물은 친밀한 공동체를 위해 설계된 것이 아니므로 전형적인 교회 건물은 교회의 모든 모임이 다 행해지는 장소가 되어서는 안 된다. 5) 모든 교회가 모임을 위해 건물을 소유하거나 빌려야 한다고 가정하는 것은 아주 잘못된 생각이다. 교회 건물을 갖는 것이 기독교의 표준이라고 가정하는 것보다 이 질문에 대해 각 교회가 주님의 인도를 받아야 한다는 것이 우리의 견해이다. "교회" 건물의 역사를 추적하는 것은 우리가 오늘날 그것을 왜 사용하는지, 그리고 어떻게 사용하는지를 이해하는데 도움을 준다.

3장 • 예배 순서:
콘크리트처럼 굳어진 일요일 아침

"진리가 빠진 관습은 역사 깊은 오류이다."
 — 터툴리안 Tertullian, 3세기 신학자

"인자야 너는 이 성전을 이스라엘 족속에게 보여서
 그들이 자기의 죄악을 부끄러워하고 그 형상을 측량하게 하라."
 — 에스겔 43:10

당신이 교회를 다니는 그리스도인이라면, 아마 매번 교회당에 갈 때마다 똑같은 형식의 예배 순서를 따를 것이다. 어떤 개신교 교파침례교회, 감리교회, 개혁교회, 장로교회, 자유 복음교회, 그리스도의 교회, 그리스도의 제자교회, 기독교 선교 연합교회, 오순절 교회, 카리스마틱 교회, 혹은 초교파 교회에 속해 있든지 관계없이, 주일 아침 예배는 사실상 대동소이하다.240) 소위 최첨단을 걷는 교파들빈야드교회나 갈보리 채플 같은조차도 별로 변화를 찾아볼 수 없다.

그렇다 하더라도, 찬송가를 사용하는 교회들도 있고 현대풍의 합창곡을 도입한 교회들도 있다. 회중이 손을 드는 교회들도 있고, 허리 위로는 손이 올라가는 법이 없는 교회들도 있다. 매주 주의 만찬을 거행하는 교회들도 있고, 석달에 한 번씩 하는 교회들도 있다. 어떤 교회들에서는 주보에 예배의식liturgy, 예배 순서를 인쇄하고,241) 어떤 교회들에서는 인쇄하지는 않지만 인쇄한 것이나 별반 다름없는 기계적이고 빤한 순서에 따라 예배한다. 이렇게 약간씩 차이가 있음에도 예배 순서는 사실상 모든 개신교 교회에서 본질적으로 같다.

주일 아침 예배 순서

어느 교회든지 다른 교회와 구별되게 하려고 표면상으로 약간 변형시킨 것만 벗겨 내면, 당신은 규정된 똑같은 의식을 발견하게 될 것이다. 아래의 요소 중 당신이 지난 주말에 참석했던 예배에서 기억해 낼 수 있는 요소는 몇 개나 되는지 세어보라:

환영.

예배당에 들어오면 안내위원이 당신을 반겨준다. 물론 웃으면서! 그리고 나서 당신은 주보 또는 소식지 같은 것을 받는다. (참고: 만일 당신이 최신 교단에 속했다면, 자리에 앉기 전에 커피와 도넛을 받게 될 것이다.)

기도 또는 성서 봉독.

보통 담임목사나 음악사역자에 의해.

찬양.

전문 음악사역자, 성가대, 또는 찬양팀의 인도에 따라. 은사주의 부류의 교회들에서는 찬양 시간이 보통 30분에서 45분 정도 계속될 것이다. 다른 교회들에서는 그 시간이 짧고 여럿으로 나뉠 것이다.

광고.

다가올 이벤트에 관한 소식. 보통 담임목사나 다른 교회 지도자에 의해.

헌금.

"봉헌"이라 불리기도 하는데, 대개 성가대나 찬양팀에 의한 특송 또는 독창이 수반된다.

설교.

일반적으로 담임 목사가 20분에서 45분 정도 메시지를 선포한다.[242] 현재의 평균은 32분이다.

설교 후의 절차에 다음 중 하나 또는 그 이상이 포함될 수 있다:

설교 후의 목회 기도,

초대의 시간,

성가대나 예배인도 팀이 인도하는 찬양,

주의 만찬,

병자나 고통받는 사람들을 위한 기도.

축도.

목사의 축복기도 또는 예배를 마치는 찬송.

약간씩 다를 뿐 위의 순서는 지구에 있는 3억 4천 5백만의 개신교인들이 매주 종교적으로 치르는 요지부동의 예배 의식이다.[243] 그리고 지난 500년 동안 그것에 이의를 제기한 사람은 극히 드물다.

다시 한번 예배 순서를 보라. 그것이 세 개의 구조로 되어 있음을 주목하기 바란다: (1) 찬송, (2) 설교, 그리고 (3) 맺음 기도 또는 찬송. 오늘날의 많은 그리스도인의 눈에는 위의 예배 순서가 신성불가침의 영역으로 인식되어 있다. 그런데 왜 그럴까? 다시 말하지만, 그것은 단순히 전통의 거대한 힘 때문이다. 그리고 이 전통이 500년 동안 주일 아침예배 순서를 콘크리트처럼 굳혀서 고정해 버렸다… 절대로 움직이지 못하도록.244)

개신교 예배 순서는 어디에서 유래했나?

교인들에게 통상적으로 "우리는 모든 것을 성서대로 합니다."라고 하면서 주일 아침예배 의식을 철통같이 고수하는 목사들은 한 마디로 옳지 않다. (그들을 변호하자면, 진실의 결핍이 의도적인 기만이기보다는 무지에서 비롯되었다.)

당신이 아무리 성서를 처음부터 끝까지 다 뒤져 봐도 우리의 예배 순서와 약간 닮은 그 어떤 것도 결코 찾아낼 수 없을 것이다. 이것은 1세기 그리스도인들이 그런 것을 전혀 알지 못했기 때문이다. 사실 개신교의 예배 순서나 로마 가톨릭의 미사는 성서의 인정을 받는데 있어서는 별반 차이가 없다.245) 둘 다 신약성서와는 거리가 멀기 때문이다.

초대교회의 모임은 모든 지체가 기능을 발휘하고, 자발적이고, 자유롭고, 역동적이며, 누구나 다 참여하도록 열려 있는 특징이 있었다.예를 들면, 고전14:1-33과 히10:25, 246) 1세기 교회 모임은 수동적인 요식 행위가 아니라 역동적인 모임이었다. 그리고 그것은 현대 교회의 예배와는 달리 종종 예측할 수 없는 모임이었다.

더 나아가서, 1세기 교회 모임은 최근의 몇몇 저자들이 제시하는바 유대 회당의 의식에서 따온 것이 아니었다.247) 오히려 그것은 완전히 독특한 문화를 형성했다.

그렇다면, 개신교의 예배 순서는 어디에서 유래했는가? 그것은 중세 가톨릭의 미사에 그 뿌리를 두고 있다.248) 미사가 신약성서에서 유래하지 않았다는 것은 아주 중요하다. 그것은 고대 유대교와 이교사상에서 생겨난 것이다.249) 윌 듀란트Will Durant에 의하면, 기톨릭의 미사는 "부분적으로는 유대 성전제사와 부분적으로 그리스의 신비의식인 정결 의식, 대리 제사, 동참의식 등에 기초하고 있다."250)

수도사 출신으로는 최초로 교황이 된 그레고리Gregory the Great, 40-604야말로 중세 미사를 완성한 장본인이라 할 수 있다.251) 그레고리가 아주 관대하고, 탁월한 행정가요 외교술에 능한 사람이라고 인식되어 있지만, 듀란트는 그레고리가 또한 이교의 마술적 개념들에 영향을 받은 지나치게 미신적인 사람이었음에 주목했다. 그레고리는 이교사상과 마술과 기독교의 영향을 받은 중세 사상을 구체화했다. 듀란트가 그레고리를 가리켜 "최초의 완벽한 중세 사람"이라고 칭한 것은 결코 우연이 아니다.252)

중세의 미사는 그것을 시작한 사람의 사상을 반영했다. 그것은 이교와 유대교 의식이 합성되어 기톨릭 신학과 기독교 용어를 뒤집어쓰고 나온 것이다.253) 듀란트는 미사가 그리스의 연극뿐 아니라 이교의 마술사상에 깊이 관련되어 있음을 지적했다.254) 그는 "그리스 사상에서의 죽음이 교회의 신학과 의식에는 환생으로 둔갑했고, 수 세기 동안 철학을 지배해왔던 그리스어는 기독교 문학과 의식의 전달수단이 되었고, 그리스 신비주의는 미사의 인상적인 신비로움으로 이어졌다"고 했다.255)

사실상 6세기에 생겨난 기톨릭 미사는 본질적으로 이교사상이다. 그리스도인들은 이교 제사장의 제복, 정결의식용 향과 성수의 사용, 예배 때 켜놓는 촛불, 로마 바실리카의 건축양식을 본뜬 교회 건물, 로마법을 기초로 한 '교회법', 수석 감독의 칭호로 폰티펙스 막시무스Pontifex Maximus, 로마 대신관, 그리고 기톨릭 미사를 위한 이교의 제사의식을 받아들였다.256)

미사가 일단 제정되자 천 년 동안 거의 변함 없이 이어졌다.257 그러나 이런 의식의 정체상태도 마틴 루터의 등장으로 그 첫 번째 수정을 거치게 되었다. 각종 개신교 교파들이 출현하면서, 그들은 기톨릭 의식의 틀이 다시 잡히도록 도와주었다. 그 변화를 이 책에 열거하기엔 너무나 광범위하고 복잡하지만, 우리가 기초적인 이야기는 탐구해볼 수 있을 것이다.

루터의 영향

1520년에 루터는 로마 기톨릭 미사에 반대하는 열렬한 캠페인을 벌이기 시작했다.258 기톨릭 미사의 극치는 언제나 영성체Communion 또는 "주의 만찬"the Lord's Supper으로 알려진 성찬Eucharist이었다.259) 모든 것은 사제가 떡을 떼어 회중에 나눠주는 순간을 중심으로 또는 그 순간을 향해서 진행되었다. 중세 기톨릭 사상에서는 성찬이 예수 그리스도의 희생을 되풀이하는 것이었다. 기톨릭 교회는 예수 그리스도가 미사를 통해서 재차 희생되신다는 것을 이미 그레고리 교황 때부터 가르쳤다.260)

루터는 로마 기톨릭 지도층의 '주교관과 지팡이'miters and staffs와 성찬에 관한 가르침을 상대로 때로는 아주 거칠게 저주를 퍼부었다.261) 미사의 근본적인 오류는 그리스도의 희생을 잘못 이해한 것에서 비롯된 인간의 '행위'라고 루터는 주장했다.262) 그래서 1523년에 루터는 기톨릭 미사의 개정에 착수했고,263 이 개정은 대부분 개신교 교회 예배의 기초가 되었다.264) 그 개정판의 핵심은 이것이다: 루터가 성찬이 아닌 설교를 모임의 중심이 되게 한 것이다.265)

따라서 오늘날의 개신교 예배에는 제단 테이블이 아니라 강대상이 가장 중요한 요소이다.266) (제단 테이블은 기톨릭과 성공회에서 성찬을 올려놓는 자리임.) 설교를 개신교 예배의 절정이 되게 한 장본인이 바로 루터이다.267) 그가 한

말을 읽어보라: "그리스도인 회중은 하나님 말씀의 선포와 기도 없이는 절대로 함께 모이면 안 된다. 아무리 짧은 모임일지라도"…"하나님 말씀을 선포하고 가르치는 것이 신성한 의식의 가장 중요한 부분을 차지한다."268)

설교가 예배 의식의 간판이라 할 정도로 가장 중요하다는 루터의 믿음은 오늘까지 요지부동 흔들리지 않고 있다. 하지만, 설교를 교회 모임의 중심이 되게 하는 것은 성서적 전례가 전무하다.269 한 역사가는 "강단은 개신교 목사의 보좌이다"270)라고 했는데, 이런 이유 때문에 개신교의 안수 받은 목사들을 흔히 "설교자"라고 부르게 된 것이다.271)

그러나 이런 변화들을 제외하고는 루터의 의식은 기톨릭 미사와 크게 차이가 없는데,272) 그것은 루터가 옛 기톨릭 방식 중 자신이 볼 때 "기독교적"이라고 생각되는 요소들을 보존하기로 했기 때문이다.273) 결과적으로, 루터의 예배 순서와 그레고리 교황의 의식을 비교하면 그 둘은 사실상 똑같다.274) 그는 그 의식이 적합하다고 믿고 그대로 보존했다.275)

예를 들자면, 루터는 기톨릭 미사의 절정에 해당하는 절차를 그대로 유지했다. 즉, 사제가 떡과 잔을 들고 올려 정결케 하는 절차 같은 것인데, 이것은 13세기 때 시작된 것으로서 대부분 미신에 기초해서 만들어진 것이다.276) 루터는 단지 이런 절차의 의미를 재해석하고, 그것을 그리스도께서 하나님의 사람들에게 확장시키신 은혜의 표현으로 보았다.277) 하지만 그것이 오늘날 많은 목사에 의해 여전히 지켜지고 있다.

이와 마찬가지로, 루터는 성찬 기도에서 "성만찬 제정에 관한 말"words of institution, 278)만 남기고 과감한 수술을 단행했는데, 그것은 고린도전서 11장 23절 이하의 "곧 주 예수께서 잡히시던 밤에 떡을 가지사 축사하시고 떼어 이르시되 이것은 너희를 위하는 내 몸이니 이것을 행하여 나를 기념하라"는 말씀을 가리킨다. 오늘날까지도, 개신교 목사들은 성만찬을 거행하기 전에 이 구절을 경건하게 낭독한다.

결과적으로 볼 때, 루터의 예배 의식은 가톨릭 미사의 축소판에 불과하다.279) 그리고 루터교의 예배 순서는 똑같은 문제들을 안고 있었다: 회중은 찬송 부를 수 있게 된 것을 제외하고는 여전히 수동적인 구경꾼인 것과 예배 의식 전체가 사제가 목사로 바뀌었을 뿐 여전히 안수 받은 성직자에 의해 진행되는 것. 이것은 신약성서가 그리는, 예수님에 의해 인도되는 영광스럽고, 자유롭게 흘러가고, 모두가 참여하도록 열려 있고, 모든 지체가 기능을 발휘하는 교회 모임과는 완전히 상반된 것이었다 .고전14:26과 히10:23-25을 참조할 것

루터 자신의 말을 인용하면, "지금이나 그 언제라도 하나님의 예배 의식을 통째로 없애버리자는 것은 우리의 의도가 아니다. 오직 지금 사용되고 있는 것에서 부패시키는 나쁜 부착물들을 씻어 깨끗하게 하자는 것이다."280) 비극적인 것은, 루터가 새 포도주를 낡은 가죽부대에 넣을 수 없다는 것을 깨닫지 못했다는 사실이다.281) 루터는 물론 다른 어떤 주요 개혁자들도 1세기 교회의 원리들로 돌아가자는 열망을 드러낸 적이 없다. 이 사람들은 단지 가톨릭 교회의 신학을 개혁하고자 했을 뿐이다.

요약하자면, 루터가 가톨릭 미사에서 바꾼 그의 불후의 작품은 다음과 같다:

(1) 라틴어 대신 자국어로 미사를 거행한 것,

(2) 설교가 모임의 중심을 차지하게 된 것,

(3) 회중 찬송을 도입한 것,282)

(4) 미사가 그리스도의 희생을 의미한다는 개념을 폐기한 것,

(5) 가톨릭 관습에서처럼 사제들만의 특권이 아닌 회중이 떡과 잔에 참여할 수 있게 한 것.

이런 차이점들을 제외하고, 루터는 기톨릭 미사에 있는 예배 순서를 그대로 보존시켰다. 더 한심한 것은, 루터가 "전신자 제사장주의"priesthood of all believers를 한참 부르짖었지만, 성직 안수 제도는 전혀 철폐하지 않은 것이다.283) 사실, 그는 성직 안수 제도에 대한 믿음이 아주 투철했기 때문에 다음과 같이 썼다: "공중 앞에서의 말씀 사역이야말로 교회의 가장 고귀하고 위대한 기능으로서, 성직에 의해서만 수행되어야 한다."284) 루터의 영향에 의해, 개신교 목사는 단지 기톨릭 사제를 대신하게 된 셈이다. 그리고 대체로 사제와 목사의 직분은 기능상 실제적인 차이가 별로 없다.285) 우리가 5장에서 살펴보겠지만, 오늘날도 이것은 마찬가지이다.

아래에 있는 루터의 예배 순서를 보라.286) 전반적인 윤곽이 당신에게 아주 익숙하게 보일 것이다. 왜냐하면, 이것이 대부분의 개신교파 주일 아침 예배의 뿌리이기 때문이다.287)

찬송

기도

설교

회중을 향한 권면

성만찬

찬송288

성만찬 후의 기도

축도

츠빙글리의 영향

구텐베르그Gutenberg의 인쇄술이 1450년에 등장하면서 다량의 예배 의식에 관한 책들이 출판되었고, 이것은 종교개혁자들이 시도하려는 예배 의식의 변화들을 가속했다.289) 그 변화들은 이제 활자화되고 상당한 분량으로 인쇄되었다.

스위스의 개혁자 울리히 츠빙글리는 오늘날의 예배 순서가 정립되는 데 이바지한 몇 가지 개혁을 단행했다. 그는 떡과 잔을 놓아두는 "성만찬 테이블"이라 불리는 것으로 제단을 대체했다.290 그는 또한 나무 쟁반과 컵을 사용해서 떡과 잔을 회중에게로 전달해서 돌리게끔 했다.291)

대부분 개신교 교회들은 아직도 그런 테이블을 사용하고 있다. 일반적으로 두 개의 촛불이 놓여 있는데, 그것은 로마 황실에서 직수입된 관습이다.292) 그리고 대부분 교회는 떡과 잔을 앉아 있는 회중에게 돌린다.

츠빙글리는 또한 주의 만찬을 석 달마다 거행하도록 권했다. 이것은 매주 거행해야 한다는 다른 개혁자들의 주장을 반대한 것이다.293) 오늘날 많은 개신교인은 석 달마다 한 번씩 하는 것을 따른다. 한 달에 한 번 거행하는 사람들도 있다.

츠빙글리는 또 주의 만찬이 '기념'하는 것이라는 견해를 제시한 사람으로 알려져 있다. 이 견해는 미국의 개신교 주류에 의해 채택되었다.294) 그것은 떡과 잔이 단지 그리스도의 몸과 피의 상징이라는 견해이다.295) 그럼에도, 이런 양념을 제하면 츠빙글리의 예배 의식은 루터의 그것과 별반 다를 것이 없었다.296) 루터와 마찬가지로 츠빙글리도 말씀 선포가 중심이 되어야 할 것을 강조했다. 그와 그의 동역자들이 얼마나 설교를 많이 했는지, 일주일에 무려 열네 번이나 했다.297)

캘빈과 동료의 영향

개혁자 존 칼빈John Calvin, 1509-1564과 존 녹스John Knox, 1513-1572, 그리고 마틴 부처Martin Bucer, 1491-1551는 예배 의식의 정립에 또 한 몫을 거든 사람들이다. 그들은 1537년에서 1562년 사이에 그들의 예배 순서를 완성했다. 그들의 예배 의식들은 서로 다른 곳에서 행해졌지만 사실상 똑같았다.298) 그들은 단지 루터의 예배 의식을 조금 바꾸었을 뿐이었다. 가장 두드러진 것은 설교 다음에 헌금 수거 순서를 넣은 것이었다.299)

루터와 마찬가지로 캘빈도 예배에서 설교가 중심이 되어야 함을 강조했다. 그는 신자 개개인이 성찬이 아닌 선포된 말씀을 통해서 하나님께 가까이 가는 것이라고 믿었다.300) 캘빈은 신학에 타고난 재능이 있었으므로 제네바교회에서 그가 한 설교는 매우 신학적이고 학문적이었다. 그것은 또한 개신교를 절대로 떠난 적이 없는 특징으로 아주 개인주의적이었다.301)

캘빈의 제네바교회는 모든 개혁교회가 모델로 삼는 교회였다. 따라서 그 교회의 예배 순서는 사방으로 퍼져 나갔다. 이것이 오늘날 대부분의 개신교 교회들, 특히 개혁교회와 장로교회가 가진 주된 특징의 원인이 된다.302)

신약성서에는 악기들에 관해 뚜렷하게 언급되어 있지 않기 때문에 캘빈은 파이프 오르간과 성가대를 멀리했다.303) 찬송은 모두 무반주였다. (현대 개신교 교단 중 그리스도의 교회 같은 데서는 아직도 캘빈처럼 악기의 사용을 금하고 있다.) 이것은 19세기에 와서 개혁교회들이 악기와 성가대를 도입하면서부터 바뀌게 되었다.304) 그렇지만 청교도들영국 캘빈주의자들은 악기와 성가대를 둘 다 규탄하고 캘빈의 정신을 계승했다.305)

캘빈의 예배 의식에서 가장 파괴적인 요소는 어쩌면 그가 강단에서 예배 대부분을 인도한 것이었다.306) 기독교는 아직 이것에서 회복된 적이 없다. 오늘날은 목사가 주일 아침 예배의 사회자이자 최고경영자이다. 사제가 기톨릭 미사의 사회자이자 최고경영자이듯이. 이것은 성서에 그려져 있는 교회 모임과는 완전히 상반된다. 신약성서에 의하면, 예수 그리스도께서 교회 모임의 지도자요, 지휘자요, 최고경영자이시다. 고린도전서 12장에서, 바울은 그리스도께서 지체 하나가 아닌 자신의 몸 전체를 통해 말씀하신다고 했다. 그런 모임에서 그리스도의 몸은 성령의 역사를 통해 그리스도의 머리 되심직접 지도하심 아래 자유롭게 기능을 발휘한다. 고린도전서 14장은 우리에게 그런 모임의 그림을 제공한다. 이런 식의 모임은 하나님 사람들의 영적 성장과 이 땅에서 하나님의 아들을 완전히 드러내는 데 있어 꼭 필요하다.307)

캘빈이 예배 순서에 영향을 끼친 또 다른 요소는 회중이 예배당에 들어올 때 가져야 할 엄숙한 태도이다. 그런 분위기는 근엄하고 군림하는 하나님 앞에 자신을 낮추게 되는 심오한 감각의 하나이다.308)

마틴 부처도 이런 태도를 조장하는데 일조했다. 예배의 시작 때 경건한 분위기를 자아내려고, 그는 십계명을 읊도록 했다.309) 이런 사고방식에서 어처구니없는 관습들이 생겨나기도 했다. 뉴잉글랜드의 청교도들은 예배당에서 웃는 아이들을 찾아 혼내주었던 것으로 유명하다. 이것 말고도, 예배 도중 조는 교인들을 긴 막대기로 쑤시고 다니는 "타이딩맨"Tithingman—일종의 예배 봉사 위원—옮긴이주이라 불리는 전담요원을 두기도 했다.310)

그런 사고방식은 중세 후기의 경건에 대한 견해로 되돌아간 것이다.311) 하지만 그것이 캘빈과 부처에 의해 받아들여져 되살아났다. 많은 현대 오순절과 은사주의 그리스도인이 그 전통과 결별하긴 했지만, 많은 교회가 오늘날 생각 없이 그 전통을 따르고 있다. 그 메시지가 바로 "여기는 하나님의 집이니까 조용히 하고 경건해야 돼!" 이다.312)

개혁자들이 미사를 그대로 유지했던 또 하나의 관습은 예배 시작 때 회중이 서서 찬송하는 동안 성직자가 걸어 들어와서 지정된 자리에 앉는 관습이었다. 이것은 4세기 때 시작되었는데, 감독들이 웅장한 바실리카 성당에 걸어 들어오던 것에서 유래한 관습으로서, 이교의 황실 예식에서 그대로 본뜬 것이었다.[313] 로마 대신들이 관청에 들어왔을 때, 사람들은 서서 노래를 부르고 있었다. 이 관습이 오늘날 아직도 많은 개신교 교회 안에서 행해지는 것이다.

캘빈주의가 유럽 전역에 퍼져 나가면서 캘빈의 제네바 예배 의식도 대부분의 개신교 교회들에 의해 채택되었다. 그것이 여러 나라에 심어지고 뿌리를 내리게 되었던 것이다.[314] 그 순서는 다음과 같다.[315]

기도

자백

찬송 (시편)

설교의 영감(성령의 감동)을 위한 기도

설교

구제 헌금 수거

일반 기도

성만찬 (지정된 시간에): 시편을 읊으면서

축도

캘빈이 예배 순서를 특히 3세기에서 6세기 사이에 살았던 초기 교부들이 쓴 문서를 모델로 하려 했음을 주목할 필요가 있다.[316], [317] 이것은 신약성서적 교회 모임의 특징에 관해 그가 정확하게 아는 것이 없음을 설명해준다. 3세기에서 6세기 사이의 초기 교부들은 의식과 관습에 지나치게 치우쳐 있었다.[318] 그들은 신약성서적인 그리스도인들의 사고방식을 가지고 있지 않았다.319) 또한 그들은 실천가이기보다는 이론가였다.

다른 말로 표현하자면, 그 시대의 교부들은 초기 기톨릭 사상을 대표한다. 그리고 이것이 캘빈이 새 예배 순서를 정립하는데 주 모델로 사용한 바로 그것이다.320) 소위 말하는 종교개혁이 교회 관습에 별로 개혁을 가져다주지 못했다는 사실은 별로 놀랄 만한 일이 아니다.321) 루터의 예배 순서에서처럼, 개혁 교회의 의식도 '공식적인' Catholic 의식의 구조를 바꾸려고 시도하지 않았을 뿐만 아니라, 추가로 경건 의식들을 만들면서 옛 의식을 보존하려고 했다.322)

청교도의 영향

청교도들은 영국의 캘빈주의자였다.323) 그들은 엄격한 성서주의를 받아들였고, 신약성서의 예배 순서를 철저하게 고수하려고 했다.324) 청교도들은 캘빈의 예배 순서가 충분히 성서적이지 못하다고 판단했다. 결과적으로, 목사들이 "하나님의 말씀대로 모든 것을 한다"고 설교할 때 그들은 청교도의 정취를 물씬 풍기는 것이다. 그러나 신약성서적 교회를 회복하려는 청교도의 시도는 성공하지 못했다.

성직자의 복장, 성상, 장식과 결별한 것, 그리고 성직자 자신이 남의 설교를 읽는 것에 반대해서 설교를 직접 써서 하는 것 등은 청교도들이 우리에게 긍정적으로 이바지한 것이다. 그렇지만, 청교도들은 또한 "자연발생적인" 기도를 강조한 나머지 설교 전에 있는 길고 긴 "목회기도"라는 것을 우리에게 유산으로 물려주었다.325) 주일 아침 청교도들의 목회기도는 보통 한 시간 혹은 그 이상 계속되었다!326)

설교는 미국 청교도들에 와서 그 극에 달했다. 그들은 설교를 하나님께서 그분의 사람들에게 말씀하시는 일차적인 수단이라고 보았기 때문에, 설교가 거의 초자연적이라고 생각했다. 그래서 그들은 주일 아침 설교 시간에 빠진 교인들에게 벌을 주곤 했다.327) 뉴잉글랜드 주민 중 주일 예배에 참석하지 않은 사람에게는 벌금형이 부과되었고, 아니면 창고에 가두는 벌이 가해졌다.328) (앞으로 당신이 예배에 빠졌다고 목사가 하나님의 무서운 진노를 들먹거리며 위협하거든, 청교들에게 감사하는 것을 잊지 마라.)

어떤 청교도 교회들에서는 예배 마지막에 평신도들로 하여금 말을 할 수 있게 허용한 것을 주목할 필요가 있다. 설교가 끝난 직후, 목사가 자리에 앉아서 회중의 질문들에 답하는 시간이 있었다. 또 회중에게 간증하는 것이 허용되었다. 그러나 프런티어 부흥운동Frontier-Revivalism의 등장과 함께 이것은 점점 사라져갔고, 기독교 주류 안에서는 다시 도입된 적이 없다.329)

대체로 개신교 예배 의식에서 청교도의 기여는 하나님 사람들로 하여금 머리이신 그리스도 아래서 제 기능을 발휘하도록 풀어 주기에는 역부족이었다. 이전에 예배 의식을 개혁한 사람들과 마찬가지로, 청교도의 예배 순서도 충분히 예측 가능한 것이었다. 그것은 상세하게 기록되어 모든 교회에서 그것을 획일적으로 따랐다.330)

아래에 있는 청교도 예배 의식을 보라.331) 루터와 캘빈의 그것들과 비교해 보면 주요 부분에서는 바뀐 게 없음을 알게 될 것이다.

예배로의 부름

개회기도

성서봉독

찬송 (시편)

설교 전의 기도

설교

설교 후의 기도

(성만찬을 거행하는 경우에는 목사가 회중에게 권면하고 떡과 잔을 축사하고 나서 회중에 그것을 돌렸다.)

얼마 지나지 않아, 청교도들은 여러 개의 분파로 갈라져 교단들이 생겨났다.332) 그들 중 얼마는 "자유 교회"Free Church 전통 일부가 되었다.333) 자유 교회들은 "찬송 샌드위치"hymn-sandwich라는 것을 고안해 냈는데,334) 이것은 오늘날 대부분의 복음주의 교회들에서 사용되는 것과 매우 흡사하다. 그것은 아래와 같다:

세 개의 찬송가
성서 봉독
성가대 특송
합심기도
목회기도
설교
헌금
축도

뭔가 익숙하게 보이지 않는가? 그러나 필자가 확신하건대 당신이 신약성서에서는 그것을 찾기 어려울 것이다.

감리교와 프런티어 부흥운동의 영향

18세기 감리교인들은 개신교 예배 순서에 감정적인 측면을 제공했다. 회중이 열정적이고 활기차게 큰 소리로 찬송을 부르도록 권장했다. 이렇게 해서 감리교회는 오순절 교회의 원조가 되었다.

감리교인들도 청교도들처럼 주일 아침 목사의 설교 전 기도에 양념을 가미했다. 감리교의 목회기도는 길고, 그 범위에서 우주적이었다. 그 기도는 자백, 중보, 찬양을 빠짐없이 포함한, 다른 모든 기도를 총망라한 것이었다. 그러나 더 중요한 것은, 그 기도가 언제나 엘리자베스식 영어Elizabethan English로 드려졌다는 사실이다.예를 들어, Thee, Thou, Thy 등. 335)

21세기인 오늘날에도 마찬가지로 엘리자베스식 목회기도는 팔팔하게 살아 숨 쉬고 있다.336) 오늘날의 많은 목사가 아직도 이미 400년 전에 소멸한 이런 구식 말로 기도하고 있다! 왜 그런가? 전통의 힘이 그만큼 크기 때문이다.

감리교인들은 또 주일 저녁 예배를 일반화시켰다. 불을 밝히는 용도로 쓰이는 백열 가스의 발견은 존 웨슬리John Wesley, 1703-1791로 하여금 이것을 유행시키게 했다.337) 오늘날 사람들이 별로 참석하지 않는데도 많은 개신교 교회가 주일 저녁 예배를 하고 있다.

18세기와 19세기는 미국 개신교에 새로운 도전을 가져다주었다. 점점 일반화되고 있는 미국 프런티어 부흥운동식 예배Frontier-Revivalist services를 따라야 하는 압력을 받았기 때문이다. 이 예배는 수많은 교회의 예배 순서에 영향을 크게 끼쳤다. 오늘날에도 그들이 미국 개신교의 주류에 주입시킨 변화는 뚜렷하다.338)

첫째, 프런티어 부흥운동가들은 말씀 선포의 목표를 변화시켰다. 그들은 오로지 한 가지 목표만을 위해 말씀을 선포했다: 잃은 영혼들을 회심시키는 것.

프런티어 부흥운동가들의 생각에는, 하나님의 계획에 구원 이외엔 아무것도 관련된 게 없었다.339) 이것이 강조되어 싹이 터서 조지 휫필드George Whitefield, 1714-1770의 혁신적인 설교로 연결되었다.340)

휫필드는 야외의 열린 공간에 사람들을 모아놓고 설교한 근대 최초의 전도자였다.341) 그는 교회를 향한 하나님의 계획에서 개인을 향한 하나님의 계획으로 변경시켜서 설교했던 최초의 인물이다. "하나님은 당신을 사랑하시고 당신의 인생에 놀라운 계획을 갖고 계시다"라는 널리 보급된 개념은 휫필드에 의해 처음으로 소개된 것이다.342)

둘째, 프런티어 부흥운동에서 음악은 영혼에 호소해서 구원 메시지에 대한 감정적인 반응을 이끌어 내는 매개체였다.343) 모든 대 부흥운동가들은 이 목적을 위해 부흥 팀에 음악 담당자를 두었다.344) 예배가 무엇보다 개인적이고 주관적이며 감정적인 것으로 여겨지기 시작했다.345) 이런 두드러진 변화가 감리교에 의해 채택되었고 많은 다른 개신교 분파에 침투하기 시작했다. 예배의 주요 목표가 예수 그리스도를 집합적으로 경험하고 표현하는 것에서 개인들을 회심시키는 것으로 바뀌었다. 그렇게 함으로써, 교회는 대체로 다음과 같은 사실에 대한 시각을 잃어버렸다: 그리스도의 구속이 인류를 돌이키게 해서 하나님과의 관계를 회복하는 데는 절대적인 필수요건이지만, 그것이 하나님의 유일한 목적은 아니라는 사실. 하나님은 구원 그 이상의 영원한 목적을 갖고 계신다. 이 목적은 하나님과 아들 사이의 영원한 교제가 확장되어 이 땅에 눈에 보이게 드러나는 것과 관련이 있다. 부흥운동의 신학은 하나님의 영원한 목적을 다루지 않았고 교회에 대해 거의 강조하지 않았다.346)

감리교의 합창 음악은 죄인의 강퍅한 심령을 부드럽게 하도록 고안되었다. 가사는 개인적인 구원 경험과 개인 간증을 반영하기 시작했다.347) 찰즈 웨슬리Charles Wesley, 1707-1788는 초대의 찬송을 작곡한 최초의 사람으로 알려져 있

다.348)

오로지 잃은 영혼을 구원하는 쪽으로 주일 아침 설교를 맞추는 목사들은 여전히 부흥운동가들의 영향을 반영해준다.349) 이런 경향이 오늘날 대부분 텔레비전과 라디오 전도자들에게 널리 퍼져 있다. 오순절과 은사주의 교회들뿐 아니라 많은 개신교 교회들이 교인들의 감정을 유발하는 설교를 들을 수 있도록 준비하고자 분위기를 고조시키는 노래들로 예배를 시작한다. 그러나 이 전통이 불과 백여 년 전에 프런티어 부흥운동가들에 의해 시작되었다는 것을 아는 사람은 거의 없다.

셋째, 감리교인들과 프런티어 부흥운동가들은 "강단으로의 초대"altar call를 탄생시켰다. 이 관습은 18세기에 감리교인들에 의해 시작되었다.350) 서서 기도하기를 원하거나 강단 앞으로 걸어 나와서 기도 받기를 원하는 사람들을 초청하는 관습은 로렌조 다우Lorenzo Dow라는 이름을 가진 감리교 복음전도자에 의해 우리에게 주어진 것이다.351)

그 이후 1807년 영국에서, 감리교인들은 '회심자석'mourner's bench이라는 것을 만들었다.352) '중생의 길' Sawdust trail:톱밥을 깔아놓은 통로을 따라 걸어나오라는 초청을 받았을 때, 불안해하던 죄인들에게 이제 죄를 회개할 수 있게끔 장소가 제공되었던 것이다. 이런 방식은 몇 년 뒤에 미국에 전해졌는데, 찰즈 피니 Charles Finney, 1792-1875에 의해 "구도자석"anxious bench: 설교단에서 가장 가까운 곳으로 신앙을 굳게하려는 사람들이 앉는 자리-편집자주이라고 불렸다.353)

'구도자석'은 설교자의 강대상 앞에 있었다.354) 거기에 죄인들과 기도제목이 있는 성도들이 초대되어 목사의 기도를 받았다.355) 피니의 방식은 구원받기 원하는 사람을 일어서게 한 다음 앞으로 나오게 하는 것이었다. 피니가 이 방식을 유행시켜서 "1835년 이후 그것은 근대 부흥운동의 필수불가결한 요소였다."356)

피니는 나중에 구도자석의 사용을 그만두고, 그냥 죄인들을 앞으로 나오게 해서 강단 앞에 꿇어앉게 한 다음, 그리스도를 영접하게 했다.357) 강단 앞으로 초대하는 것을 유행시킨 것 이외에도 피니는 기도해줄 때 사람들의 이름 부르는 것을 고안해냈고, 일꾼들의 그룹별 가정 심방을 활성화했고, 교회의 일반 예배들을 일주일 내내 매일 저녁에 드리는 예배로 대체하게 한 장본인이다.

머지않아, 야외 캠프 모임의 '구도자석'은 교회 건물 안의 '강단'으로, '중생의 길'sawdust trail은 가운데 통로로 대체되었다. 그리고 여기에서 그 유명한 "강단으로의 초청"altar call이라는 것이 탄생하였던 것이다.358)

피니가 자기도 모르는 사이에 현대 기독교에 선사한 것 중 가장 오래된 요소는 아마 실용주의일 것이다. 실용주의는 만일 뭔가 일이 되기만 하면 윤리적으로 고려할 필요 없이 그것을 포용해야 한다고 가르치는 철학이다. 피니는 신약성서는 어떤 지정된 예배 형식을 가르치지 않는다고 믿었다.359) 그는 설교의 단 하나의 목적은 영혼을 구원하는 것이라고 가르쳤다. 그 목표를 성취하려면 무엇을 고안해 낸다 해도 다 허용되었다.360) 피니 아래서 18세기 부흥운동은 과학으로 탈바꿈했고, 그것이 기독교 주류 속으로 파고들었다.361)

현대 기독교는 이런 사상을 여전히 반영하고 있다. 실용주의는 영적이지 못한 데, 그것이 윤리적인 고려를 부차적인 것으로 여겨서가 아니고, 원하는 효과를 내고자 하나님보다는 기교를 의지하기 때문이다. 순수한 영성은 우리 제한된 인간이 영적인 것에 있어서 주님을 온전하고 철저히 의지해야 한다는 인식으로 특징지어진다. "여호와께서 집을 세우지 아니하시면 세우는 자의 수고가 헛되며"시127:1와 "나를 떠나서는 너희가 아무것도 할 수 없음이라"요15:5라는 주님의 말씀을 상기하라. 유감스럽게도, 성서주의나 영성이 아닌 실용주의("만일 일이 되기만 하면 그것을 하자")가 오늘날 대다수 교회의 교회활동을 지배하고 있다. (수많은 "구도자에 민감한"seeker sensitive 교회가 바로 피니의 발자취를 따르는데 단연 으뜸이라 할 수 있다.) 실용주의는 "결과가 수단을 정당화시킨다"는 것을 가르치기 때문에 유해하다. 만일 결과가 "거룩하다"고 여겨지면 "수단"은 무엇이라도 허용된다.

실용주의 철학은 인간의 조작과 하나님이 아닌 사람을 철저히 의지하는 것에 문을 열어주고 있다. 의욕에 불타는 인간이 자신의 힘과 지혜와 능력으로 하나님을 위해 일하는 것과 하나님께서 인간을 통해 일하시는 것 사이에는 엄청난 차이가 있다.362)

찰즈 피니는 그의 큰 영향력 때문에 "미국 역사에서 가장 영향력을 끼친 의식의 개혁자liturgical reformer" 라고 불리게 되었다.363) 피니는 그의 캠프 모임에서 효력을 발생시킨 부흥운동 방식들이 개신교 교회들에서 부흥을 일으키도록 도입될 수 있다고 믿었다. 이 개념은 1835년에 발간된 그의 책『찰스 피니의 부흥론』생명의 말씀사을 통해 널리 보급되어 개신교의 사고방식으로 굳어졌다. 현대 개신교의 사고방식에서는 교리를 받아들이기 전에 그것이 성서에 의해 철저하게 검증되어야 한다. 그러나 교회 관습에는 영혼을 구원하는 데 효과가 있는 한 거의 모든 것이 허용된다.

미국 프런티어 부흥운동은 이런 모든 방식을 다 받아들여서 교회를 설교소a preaching station로 바꿔버렸다. 에클레시아의 경험을 복음전도 사역으로 축소해버린 것이다.364) 그것은 피니의 부흥운동 방식들을 표준화하고, 강단 중심의 인물들을 교회의 가장 독보적인 존재로 만들어 부각시켰다. 그것은 또 교회를 집합적 공동체가 아닌 개인적인 관심사가 되게 만들었다.

다르게 표현하자면, 프런티어 부흥운동가들의 목표는 죄인 개인에게 개인적인 결단을 시켜서 개인적인 믿음으로 인도하는 것이었다.365) 그 결과 초대교회의 목표인 각 지체가 기능을 발휘하고 서로 상합하여 정사와 권세들 앞에 예수 그리스도를 집합적으로 드러내는 것은 그 자취를 완전히 감추고 말았다.366)

아이러니하게도, 초기 부흥운동가인 존 웨슬리는 부흥운동의 위험을 이해했었다. 그는 이렇게 말했다: "기독교는 본질적으로 사회적인 종교이다… 기독교를 외톨이 종교로 만드는 것은 진정 기독교를 파괴하는 것이다."367) 1884년에 등장한 알버트 블레이크 딕Albert Blake Dick의 등사기stencil duplicating의 발명과 함께, 예배 순서가 주보에 인쇄되기 시작했다.368) 따라서 그 유명한 "주일 아침 주보"가 탄생하게 되었다.369)

경이적인 무디의 영향

"부흥운동 복음revivalist gospel"은 무디의 거대한 영향에 의해 서방세계 전역으로 퍼져 나갔다. 그는 100만 마일 이상을 돌아다니며 일억 명이 넘는 사람들 앞에서 말씀을 선포했다. 그때는 비행기나 마이크나 텔레비전이나 인터넷이 없던 시대였다. 무디의 복음은 휫필드의 그것과 마찬가지로 죄인의 구원이라는 단 한 가지 중심 메시지밖에 없었다. 그는 개인에 초점을 맞춘 복음을 전했고, 그의 신학은 3개의 R로 요약된다: 죄 때문에 망가진 인생ruined by sin, 그리스도에 의한 구속redeemed by Christ, 그리고 성령에 의한 중생regenerated by the Spirit. 그것들이 물론 신앙의 결정적인 요소임은 틀림없지만, 무디는 하나님의 영원한 목적이 구속 그 이상이라는 것을 분명히 인식하지 못했다.370)

무디의 설교는 이 한 가지 관심인 개인의 구원에 의해 사로잡혀 있었다. 그는 목사의 설교 다음에 독창을 집어넣는 것을 고안해냈다. 이 초청을 위한 독창은 조지 베벌리 셰이George Beverly Shea가 빌리 그레이엄Billy Graham에게 성가대(사람들이 그리스도를 영접하러 걸어나올 때 "큰 죄에 빠진 날 위해"Just As I Am 같은 찬송을 부르는 성가대)를 도입해서 대체하도록 할 때까지 독창자의 몫이었다.371)

무디는 가가호호 방문전도와 복음전도 집회 광고나 캠페인 같은 것을 우리에게 물려주었다.372) 그는 '복음성가' 또는 '복음찬송가' 같은 것들도 물려주었다.373) 그리고 그는 압살롬 얼Absalom B. Earle, 1812-1895이 고안해 낸 '결단 카드' 를 일반화시켰다.374)

덧붙이자면, 구원받기 원하는 사람을 자리에서 일어나게 해서 "죄인의 기도"를 따라 하게 한 최초의 사람이 바로 무디이다.375) 약 50년 뒤에 빌리 그레이엄은 무디의 기교를 개량시켰다. 그는 청중으로 하여금 고개를 숙이고 눈을 감게 한 다음 아무도 주위를 돌아보지 말고, 구원 메시지에 응할 사람에게 손을 들도록 하는 방법을 소개했다.376) (이런 방법들은 모두 다 그것들이 심리적인 조작에 의한 것이라고 주장하는 사람들에 의해 거센 반발을 받아왔다.)377)

무디에게는 "교회가 구원받은 사람들을 위한 자발적인 단체였다."378) 그의 영향이 얼마나 경이적이었는지, 1874년경에는 교회가 멋진 공동체가 아닌 개인들을 모아놓은 단체로 여겨졌다.379) 이런 강조가 그를 따르는 모든 부흥운동가에게 받아들여졌다.380) 그리고 그것은 궁극적으로 복음주의 기독교의 뼈와 골수 속으로 파고들었다.

무디가 플리머스 형제단Plymouth Brethren에 의해 강한 영향을 받았음을 또한 주목할 필요가 있다. 이것은 그리스도께서 대환란 전에 언제든지 재림하실 것이라는 이론이다. 이런 이론을 가리켜 또한 "전천년설 세대주의"라고 일컫는다.381)

전천년설 세대주의는 세상의 종말이 오기 전에 될 수 있는대로 많은 영혼을 구원하기 위해 그리스도인들이 빨리 행동해야 한다는 사상에 불을 지폈다.382) 1888년 존 모트John Mott에 의해 설립된 '학생 자원 운동' Student Volunteer Movement과 함께, 비슷한 사상이 싹트기 시작했다: "우리 세대에 세계를 복음화하자!"라는 것.383) 이런 "우리 세대에"라는 표어는 오늘날도 여전히 교회 안에 살아 숨 쉬고 있다.384) 하지만 그것은 1세기 그리스도인들의 사고방식과는 잘 들어맞지 않는다. 왜냐하면, 그들은 한 세대 안에 온 세상을 다 구원하려는 부담을 갖지 않은 것으로 여겨지기 때문이다.385)

오순절 운동의 영향

1906년을 시발점으로 오순절운동은 회중 찬송에 감정적인 표현을 가미해서 우리에게 물려주었다. 이것은 손을 위로 드는 것, 자리에서 춤추는 것, 손뼉 치는 것, 방언, 그리고 탬버린의 사용을 포함했다. 오순절운동의 관습들은 성령의 신비한 역사를 강조해서 나온 것이다.

오순절교회 예배에서 감정적인 요소들만 빼 버리면 침례교 예배의식과 대동소이하다는 것을 아는 사람은 별로 없다. 따라서 오순절 교인들이 아무리 신약성서의 본보기를 따른다고 강하게 주장해도, 전형적인 오순절 교회와 은사주의 교회는 대부분의 다른 개신교 교회들과 다름없는 예배 순서를 따르는 것이다. 오순절 교인들은 단지 앉은 자리에서 감정적인 표현을 할 자유가 좀 더 있을 뿐이다.

오순절교회 예배에서 또 하나의 흥미로운 요소는 찬양예배 중에 등장한다. 때로 방언이나 통역이나 '예언'에 의해 노래가 중단되기도 한다. 그러나 그런 것들은 1분에서 2분 정도에 그친다. 그런 옹색한pinched 형태의 참여 정도로는 "몸의 사역"body ministry이라 부르기에는 미흡하다.386) 오순절교회 전통은 또한 종종 '특송'이라 불리는 헌금시간에 수반되는 독창과 합창을 우리에게 물려주었다.387)

다른 모든 개신교 교회들과 마찬가지로, 설교는 오순절교회 모임의 클라이맥스이다. 그렇지만, 일반 오순절 교회들에서는 목사가 때로 "성령의 움직임을 감지"하고 다음 주일까지 설교를 잠정 중단하기도 한다. 그렇게 되면 회중은 남은 예배 시간 동안 찬양을 하고 기도에 집중한다. 많은 오순절 교인에게는 이것이 근사한 교회 예배의 절정에 해당한다.

교인들이 이런 특별 예배에 대해 묘사하는 것을 들으면 참 흥미롭다. 그들은 보통 다음과 같이 말한다: "이번 주엔 성령님이 예배를 인도하셨어요. 체스왈드Cheswald 목사님은 설교할 기회도 얻지 못했어요." 그런 말을 할 때마다 이런 질문이 절로 나온다: 모든 교회 모임을 성령님이 인도하셔야 하는 게 아닐까요?

이것 역시도 프런티어 부흥운동의 여파로 생겨난 결과로서, 오순절 교회 예배는 심히 주관적이고 개인주의적이다.388) 오순절 교인들의 생각에도 대부분 다른 개신교인들과 마찬가지로 하나님을 예배하는 것이 공동체적 사건이 아닌 독자적인 경험이다.389)

많은 조정, 별로 이루어지지 않는 변화

루터교16세기, 개혁교회16세기, 청교도16세기, 감리교18세기, 프런티어 부흥운동18-19세기, 그리고 20세기 오순절운동의 예배 의식에 관한 역사를 우리가 고찰해 봄으로써 피할 수 없는 다음 한 가지 사항을 캐내게 되었다: 지난 500년 동안 개신교의 예배 순서는 미미한 변화에 그쳤다.390)

결국에 가서는, 모든 개신교 전통이 예배 순서에서 비성서적인 똑같은 요소들을 공유하고 있다: 예배가 성직자에 의해 인도되고, 설교가 예배의 중심이 되고, 회중은 수동적이어서 모임에서의 사역이 허용되지 않는 것.391)

개혁자들은 로마 기톨릭의 신학을 꽤 많이 변화시켰다. 그러나 실제적인 관습에 관해서는, 예배를 신약성서의 모델로 돌이키기에는 한참 부족한 미미한 조정에 그쳤다. 그 결과 하나님의 사람들은 로마 기톨릭에서 물려받은 의식의 속박에서 전혀 해방된 적이 없다.392)

어떤 저자가 기술한 것처럼 "개혁자들은 고대 기톨릭 예배의 방식을 사실상 그대로 받아들였다.393) … 그들의 예배가 가진 기본적 구조는 중세 후기 여러 부류의 순서에서 거의 통째로 가져온 것이다.394)

그렇다면, 결국은 개혁자들이 기톨릭의 예배 의식을 그저 약간 개혁했을 뿐이다. 그들의 주된 업적은 중심이 되는 초점을 바꾼 데 있다. 어떤 학자의 말을 빌리면, "기톨릭은 의식을 교회활동의 중심에 두려고 더욱더 이교의 길을 따랐고, 개신교는 성서를 예배의 중심에 놓으려고 유대교 회당의 길을 좇았다"고 했다.395) 애석하게도, 기톨릭이나 개신교나 둘 다 예수 그리스도를 그들 모임의 중심에 놓는 데는 실패했다. 또 그들은 신약성서가 그리는 바, 모임에서 서로 사역할 수 있도록 그리스도의 몸을 자유롭게 하고 해방하는데도 실패했다.

종교개혁에 의해 성서가 성찬을 대신하게 되었고, 목사가 사제를 대신하게 되었다. 그러나 회중을 침묵하는 구경꾼으로 만들어놓고 여전히 혼자서 하나님의 사람들을 감독하는 사람이 있다. 성서의 저자를 중심에 놓는 것은 전혀 회복된 적이 없다. 그러므로 개혁자들은 원초적인 문제의 근원, 즉 성직자가 인도하고 수동적인 평신도가 참석하는 예배는 건드리지도 못하고 극적으로 실패하고 말았다.396) 그래서, 개혁자들이 스스로를 개혁된 기톨릭이라고 여겼던 것은 하나도 놀랄 일이 아니다.397)

이 그림은 무엇이 잘못되었는가?

개신교의 예배 순서가 예수님이나 사도들이나 신약성서에서 유래하지 않았다는 사실은 명백하다.398) 이것 자체가 예배 순서를 잘못되게 했다는 것이 아니라, 그것에 성서적 기초가 전혀 없다는 뜻이다.

그리스도인들의 모임에 의자와 카펫을 사용하는 것 역시 성서적인 지지를 받을 수 없다. 그리고 둘 다 이교도들에 의해 고안된 것이다.399) 그럼에도, 의자나 카펫이 단지 성서시대 이후에 이교도들에 의해 만들어졌다는 이유로 누가 의자에 앉는 것이나 카펫 사용하는 것을 "잘못됐다."라고 할 수 있는가?

사실은 우리가 이교에 뿌리를 둔 우리의 문화 속에서 많은 것을 하고 있다. 우리의 공인된 달력을 예로 들어 보자. 요일의 이름과 달의 이름은 이방신들의 이름에서 온 것이다.400) 그러나 공인된 달력을 사용한다고 해서 우리가 이교도가 되는 것은 아니다.401)

그렇다면, 어째서 주일 아침 예배 순서는 우리가 예배할 때 사용하는 의자나 카펫 같은 것과는 다른 문제인가? 종종 강단에서 외치는 것과는 정반대로 전통적인 예배 순서가 비성서적인 것이나 이교사상의 영향을 강하게 받았다는 사실은 차치하고라도, 그것은 하나님께서 의도하시는 영적 성장으로 인도해주지 못한다.402) 다음을 잘 생각해보라.

첫째, 개신교의 예배 순서는 상호 간의 참여와 그리스도인 공동체의 성장을 억누른다. 그것은 지체들의 입을 막음으로써 그리스도의 몸이 제 기능을 발휘하지 못하도록 질식시킨다. 누가 권면의 말을 한다든지, 깨달은 것을 나눈다든지, 찬송을 시작하거나 소개한다든지, 자발적으로 기도를 인도한다든지 할 기회가 완전히 차단되어 있다. 당신은 침묵을 강요당하고 착실하게 자리만 지키고 있어야 한다! 당신에게는 몸의 다른 지체들을 풍성하게 할 뿐만 아니라 또 다른 지체들에 의해 풍성해지는 것이 봉쇄되어 있다.

당신은 다른 모든 "평신도"처럼 오직 회중 찬송을 할 때나 기도할 때만 입을 열 수 있다. (만일 당신이 오순절 교회나 은사주의 교회의 일원이라면, 일 분 남짓한 황홀경에 빠질 기회가 허용될 것이다. 그러나 그리고 나서 다시 앉아서 침묵을 지켜야겠지만.)

교회 모임에서 서로 나누는 것이 지극히 성서적임에도,403) 당신이 과감하게 좀 색다른 것을 시도했다가는 예배 의식을 파괴하는 사람으로 인식될 것이다! 당신은 "질서없는 사람"으로 평가되어, 처신을 바로 하든지 아니면 교회를 떠나든지 할 것을 종용받게 될 것이다.

둘째, 개신교의 예배 순서는 머리 되시는 예수님의 목을 조르고 있다.404) 예배가 처음부터 끝까지 한 사람에 의해 인도된다. 당신의 신앙은 몸의 지체 중 하나인 목사의 지식과 은사와 경험에 국한된다. 우리 주 예수님께서 자신의 몸을 통해 마음껏 말씀하실 자유는 어디에 있는가? 그 예배 의식 안에 하나님께서 형제나 자매에게 말씀을 주셔서 전체 회중과 나눌 기회가 어디에 있는가? 예배 순서는 그런 것을 허용하지 않는다. 예수 그리스도는 자유의사로 자신의 몸을 통해 자신을 표현할 자유가 없으시다. 예수님 또한 수동적인 구경꾼 처지에 놓이게 된다.

그렇다 하더라도, 그리스도는 보통 목사와 음악 사역자인 교회의 한두 지체를 통해 자신을 나타내실 수 있다. 그러나 이것은 극히 제한된 표현일 뿐이다. 주님께서 몸의 다른 지체들을 통해 자신을 나타내실 수 있는 통로가 꽉 막혀버렸다. 결과적으로, 개신교 예배 의식은 그리스도의 몸을 불구로 만들었다. 그것은 엄청나게 큰 혀목사와 수많은 작은 귀회중만 달린 괴물로 변해버렸다. 이것은 바울이 그렸던 그리스도의 몸, 즉 교회 모임에서 모든 지체가 상호 간에 덕을 세우고자 제 기능을 발휘하는 것에 정면으로 배치되는 것이다. 고린도전서 12장을 참조할 것

셋째, 많은 그리스도인에게 있어 주일 아침 예배는 부끄러울 정도로 지루하다. 그것은 다양성과 자발성이 빠져 있다. 그것은 빤히 예측할 수 있고, 지나치게 형식적이며, 아주 기계적이다. 신선함이나 참신함이 거의 없다. 5세기 동안

얼어붙은 채 유지됐다. 솔직하게 말하면, 예배 순서는 기계적 방법의 애매모호한 힘을 구체화한다. 그리고 그 기계적 방법은 순식간에 상투적인 것으로 전락한다. 즉, 차례차례 싫증 나게 되고, 의미를 상실하고, 나중엔 눈에 보이지 않는다.

"구도자에게 민감한 교회들"seeker-sensitive churches은 현대 교회 예배의 무미건조한 상태를 인식해왔다. 그래서 대안을 내어놓은 것이 예배 의식에 방대한 미디어와 현대화된 단막극을 도입한 것이다. 이렇게 해서 교회 밖의 사람들에게 예배를 홍보하자는 취지이다. 구도자에게 민감한 교회들은 최신 첨단 전자 기술을 도입하면서 성공 대열에 가담하게 되었다. 그 결과, 그들은 미국 개신교 시장의 큰 몫을 점유하게 되었다.405)

그러나 가능한 모든 엔터테인먼트를 동원한다 해도, 시장을 노리는 구도자에 민감한 예배는 여전히 목사에 의해 갇혀 있고, 세 겹 "찬송 샌드위치"도 그대로 남아 있고, 오직 그들에게 구경거리가 조금 더 있을 뿐.406) 회중은 계속 침묵을 지키는 구경꾼 노릇을 하고 있다. 넷째, 당신이 일요일마다, 해가 바뀌어도 변함없이, 묵묵히 앉아서 치르는 개신교 예배 의식은 영적 변화를 실제로 방해한다. 그 이유는 그것이 (1) 수동적으로 만들고, (2) 기능의 발휘를 제한하며, (3) 일주일에 한 시간 투자하는 것이 승리하는 그리스도인의 삶을 위한 열쇠라고 암시하기 때문이다.

일요일마다 당신은 다른 모든 상처 입은 군인처럼 반창고를 갈아붙이고 재충전을 받으려고 예배에 참석한다. 그렇지만, 반창고를 갈고 재충전을 받는 것은 결코 일어날 수 없다. 그 이유는 아주 간단하다. 신약성서에는 우리가 '교회'라고 엉터리로 갖다 붙인 경직화된 의식에 내내 앉아 있는 것을 영적 변화와 관련지은 적이 한 번도 없기 때문이다. 우리는 수동적으로 구경하고 듣는 것이 아닌, 기능을 발휘함으로 성장하는 것이다.

그것을 피하지 말고 맞닥뜨려야 한다. 개신교 예배 순서는 매우 비성서적이고, 비현실적이며, 영적이지 못하다. 신약성서엔 그것과 유사한 것도 없다. 오히려 그것은 타락한 인간의 문화에 그 뿌리를 두고 있다.407) 그것은 형식도 없고 의식에 자유로웠던 초기 그리스도교의 근본을 해치고 있다. 종교개혁 이후 5세기가 지나도록, 개신교의 예배 순서는 여전히 가톨릭 미사이교와 유대교의 요소들이 융합된 종교 의식에서 변한 게 별로 없다.

어떤 학자는 이렇게 피력했다: "기독교 예배의 역사는 이교와 문화 사이에 서로 주고받은 이야기이다. 복음이 각기 다른 시대와 장소에 전파되면서, 선교사들이 자신들에게 익숙한 예배형식과 스타일을 그들에게로 가져왔다."408)

나프랭크는 편히 앉아 있는 의식주의자가 아니다. 머리이신 그리스도 아래서 모이는 열린 모임에 관해 내가 기술한 것은 공상적 이론이 아니다. 나는 지난 19년 동안 그런 모임들에 참여해왔다.

그런 모임들은 믿기지 않을 정도로 다양한 것이 돋보인다. 그 모임들은 한 사람에 의해 진행되는 강단 중심의 예배방식과는 전혀 다르다. 자발성과 창조성과 신선함이 가득하다. 이런 모임들을 지배하는 특징은 눈에 보이는 예수님의 머리 되심과 자유스러우면서도 질서 있게 역할을 수행하는 그리스도의 몸이다. 내가 얼마 전에 참석했었던 그런 모임에 대해 묘사해보겠다.

약 삼십 명이 가정집에서 함께 모여 서로 인사하고 있을 때, 그 중 몇 사람은 거실의 중앙에 가서 아카펠라로 노래를 시작했다. 곧 교회 전체가 서로서로 어깨동무를 하고 한목소리로 노래하고 있었다. 누군가 다른 노래를 시작했고 우리는 모두 따라 불렀다. 노래와 노래 사이에 여러 사람이 기도했다. 노래 중 어떤 것들은 지체들이 작사한 것이었다. 우리는 노래 여러 개를 여러 차례 불렀다. 어떤 사람들은 노래 가사로 기도를 올렸다. 여러 번에 걸쳐, 지체 중 몇 사람은 우리가 부른 노래와 관련해서 교회에 권면 했다.

우리는 노래하고, 기뻐하고, 자발적으로 기도하고, 서로 권면 한 후에 자리에 앉았다. 그리고 나서 곧 한 자매가 일어서서 그 주에 주님께서 그녀에게 보여주신 것을 설명하기 시작했다. 그녀는 약 3분 정도 말했다. 그녀가 자리에 앉고서, 한 형제가 일어서서 성서구절 하나를 나누고 그것을 통해 주 예수님을 높였다. 그다음, 다른 형제가 일어서서 조금 전의 형제가 나눈 것에 덧붙여 덕을 세우는 말을 했다. 그다음, 한 자매가 조금 전의 두 형제가 나눈 것과 관련된 새 노래를 부르기 시작했다. 교회 전체가 그녀와 함께 노래를 불렀다. 다른 자매가 일어서서 그 주에 주님께서 그녀에게 주신 시 한 편을 읽었다⋯ 그리고 그것은 그 시간까지 다른 사람들이 나누었던 것을 완전하게 하나로 엮었다.

그리스도 안의 형제와 자매들은 한 사람씩 일어서서 그들이 그 주에 예수 그리스도와의 관계 속에서 경험한 것을 말했다. 권면, 가르침, 격려, 시, 노래, 그리고 간증, 이 모든 것이 꼬리를 물고 이어졌다. 그리고 예수 그리스도의 영광이 드러난 공통된 주제가 떠올랐다. 모인 사람 중 몇 사람은 눈물을 흘렸다.

이 모든 것은 사전에 연습 되었거나, 미리 정해졌거나, 계획된 적이 없었다. 하지만, 그 모임은 전기가 통한 것 같았다. 그것은 참으로 풍성하고, 영광스럽고, 덕을 세우기에 충분해서 정말 누군가가 모임을 인도하고 있다는 느낌을 모두가 뚜렷하게 받았다. 그러나 그는 보이지 않았다. 그가 바로 주 예수 그리스도였다! 그분의 머리 되심이 그분의 사람 중에 자취를 드러내고 있었다. 우리는 그분이 진정 살아계심을 상기하게 되었다⋯ 자신의 교회를 통솔하실 정도로 왕성하게 살아계심을.

신약성서는 우리 그리스도인이 어떻게 모임을 해야 하는지에 침묵하고 있지 않다. 그러므로 인간의 전통이 이렇게 그분의 교회를 향한 하나님의 생각과 정반대로 치닫고 있는데도 우리가 그런 인간의 전통을 선택할 것인가? 우리는 우리의 신성한 의식을 고수하기 위해 머리이신 그리스도의 활동을 계속 과소평가

할 것인가? 예수 그리스도의 교회가 과연 진리의 기둥과 터인가 아니면 인간 전통의 옹호자인가?딤전3:15

얼어붙어 있는 하나님의 사람들을 녹이는 한 가지 확실한 방법은 어쩌면 주일 아침 예배의식에서 극적으로 결별하는 것일 것이다. 우리가 다음과 같이 뼈를 흔들어놓는 주님의 말씀에 죄책감을 느끼지 않게 되기를 바란다: "너희가 하나님의 계명은 버리고 사람의 유전을 지키느니라."409)

심층 탐구

1. 교회 모임에 대한 성서의 묘사는 우리 예배의 구조를 짜는 데 있어 많은 자유를 허용하는 것 같은데, 그렇지 않은가? 내가 속한 교회의 예배 순서는 고린도전서 14장에 언급된 거의 모든 것을 포함하고 있다. 그렇다면, 표준 예배 순서를 정하는 것이 무슨 문제인가?

제도권 교회의 모임 대부분에는 찬송과 교훈이 꼭 포함된다. 그렇지만, 그런 찬송과 교훈은 고린도전서 14장에 나와 있는 것과는 한참 다른 분위기로 진행된다. 이 본문은 지체들 모두가 각각 교훈, 계시, 찬송, 권면 등을 하는, 누구나 참여할 수 있고26절, 다른 지체들이 말하고 있을 때 끼어들 수 있고30절, 모두가 자발적으로 예언할 수 있는24, 31절 모임을 묘사하고 있다.

만일 당신의 교회 모임이 이 모든 요소를 다 갖고 있다면 정말 훌륭하다. 우리는 다만 그것을 '표준 예배 순서'라고는 묘사하지 않을 것이다. 왜냐하면, 그것이 오늘날 표준관습이 아니기 때문이다.

2. 고린도전서 14장에서, 바울은 신자들에게 모든 것을 질서 있게 하라고

권면 했다. 유기적 교회는 예배 시간에 저마다 각각 자유로 행동하거나 또는 그 시간이 한두 사람에 의해 좌우되는 것을 어떻게 방지할 수 있는가? 유기적 교회 스타일이 무질서를 방조하지는 않는가?

이것은 훌륭한 질문이다. 신자들에게 질서 있게 모임을 하라고 한 바울의 권면은 열려 있는 모임이 저마다 각각 자유롭고 소란스러울 필요가 없음을 명확하게 보여주고 있다. 바울은 열려 있는 모임과 질서 있는 모임 사이에 멋진 상승작용이 있다고 생각한다. 만일 하나님의 사람들이 그리스도의 머리 되심 아래 어떻게 기능을 발휘할지 적절하게 훈련된다면, 누구나 참여하는 열린 모임은 조화와 질서가 있는 영광스러운 이벤트가 될 수 있다.

우리 자신에게 물어보자: 바울이 고린도에서의 일 때문에 격노했을 때 무슨 일이 벌어졌는가? 그는 사도로서 모임을 중단시키거나 예배 의식에 관한 지침을 내리거나 하지 않았다. 또는 인간 지도자를 내세우지도 않았다. 그 대신, 바울은 모임에서 질서와 덕을 세우는 데 필요한 폭넓은 지침을 교회에 제공해주었다. 고린도전서 14장을 참조할 것

게다가, 바울은 교회가 그 지침을 잘 따를 것이라는 확신이 있었다. 이것은 중요한 원리 하나를 정립해준다. 1세기 모든 교회에는 일반적인 문제들을 조정하며 도와주는 사도 곧 순회 사역자가 대기하고 있었다. 때때로 그런 사역자는 편지 형식으로 도움을 주었다. 또는 사역자 자신이 직접 방문해서 도움을 주었다. 그런 외부의 도움은 유기적 교회가 모임에서 그리스도를 중심에 두고 초점을 잃지 않는 데 있어 아주 유익할 수 있다.

3. 교회의 초점이 잃어버린 영혼들을 그리스도께 인도하는 것이라는 데 대

해 당신들은 의문을 제기한다. 하지만, 사람들이 그리스도께 오기 전까지는 바울이 에베소서 1장에서 설명한 하나님의 위대하고 영원한 목적에 참여할 수 없다. 그러므로 교회가 복음선포를 우선으로 두는 것이 결정적으로 중요하지 않은가?

그렇다. 사실, 복음을 삶에서 구체화하고 그것을 말로 전하는 것이 건강한 유기적 교회생활의 자연적인 부산물이라고 우리는 믿고 있다. 만일 하나님의 사람들이 주님을 사랑하고 정말 진하게 서로 사랑하기를 터득한다면, 그들은 자연스럽게 말과 행실로 다른 사람들에게 주님을 전하기 원할 것이다.

4. 당신들은 피니Finney와 다른 부흥운동가들이 회심자를 얻으려고 특정한 관습을 고안해 낸 실용주의자들이기 때문에, 강단 앞으로 불러내는 것 같은 방법을 사용하기 시작했다고 암시했다. 그러나 사람들이 그리스도가 필요함을 인식하도록 돕기 위한 새로운 방법을 도입하는 데에 그들이 성령의 인도를 받지 않았다고 당신들은 어떻게 확신할 수 있는가?

피니에 대해 우리가 지적한 것은 단지 부흥운동가들이 구원을 하나님의 최우선 목적으로 만들었다는 사실이다. 구원이 종종 그리스도인의 전인적인 경험과는 따로 고립되어 독립적인 개체로 탈바꿈했기 때문에, 그리스도인의 충만한 경험이 아닌 회심을 이끌어내기 위해 고안된 많은 것이 생겨났다. 하나님의 영원한 목적은 전혀 관심 밖이었다.

현대 실용주의에서, 그리스도인들은 특정한 관습이 성령으로 말미암았는지 아니면 그저 인간이 독창적으로 고안해냈는지 자신을 위해 결정해야 할 것이다. 우리는 그 판단을 독자 개개인에게 맡기고 싶다.

5. 당신들은 무디Moody가 잃은 영혼들을 그리스도께 인도하는 일에 엄청난 관심을 뒀다는 사실에 대해 매우 비판적인 것 같다. 하지만, 그가 복음전도자로서 그것에 초점을 맞추는 것이 당연한 것 아닌가?

우리는 진정 잃은 영혼들을 그리스도께 인도한 것에 대해 무디를 좋게 평가한다. 그렇지만, 우리는, 그가 구속을 하나님의 궁극적인 목적이라고 여겼기 때문에 하나님의 완전한 계획의 범위를 전달하는 데는 실패했다고 믿는다.

신약성서의 복음전도자나 사도는 그 누구도 단지 영혼을 지옥에서 구출하기 위해 그리스도께 인도하지 않았다. 그런 생각은 초기 그리스도인들에겐 알려진 바 없었다. 초기 그리스도인들은 사람들을 하나님의 공동체인 교회로 인도하기 위해 주님께 회심시켰다.

1세기에는 사람들이 에클레시아에 더해진다는 개념에 의해 구원받았다. 회심과 공동체는 분리되지 않고, 풀릴 수 없도록 서로 얽혀 있었다. 길버트 빌리지키언Gilbert Bilezikian에 의하면, "그리스도는 단지 우리를 죄에서 구원하기 위해서가 아니라 우리를 함께 공동체로 인도하려고 돌아가셨다. 우리가 그리스도께 온 그다음 단계는 공동체에 가담하는 것이다. 공동체를 경험하지 못하는 교회는 패러디이고 가짜이다."410)

이와 관련해서, 복음주의 주류는 구원론구원을 교회론교회생활에서 결별시키는 치명적인 오류를 범하고 말았다. 그들이 전달하는 것은 곧 구원론은 필수과목이고 교회론은 선택과목이라는 메시지이다. 따라서 교회생활은 별로 상관이 없다. 그러나 이런 생각엔 하나님의 교과과정이 반영되지 않았다. 교회는 복음의 각주footnote가 아니고, 하나님의 고동치는 심장 그 중심에 놓여 있는 것이다.

사실, 교회가 제대로 기능을 발휘한다면 인류에게 알려진 가장 훌륭한 복음전도가 될 것이다. 하나님의 사람들이 순수한 공동체를 이루고 살아갈 때 그들의 함께하는 삶은 이 세상에 하나님께서 오셔서 통치하시는 증거가 될 것이다.411)

6. 당신들은 "가톨릭이나 개신교나 둘 다 예수 그리스도를 그들 모임의 중심에 놓는 데는 실패했다."라고 했다. 나는 동의하지 않는다. 내가 속한 교회에서는, 우리가 부르는 찬송과 읽는 성서 본문과 선포되는 메시지가 전부 그리스도를 중심에 놓는다. 더 나아가서, 우리는 어떻게 한 주 동안 날마다 그리스도를 주님으로 모셔놓고 섬기는지에 대한 실제적인 교훈을 받는다.

　우리가 제시하는 중심 이슈는 "예배에서 예수님을 말하고 예수님께 영광을 돌리는가?"가 아니다. 우리는 많은 제도권 교회가 그렇게 한다는 데 동의한다. 우리가 제시하는 이슈는 "예수 그리스도가 모임에서 실제적인 머리로서 기능을 발휘하시는가?"이다. 예수님을 보이지 않는 주빈으로 모시는 것과 모임에서 실제로 지도자의 역할을 수행하시도록 하는 것 사이에는 상당한 차이가 있다.

　이 책의 저자들이 당신이 속한 교회 예배에 참석했다고 가정해보자. 그리고 주 예수 그리스도께서 그분의 몸에 속한 사람들과 나누라고 우리 마음에 말씀을 주셨다고 가정해보자. 과연 우리에게 자연스럽게 그것을 나눌 수 있는 자유가 있을까? 다른 사람들 모두에게도 그렇게 할 자유가 있을까? 만일 그렇지 않다면, 우리는 당신이 하는 예배가 그리스도의 머리 되심 아래 있는지를 의심하게 될 것이다.

　사실인즉, 그리스도의 머리 되심 아래에 있는 모임은 그리스도께서 모임에 있는 각 지체를 통해 말씀하실 수 있다는 뜻이다. 이것이 바로 바울이 고린도전서 12-14장에서 주장하는 바다. 바울은 예수 그리스도께서 고린도 교인들이 한때 섬겼던 우상처럼 말을 못하는 분이 아니라는 말로 이 부분을 시작하고 있다. 그렇다면, 그리스도는 누구를 통해 말씀하시는가? 주님은 성령님이 허락한 여러 은사와 직분ministries을 사용하는 주님의 몸을 통해서 말씀하신다.고전12장 바울은 그다음 장들에서 믿는 자들의 은사와 직분이 자기의 유익을 취하는 사랑이 아니고 다른 모든 사람에게 덕을 세우려고 힘쓰는 사랑 안에서 사용되어야 함을 강조하고 있다. 그리고 나서, 바울은 "너희는 다" 뭔가를 가지고 와서 "하나씩 하나씩 예언"할 수 있다는, 교회 모임의 구체적인 내용으로 옮겨간다.고전14장.

이것과 관련해서, 만일 당신이 신약성서적 방식으로 모임을 하는 유기적 교회의 모임에 참석한다면, 주님께서 당신의 마음에 주신 것은 무엇이든 성령님이 당신을 인도하신 방식으로 나눌 권리와 특권을 갖게 될 것이다. 아니 그럴 뿐 아니라, 당신이 그렇게 하도록 기대될 것이다. 다르게 표현하자면, 예수 그리스도께서 그 모임의 실제적인 머리의 구실을 하실 것이다.

7. 당신들은 그리스도의 머리 되심이라는 표현을 교회 안에서 그리스도의 리더십과 권위를 일컫는 말로 종종 사용한다. 내가 어딘가에서 읽은 바로는, 신약성서에서 '머리'는 권위가 아니라 근원이라는 뜻이라고 한다. 당신들은 어떻게 생각하는가?

그것은 사실 두 가지 뜻을 다 가지고 있다. 우리는 예수 그리스도께서 교회의 근원이실 뿐만 아니라 교회 위에 권위를 갖고 계심을 일컫는 말로 "그리스도의 머리 되심"을 사용하고 있다. 이런 용법은 학문적 지지

를 받고 있다.412)

8. 초대교회는 회당에서 예배하지 않았는가? 나는 사도들이 복음을 전하러 회당에 갔다고 읽었는데, 그렇다면 바울과 바나바가 수동적인 청중에게 말씀을 전한 것이 아닌가?

사도들뿐만 아니라 스데반처럼 은사가 있는 사람들은 복음을 전할 목적으로 회당을 방문했다. 그러나 이런 모임은 교회 모임이 아니었다. 그것은 믿는 사람들을 위한 것이 아니라, 사도들이 유대인들에게 복음을 전하기 위한 기회였다. 그 당시에는, 회당을 방문한 방문자가 청중에게 말씀을 전할 수 있었다. 그렇다, 바울과 바나바는 특별한 경우에 말씀을 전했다. 그러나 재차 말하지만, 교회 모임에서 그렇게 한 것이 아니다. 그들은 잃은 영혼들에게 복음을 전하기 위한 사도적 모임에서 말씀을 전했거나, 아니면 이미 존재하던 교회를 훈련하고 격려하기 위해 말씀을 전했다. 교회 모임은 정규적이고 지속적이지만, 사도적 모임과 복음을 전하기 위한 모임은 임시적이고 산발적이었다.

9. 당신들은 1세기 교회에서 모두가 참여하는 열린 모임을 했다는 이유만으로 21세기에 사는 우리 또한 그렇게 해야 한다고 말하는 것인가?

아니다. 우리는 모두가 참여하는 열린 모임이 신약성서의 신학에 뿌리를 두고 있음을 제시하는 것이다. 즉, 모든 신자가 제사장이라는 교리와 그리스도의 몸에서 모든 지체가 기능을 발휘하는 것 말이다. 아울러 우리는, 교회에 덕을 세우려면 하나님께서 자신들에게 알려주신 것을 다른 사람들과 나누는 영적 본능이 그리스도인들에게 있음을 제시하는 것이다. 그리고 우리는 세 가지 중요한 질문을 던지고 있다: 1) 현대 개신교의 예배 순서가 어디서 유래했는지를 탐구했다면, 그것이 사람들을 변화시키고 예수 그리스도를 드러내는 데 있어 진정 성공적이라 할 수 있는가? 2) 모두가 참여하는 열린 교회 모임이 개신교의 예배 순서보다 하나님께서 갖고 계신 자신의 교회에 대한 생각과 더 일치할 가능성이 있지 않은가? 3) 우리의 교회생활에서 함께 모임을 하고 그리스도를 드러내는 새로운 방법을 탐구하기 시작하는 데에 우리의 시간을 바치는 것이 가치 있는 일일까?

4장 • 설교:
개신교의 신성 불가침 영역

"기독교는 이교사상을 폐기하지 않고, 그것을 도입했다."
– 윌 듀란트 Will Durant, 20세기 미국 역사가

"내 말과 내 전도함이 설득력 있는 지혜의 말로 하지 아니하고 다만 성령의 나타나심과 능력으로 하여 너희 믿음이 사람의 지혜에 있지 아니하고 다만 하나님의 능력에 있게 하려 하였노라."

– 다소 사람 바울, 고린도전서 2:4–5에서

우리는 이제 예배의식의 가장 신성한 관습 중 하나를 살펴보게 되었다. 설교가 바로 그것이다. 설교를 없애 버리면 개신교의 예배 순서는 노래잔치 이상의 아무것도 아닌 것이 된다. 설교를 없애 버리면 주일 아침 예배의 출석률은 떨어질 운명에 처할 것이다.

설교는 개신교 예배의식의 대들보와 같다. 지난 500년 동안 설교는 시계가 돌아가듯 규칙적인 역할을 했다. 주일 아침마다 목사는 강단에 올라가서, 의자를 덥히며 수동적으로 앉아 있는 청중을 향해 인상적인 연설을 한다.413) 설교가 얼마나 중심적 위치를 차지하는지, 수많은 그리스도인이 바로 이것 때문에 교회를 다닌다. 사실 예배 전체가 종종 설교의 질에 따라 평가된다. 당신이 어떤 사람에게 지난주일 교회가 어땠는지 물어보면, 거의 틀림 없이 설교에 관해 듣게 될 것이다. 요컨대 현대 기독교인 사고방식은 대개 설교와 주일 아침 예배를 동일시한다.414) 그러나 얘기는 여기서 끝나지 않는다.

설교를 없애 버리면 당신은 수많은 신자를 위한 영적 양식의 가장 중요한 밥줄을 끊어놓게 된다. 다들 그렇게 생각한다. 하지만, 깜짝 놀랄 사실은 오늘날의 설교가 성서에 그 뿌리를 두고 있지 않다는 것이다. 오히려 그것은 이교 문화에서 빌려와서 키워진 다음 기독교 신앙에 도입된 것이다. 이게 무슨 펄쩍 뛰게 할 소리인가? 그러나 여기서 그치지 않는다.

설교는 하나님께서 교회 모임을 설계하신 목적, 바로 그 목적의 가치를 실제로 떨어뜨린다. 그리고 그것은 진정한 영적 성장에 별로 도움을 주지 못한다. 아직 기절초풍할 때가 아니다.… 우리가 주장하는 이것을 이 장에서 증명해 보이겠다.

설교와 성서

두말할 필요도 없이, 앞에서 필자가 펼친 주장을 읽고 다음과 같이 반박하는 사람이 있을 것이다: "성서를 통틀어 사람들은 설교했다. 설교야말로 당연히 성서적이다!"

물론 성서에는 사람들이 설교한 예들이 기록되어 있다. 그렇지만, 성서에 묘사된 성령의 감동에서 나온 설교와 오늘날의 설교 사이에는 엄청난 차이가 있다. 우리는 사실상 언제나 이런 차이를 빠뜨리고 그냥 넘어가는데, 그 이유는 우리가 부지중에 오늘날의 관습을 보는 눈으로 성서를 읽는 것에 익숙해졌기 때문이다. 따라서 우리는 오늘날의 강단 설교가 성서적인 것이라고 오해해서 그것을 받아들인다. 이것을 조금 더 전개해보기로 하자. 현대 기독교 설교는 다음과 같은 요소들을 지니고 있다:

• 규칙적으로─적어도 일주일에 한 번은 변함없이 강단에서.

- 똑같은 사람에 의해—일반적으로 목사 또는 안수 받은 초청 강사에 의해.
- 수동적인 청중을 향해—본질적으로 일방적인 독백임.
- 다듬어진 연설 형식으로—일반적으로 서론, 세 개에서 다섯 개쯤 되는 요점, 그리고 결론, 이렇게 일정한 구조로 되어 있음.

이것을 성서에 언급된 설교들과 대조해보라. 구약성서에 보면 하나님의 사람들이 설교하고 가르친 내용이 나온다. 그러나 그들이 선포한 말씀은 오늘날의 설교와는 들어맞지 않는다. 다음은 구약성서에 나오는 설교와 가르침의 특징들이다.

- 청중이 능동적으로 참여했고 청중에 의해 중단되는 일이 흔했다.415)
- 선지자와 제사장들이 정해진 원고가 아닌, 당면한 문제에서 생긴 부담을 안고 즉석에서 외쳤다.
- 구약성서의 선지자와 제사장들이 하나님 백성에게 정기적으로 설교했다는 암시가 없다.416) 오히려 구약성서식 설교의 본질은 산발적이고, 유동적이며, 청중의 참여에 열려 있었다. 고대 회당에서의 설교도 같은 방식을 따랐다.417)

이제 신약성서로 가보자. 예수님은 똑같은 청중을 향해 정기적으로 설교하시지 않았다.418) 주님의 설교와 가르침은 여러 다른 형식들을 취했다. (물론 주님은 가르침의 대부분을 제자들에게 집중시키셨다. 하지만, 주님이 그들에게 주신 메시지는 언제나 즉석에서 나왔고 격식이 없었다.)

주님의 방식과 마찬가지로, 사도행전에 기록된 사도들의 설교는 다음과 같은 특징을 갖고 있었다:

- 그것은 산발적이었다.419)
- 그것은 특별한 문제들을 다루고자 특별한 경우에 전해졌다.420)
- 그것은 즉석에서 행하여졌고 수사학적 구조가 없었다.421)
- 그것은 일방적인 독백 설교가 아니라 거의 대화체 형식을 띠고 있었다. (즉, 청중의 의견을 포함했고 그들에 의해 설교가 중단되기도 했다).422)

이와 마찬가지로, 하나님 말씀의 사역을 교회의 일반 모임들에서 교회 전체가 감당했음을 신약성서의 서신들이 보여주고 있다.423) 이 사역에 가르침, 권면, 예언, 노래, 충고가 포함되어 있음을 우리는 로마서 12:6-8, 15:14, 고린도전서 14:26, 그리고 골로새서 3:16에서 볼 수 있다. 이런 "모든 지체"가 제 기능을 발휘하는 것은 또한 대화형식이었고고전14:29, 중단되는 것이 특징이었다.고전14:30 마찬가지로 지역교회 장로들의 권면도 보통 준비 없이 즉석에서 이루어졌다.424)

요약하자면, 기독교의 소모품으로 선포되는 오늘날의 설교는 구약성서와 신약성서 둘 다와 거리가 멀다. 성서에는 초기 그리스도인의 모임들에 그런 설교가 존재했었다는 암시조차 없다.425)

기독교의 설교는 어디서 유래했는가?

정기적으로 설교한 최초의 기독교 문서는 2세기 말에 기록된 것이다.426) 알렉산드리아의 클레멘트는 설교가 그리스도인들을 거의 변화시키지 못한다는 사실을 개탄했다.427) 하지만 그렇게 실패를 인정했음에도, 설교는 4세기경에는 신자들의 일반적인 관습으로 자리 잡게 되었다.428)

이것은 곤란한 질문을 유발한다. 만일 1세기 그리스도인들이 설교와 상관없었다면, 사도 시대 이후의 그리스도인들은 누구에게서 설교를 물려받았는가? 그 대답은 분명하다: 기독교의 설교는 이교 그리스 문화에서 도입된 것이다!

설교의 진원지를 찾으려면 우리는 소피스트Sophists:궤변론자라고 불렸던 주전 5세기의 떠돌이 교사들에게로 거슬러 올라가야 한다. 소피스트는 수사학rhetoric: 설득력 있게 말하는 기술을 만들어낸 장본인들로 알려졌다. 그들은 제자들을 택했고, 또 그들이 하는 연설의 대가로 돈을 요구했다.429)

소피스트는 전문적인 토론가였다. 그들은 그들의 주장을 "팔기" 위해 외모에 신경을 쓰고, 감정에 호소하고, 재치 있는 말을 구사하는데 능했다.430) 머지않아 소피스트의 스타일과 형식과 연설기술이 그들이 말하는 내용의 정확도보다 우위를 차지하게 되었다.431) 이것은 "스타일을 위해 스타일을 개발하다"라는 강령을 내건 전문가 집단을 양산해냈다. 그들이 외친 진리는 그들의 삶 속에서 실천된 진리가 아닌 추상적인 것들이었다. 그들은 실제적이 아닌 형식을 모방하는 데 있어 숙련된 달인이었다.432)

소피스트는 그들이 입는 특별한 옷으로 자신들을 식별했다. 그들 중 어떤 사람들은 고정된 장소에서 똑같은 청중에게 정기적으로 연설했다. 또 어떤 사람들은 돌아다니면서 그들의 갈고 닦은 연설 기량을 과시했다.이렇게 해서 수입이 제법 짭짤했다. 때때로 그리스 연설가는 "이미 마련된 강단용 가운을 입고" 그의 강연장 안으로 들어가기도 했다. 그리고 나서 그는 연설하기 전에 강단으로 올라가서 연설가 전용좌석에 앉았다.

그는 자신의 주장을 입증하기 위해 호머Homer의 구절들을 인용하기도 했다. 어떤 연설가들은 호머를 얼마나 깊이 연구했는지, 호머를 마음에서부터 그대로 재현할 수 있었다. 소피스트는 자기 연설에 도취해, 연설 도중 종종 청중으로 하여금 손뼉을 치도록 유도했다. 만일 그의 연설이 잘 받아들여졌으면, 어떤 사람들은 그의 연설을 "영감 있는" 연설이라고 인정했다.

소피스트는 당대에 가장 출중한 사람들이었다. 어떤 사람들은 연설만 해서 먹고 살았을 정도였다. 또 어떤 사람들은 자신의 영예를 위해 대중들로 하여금 그들의 동상을 건립하도록 하기도 했다.433)

약 1세기 후에 그리스 철학자 아리스토텔레스는 세 개의 개요로 연설하는 것을 수사학에 가미시켰다. 그는 "전체가 서론, 본론, 결론으로 구성되어야 한다."라고 주장했다.434) 머지않아 그리스 연설가들은 그들의 연설에 아리스토텔레스의 세 가지 개요 원리를 접목시켰다.

그리스인들은 수사학에 중독되어 있었다.435) 그래서 소피스트에 대한 대우가 좋았다. 로마가 그리스를 정복했을 때, 로마 사람들 또한 수사학에 사로잡히게 되었다.436) 결과적으로 그리스와 로마 문화는 누군가에 의한 유창한 연설을 듣고자 하는 지칠 줄 모르는 욕구를 개발시켰다. 이것이 얼마나 유행했는지, 저녁식사 후에 전문 철학자에게서 '짧은 설교' sermonette를 듣는 것이 일종의 정기적인 엔터테인먼트였다.437)

고대 그리스와 로마 사람들은 수사학을 가장 위대한 예술의 하나로 여겼다.438) 따라서 로마제국의 연설가들은 오늘날의 미국인들이 영화나 프로 스포츠 스타들을 떠받들 듯 아주 화려한 지위를 영위했다. 그들은 당대에 찬란하게 빛나는 스타들이었다.

연설가들은 단순히 그들의 탁월한 연설 능력만으로 청중을 열광시켰다. 당대의 첨단과학이었던 수사학의 교사들은 모든 주요 도시의 자존심이었다.439) 그 도시들이 낳은 연설가들에겐 명사의 지위를 줬다. 요컨대, 그리스와 로마 사람들은 이교의 설교에 중독되어 있었다. 마치 오늘날의 많은 그리스도인이 '기독교' 설교에 중독되어 있듯이.

오염된 물줄기의 도래

그리스 연설이 어떻게 기독교 교회 속으로 파고들게 되었을까? 3세기를 전후해서 상호 간의 사역이 그리스도의 몸에서 시들어지게 되자 공백이 생겨났다.440) 이때 즈음 예언의 부담과 자발적 확신에 의해 말씀을 전했던 순회 사역자들이 교회 역사의 장에서 자취를 감춰버렸다.441) 이 사람들의 공백을 메우려고 성직자가 출현하기 시작했다. 열린 모임은 사라지기 시작했고, 교회 모임은 더욱더 의식으로 바뀌게 되었다.442) '교회 모임'이 '예배의식'으로 탈바꿈해버린 것이다.

계급적 구조가 뿌리를 내리기 시작하면서 "종교 전문가"의 개념이 생겨났다.443) 이런 변화의 와중에서 지체의 기능을 발휘하던 그리스도인들은 이런 진화된 교회 구조에 적응하는데 어려움을 겪었다.444) 그들의 은사들을 사용할 곳이 그 어디에도 없었다. 4세기에 와서 교회는 완전히 제도화되었다.

이런 일이 벌어지는 동안, 많은 이교 연설가와 철학자가 기독교인이 되었다. 그 결과, 이교 철학사상들이 부지중에 기독교 공동체 안으로 흘러들어왔다.445) 이들 중 상당수가 기독교 초창기에 교회의 신학자나 지도자가 되었다. 그들이 바로 "교부들"이라고 알려진 사람들이고, 그들이 쓴 문서 일부가 아직도 우리에게 남아있다.446)

따라서 돈을 받고 연설을 하는 훈련된 전문 연설가의 개념이 기독교 주류 속으로 직수입되었다. '유급 전문 교사' paid teaching specialist의 개념이 유대교에서 유래하지 않았고 그리스에서 왔음을 주지하라. 가르침의 대가로 돈을 받지 않으려고 자기 직업을 따로 갖고 있던 것이 유대교 랍비들의 관습이었다.447)

이 이야기의 종국은 이런 전직 이교 연설가들지금은 기독교인이 된이 그들의 그리스와 로마 연설기술을 기독교 목적에 사용하기 시작했다는 것이다. 그들은 자신의 사무용 의자에 앉아서448) "소피스트가 신성에 가까운 호머의 원문에 주석exegesis을 달듯이, 성서의 신성한 본문을 해석했다."449) 만일 당신이 3세기 때의 이교 설교와 교부들의 설교를 비교한다면, 그 구조와 어법이 아주 비슷하다는 것을 발견하게 될 것이다.450)

그래서 기독교 교회 안에 새로운 스타일(품위있는 수사법, 세련된 문법, 화려한 웅변, 그리고 일방적인 스타일의 메시지 전달수단이 탄생하게 되었다. 그것은 설교자의 연설기술을 과시하도록 설계된 스타일이었다. 즉, 그리스와 로마식 수사법이었다.451) 그리고 오직 수사학에 훈련된 사람들만 청중 앞에서 연설할 수 있도록 허용되었다.452) (어디서 많이 들어본 소리 아닌가?)

어떤 학자는 다음과 같이 피력했다: "기독교 메시지의 선포는 원래 쌍방통행의 대화였다… 그러나 서방세계 연설의 대가들이 기독교 메시지를 손에 넣게 되자 그들은 그것을 아주 다른 어떤 것으로 바꾸어 놓았다. 연설이 대화의 자리를 차지해버린 것이다. 연설가의 위대함이 예수 그리스도의 놀라운 사건을 대체해버렸다. 그리고 메시지를 전하는 사람과 듣는 사람 사이의 대화는 시들해져서 일방적인 설교로 탈바꿈해버렸다."453)

한 마디로, 그리스와 로마식 설교가 예언적 선포, 열린 나눔, 그리고 성령의 감동에 의한 교훈을 대체하게 되었다.454) 설교는 교회 성직자들, 특히 감독들에게만 주어진 엘리트적 특권이 되었다. 그런 사람들은 말하는 법을 배우려면 수사학학교에서 교육을 받아야 했다.455) 이런 교육 없이는, 그리스도인이 하나님의 사람들에게 메시지를 전하는 것이 허용되지 않았다.

일찍이 3세기경, 그리스도인들은 그들의 설교를 그리스 연설가들이 그들의 연설에 붙였던 것과 같은 이름인 하멀리스homilies: 설교로 불렀다.456) 오늘날에는 설교하는 것을 배우려고 '설교학' homiletics이라는 과목을 택하게 되는데, 이것은 "그리스와 로마로 거슬러 올라가서 수사학 법칙이 적용된 일종의 과학"이

라고 여겨진다.457)

　다르게 표현하면, 설교homilies나 설교학homiletics 어느 것이든 그리스도교에서 유래한 것이 아니다. 그것들은 이교도들에게서 훔쳐온 것들이다. 오염된 물줄기가 기독교 신앙 안으로 흘러들어와서 그 물을 더럽혔다. 그리고 그 물줄기는 4세기 때 못지않게 오늘도 세차게 흘러가고 있다.

크리소스톰과 어거스틴

　존 크리소스톰John Chrysostom은 당대에 가장 위대한 기독교 설교자 중의 하나였다.458) (크리소스톰은 "금으로 된 입"golden-mouthed라는 뜻이다.)459) 콘스탄티노플Constantinople에서 크리소스톰의 설교보다 더 "능력 있고, 재치가 번뜩이고, 솔직한" 설교는 결코 들을 수 없었다.460) 크리소스톰의 설교는 매우 흡인력이 있어서 때때로 사람들은 더 잘 들으려고 강단을 향해 청중 사이로 밀치고 나가기도 했다.461)

　천부적인 연설가의 재주를 가졌던 크리소스톰은 4세기의 탁월한 소피스트였던 리바니우스Libanius 문하에서 연설하는 법을 사사했다.462) 크리소스톰의 유창한 강단설교를 따라갈 사람은 없었다. 그의 말재주가 얼마나 탁월했던지, 그의 설교는 종종 회중의 박수갈채에 의해 중단되기도 했다. 크리소스톰이 어느 날 하나님의 집에서는 박수소리가 적합하지 않다고 그것을 비난하는 설교를 했는데,463) 이에 아랑곳없이 설교가 끝나자 그의 설교에 매료된 회중에게서 또다시 박수갈채가 터져 나왔다.464) 이 얘기는 그리스 수사학의 못 말리는 위력을 증명해주고 있다.

　우리는 크리소스톰과 전직 수사학 교수였던465) 어거스틴Augustine, 354-430을 강단설교를 기독교 신앙의 주요 부분으로 유입시킨 장본인으로 꼽을 수 있다.466 그리스식 설교는 크리소스톰에 와서 절정에 달했다. 그리스식 설교 스타일은 수사학적인 재능과 시구의 인용이 두드러졌고, 청중을 감명시키는데 그 초점을 맞추었다. 크리소스톰은 "설교자가 유창한 웅변능력을 얻으려면 자신의 설교를 놓고 장시간 씨름해야 한다"고 강조했다.467)

어거스틴에게서는 라틴 설교의 극치를 엿볼 수 있다.468) 라틴 설교 스타일은 그리스 스타일보다 더 실제적이었다. 그것은 "보통 사람"에 초점을 맞추고 더 단순하고 도덕적인 면을 다루었다. 츠빙글리는 존 크리소스톰을 그의 설교 모델로 삼았고, 루터는 어거스틴을 그의 모델로 삼았다.469) 라틴과 그리스 스타일 둘 다 알기 쉽게 해설하는paraphrase 형식과 구절을 한 절씩 해석하는 주석 형식을 포함했다.470)

그렇다 하더라도, 크리소스톰과 어거스틴은 그리스 소피스트의 계보에 속했다. 그들은 세련된 기독교 수사법을 우리에게 물려주었다. 그들이 우리에게 '기독교' 설교, 즉 내용은 성서적이지만 스타일은 그리스적인 그런 설교를 물려주었다는 말이다.471)

개혁자, 청교도, 그리고 대각성 운동

중세 때는 성찬이 로마 기톨릭 미사를 지배했고 설교는 뒷전에 머물러 있었다. 그러나 마틴 루터의 등장과 함께 설교가 다시 예배에서 우위를 차지하게 되었다.472) 루터는 교회가 사람들이 모여서 하나님의 말씀을 듣는 곳이라고 여겼다. 이런 이유로, 그는 한때 교회 건물을 '입 또는 연설의 집'Mundhaus라고 불렀다!473)

루터를 신호탄으로, 존 칼빈은 설교자를 "하나님의 입"이라고 주장했다.474) (아이러니한 것은 그들이 둘 다 교황이 그리스도의 대리자라는 개념을 신랄하게 비난했다는 사실이다.) 많은 개혁자가 수사학을 공부했고, 어거스틴이나 크리소스톰이나 오리겐Origen이나 그레고리Gregory the Great 같은 사람들의 그리스와 로마식 설교에 크게 영향받았다는 사실은 그리 놀랄 만한 일이 아니다.475)

따라서 교부들의 오류는 개혁자들과 그들에 의해 만들어진 개신교의 소문화 집단들에 의해 되풀이되었다. 이것은 특히 청교도들에 있어서는 더욱 그러했다.476) 사실 현대 복음주의 설교의 전통은 최근의 뿌리를 17세기 청교도 운동과 18세기 대각성 운동에서 찾는다.

청교도들은 캘빈에게서 설교방법을 빌려왔다. 그 방법은 어떤 식이었을까? 그것은 매주 성서를 조직적으로 강해하는 방식이었다. 그것은 교부들에서 물려받은 방법으로써 르네상스 때 유행했던 것이었다. 르네상스 학자들은 고전 문학 작품들의 문장마다 주석을 달았었는데, 캘빈이 이런 방식의 대가였다. 그는 회심하기 전에 이교 학자인 세네카Seneca의 주석에 이 스타일을 적용시켰다. 회심하고 설교에 눈을 돌렸을 때는 똑같은 분석방식을 성서에 적용시켰다.

청교도들은 존 칼빈의 발자취를 따라서 교회의 모든 예배를 성서의 조직적인 교훈을 중심으로 구성했다. 그들은 영국을 개신교화시키면서 다시말해 영국 국교회의 오류들을 정화하면서 그들의 모든 모임을 매우 구조적이고 방법론적이고 논리적인 성서구절 강해에 초점을 맞추었다. 그들은 개신교를 '성서'의 종교라고 강조했다. (아이러니한 것은 '성서'에 이런 식의 설교는 존재하지 않는다.)

청교도들은 또한 "평범한 스타일"plain style이라는 설교방식을 고안해냈다. 이 스타일은 설교원고를 암송하는 것에 그 뿌리를 두었다. 그들은 성서 본문을 나누고, 더 세분해서 나누고, 분석함으로써 설교를 우수한 과학의 수준으로 끌어올렸다.477) 이 방식은 오늘날도 여전히 수많은 목사에 의해 사용되고 있다. 부연하자면, 청교도들은 한 시간짜리 설교(어떤 청교도 설교는 90분 동안 계속

되었음), 회중이 설교를 듣고 기록하는 관습, 네 부분으로 작게 나뉜 설교 개요, 그리고 목사의 설교원고 노트의 사용을 우리에게 물려주었다.478)

현대 설교에 영향을 끼친 또 하나인 대각성 운동은, 초기 감리교회들에서 유행했었고 지금도 현대 오순절 교회들에서 사용되고 있는 부류의 설교에 책임이 있다. 소리를 지르는 것과 강단에서 이리 뛰고 저리 뛰는 것 등을 포함한 강한 감정의 표출은 모두 이 전통에서 이어받은 것들이다.479)

현대 설교의 기원에 대해 요약하면 다음과 같은 결론에 도달하게 된다: 기독교는 그리스와 로마식 수사학을 택해서 그 목적을 위해 도입한 다음 침례세례를 베풀고, 강보로 쌌다. 그리스식 설교는 2세기경에 기독교 교회에 침투했고, 4세기 때 크리소스톰과 어거스틴 같은 강단 설교자들에 와서 절정에 달했다.480)

기독교 설교는 5세기부터 설교가 개신교 예배의식의 중심으로 자리 잡기 시작한 종교개혁 때까지 우위를 잃어버렸다. 하지만, 지난 5세기 동안 대부분 그리스도인은 그것의 기원이나 효력에 관해 전혀 의문을 품은 적이 없다.481)

설교가 교회에 어떤 손상을 입혔는가

전통적인 설교는 지난 5세기 동안 숭상을 받아왔지만 여러 면에서 교회에 부정적인 영향을 끼쳤다.

첫째, 설교는 설교자를 교회 정기모임의 주도자로 만든다. 그 결과 회중의 참여는 잘 봐줘서 훼방을 받고, 나쁘게 보면 아예 제외된다. 설교는 교회를 설교소로 탈바꿈시킨다. 회중은 공연구경을 하는 벙어리 구경꾼 집단으로 전락하고 만다. 설교자가 설교하는 도중에는 중단을 시키거나 질문을 하거나 할 수 있는 여지가 없다. 설교는 그리스도의 몸이 제 기능을 발휘하지 못하도록 얼어

붙게 하고 가둬놓는다. 그것은 설교자들이 주마다 교회모임을 좌지우지하도록 허용함으로 말미암아 유순하게 길든 제사장들만 길러낸다.482)

둘째, 설교는 종종 영적 성장을 교착상태에 빠뜨린다. 설교는 일방적인 선포이기 때문에, 수동성을 조장한다. 그리고 교회가 제 기능을 발휘하는 것을 방해한다. 그것은 지체들 상호 간의 사역을 질식시켜 버리고, 회중의 자유로운 참여를 꽉 막아 버린다. 결국, 하나님 사람들의 영적 성장을 급강하시켜 추락하게 한다.483)

우리는 그리스도인으로서 성숙하게 되려면 제 기능을 발휘해야 한다.막4:24-25과 히10:24-25를 참조 우리는 주마다 수동적으로 듣는 것에 의해 성장할 수 없다. 사실, 신약성서 스타일로 말씀을 전하는 것과 가르치는 것의 목표 중 하나는 우리 각 사람이 제 기능을 발휘하는 것이다.엡4:11-16 484) 그것은 교회모임에서 우리의 입을 열도록 격려하기 위함이다.고전12-14장 485) 전통적인 설교는 이런 작업 자체를 방해한다.

셋째, 설교는 비성서적인 성직자 사고방식을 보존시킨다. 그것은 과도하게 또는 병적으로 성직자에게 의존하게 한다. 설교는 설교자를 종교 전문가가 되게 한다-합당한 말을 할 수 있는 유일한 사람. 다른 사람은 모두 입 다물고 의자만 따뜻하게 만드는 2등 그리스도인으로 취급받게 한다.(보통 이것에 대해서 목소리를 내지는 않지만, 그것이 현실인 것은 어쩔 수 없다)486)

지체들이 입을 다물고 있는데, 목사가 어떻게 그리스도의 몸 안에서 다른 지체들에게 배울 수 있겠는가? 설교 도중 지체들이 아무런 질문도 할 수 없는데, 교회가 어떻게 목사에게서 배울 수 있겠는가?487) 형제들과 자매들이 모임에서 입에 재갈을 물고 있는데, 어떻게 상호 간에 배울 수 있겠는가?

설교는 '교회'를 멀어지게 하고 비인격적으로 만든다.488) 그것은 목사가 교회에서 공급받을 수 있는 영적 자양분을 빼앗아 버린다. 그리고 그것은 교회 안에서 상호 간에 영적 양식을 주고받는 것을 차단해 버린다. 이런 이유로 말미암아 설교는 제사장으로서의 기능을 마비시키는 가장 큰 걸림돌 중의 하나이다![489]

넷째, 설교는 성도들을 온전케 하는 것이 아니라, 단순한 막일꾼으로 만든다. 목사들이 아무리 "성도를 온전케 하며, 봉사의 일을 하게 하며"를 계속 부르짖는다 해도, 엄연한 진실은 매주 전해지는 오늘날의 설교가 하나님의 사람들에게서 영적 사역 및 제 기능을 발휘할 힘을 거의 다 빼버린다는 것이다.[490] 그렇지만 유감스럽게도, 하나님의 사람들 상당수는 목사들이 설교에 중독된 것 못지않게 설교 듣는 것에 중독되어 있다.[491] 이와는 대조적으로, 신약성서 스타일의 말씀선포와 가르침은 교회가 성직자 없이도 제 기능을 발휘하도록 준비해 준다.[492]

예를 들면, 나프랭크는 최근에 어떤 교회 개척자가 주최한 가정집 교회의 네트워크와 주말을 함께 지내며 갖는 콘퍼런스에 참석했었다. 그 교회 개척자는 교회들을 예수 그리스도의 계시 속에 빠져들게 했다. 그러나 그는 또한 그들에게 그가 전한 말씀을 어떻게 경험할 수 있는지에 대한 아주 실제적인 지침을 주었다. 그리고 나서, 그는 그들을 그 상태로 놔두고 떠난 다음 아마 몇 달 동안 그 교회들에 돌아가지 않을 것이었다. 그 주말에 훈련된 교회들은 모든 지체가 권면, 격려, 교훈, 간증, 새 노래, 시 등으로 그리스도를 드러낼 모임에 이바지했다. 이것이 본질적으로 신약성서에 있는 사도들의 사역이다.

다섯째 오늘날의 설교는 종종 비현실적이다. 너무나도 많은 설교자가 자신은 경험해본 적도 없는 것을 마치 전문가인 것처럼 말한다. 설교가 추상적 또는 이론적이거나, 경건하거나 또는 영감을 주거나, 강압적이거나 또는 지나치거나, 흥미롭거나 또는 재미있거나, 들은 설교를 직접 실제로 경험하기엔 역부족이다. 따라서 전형적인 설교는 마른 땅에서 수영강습을 하는 것이나 다름없다!

그것은 어떤 실제적인 가치도 빠져 있다. 설교가 엄청나게 발사되지만 명중한 적은 별로 없다. 설교 대부분은 전두엽을 겨냥하고 있다. 현대 설교는 일반적으로 정보를 전달하는 수준을 넘지 못하고, 신자들이 들은 말씀을 경험하고 적용하도록 준비하는 데는 실패하고 말았다.

이런 점에서 설교는 그 진짜 아버지인 그리스와 로마식 수사학을 반영한다. 그리스와 로마식 수사학은 온갖 추상적인 것들로 가득 차 있다.493) 그것은 "교훈을 하거나 다른 사람들의 재능을 계발시켜 주는 것이 아니라, 즐기거나 천재적 재주를 드러내고자 설계된 방식이다."494) 오늘날의 세련된 설교가 가슴을 따뜻하게 하고, 의지를 발동시키고, 마음을 자극할 수는 있다. 그러나 팀이 작전회의를 끝내고 그다음 어떻게 해야 하는지는 거의 보여주지 못한다. 이 모든 것에서, 오늘날의 설교는 그것이 약속하는 영적 성장을 고취한다는 선전에는 미치지 못하고 실패한다. 결국엔 설교가 교회를 실제로 더욱 메마르게 한다.495) 설교는 순간적인 흥분제처럼 작용한다. 그 효과는 길어야 며칠이다.

우리는 솔직해야 한다. 수십 년 동안 설교를 들은 수도 없이 많은 그리스도인이 아직도 그리스도 안의 젖먹이로 남아 있다.496) 우리 그리스도인들은 그저 매주 설교를 듣는다 해서 변화되지 않는다. 우리는 주 예수 그리스도와 늘 만나는 것을 통해 변화되는 것이다.497) 그러므로 사역하는 사람들은 주님을 전하라고 부르심을 받았지, 주님에 관한 정보의 전달을 위해 부르심을 받지 않았다. 그들은 또한 그들의 사역을 매우 실제적인 것이 되게 하도록 부르심을 받았다. 그들은 말로 그리스도를 드러내고자 할 뿐만 아니라 듣는 자들에게 어떻게 주님을 경험하고, 알고, 따르고, 섬기는지를 보여주기 위해 부르심을 받았다. 오늘날의 설교엔 이런 지극히 중요한 요소들이 너무나도 빠져 있다.

만일 설교자가 그의 청중을 그가 외치는바 살아 있는 영적 경험으로 인도하지 못한다면, 그가 전한 메시지의 효력은 오래가지 못할 것이다. 그러므로 교회에는 설교자는 많이 없어도 되고, 더 많은 영적 조력자가 있어야 한다. 교회에는, 그리스도를 바로 전하고 그 전해진 그리스도를 하나님의 사람들이 경험하도록 인도할 줄 아는 사람들이 시급히 필요하다.498) 그리고 그 위에, 그리스도인들이 교회 안에서 서로 덕을 세우려면 이 살아계신 그리스도를 다른 지체들과 어떻게 나누는지에 대한 지침이 필요하다.

결과적으로, 그리스인 공동체는 신약성서적 관습인 지체 간의 상호 권면과 상호 사역의 회복이 필요하다.499) 왜냐하면, 신약성서에는 영적 변화가 이 두 가지에 달렸기 때문이다.500) 물론 교회 안에 가르치는 은사가 있었지만, 특별히 가르치는 은사를 받은 사람들뿐 아니라엡4:11, 약3:1 모든 성도에게서 가르침이 나왔다.고전14:26, 31 우리가 가르침이 전통적인 설교의 형식을 취하도록 허용하고 그것을 전문적인 연설가 계층에 국한할 때, 우리는 성서의 울타리 밖으로 한참 나간 것이다.

요약

하나님의 말씀을 전하는 것과 가르치는 것이 성서적인가? 절대적으로 그렇다. 그러나 오늘날의 강단설교는 성서에 나오는 말씀선포 및 가르침과는 같지 않다.501) 그것은 구약성서의 유대교에서나, 예수님의 사역에서나, 아니면 초대교회의 삶에서 발견되지 않는다.502) 더구나 바울은 자신이 이교도들의 소통방식에 의해 영향받기를 거부했다고 그의 그리스 회심자들에게 말했다.고전1:17, 22; 2:1-5

그러나 고린도전서 9:22-23은 어떤가? 바울이 거기서 다음과 같이 말하지 않았는가? "내가 여러 사람에게 여러 모습이 된 것은 아무쪼록 몇 사람이라도 구원하고자 함이니." 매주 계속되는 설교를 모든 예배모임의 초점이 되도록 하는 것은 이것에 포함되지 않는다고 우리는 주장한다. 그것이 믿는 사람들의 변화 및 상호 간에 덕을 세우는 것을 억누를 것이기 때문이다.

설교는 그리스 수사학의 자궁 속에서 잉태되었다. 그것은 이교도에서 기독교로 개종한 사람들이 그들의 연설방식을 교회로 도입하기 시작했을 때 기독교 공동체 안에서 태어났다. 3세기에 가서 기독교 지도자들의 설교가 일반화되었다. 4세기에 가서는 설교가 표준이 되었다.503)

기독교는 그 주위의 문화를 흡수해왔다.504) 당신의 목사가 성직자 가운을 걸치고 강단으로 올라가서 신성한 설교를 할 때, 그는 부지중에 고대 그리스 연설가의 역할을 재현하는 것이다.

그럼에도, 설교는 존재해야 할 아무런 성서적인 뒷받침을 전혀 받지 못하는데도, 대부분 현대 그리스도인들에게서 계속해서 비판 없이 숭상을 받고 있다. 설교가 그리스도인의 마음속에 너무나도 견고하게 자리를 잡고 있기 때문에, 성서를 믿는 대부분의 목사들과 평신도들은 그들이 얄팍한 전통에 근거한 비성서적인 관습을 지지하고 또 영구화하고 있음을 보지 못하고 있다. 설교는 신약성서적 교회생활과는 한참 동떨어진 복잡한 조직적 구조 안에 영원히 파묻혀 버렸다.505)

현대 설교에 관해 우리가 발견한 위의 모든 것을 마음에 두고, 다음 질문들을 고찰해보라:

자신이 설교하면서 어떻게 하나님의 말씀에 충실해야 한다는 말씀을 전할 수 있을까? 그리고 그리스도인이 예배당 의자에 수동적으로 앉아 있으면서 어떻게 전신자 제사장주의priesthood of all believers를 지지할 수 있을까? 더 강하게 표현한다면, 당신은 개신교 교리인 "오직 성서"sola scriptura를 떠받들면서 어떻게 아직도 강단설교를 옹호할 수 있는가?

어떤 저자가 다음과 같이 잘 표현했다: "설교는 그 실천에서 비판할 수 없는 존재이다. 설교 자체가 목적이 되어 신성한 것이 되어버렸기 때문이다- '장로들의 유전'을 왜곡되게 숭배한 결과의 산물이다… 성서가 하나님의 말씀이고 '믿음과 실천의 모든 영역에서 최상의 안내자'라는 주장에 가장 호의를 가진 사람들이 그들의 조상이 파놓은 '터진 웅덩이들' 렘2:13을 고수하려고 성서적 방식을 거부하는데 앞장섰다는 것은 이상하리만큼 앞뒤가 맞지 않는 것 같다."506

　당신이 이 장에서 읽은 내용에 비춰볼 때, 교회의 울타리 안에 진정 설교와 같은 신성불가침 영역이 존재할 여지가 있겠는가?

심층 탐구

1. 당신들은 말씀의 선포를 교회 모임의 중심에 두는 것에 관한 이슈를 다루었다. 그렇지만, 바울은 디모데를 교훈하면서 말씀 전하는 것을 강조한 것으로 보인다. 바울이 디모데후서 4:2에서 디모데에게 "너는 말씀을 전파하라 때를 얻든지 못 얻든지 항상 힘쓰라 범사에 오래 참음과 가르침으로 경책하며 경계하며 권하라."라고 하지 않았는가?

　디모데는 사도적 일꾼이었다. 그의 역할은 하나님의 사람들로 하여금 제 기능을 발휘하게 하고 또 주님을 알도록 훈련하는 것이었다. (바울은 디모데후서 4:5에서 디모데에게 "전도자의 일을 하며 네 직무를 다하라"고 했다.

　그러므로 하나님의 말씀을 전하는 것은 사도적 부르심의 일부분이다. 바울이 아테네의 장터와 에베소의 두란노 서원에서 말씀을 전했을 때 한 것처럼 디모데도 분명히 그렇게 했다. 그것은 사도에 의한 모임, 즉 교회를 세우고 사람들을 그리스도께 인도해서 그 공동체의 기초를 놓으려고 설계된 모임이었다.

이와는 대조적으로, 교회의 정상적인 모임은 교회의 모든 지체가 함께 모여 자신이 가진 그리스도의 몫을 나누는 것이다.고전14:26 모든 지체가 가르치고, 말씀을 선포하고, 간증하고, 예언하고, 기도하고, 찬송을 인도하는 데 있어 자유롭다.

2. 그리스와 로마 사람들은 청중의 흥을 돋우려고 수사법을 사용했을 것인데, 그 사실이 어째서 수사법의 원리와 성서 각 구절의 주석 다는 것을 잘못되게 하는가?

무엇보다도, 하나님께서는 우리에게 "마음을 다하고" 목숨을 다하고 뜻을 다하여 하나님을 사랑할 것을 말씀하셨다. 우리가 주장하는 포인트는 설교가 예수님이나 사도들이 아닌 그리스와 로마의 이교사상에서 유래했다는 사실이다. 그리스와 로마식 설교가 틀린 지 옳은지는(사도들이 말씀 전했던 것을 더 개선한 것인지 아니면 그것에서 결별한 것인지는) 독자가 결정할 문제이다.

3. 당신들은 교회 개척자의 사명을 설명할 때 그가 "교회들을 예수 그리스도의 계시 속에 빠져들게 했다"고 했다. 이것이 정확히 무슨 뜻이며, 또 당신들 생각에는 이런 경험이 교회 지체들이 하나로 연결되고 결합하는 것에 어떤 영향을 미치는가?

1세기 교회 개척자들은 예수 그리스도의 깊고 심오한 계시또는 통찰력를 갖고 있었다. 그들은 주님을 알았고 또 주님도 그들을 잘 아셨다. 주님이 그들의 삶 자체였고, 그들의 호흡이고, 사는 이유였다. 마찬가지로, 그들은 그들이 개척한 교회들에 똑같은 계시를 전달해주었다. 요한복음 1:1-3이 이런 역학dynamic의 좋은 예라고 할 수 있다.

다소 사람 바울은 그리스도의 메시지를 전했는데, 그 메시지가 얼마나 심오했던지, 부도덕하고 짐승의 피를 마시던 이교도들을 단 몇 달 사이에 예수 그리스도와 사랑에 빠진 제대로 된 그리스도인이 되게 했다. 이런 새 신자들이 비시디아 안디옥, 이고니온, 루스드라, 더베, 빌립보, 데살로니가, 그리고 베레아 교회의 지체들이었다.행13-17장 그리스도의 깊이를 그들과 함께 나눈 바울의 방식이 뛰어났음은, 그들 안에 그리스도께서 내주하시므로 그들이 주님 보시기에 거룩한 존재이고 또 그들이 내면적으로 주님을 알 수 있음을 깨닫게 된 것으로 입증되었다. 그리스도의 내주 하심에 대한 이 개인적이고 심오한 이해가 그들이 어떻게 함께 모임을 할 것인지, 그리고 그 모임에서 무엇을 할 것인지에 영향을 끼쳤다.

더 나아가서, 바울은 보통 이 새로 회심한 사람들과 몇 달 동안 함께 지내고 나서 그들을 떠나 오랫동안, 때로는 몇 년 동안 그대로 놔두었다. 그리고 그가 돌아왔을 때 그들은 계속해서 함께 모이고, 서로 사랑하고, 주님을 따르고 있었다.

바울이 어떤 복음을 전했기에 이런 뛰어난 결과를 만들어 낼 수 있었을까? 그는 그것을 "측량할 수 없는 그리스도의 풍성함"이라고 불렀다.엡3:8 다르게 표현하자면, 바울이 그들을 예수 그리스도의 계시 속에 빠져들게 한 것이다.

4. 당신들은 마치 말씀을 전하고 가르치는 것에 반대하는 주장을 펼치는 것처럼 보인다. 이것이 당신들이 말하고자 하는 것인가? 만일 그렇지 않다면, 당신들은 무엇을 주장하는가?

우리는 말씀 전하는 것, 가르치는 것, 예언하는 것, 권면하는 것, 그리고 하나님의 말씀을 나누는 모든 형식을 굳게 믿고 있다. 우리가 말하려는 것은 단순히 이것이다: 현대 설교는─우리가 정의하는 바, 똑같은 사람(보통 성직자가)이 똑같은 그룹의 사람들에게 매주, 매달, 1년 내내 하는 설교는─ 비성서적일 뿐만 아니라 역효과를 낸다. 우리는 독자들이 이 주제의 성서적이고 역사적인 증거를 살펴보기 원한다. 그리고 우리가 분석한 것이 옳은지 아닌지 스스로 결정하기를 원한다. 사실, 바나 그룹The Barna Group이 시행한 조사는 설교가 일반적으로 다음과 같은 영역에서 비효율적임을 보여주었다: 예배를 돕는 데 있어, 사람들을 하나님께 더 가까이 가게 하는 데 있어, 그리고 청중에게 삶의 변화를 주는 지식을 전달하는 데 있어.

5장 • 목사:
모든 지체의 역할 수행을 방해하는 존재

"다른 많은 종교에서처럼 기독교에도, 실용적으로 쓸모가 있다는 구실로 장시간에 걸쳐 서서히 발전시켜온 제도들에 신학적인 해석을 가한 다음, 시간을 거꾸로 돌려 이 제도들이 생성된 초창기와 유아기에 그 해석을 소급해서 적용하여 읽고, 실제로는 그 제도들에 그런 의미가 있다고 상상하는 사람이 아무도 없는 시대에 그 제도들을 갖다 붙이는 것이 이 세상 어디서나 보편적인 추세이다."
– 리차드 핸슨Richard Hanson, 20세기 교부학자

"나는 대학교에서 성서를 전공했다. 그리고 신학대학원에 가서 그들이 가르치는 유일한 것 곧 전문적인 사역을 전공했다. 졸업할 때 가서, 라틴어와 그리스어와 히브리어를 말할 수 있는 내가 이 땅에서 유일하게 획득한 자격은 교황이 되는 것임을 깨닫게 되었다. 그러나 나 말고 다른 사람이 그 자리를 차지해버렸다.
– 무명의 목사

목사, 그는 개신교 신앙에 절대적으로 필요한 존재이다. 목사가 그리스도인 대부분 마음속에 얼마나 확고하게 자리 잡고 있는지, 종종 예수 그리스도 자신보다 더 잘 알려지고, 더 높이 칭송받고, 더 철저하게 의지 되고 있다!

오늘날의 교회들에서 목사를 제하면 대부분은 공황상태에 빠져버린다. 목사를 제하면 우리가 아는 개신교는 사라져버릴 것이다. 목사는 현대 교회의 독보적인 초점이요, 대들보요, 중심부이다. 그는 개신교의 구체적이 표현이다.

그러나 여기에 커다란 모순이 있다. 성서 전체에 현대 목사의 존재를 지지해주는 구절은 단 한 개도 없다는 사실이다! 그는 초대교회에서는 결코 존재한 적

이 없다.

우리가 이 장을 통틀어 목사pastor라는 말을 사용할 때, 현대 목사의 직책과 역할을 묘사하는 것이지 그 자리를 차지하는 특정한 개인을 지칭하는 것이 아님을 주지하라. 대체로 목사의 직책을 수행하는 사람들은 훌륭한 사람들이다. 그들은 하나님을 사랑하고 하나님의 사람들을 섬기는데 열정이 있는, 존경할 만하고 괜찮은, 꽤 유능한 사람들이다. 그러나 문제는 그들이 맡은 역할은 성서와 교회 역사 둘 다에 어긋나는 역할이다.507)

성서에 목사가 있지요… 그렇죠?

목사들pastors이라는 단어는 분명히 신약성서에 등장한다?

그가 어떤 사람은 사도로, 어떤 사람은 선지자로, 어떤 사람은 복음 전하는 자로, 어떤 사람은 목사와 교사로 삼으셨으니.에베소서4:11

이 구절에 관해서 다음과 같이 고찰해 볼 수 있다.

- 이것은 신약성서에서 목자pastor, 한국 성서엔 '목사'라고 번역되어 있음라는 단어가 사용된 유일한 구절이다.508) 단 하나의 고립된 구절이 개신교 신앙을 걸 기에는 대단히 빈약한 증거물이 아닌가! 이런 식으로 하면, 오늘날의 목사보다도 뱀을 집는 것이 더 성서적 권위가 있을지도 모른다.막16:18과 행28:3-6 로마 기톨릭도 사제priest:제사장라는 말에 똑같은 잘못을 범했다. 신약성서에 priest라는 말이 세 번 등장하는데, 전부 다 그리스도인 모두를 일컫는다.509)
- 여기서 사용된 단어는 복수이다. 목자들pastors이다. 이것은 매우 중요하다. 이 "목자들"이 누구였든지 간에, 그들은 교회 안에서 단수가 아닌 복

수였다. 따라서 단일 목사sola pastora의 관습은 성서적인 지지를 받을 수 없다.

- 목사들이라고 번역된 그리스 단어는 포이멘poimen이다. 그것은 목자들이라는 뜻이다.(Pastor는 목자를 라틴어로 번역한 것이다.) 그렇다면, 목자는 교회 안에서의 특정한 역할을 묘사하는 은유적인 표현이다. 그것은 직책이나 직위가 아니다.510) 1세기 목자는 현대 기독교가 부여한 전문적이고 직업적인 개념과는 아무런 상관이 없었다. 그러므로 에베소서 4:11은 목사의 직책을 그린 것이 아니라, 단순히 교회 안에서의 여러 기능 중 하나를 그리고 있다. 목자들은 자연스럽게 하나님의 양떼를 돌보고 양육하는 사람들이다. 그래서, 목자들을 오늘날 일반적으로 받아들여지는 직책 혹은 직위와 혼동하는 것은 커다란 오류이다.511)
- 아무리 생각해도 에베소서 4:11은 좀 헷갈리게 한다. 그것은 목자들이 누군지에 대해 전혀 정의하거나 묘사하지 않고 있다. 단순히 그들을 언급했을 따름이다. 유감스러운 것은 우리가 서구사상에 입각한 목사의 개념을 이 단어에 갖다 붙였다는 사실이다. 우리는 오늘날의 목사에 대한 개념을 가지고 거슬러 올라가서 신약성서를 읽어 왔다. 1세기 그리스도인 그 누구도 오늘날의 목사라는 직책을 고안해낼 상상조차 하지 않았을 것이다!

리차드 핸슨은 다음과 같이 고찰했다: "우리에게는 감독, 장로, 그리고 집사라는 단어들이 거의 2천 년을 함께 해 와서 저장되어 있다. 그 단어들을 처음 사용했던 사람들에겐 이런 직함들이 조사관, 나이 든 사람, 그리고 조력자 이상의 다른 의미가 없었을 것이다. 부적합한 신학적 중요성이 단어들에 부착되면서 기독교 사역의 개념이 왜곡되기 시작했다."512)

1세기 목자들은 지역의 장로들presbyters 513) 과 교회의 관리자들overseers이었다.514 그들의 기능은 현대 목사의 역할과는 판이했다.515)

목사는 어디에서 왔는가?

만일 오늘날의 목사들이 초대교회엔 없었다면 그들은 어디에서 왔단 말인가? 그리고 그들이 어떻게 기독교 신앙 안에서 그런 월등한 위치를 차지하게 되었는가? 이 이야기의 뿌리는 뒤엉켜서 복잡해졌고, 인류가 타락한 시점까지 한참 거슬러 올라가야 한다.

인류의 타락과 함께 하나님께 인간을 인도해 줄 눈에 보이는 지도자를 갖고 싶어하는 염원이 사람들 속에 잠재하게 되었다. 이런 이유로, 역사를 통틀어 인간사회들은 특정한 계급의 종교 지도자들을 끊임없이 만들어 숭상해왔다. 주술사, 무당, 마술사, 요술쟁이, 마법사, 점쟁이, 박사, 그리고 제사장이 모두 아담의 타락 이래로 우리와 함께해왔다.516) 그리고 이 사람들은 언제나 특별한 훈련, 특별한 복장, 특별한 용어, 또 특별한 삶의 방식으로 특징지어진다.517)

우리는 고대 이스라엘 역사에서 이런 본능이 그 추한 머리를 드는 것을 볼 수 있다. 그것은 모세 시대에 처음으로 등장했다. 하나님의 종 두 사람, 곧 엘닷과 메닷에게 하나님의 신이 임해서 그들이 예언하기 시작했다. 열성파 젊은이가 급한 목소리로 모세에게 "금하소서"라고 했다.민11:26-28 모세는 자신을 제한하는 그 젊은이를 꾸짖으며 모든 하나님의 백성이 다 예언하게 되기를 바란다고 말했다. 모세는 하나님 백성을 좌지우지하려는 성직자적 사고방식에 반대하는 본을 보였다.

우리는 모세가 호렙산에 올라갔을 때도 그것을 또다시 볼 수 있다. 백성은 모세로 하여금 그들과 하나님 사이에 눈에 보이는 중재자가 되어 달라고 했다.

왜냐하면, 그들이 전능하신 하나님과의 인격적 관계를 두려워했기 때문이다.출 20:19

이 타락한 본성은 사무엘 때도 또다시 등장했다. 하나님께서는 백성이 그분의 직접적인 통치 아래 살기를 원하셨다. 그러나 이스라엘은 그 대신에 인간인 왕을 달라고 아우성을 쳐댔다.삼상8:19

현대 목사의 씨앗은 신약시대에도 추적될 수 있다. 교회에서 "으뜸이 되기를 좋아하는" 디오드레베가 교회의 일들을 제멋대로 좌지우지했다.요삼1:9-10 덧붙여서, 어떤 학자들은 요한계시록 2:6에서 예수님의 책망을 받은 니골라당의 교리가 초기 성직자의 출현을 일컫는다고 제안하기도 했다.518)

사람을 영적 중재자로 세우려 하는 타락한 인류의 추구는 리더십의 계급구조에 대한 집념이다. 모든 고대 문화는 정도의 차이는 있으나 계급적인 사회구조로 되어 있었다. 유감스럽게도, 사도 시대 이후의 그리스도인들은, 우리가 앞으로 살펴보겠지만, 이런 계급구조를 교회생활에 도입해서 적용시켰다.

단일 감독체제의 등장

2세기까지는 교회에 공식적인 리더십이 존재하지 않았었다. 교회가 지도자들을 두었다는 사실은 논란의 여지가 없다. 그러나 리더십은 채워야 할 종교적 '직책'이나 사회적 지위가 아닌 비공식적인 성격을 띠었다. 신약성서학자들은 아주 명백하게 이것을 뒷받침하고 있다.519)

이런 점에서, 1세기 교회들은 좀 괴상하다고 볼 수 있다. 그들은 제사장과 성전과 제사가 없는 종교 그룹이었다.520) 그리스도인들은 그들 자신을 그리스도의 직접적인 머리 되심 아래 두었다. 지도자들은 유기적이고 직위가 없었다. 그들은 직위나 직책이 아닌 섬김과 영적 성숙에 의해 인정되었다.

양떼 중에는 장로들이 있었다. 목자들 또는 관리자들 이 사람들은 모두 다 대등한 위치였다. 그들 사이에는 계급이 존재하지 않았다.521) 또 교회를 개척했던 순회 사역자들이 있었다. 이 사람들은 "보내심을 받은 사람들" 또는 사도들이라고 불렸다. 그러나 그들은 그들이 돌봤던 교회들에서 머무르지 않았다. 또는 교회들을 좌지우지하지도 않았다.522) 신약성서에서 사용된 리더십의 언어는 피라미드 구조를 허용하지 않는다. 그것은 오히려 본을 보이는 삶이 포함된 수평적인 관계의 언어이다.523)

교회 리더십은 순회하던 사도적 일꾼들 교회 개척자들의 사망시점에서 형성되기 시작했다. 1세기 말과 2세기 초에, 지역의 장로들은 사도적 일꾼들이 감당했던 독특한 리더십 역할을 이어받아, 그 지역에 거주하는 "후계자들"로서 나타나기 시작했다. 이것이 각 교회에서 단일 지도자가 출현하는데 일조했다.524) 교회는 신약성서의 사도들에 의해 훈련된 순회 사역자의 영향 없이 주위 문화의 조직방식을 따라 표류하기 시작했다.525)

안디옥의 이그나티우스 Ignatius of Antioch, 35-107가 이렇게 표류하게 된 것에 일조한 사람이다. 그는 교회 안에서 단일 지도자를 지향하는 비탈길의 내리막으로 첫발을 내디딘, 교회 역사상 최초의 인물이었다. 우리는 그에게서 현대 목사와 교회 계급구조의 기원을 찾을 수 있다. 이그나티우스는 각 교회의 장로 중에서 한 명을 택하여 다른 사람들 위에 올려놓았다. 그렇게 높여진 장로는 이제 '감독'이라고 불렸다. 장로들 그룹에 속했던 모든 책임이 감독에 의해 수행되었다.526)

107년에, 이그나티우스는 순교하고자 로마로 향하던 중 시리즈로 여러 개의 편지를 썼다. 그 편지 7개 중 6개는 뭔가 똑같은 느낌이 든다. 그것들은 감독 직책의 권위와 중요성을 높여놓았다.527)

이그나티우스에 의하면, 감독은 최종적인 권위를 갖고 있고, 그에게 절대적으로 복종해야 한다. 그의 편지들에서 발췌한 다음의 대용을 살펴보라: "그러므로 우리는 감독을 주님으로 여겨야 마땅합니다… 여러분은 모두 예수 그리스도께서 아버지를 따르듯 감독을 따라야 합니다… 감독이 가는 곳엔 어디든지 사람들도 거기에 있어야 합니다. 예수님께서 그곳에 계시듯이… 감독 없이 침례세례를 주거나 주의 만찬을 거행하는 것은 정당하지 않습니다. 그러나 그가 승인하는 것은 무엇이든지 또한 하나님을 기쁘시게 할 것입니다.… 하나님과 감독을 인정하는 것이 좋습니다… 감독을 존중하는 사람은 하나님께서 존중해주실 것입니다… 감독 없이는 아무것도 하지 마십시오.… 그러므로 주님께서 아버지 없이, 그리고 아버지와 연합하심 없이 자신에 의해서나 사도들에 의해서나 아무것도 하지 않으셨듯이, 여러분도 감독과 장로들 없이 아무것도 해서는 안 됩니다.… 여러분은 감독을 하나님의 분신으로 여겨야 합니다."528)

이그나티우스에게는, 장로들이 12사도의 자리에 있다면 감독은 하나님의 자리에 있는 것이나 매한가지였다.529) 주의 만찬을 거행하거나, 침례세례를 주거나, 권면을 하거나, 교회 지체들을 징계하거나, 결혼을 허락하거나, 그리고 설교하는 것이 전부 다 오직 감독 한 사람에게 국한된 것이었다.530)

장로들이 주의 만찬 때 감독과 함께 앉아 있기는 했지만, 그것을 주관한 사람은 감독이었다. 공중기도와 사역을 주관하는 것도 그의 몫이었다.531) 아주 극한 상황에서만 감독 없이 평신도가 주의 만찬을 거행했다.532) 왜냐하면, 이그나티우스가 말하기를, 감독이 떡과 잔을 "주관"하고 그것들을 나눠줘야 하기 때문이다.

이그나티우스의 생각에는, 감독이 거짓 교리를 일소하고 교회의 연합을 확립하기 위한 구제책이었다.533) 이그나티우스는, 교회가 이단의 공격에서 살아남으려면, 로마의 중앙집권 체제를 본뜬 확고하고 강력한 조직을 발전시켜야 한다고 믿었다.534) 단일 감독체제가 이단과 내부의 분쟁에서 교회를 구할 것으

로 생각한 것이다.535)

역사적으로 이것이 "단일 감독" 또는 "절대 감독체제"로 알려졌다. 그것은 감독이 장로들과 구별되어 그들 위에 있는 조직의 형태이다.

이그나티우스 때는 단일 감독체제가 다른 지역으로는 퍼져 나가지 않았었다.536) 그러나 2세기 중반에 가서, 이 모델이 대부분 교회 안에 확고하게 자리 잡게 되었고,537) 3세기 말에 가서는 제국의 모든 지역으로 퍼져 나갔다.538)

감독은 결국 교회 재정의 담당자 겸 분배자가 되었다.539) 그는 신앙에 대해 가르치고 기독교가 무엇인지에 대해 알아야 하는 책임을 진 사람이었다.540) 한때 활발했었던 회중은 이제 수동적이 되어버렸다. 하나님의 사람들은 그저 감독이 하는 것을 구경하는 존재가 되었다.

사실상 감독은 교회의 단일 목사가 되었다.541)—공중예배 속의 전문가.542) 그는 회중의 대변자이자 머리이고, 또 모든 교회 활동을 관장하는 사람으로 인정되었다. 요컨대 그는 현대 목사의 선구자였다.

장로에서 사제로

약 100년경에 세상을 떠난 로마의 클레멘트Clement of Rome는 기독교 지도자들과 그렇지 않은 사람들 사이에 지위의 구분을 둔 최초의 기독교 저술가였다. 그는 사역자들에게서 비사역자들을 구별하려고 평신도laity라는 말을 최초로 사용했다.543) 클레멘트는 구약의 제사장에 관한 법이 기독교 교회 안에서 성취되어야 한다고 주장했다.544)

터툴리안은 그리스도인 중에서 분리된 계층을 일컬으려고 성직자clergy라는 단어를 사용한 최초의 저술가였다.545) 터툴리안과 클레멘트는 둘 다 그들의 저작들에서 성직자라는 말을 일반화시켰다.546)

반면에, 신약성서는 결코 성직자와 평신도라는 용어를 사용한 적이 없고, 사역을 하는 사람성직자과 사역을 받는 사람평신도이 따로 있다는 개념을 지지하지 않는다.547) 따라서 터툴리안과 클레멘트의 주장은 모든 신자가 똑같은 지위를 공유한다는 신약 성서에 따른 사고방식에서 분명히 결별한 것이다. 3세기 중반에 가서는, 감독의 권위가 고정된 직책으로 굳어졌다.548)

카르타고의 시프리안Cyprian of Carthage의 등장으로 충격은 가중되었다. 시프리안은 전직 이교 연설가이자 수사학의 교사였다.549) 그는 그리스도인이 되고 나서 많은 글을 쓰기 시작했다. 그러나 시프리안은 그의 이교사상의 어떤 부분을 절대로 포기하지 않았다.

시프리안의 영향으로 문이 열려 구약의 제사장, 성전, 제단, 그리고 희생 제사의 제도가 부활했다.550) 감독들은 '사제' 제사장라고 불리기 시작했고,551) 이 관습이 3세기에 가서 일반화되었다.552) 그들은 또한 경우에 따라 목사라고도 불렸다.553) 3세기에는 모든 교회가 자체의 감독을 두었다.554) 이때 감독들이 본질적으로 지역교회의 머리가 되었다. 그들은 오늘날의 로마 기톨릭에 있는 교구 감독들이 아니었다. 그리고 감독들과 장로들을 합쳐서 '성직자' 라고 부르기 시작했다.555)

비성서적 교리인 "거느림"covering: 상관이 아래 사람을 거느리고 그 위에 군림한다는 뜻-옮긴이주도 시프리안에게서 유래한 것으로 볼 수 있다.556) 시프리안은 감독에겐 하나님 이외에 다른 상관superior이 없다고 가르쳤다. 감독은 하나님께만 책임을 져야 한다는 것이다. 감독에게서 자신을 분리하는 사람은 하나님에게서 자신을 분리하는 것과 같다고 했다.557) 아울러 시프리안은 주님의 양떼 중 일부가 목자감독 하나하나에게 할당되었다고 가르쳤다.558)

니케아종교회의 이후, 감독들은 주의 만찬의 책무를 장로들에게 위임하기 시작했다.559) 장로들은 감독이 교회에서 그의 권위를 행사하도록 돕는 감독의 부관들이나 다름없었다.

장로들이 주의 만찬을 인도하게 되었으므로 그들은 사제제사장라고 불리기 시작했다.560) 더 깜짝 놀랄 만한 것은 감독이 죄를 사할 수 있는 대제사장으로 여겨지게 되었다는 사실이다!561) 이 모든 추세는 모든 신자가 하나님 앞에서 제사장이라는 신약성서의 진리를 흐려놓았다.

4세기에 가서는, 이런 계급구조가 기독교 신앙을 지배했다.562) 성직자 계급이 이제 굳어져 버렸다. 교회의 머리에 감독이 우뚝 서 있고, 그의 밑에 장로들의 그룹이 있었다. 그들 아래에는 집사들이563), 그리고 그들 모두 아래에 평신도들이 있었다. 단일 감독체제는 로마제국을 통틀어 교회 행정체계로 자리 잡게 되었다. 이때 특정한 교회들이 다른 교회들 위에 군림하기 시작했고, 따라서 계급 구조는 그 범위가 더 넓어졌다.564)

4세기 말에는 감독들의 기가 더 살게 되었다. 2장에서 살펴본 것처럼 콘스탄틴이 그들에게 엄청난 특권을 준 최초의 인물이었다. 그들은 정치에 관여하게 되었고, 이것이 장로들에게서 그들을 더 분리시켰다.565) 시프리안은 감독 직책을 더 강화시키려는 시도로 감독이 베드로에게서 끊이지 않고 계승되어왔다는 주장을 펼쳤다.566) 이런 사상을 가리켜 "사도권의 계승"apostolic succession 이라고 한다.567)

시프리안은 그가 쓴 글들을 통틀어 이 관습을 정당화하려고 구약에 있는 제사장제도의 공식적 용어를 도입했다.568) 시프리안도 그전의 터틀리안160-225과 히폴리투스Hippolytus, 170-236와 마찬가지로 장로들과 감독들을 지칭하고자 sacerdotes라는 용어를 사용했다.569) 그러나 그는 한 발자국을 더 나아갔다.

신약성서와 상관이 없는 성직주의sacerdotalism의 개념, 즉 하나님과 사람들 사이를 중재하려면 하나님이 임명한 사람이 있어야 된다는 믿음은 시프리안에게서 유래했다. 그는 기독교 성직자가 거룩한 제사성찬를 드리는 사제제사장이

므로 그들은 스스로 신성거룩하다는 주장을 펼쳤다.570)

우리는, 사제가 성찬을 거행할 때 그가 회중을 대신해서 실제로 그리스도의 죽음을 바치는 것이라는 개념도 시프리안이 주창한 것으로 돌릴 수 있다.571) 시프리안은 그리스도의 몸과 피가 성찬을 통해 다시 한 번 희생된다고 생각했다.572) 결과적으로 우리는 중세 기톨릭 미사의 씨앗을 시프리안에게서 찾을 수 있다.573) 이 사상이 성직자와 평신도 사이의 틈을 더 벌려놓았다. 또한, 그것이 평신도가 성직자에게 의지해야 하는 건전치 못한 전통을 만들어냈다.

사제의 역할

중세 전까지는 이제는 일반적으로 "사제"로 불리게 된 장로들이 감독의 조력자였다. 그러나 중세 때 변화가 일어났다. 감독들이 정치적 직무에 종사하는 동안 장로들은 제사장직을 대표하기 시작했다.574) 일반 교구지역의 사제들이 교회 안에서 감독보다 더 중심적인 사람들이 되었다.575)

4세기 중반에 라틴어가 통용되기 시작하자 사제는 "혹 에스뜨 꼬르뿌스 메움"*hoc est corpus meum*이라는 말로 기원을 하게 되었다. 이 라틴어는 "이것은 내 몸이다"라는 뜻이다.

이 말로 사제는 기톨릭 미사 중 일어난다고 믿는 신비한 현상의 주관자가 되었다. 단순하게 "혹 에스뜨 꼬르뿌스 메움"을 읊으면 초자연적 현상에 의해 떡과 잔이 주님의 육체적인 몸과 피로 바뀌게 된다는 사상을 만들어낸 장본인은 밀라노의 암브로즈Ambrose of Milan라 할 수 있다.576) (어떤 학자들은 무대 마술에서 중얼거리는 주문인 "호커스 포커스"*hocus pocus*가 "혹 에스뜨 꼬르뿌스 메움"*hoc est corpus meum*에서 왔다고 말한다.) 암브로즈에 의하면, 사제는 하나님이 하늘에서 내려오셔서 떡으로 들어가시도록 기원하는 특별한 능력을 부여받았다.

이렇게 사제가 성례를 집전하는 역할을 받았기 때문에, 프레스비테로스pres-byteros라는 말이 '성직자'sacerdos: priest라는 뜻이 되었다. 결과적으로, 라틴어인 '프레즈비터' presbyter가 영어에 도입되었을 때 그것은 '장로'elder라는 뜻이 아닌 '사제' priest라는 뜻이 되어버렸다.577) 따라서 로마 기톨릭교회에서는 사제가 지역의 장로를 일컫는 말로 널리 사용되었다.

그리스와 로마 문화의 영향

초기 그리스도인들을 에워쌌던 그리스와 로마 문화는 서서히 교회 안으로 침투하는 계급제도를 강화시켰다. 그리스와 로마 문화는 본질적으로 계급의식이 강했다. 새로 회심한 사람들이 그들의 문화적 배경을 신자들의 공동체 속으로 갖고 들어왔을 때 이런 영향이 교회 안으로 스며들었다.578)

인간의 계급의식과 '공식적인' 사역은 예수 그리스도의 교회를 제도화했다. 4세기에 가서 이런 요소들이, 한때 살아 숨 쉬던 하나님의 에클레시아그 안에서 모든 믿는 자가 기능을 발휘하고, 성령의 인도를 받고, 유기적으로 움직이고, 삶을 나누는 사역을 하던 교회의 동맥을 경화시켜버렸다.

5세기에 가서는, 모든 신자가 제사장이라는 개념이 그리스도인의 관습에서 완전히 자취를 감추었다. 하나님께 가는 통로는 이제 성직자 계급에 의해 좌우되었다. 성직 독신제도가 시행되기 시작했고, 가끔 있었던 성찬식이 소위 평신도의 정기적 습관이 되었다. 교회 건물은 이제 향과 연기로 뒤덮이게 되었고, 성직자의 기도는 비밀리에 올려졌다. 그리고 성직자를 평신도에게서 분리하는, 작지만 아주 중요한 칸막이가 소개되었다.

감독의 역할 또한 바뀌어 지역교회의 머리에서 할당된 지역의 모든 사람을 대표하는 위치로 올려졌다.579) 감독들은 로마 총독들이 그들의 담당 지역을 다스리듯 교회들을 다스렸다.580) 궁극적으로 로마의 감독에게는 가장 큰 권세가 주어져서 그의 위치가 마침내 교황의 자리로 발전하였다.581)

콘스탄틴과 로마의 계급구조

리더십의 계급구조는 고대 이집트, 바벨론, 그리고 페르시아에서 처음 생겨났다.582) 그것이 나중에 그리스와 로마 문화 속으로 옮겨져서 완성되었다.

역사가 트루먼D. C. Trueman은 이렇게 기술했다: "페르시아인들은 고대사회에 두 가지 뛰어난 공헌을 했다: 그들 제국의 조직과 종교의 조직. 이 공헌은 둘 다 서방세계에 막대한 영향을 끼쳤다. 이 제국의 행정 체계system를 알렉산더 대왕이 이어받았고, 로마제국이 채택했으며, 궁극적으로 현대 유럽이 물려받았다."583)

기독교가 퍼져 나갔던 세계의 사회는 단일 통치자인 황제에 의해 통치되고 있었다. 콘스탄틴이 4세기 초에 권좌를 손에 넣자마자 곧 교회는 완전한 상명하달식의 계급조직 사회가 되었다.584)

에드윈 해치Edwin Hatch는 다음과 같이 피력했다: "대부분 영역에서 기독교 교회들은 스스로 연합하여 로마제국의 줄에 섰다." 이것이 교회가 도입한 계급구조를 교회의 리더십 구조 안에 적용했을 뿐만 아니라, 전부 상명하달식의 리더십 체계에 의해 지배되는 교구와 지역과 행정구역들의 등급으로 교회가 분할되게끔 적용되었다. 해치는 다음과 같이 덧붙였다: "기독교 교회들의 조직은 서서히 발전했지만, 그 조직을 구성한 요소들은 이미 인간사회에 존재하고 있었다."585)

윌 듀란트Will Durant도 비슷한 견해를 밝혔다: 기독교는 "이교 신앙과 의식을 흡수해서 자랐고, 로마의 조직방식과 사조를 물려받아서 승리자의 교회가 되었다… 유대 나라가 기독교에 윤리를 주었듯이, 그리고 그리스가 신학을 주었듯이, 이제 로마는 조직을 주었다. 이 모든 것이 여기저기서 흡수한 신앙과 섞여서 기독교 혼합물 속으로 들어왔다."586)

4세기에 가서 교회는 로마제국의 예를 따라 같은 길을 걸었다. 콘스탄틴 황제는 로마의 지방 행정구역 방식을 본떠서 교회를 교구들dioceses로 조직했다. 교구라는 말은 로마제국의 큰 행정구역을 일컫는 세속적인 용어였다. 나중에 그레고리 교황은 교회의 사역 전체를 로마법에 따라 정리했다.587)

듀란트는 다음과 같이 덧붙여 말했다: "기독교가 로마를 정복했을 때, 이교 교회의 구조, 폰티펙스 막시무스pontifex maximus: 최고 제사장 혹은 사제를 뜻하며 우리말로는 교황으로 옮김-편집자주의 직함과 복장… 그리고 기억도 희미한 의식의 겉치레가 산모의 피가 태아에게 흘러들어 가듯 새 종교 안으로 흡수되었다. 그리고 사로잡혔던 로마가 그 정복자를 사로잡고 말았다."588)

이 모든 것은 자신의 교회를 향한 하나님의 방식과는 엄청난 차이가 있다. 그래서 예수님이 인류역사의 드라마 속으로 들어오셨을 때 리더십 계급구조뿐 아니라 전문적인 종교 아이콘도 다 폐하신 것이다.589) 그리스도의 본성과 사명의 연장선상에서, 초대교회는 역사상 최초의 "평신도 주도"의 운동이었다. 그러나 사도들과 그들이 훈련한 사람들의 죽음과 함께 뭔가 바뀌기 시작했다.590)

그 시대 이래로, 예수 그리스도의 교회는 교회가 있던 사회들에서 교회의 조직방식을 취했다-주님께서 독특한 성격을 지닌 새로운 사회를 시작하신다는 주님의 경고에도 .마23:8-11과 막10:42ff 시내산에서 시작된 구약과는 두드러지게 대조적으로, 예수님이나 사도 바울은 둘 다 새 이스라엘을 위한 어떤 고정된 조직 방식도 부과하지 않았다.

콘스탄틴과 영광스러운 성직제도

313년에서 325년까지, 기독교는 더는 로마정부의 핍박을 견뎌내며 살아남으려고 발버둥치는 종교가 아니었다. 이제는 돈과 지위를 보장받고 제국의 태양 아래서 햇볕을 쬐고 있었다.591) 콘스탄틴의 통치 아래에서 그리스도인이 되는 것은 더는 불리한 조건이 아니고 유리한 조건이었다. 황제의 종교에 소속되려는 것이 유행이었다. 그리고 성직자 중에 끼는 것은 가장 큰 이점을 갖게 되는 것이었다.592)

성직자들은 로마제국의 가장 높은 고위관리들, 아니 황제 자신이 누리는 것과 똑같은 영예를 얻었다.593) 사실, 콘스탄틴은 그가 로마 총독들에게 준 것보다 더 큰 권세를 로마의 감독들에게 주었다.594) 그는 또한 성직자가 고정적인 연봉사역 수당을 받도록 명령을 내렸다!

313년에 그는 기독교 성직자들에게 면세 혜택을 주었다—이교 제사장들이 전통적으로 누렸던 혜택.595) 그는 또 성직자들을 공공 및 사회적 의무에서도 면제시켜 주었다.596) 그들은 일반 법정에서 재판받는 것에서도 자유로웠고, 군복무도 면제되었다.597) (감독들은 일반 법정이 아닌 감독의 법정에서만 재판받았다.)598)

이 모든 것에 성직자는 특별계급의 지위를 부여받았다. 콘스탄틴이 더 높은 사회계층을 표현하는 클레리클clerical:성직자과 클레릭스clerics:성직자라는 말을 사용한 최초의 인물이었다.599) 그는 또 기독교 성직자가 정부 관리들과 똑같은 특권을 가질 자격이 있다고 생각했다. 그래서 감독들이 일반 재판장들과 똑같은 위치에서 재판하게 되었다.600)

이것은 불안한 결과를 가져왔다: 성직자들이 교회 관리의 위상, 수혜 계층의 특전, 그리고 부유한 엘리트의 권세를 골고루 갖추게 되었다. 그들은 구별된

사회적 신분과 생활수준을 가진 동떨어진 계급이 되었다 (이것은 독신 성직자들에게도 해당되었다.)601)

그들은 옷을 입고 치장하는 것도 일반 사람들과 다르게 했다.602) 감독들과 사제들은 머리를 밀었다. 삭발Tonsure이라고 알려진 이 관습은 고대 로마의 입양의식에서 온 것이다. 이렇게 머리를 삭발한 사람들이 사무원clerks 또는 성직자clergy라고 알려졌다.603) 그들은 또한 로마 관리들의 복장을 하기 시작했다.6장을 참조할 것

콘스탄틴 시대에 수많은 사람이 갑자기 "사역으로의 부르심"을 경험했던 것은 그리 놀랄 만한 일이 아니다.604) 그들의 생각에, 교회의 직책을 맡는 것은 부르심이라기보다는 평생의 직업이었다.605)

거짓된 이분법

콘스탄틴의 통치 아래에서, 기독교는 정부에 의해 합법화되었고 높여졌다. 이것이 교회와 세상의 구분을 흐려놓았다. 기독교 신앙은 더는 소수자의 종교가 아니었다. 오히려 기독교 신앙은 황제들에 의해 보호를 받게 되었다. 그 결과로 교인의 수가 급속도로 늘어났다–회심했다고 보기에는 의심스러운 수많은 사람이 교회에 합류하기 시작한 것이다. 그런 사람들은 각양각색의 이교사상을 교회 안으로 갖고 들어왔다. 윌 듀란트에 의하면, "기독교가 세상을 회심시키는 동안, 세상은 기독교를 회심시켰고 인류의 자연적 이교사상을 전시했다."606)

우리가 3장에서 살펴본 바와 같이, 신비주의 종교의 관습들이 교회 예배에 도입되기 시작했다. 그리고 신성한 것과 불경스러운 것을 구분하는 이분법적 이교 개념이 그리스도인의 사고방식 속으로 침투했다.607) 성직자와 평신도의

구분은 바로 이런 이분법에서 나와 자라났다고 하면 틀림없을 것이다. 그리스도인의 삶은 이제 세속적인 것과 영적인 것–불경스러운 것과 신성한 것 두 부분으로 분리되었다: .

3세기에 가서는 성직자와 평신도 사이의 격차가 돌이킬 수 없을 정도로 벌어졌다.608) 성직자들은 교회의 훈련된 지도자였다. 즉, 정통의 수호자들이었고, 사람들을 다스리고 가르치는 사람들이었다. 그들은 하찮은 사람들은 가질 수 없는 은사와 은혜를 소유했다.

평신도들은 훈련되지 않은 이류 그리스도인이었다. 저명한 신학자 칼 바르트Karl Barth가 정확히 지적했다: '평신도' laity라는 말은 종교 용어 가운데서 가장 나쁜 말 중의 하나이므로, 그리스도인의 대화 속에서 추방되어야 마땅하다."609)

이 거짓된 이분법은 신성한 직업 '사역'으로 부르심 받은 것과 평범한 직업세상의 직업으로 부르심 받은 것이 있다는 식의 크게 잘못된 사상으로 인도했다.610) 역사가 필립 샤프Philip Schaff는 이런 요인들을 다음과 같이 정확하게 묘사했다: "그리스도교의 깨끗한 물줄기"가 오염된 곳에 "교회의 세속화"가 이루어졌다.611) 이런 잘못된 이분법이 오늘날 아직도 많은 신자의 마음속에 자리 잡고 있음을 주지하라. 그러나 이 개념은 기독교 사상이 아니고 이교사상이다. 그것은 매일의 삶이 하나님에 의해 거룩해진다는 신약성서의 진리를 파괴한다."612)

이런 사고방식의 변화와 함께 새로운 용어가 생겨났다. 그리스도인들이 이교에서 사용하는 용어를 도입하기 시작한 것이다. 4세기에 폰티펙스pontifex, pontiff, 이교의 직함라는 직함이 기독교 성직자의 일반적인 호칭이 되었다. '의전관' Master of Ceremonies과 '단장' Grand Master of the Lodge 같은 말도 마찬가지였다.613) 이 모든 것은 하나님의 신비를 관리하는 사람으로서 성직자의 신비성을 강화시켰다.614)

요약하자면, 4세기 말부터 5세기 초쯤 성직자는 신성한 계급 '거룩한 사람들'의 영적 엘리트 그룹이 되었다.615) 이것은 다루기 어려운 주제인 안수ordination로 우리를 인도해준다.

안수의 오류

4세기에 신학과 사역은 사제들의 독점적 영역이었고, 노동과 전쟁은 평신도들의 영역이었다. 사제들의 세계로 들어가는 통과의식은 무엇이었는가? 바로 안수였다.616)

안수에 관한 역사적 뿌리를 살펴보기 전에, 초대교회에서는 지도자가 어떻게 인정되었는지를 알아보자. 1세기의 사도적 일꾼들교회 개척자들은 교회를 세우고서 떠났다가 시간이 지나고 나서 그 교회를 다시 방문했다. 그들은 그 교회 중 몇몇 교회에서 공개적으로 장로들을 세웠다. 모든 경우에 장로들은 공개적으로 승인받기 전에 이미 '준비' 되어 있었다.617)

장로들은 시간이 지남에 따라 교회 안에서 자연스럽게 나타났다. 그들은 어떠한 직책으로 임명받지 않았다.618) 그게 아니라, 교회의 연장자로서 영적 섬김을 통해 교회에 이바지한 것을 토대로 인정된 것이다. 신약성서에 의하면, 교회 안에서 특정한 은사가 있는 지체들을 인정하는 것은 본능적이고 유기적이다.619) 모든 신자는 교회 안에서 여러 사역을 수행하는 은사가 있는 사람을 인정하는 분별력을 갖고 있다.

놀라운 것은 신약성서에 장로들이 공개적으로 인정받은 기록이 세 구절밖에 등장하지 않는다는 사실이다. 장로들은 갈라디아의 교회들에서 세움 받았다.행14:23 바울은 디모데에게 에베소에서 장로들을 세우라고 했다.딤전3:1 이하 그는 또한 디도에게 그레데의 교회들에서 장로들을 세우라고 했다.딛1:5 이하이 구절들에 등장하는 '안수하다' ordain라는 단어는 직책을 만들어 거기 앉히라는 뜻이 아니다.620) 그것은 오히려 이미 벌어지는 것을 인정하고, 지지하고, 드러낸다는 개념을 갖고 있다.621) 그것은 또한 축복한다는 뜻을 내포하고 있다.622) 장로들과 다른 사역들을 공개적으로 인정할 때 보통 사도적 일꾼들이 손을 얹었다. (일꾼들이 보냄을 받을 때도 교회나 장로들이 이렇게 했다.)623)

1세기에 손을 얹는 것은 직책에 앉히거나 특별한 지위를 부여하는 것이 아니라, 단지 역할을 인정하거나 확인한다는 뜻이었다. 유감스럽게도 2세기 말과 3세기 초에 그 반대의 의미가 받아들여졌다.624)

3세기 때는 '안수' ordination가 완전히 다른 뜻이 되었다. 안수가 공식적인 기독교 의식으로 자리 잡게 되었던 것이다.625) 4세기에 가서는 안수식이 상징적인 복장과 엄숙한 의식으로 꾸며졌다.626) 안수는 신자의 제사장주의를 짓밟는 교회의 계급을 만들어냈다.

그리스도인들이 어디서 안수의 방식을 도입했을까? 그들이 로마의 행정 관리들을 임명하던 관습에서 안수식을 본뜬 것이다. 안수식의 모든 과정이, 사용하는 말까지도, 로마 관료사회에서 직수입되었다.627)

4세기에 가서는 로마 관리를 임명하는 데 사용한 용어들과 기독교 안수에 사용한 용어들이 동의어가 되었다.628) 콘스탄틴이 기독교를 선택의 종교로 공인했을 때, 교회 리더십 구조는 정치적 인가를 받아 보장되었다. 구약의 제사장 제도 방식이 그리스 계급제도와 합쳐졌다.629) 비통하게도 교회는 이런 새로운 방식에 안주했−오늘날과 마찬가지로.

얼마 지나지 않아서 안수는 철회할 수 없는 의식으로 간주되었다.630) 어거스틴은 안수가 사제에게 "절대로 지울 수 없는 인장"을 박아서 그의 맡은 역할을 완수하도록 권한을 부여한다고 가르쳤다.631)

그래서 기독교의 안수는 성직자와 평신도 사이의 본질적인 차이를 성립시키는 제도로 이해되었다. 그것에 의해 성직자는 성사를 주관하는 권한을 부여받았다. 신성한 의식을 거행하는 사제가 모든 그리스도인 중 가장 완전하고 거룩해야 한다고 믿게 되었다.632)

나지안주스의 그레고리Gregory of Nazianzus, 329-389와 크리소스톰은 사제들에 대한 기대가 높았기 때문에, 성직자들이 자신이 수행하는 역할의 거룩함에 따라서 사는 데 실패한다면 그들에게 위험이 닥칠 것이라고 했다.633) "크리소스톰의 소견에는, 사제가 그의 교구 사람들에 의해 천사처럼 평가되어야 하고, 다른 사람들과 똑같은 부서지기 쉬운 재질처럼 평가되어서는 안 되었다."634)

사제가 어떻게 그런 순수한 거룩함의 상태로 살 수 있었을까? 그는 어떻게 "천사들의 성가대"에서 섬기기에 합당할 수 있었을까? 그 대답은 안수였다. 안수에 의해 신성한 은혜의 물줄기가 사제에게로 흘러들어 그를 하나님께서 사용하시기에 합당한 그릇으로 만들어준다는 것이었다. '성직의 부여'sacerdotal endowment라고도 알려진 이 사상은 닛사의 그레고리Gregory of Nyssa, 330-395의 문헌들에 최초로 등장한다.

그레고리는 안수가 사제를 "보이지는 않지만 실제로 다르고 더 월등한 사람"으로 만들어서 평신도 위에 그를 높이 세워준다고 주장했다.635) 그레고리는 이렇게 기술했다: "말씀의 똑같은 능력이 사제를 숭고하고, 존귀하고, 구별되게 만들어준다…어제까지 사제는 일반 대중의 하나요 뭇 사람 중 한 명이었지만, 졸지에 안내자, 총수, 의의 스승, 숨겨진 신비의 선생이 된다."636)

4세기 때의 문서에 있는 말을 들어보라: "감독, 그는 말씀의 사역자요, 지식의 보존자요, 신성한 예배의 여러 부분에서 하나님과 여러분 사이의 중재자입니다… 그는 여러분의 통치자이고 총독입니다… 그는 여러분에게서 존귀하게 여김을 받을 자격이 있는 하나님 다음의 존재이며 땅에 있는 여러분의 신입니다."637) 사제들은 "땅에 있는 하나님의 대리자"와 동일시되었다.

사제들이 다른 사람들과 구별된다는 것을 더 보여주고자, 그들의 생활방식과 복장은 평신도들의 그것과 달리했다.638) 유감스럽게도 이런 안수의 개념은 기독교 신앙을 결코 떠난 적이 없다. 그것은 오늘날의 기독교에도 살아있고 또 잘 나가고 있다. 사실, 만일 당신이 현대 목사가 왜, 그리고 어떻게 해서 그토록 "하나님의 거룩한 사람"으로 높여졌을까 의아해한다면, 바로 이것들이 그 근원이다.

에두아르트 슈바이처Eduard Schweizer는 그의 고전 *Church Order in the New Testament*에서 "그리스도인에게 사역이나 성직의 능력을 부여하는 안수에 관해서 사도 바울은 전혀 아는 바가 없었다"고 주장했다.639) 1세기의 목자들장로들, 감독들은 오늘날의 안수 비슷한 것도 받은 적이 없었다. 그들은 다른 양떼 위에 높여진 적이 없었다. 그들은 양떼 중에서 섬기던 사람들이었다.행20:20-28과 벧전5:2-3을 참조할 것

1세기 장로들은 다만 그 교회를 돌봐주던 순회 사역자들사도적 일꾼들에 의해 공개적으로 인정되었을 뿐이다. 그런 확인작업은 단순히 그들의 역할에 대한 인정이었다. 그것은 특별한 능력을 부여하지도 않았고, 영구적인 자격도 아니었다.

현대 안수의 관습은 그리스도인의 특수계층을 형성해낸다. 기톨릭 사제이건 개신교 목사이건 간에 그 결과는 마찬가지이다: 가장 중요한 사역은 소수의 '특별한' 신자들에게 국한된다는 것.

그런 사상은 비성서적이다 못해 아주 해로운 것이다. 신약성서 그 어디에도 설교하고, 침례세례 주고, 주의 만찬을 인도하는 것이 '안수 받은 사람'에게 국한된다는 말은 없다. 저명한 학자인 제임스 던James D. G. Dunn은 다음과 같이 아주 멋지게 표현했다: 성직자-평신도 전통은 대부분 다른 이단들보다 신약성서의 권위를 더 손상시켰다.640)

교회의 직책이 오직 안수식을 통해서만 얻어질 수 있기 때문에, 안수를 주는 권세가 종교적 권위를 소유하는데 결정적인 쟁점으로 떠올랐다. 성서의 전후 문맥은 사라졌다. 그리고 성직자/평신도의 계급 구분을 정당화하려고 '본문을 증빙자료로 사용하는' 방법들이 난무했다. 가장 좋은 예는 아마 교황제도와 사도권 계승의 교리를 정당화하려고 마태복음 16장을 사용했던 초기 기톨릭일 것이다. 그 결과, 대개 교육을 받지 못해 무식했던 일반 신자들이 전문 성직자의 자비 아래 놓이게 되었다.641)

종교개혁

16세기 개혁자들은 기톨릭의 사제제도에 대해 날카롭게 의문을 제기했다. 그들은 사제에게 포도주를 피로 변화시키는 특별한 능력이 있다는 사상을 공격했다. 그리고 사도권의 계승설을 부정했다. 그들은 성직자에게 결혼하도록 격려했다. 그들은 의식을 개편해서 회중에게 참여의 기회를 더 넓혀주었다. 아울러 그들은 감독의 직책을 폐지하고 사제의 권한을 줄여서 장로로 되돌려 놓았다.642)

그렇지만, 불행스럽게도, 개혁자들은 로마 기톨릭의 성직자/평신도의 구분을 개신교 운동으로 그대로 옮겨왔다. 그들은 또 기톨릭의 안수 개념을 그대로 보존시켰다.643) 그들이 감독의 직책은 폐지했다 할지라도, 단일 감독체제를 부활시켜 새 옷으로 갈아 입혔다.

종교개혁의 강령은 전신자 제사장주의의 회복이었다. 그렇지만, 이 회복은 단지 부분적인데 그쳤다. 루터, 캘빈, 그리고 츠빙글리는 하나님과의 개인적인 관계에 관하여 신자가 제사장임을 긍정했다. 그들은 모든 그리스도인이 인간 중재자의 필요 없이 하나님께 직통한다고 옳게 가르쳤다. 이것이야말로 획기적인 회복이라 아니할 수 없다. 그러나 그것은 반쪽짜리 회복이었다.

개혁자들이 실패한 것은 공동체적 차원에서 신자가 제사장임을 회복하는 일이었다. 그들은 구속사적으로는 모든 신자 제사장주의를 회복시켰다 −즉, 구원에 관계된 것에는. 그러나 교회적으로는 그것을 회복하는 데 실패하고 말았다−즉, 교회에 관계된 것에는.644)

달리 표현해서, 개혁자들은 단지 신자단수로서의가 제사장이라는 부분만을 회복시켰다. 그들은 모든 그리스도인이 개인적으로 직접 하나님께 나아갈 수 있음을 상기시켰다. 그 자체는 참 훌륭한 것이지만, 그들은 모든 신자집합적 복수로서의가 제사장이라는 사실은 회복시키지 못했다. 이것은 모든 그리스도인이 상호 간에 하나님의 말씀을 나누는 공동체의 일원이라는 복된 진리이다. (이 진리를 회복시킨 사람들은 아나뱁티스트Anabaptist:재침례교인들이었다. 참으로 유감스러운 것은, 개신교와 기톨릭의 칼이 아나뱁티스트들을 피로 물들인 이유 중 하나가 이것의 회복 때문이었다는 사실이다.)645)

개혁자들은 교황과 그의 종교적 계급을 반대했지만, 그들이 물려받은 사역에 대한 좁은 견해를 여전히 고수하고 있었다. 그들은 '사역'이 '부르심을 받고' 또 '안수 받은' 소수에게 국한된 제도라고 믿었다.646) 따라서 개혁자들은 계속해서 성직자−평신도의 구분을 지지했다. 그들에겐 오직 모든 신자가 제사장이고 사역자라는 말만 무성할 뿐이었고, 그들의 실제 삶에서는 그것을 부정했다. 그래서 종교개혁의 화염이 사라지고, 우리는 기톨릭이 남겨준 것인 선택된 제사장제도를 고스란히 간직하게 되었다!

루터는 설교하는 사람들은 특별히 훈련받을 필요가 있다는 생각을 고수했다. 개혁자들도 기톨릭처럼 오직 '안수 받은 사역자'만 설교하고, 침례세례주고, 주의 만찬을 인도할 수 있다고 믿었다.647) 그 결과로 안수는 의문을 제기해서는 안 되는 신적 은총의 특별한 기운을 사역자에게 제공했다.

비극적인 것은 루터와 다른 개혁자들이 교회에서 모든 지체가 기능을 발휘하게 하는 아나뱁티스트들을 심하게 비난했다는 사실이다.648) 아나뱁티스트들은 모임에서 일어나 말하는 것이 모든 그리스도인의 권리라고 믿었다. 그것은 성직자에게만 국한된 것이 아니었다. 루터는 이것을 너무나 반대한 나머지, 그것이 "지옥의 구덩이"에서 나왔다고 했고, 그것의 죄를 범한 사람들은 사형시켜야 한다고 말했다.649)

요약하자면, 개혁자들은 안수가 교회 안에서 권위를 갖는 열쇠라는 개념을 그대로 유지했다. 하나님의 계시를 그분의 백성에게 전하는 것이 안수 받은 사역자의 사명이었다.650) 그리고 그는 이 역할을 위해 급여를 받았다.

가톨릭의 사제와 마찬가지로 개혁자들의 사역자도 교회에서 "하나님의 사람"으로 인식되었다 ─하나님과 하나님 백성 사이의 유급 중재자.651) 죄를 사하는 중재자가 아니라, 하나님의 뜻을 전달해 주는 중재자였다.652) 그래서 개신교에서는 옛적에 있었던 문제가 새로운 형식을 취했다. 용어는 바뀌었지만, 오류는 그대로 남았다.

17세기 청교도 저술가인 존 오웬John Owen, 1616-1683과 토마스 굿윈Thomas Goodwin, 1600-1680은 루터와 캘빈과 마찬가지로 목사직을 하나님의 집에 있는 영구적인 직책으로 보았다. 오웬과 굿윈은 청교도들이 목사의 역할에 모든 권위의 초점을 맞추도록 인도했다. 그들은 목사가 '열쇠의 능력'을 부여받았다고 생각했다. 오직 목사만이 안수 받고 설교와 성례의 집전과653) 성서 봉독을 할 수 있었다.654) 그리고 목사만이 논리학과 철학뿐만 아니라 성서 원어 훈련을 받을 수 있었다.

개혁자들과 청교도들, 이 두 부류는 다 하나님의 사역자들이 유능한 전문가여야 한다는 생각을 고수했다. 그러므로 목사들은 그들의 직책을 수행하려고 광범위한 학문의 수련과정을 거쳐야 했다.655)

사제에서 목사로

존 칼빈은 사역자를 칭할 때 사제priest라는 말을 쓰는 것을 싫어했다.656) 그는 목사pastor라는 말을 선호했다.657) 캘빈의 생각엔 '목사'가 사역을 표현하는 말로서 가장 그럴 듯했다. 그는 성서가 예수 그리스도를 "양의 큰 목자"히13:20라고 칭했기 때문에 그 말을 좋아했다.658) 아이러니한 것은 목사라는 사람에게서 신약성서의 감독episcopos을 회복하고 있다고 캘빈이 믿었다는 사실이다!659)

루터도 개신교의 새 사역자들을 사제라고 일컫는 것을 좋아하지 않았다. 그는 다음과 같이 기술했다: "우리는 사람 중에서 말씀과 성사를 주관할 사람들을 사제라고 칭할 수도 없고 또 그렇게 칭해서도 안된다. 그들이 사제라고 불리게 된 까닭은 이방 사람들의 관습 때문이거나 유대 나라가 남긴 자취 때문이다. 그 결과는 교회에 크게 해를 끼치게 된다."660) 그래서 그 역시 이 직책을 일컫는 말로 설교자preacher, 사역자minister 그리고 목사pastor라는 용어를 도입했다.

츠빙글리와 마틴 부처도 목사라는 말을 선호했다. 그들은 그것에 관해 논문을 써서 널리 보급했다.661) 그 결과 그 용어는 개혁자의 교회들에 스며들기 시작했다.662) 그렇지만 개혁자들은 설교에 사로잡혀 있었으므로, 그들이 사역자를 일컫는 데 선호한 말은 설교자preacher였다. 그리고 이것이 보통 사람들이 일반적으로 사역자를 지칭하는 말이 되었다.663)

18세기에 가서야 비로소 설교자와 사역자라는 말은 빛을 잃었고 목사라는 말이 통용되었다.664) 이 영향은 루터교의 경건주의자들에게서 왔다. 그때부터 이 말이 기독교 주류 안에 널리 퍼지게 되었다.665)

그렇더라도, 개혁자들은 목사를 교회의 실제적인 우두머리로 높여 놓았다. 캘빈에 의하면 "태양과 음식과 물이 영양을 공급해서 생명을 유지하는데 필수적인 것보다, 목사의 직책이 지상에서 교회를 보존시키는 데 있어 더 필수적이다."666)

개혁자들은 목사가 신적 능력과 권위를 소유한다고 믿었다. 목사는 자기 이름으로 말하지 않고 하나님의 이름으로 말한다는 것이다. 캘빈은 더 나아가서, 사역자를 향한 모욕이나 조롱 행위를 심각한 국사법 위반으로 취급함으로써 목사의 우위를 더욱 강화시켰다.667)

캘빈이 무엇을 사역자의 모델로 삼은 것인지 알게 되었을 때 당신은 별로 놀랄 필요가 없을 것이다. 그는 사도 시대의 교회에서 모델을 따오지 않았고, 오히려 2세기 단일감독체제 방식을 본떴다.668) 이것은 다른 개혁자들도 마찬가지였다.669)

여기서 아이러니한 것은, 로마 기톨릭 교회가 성서가 아닌 "인간이 고안해낸 것들" 위에 그 관습들을 정했다고 캘빈이 탄식했다는 사실이다.670) 그러나 캘빈도 매한가지였다. 이렇게 볼 때 개신교인들도 기톨릭 못지않게 책임이 있다. 둘 다 그들의 관습을 인간의 전통에 기초해서 만들었다.

캘빈은 하나님의 말씀을 설교하는 것과 성사를 주관하는 것이 참 교회의 특징이라고 가르쳤다.671) 그의 생각에는 설교와 침례세례와 성찬이 회중이 아닌 목사에 의해 수행되어야 했다.672) 개혁자들 모두에게 있어 사역자의 우선적인 역할은 설교하는 것이었다. 설교가 우위를 차지한다는 것은 일요일에 세 번의 예배를 하는 루터의 독일식 미사에 가장 잘 반영되고 있다. 오전 다섯 시 또는 여섯 시에 그날의 서신서를 설교했고, 오전 여덟 시 또는 아홉 시의 대 예배에서는 그날의 복음서에서 말씀을 전했다. 오후의 기도회에서의 설교는 구약성서를 기초로 했다.673)

루터도 캘빈처럼 목사를 구별되고 고귀한 직책으로 만들었다. 그가 천국의 열쇠는 모든 신자에게 속했다고 주장했지만, 그것의 사용은 교회에서 직책을 맡은 사람들에게 국한했다.674) 루터는 다음과 같이 말했다: "그리스도인으로서 우리는 모두 다 제사장입니다. 그러나 우리가 제사장이라고 부르는 사람들은 우리의 이름으로 사역하려고 우리 중에서 택함을 받은 사역자들이고, 그들이 맡은 제사장으로서의 활동이 곧 우리의 사역입니다."675)

복잡하게 생각할 것 없이, 이것이 바로 성직주의이다. 루터는 그가 거부했던 희생 제사제도를 믿는 기톨릭과는 결별했지만, 하나님 말씀을 전하는 것이 특별한 직책을 맡은 사람들에게 속했다는 것을 믿었다.676)

목사를 높이는 루터의 독특한 주장을 들어 보라: "하나님은 설교자를 통해 말씀하신다.… 기독교 설교자는 따로 택하심을 받은 하나님의 사역자이다. 그렇다. 그는 하나님의 사자요, 하나님이 보내신 바로 그 감독이요, 많은 사람의 구원자요, 그리스도 나라의 왕이고 왕자이다…. 지상에서 그리고 이생에서 진실하고 믿음직한 성직자나 목사보다 더 고귀하고 숭고한 사람은 없다."677)

계속해서 루터의 말을 인용하면 "우리는 마치 목사가 자기 개인을 향해 그리스도의 말씀을 전하듯, 혼자서 그 말씀을 선포하게 해서는 안 된다. 오히려 그는 우리 모두의 입이고, 우리는 다 그와 함께 우리의 마음속에 하나님의 말씀을 선포하는 것이다…. 모든 목사의 입이 그리스도의 입이라는 사실은 참으로 놀라운 것이다. 그래서 여러분은 목사의 말을 사람의 것이 아닌 하나님의 말씀으로 들어야 한다."678) 당신은 루터의 입을 통해 울려 퍼지는 이그나티우스의 메아리를 듣고 있다.

이런 사상이 교회에 대한 결점투성이의 견해를 드러낸다. 루터는 교회가 우선으로 설교소preaching station라고 생각했다. 그는 "그리스도인 회중은 하나님 말씀의 설교와 기도 없이 모여서는 안 된다. 그 시간이 아무리 짧더라도 말이다"라고 말했다.679) 루터는 교회가 그저 설교를 듣는 사람들의 모임이라고 믿었다. 이런 이유 때문에 그는 교회 건물을 '입의 집'Mundhaus이라고 불렀다.680) 또 그는 이런 경고 섞인 논리를 폈다: "귀는 그리스도인의 유일한 신체기관이다."681) 이것들이 개신교의 뿌리이다.

영혼의 치유

캘빈, 루터, 그리고 부처Bucer는 목사의 두 가지 주요 역할이 말씀의 선포설교와 성찬성만찬을 주관하는 것이라고 믿었다. 그러나 캘빈과 부처는 거기에 제3의 요소를 가미시켰다. 그들은 회중을 돌보고 치유하는 임무가 목사에게 있다고 강조했다.682) 이것을 가리켜 "영혼의 치유"the cure of souls라고 한다. 부처는 이 주제에 관한 뛰어난 책, *True Cure of the Souls*를 1538년에 집필했다.

"영혼의 치유"의 기원은 4세기와 5세기로 거슬러 올라간다.683) 나지안주스의 그레고리의 가르침 속에서 그것을 찾을 수 있다. 그레고리는 감독을 '목사'라고 불렀다− 환자의 질병을 진단해서 약이나 수술의 처방을 내리는 영혼의 의사.684)

루터의 초기 추종자들도 영혼의 치유를 시행했다.685) 그러나 캘빈의 제네바에서는, 그것이 예술의 형태로 높여졌다. 회중의 가정을 방문하는 데에 목사 한 명과 장로 한 명이 요구되었다. 병자와 옥에 갇힌 사람을 위한 정기적인 방문도 시행되었다.686) 캘빈과 부처에게는, 목사가 단지 설교자나 성사의 주관자가 아니었다. 그는 "영혼의 치유자" 또는 "성직자"curate였다. 그의 임무는 치료하고, 치유하고, 상처받은 하나님의 사람들에게 온정을 베푸는 일이었다.687)

이 사상은 오늘날의 개신교에 그대로 살아남아 있다. 그것은 현대의 목회 돌봄 사역, 목회 상담, 그리고 기독교 심리학의 개념에서 쉽게 발견된다. 현대 교회 안에서, 그렇게 돌봐야 하는 부담이 보통 한 사람목사의 어깨에 지워져 있다. (1세기에는 그것이 교회 전체와 '장로들'이라 불리는 경험 많은 사람 그룹의 어깨에 지워져 있었다).688)

목사가 이끄는 교회

요약하자면, 개신교의 개혁은 로마 가톨릭의 성직제도에 일격을 가했다. 그러나 그것이 치명적인 타격은 아니었고, 단지 말만 무성한 변화였다. 개혁자들이 여전히 단일감독체제를 유지했기 때문이다. 목사는 이제 감독의 역할을 하고 있었다. 감독이 이끄는 교회가 목사가 이끄는 교회로 전환되었다. 목사는 지역교회의 머리수석 장로로 인정받게 되었다.689) 어떤 저자가 표현한 대로, "개신교에서는 설교자가 교회의 대변인이며 대표자인 경향이 있고, 교회는 종종 설교자의 교회이다. 이것은 성직주의와 무관치 않은 대단히 위험천만한 발상이요, 기독교에 대한 심각한 위협이다."690)

개혁자들이 말로는 성직자-평신도의 구분에 대해 신랄하게 비판했지만, 실제로는 그것을 철저하게 고수했다. 케빈 가일즈Kevin Giles가 말한 대로, "가톨릭과 개신교 성직자 사이의 차이는 신학과 실천에서 불분명했다. 이런 부류의 교회들 안에서, 성직자들은 동떨어진 계급이었고, 그들의 특별한 지위는 신적 주도권에 기초했고다른 방법으로 중재했음, 특정한 임무가 그들에게 위임되었다."691)

오랫동안 지속하여 온 성서 이후의 전통인 단일 감독제도이제는 목사가 되어 나타나는 오늘날 개신교 교회에서 성행하고 있다. 엄청난 심리적 요인들이 평신도들로 하여금 사역이 목사의 책임이라고 생각하게 한다. '그건 목사가 하는 일이야. 목사는 전문가이니까' 라는 생각이 그들에게 만연되어 있다.

신약성서에서 사역을 일컫는 말은 디아코노스diakonos이다. 그것은 "섬기는 자"라는 뜻이다. 그러나 사람들이 사역을 전문화했기 때문에 이 말이 왜곡되어 버렸다. 우리는 아무런 성서적 근거도 없이 사역자minister라는 말과 목사를 동일시해 버렸다. 마찬가지로, 우리는 역시 성서적 근거 없이 말씀을 전하는 것과 강단설교 사역을 동일시하는 우를 범했다.

목사의 역할은 몸의 생활에 어떻게 해를 끼치는가?

우리는 지금까지 거의 알려지지 않은 현대 목사의 뿌리를 캐내었다. 이제는 목사가 하나님의 사람들에게 끼친 실질적인 영향들에 주의를 기울여보자.

비성서적인 성직자/평신도의 구분은 그리스도의 몸에 말로 다 할 수 없는 해를 끼쳤다. 그것은 신자의 공동체를 1급과 2급 그리스도인들로 분리해 놓았다. 성직자/평신도의 이분법은 무시무시한 거짓을 영구화시켰다. 즉, 주님을 섬기는 데 있어 다른 그리스도인들보다 더 많은 특권을 누리는 그리스도인들이 있다는 것이다.

한 사람 중심의 사역은 신약성서와는 완전히 동떨어진 것인데도, 우리는 그것을 받아들였고 그것이 우리의 기능을 마비시켰다. 우리는 산 돌이지 죽은 돌이 아니다. 그렇지만, 목사의 직책은 우리를 숨 쉬지 못하는 돌로 탈바꿈시켰다.

우리가 흥분하는 것을 용서하기 바란다. 우리는 목사의 직책이 그리스도의 몸에 속한 지체로서 기능을 발휘해야 할 당신의 권리를 도적질했다고 믿는다. 그것은 목사를 거대한 입으로 만들고 당신을 자그마한 귀로 둔갑시킴으로써 몸의 진실을 왜곡시켜 버렸다.692) 그것은 당신으로 하여금 능숙하게 설교를 받아 적고 헌금 바구니를 돌리는 벙어리 구경꾼이 되게 했다.

그러나 이게 전부가 아니다. 현대 목사의 직책은 히브리서의 주제옛 제사제도의 폐지를 전복시켰다. 그것은 교회의 모임에서 사역할 권리와 특권이 각 지체에 있음을 알려 주는 고린도전서 12-14장의 가르침을 무기력하게 만들었다. 그리고 모든 형제와 자매가 실질적인 제사장이라는 베드로전서 2장의 메시지를 무효화시켰다.

실질적인 제사장의 역할이 고작 회중석에서 찬송을 부르거나, 예배 때 손을 들어 올리거나, 파워포인트 할 것을 설치하거나, 아니면 주일학교에서 가르치는 것 같은 아주 한정적인 봉사활동을 뜻하는 것이 아니다. 이것은 사역의 신약성서적 개념이 아니다! 그것들은 목사의 사역을 위해 단순한 보조원 노릇을 하는 것뿐이다. 어떤 학자가 말했던 것처럼 "오늘날까지 개신교 예배의 상당한 부분은 또한 예배를 목사의 일그리고 어쩌면 성가대의 일로 여기는 압도적인 풍조에 의해 감염되어왔다. 평신도의 절대다수가 찬송 몇 개 부르고, 기도하는 자세로 주의 깊게 듣는 것 외에는 별로 하는 일 없이 말이다."693)

우리는 의사나 변호사가 우리를 섬기기를 기대하지, 그들이 우리를 훈련해서 우리가 다른 사람들을 섬기는 것을 기대하지 않는다. 왜 그런가? 그것은 그들이 권위자이기 때문이다. 그들은 훈련된 전문가이다. 유감스럽게도 우리는 목사도 그런 식으로 생각한다. 이 모든 것은 믿는 자 모두가 제사장이라는 사실에 대한 모독이다. 하나님 앞에서뿐만 아니라 믿는 자들 상호 간에 제사장이라는 사실.

그러나 여기에서 그치지 않는다. 현대 목회는 그리스도께서 자신의 교회 안에서 실제적인 머리 역할을 하시는 것에 대항한다. 그것은 하나님의 사람 중에서 독특한 중심 위치와 머리의 자리를 불법적으로 차지하고 있다. 오직 한 분 곧 주 예수님에게 지정된 자리를 차지하는 것이다. 예수 그리스도만이 교회의 머리이시고 그분에게만 모든 결정권이 있다.694) 목사는 그의 직책으로 자신을 교회의 인간 우두머리로 높여서 머리이신 그리스도를 밀어내고 그 자리를 대신 차지했다.

이런 이유 때문에 현대 목사의 역할만큼 하나님의 영원한 목적의 성취를 방해하는 존재는 없다. 왜 그런가? 그 이유는 그 목적의 중심이, 자유롭고, 열려 있고, 상호 간의 참여를 통해 몸의 모든 지체가 기능을 발휘하는 교회 안에서 그리스도의 머리 되심이 눈에 보이게 드러나게 하는 것에 맞춰져 있기 때문이다.695) 특정한 교회 안에 목사의 직책이 존재하는 한, 그 교회는 그런 영광스러운 것을 목격할 가능성이 희박할 것이다.

목사는 어떻게 자신에게 해를 끼치는가?

현대 목사는 하나님의 사람들뿐 아니라 자기 자신에게도 해를 끼친다. 목사의 직책은 그 울타리 안에 들어오는 많은 사람을 엉망으로 만든다. 우울증, 탈진burn-out, 스트레스, 그리고 신경쇠약 같은 증상들이 목사 중에 비정상적으로 그 비율이 높게 나타난다. 이 책을 쓰는 현재, 사례를 받으며 교회를 섬기는 목사가 미국에만 5십만 명 이상이라고 보고되어 있다.696) 이렇게 엄청난 수의 종교 전문가 중에, 목사 직책의 치명적인 위험을 입증하는 다음의 통계를 고찰해 보라:

- 94%가 이상적인 가정을 가져야 한다는 압박감에 시달리고 있다.
- 90%가 일주일에 46시간 이상 사역활동을 한다.
- 81%가 배우자와 충분한 시간을 보내지 못한다고 고백한다.
- 80%는 목회 사역이 가정에 부정적으로 작용한다고 믿는다.
- 70%는 그들에게 절친한 친구라고 생각되는 사람이 없다.
- 70%가 목회하기 전보다 더 낮은 자존감을 갖고 있다.
- 50%가 직책이 요구하는 필요를 충족시킬 수 없다고 생각한다.697)
- 80%가 좌절 또는 우울증에 시달리고 있다.
- 40% 이상이 탈진 상태에 있고, 일정에 짓눌려 있고, 비현실적인 기대에 압도당하고 있다고 보고했다.698)
- 33%는 목회가 가족에게 엄청난 위험 요소라고 생각한다.699)

- 33%가 지난해에 목회를 그만둘 것을 심각하게 고려했다.700)
- 40%가 목사의 사임 요인이 탈진 때문이라고 믿는다.701)

대부분 목사에게는 한꺼번에 주요 임무 16가지를 수행하는 재주를 부릴 것이 기대된다.702 그리고 그 중 대부분은 압력에 못 이겨 나가떨어진다. 이런 이유 때문에 미국 전역의 모든 교단에 있는 사역자 1,400명이 매달 해고당하든지 아니면 사임을 강요받고 있다.703 지난 20년여 동안, 목사가 한 교회에서 사역하는 평균 기간이 7년에서 4년을 약간 웃도는 정도로 줄어들었다!704)

유감스럽게도, 이런 근본적인 문제를 일으키는 원인이 목사의 직책에 있음을 발견하는 목사는 거의 없다.705) 간단히 말해서, 예수 그리스도는 결코 그 누구에게도 오늘날의 목사가 가지는 엄청난 부담을 다 감당하라고 의도하신 적이 없다. 주님은 결코 어떤 한 사람이 그 많은 짐을 지도록 의도하신 적이 없다.

목회에 대한 요구는 목사들을 짓누른다. 그렇게 짓눌러서 그들을 고갈시켜 말라비틀어지게 한다. 여기서 잠깐, 당신이 사람들을 얼마나 기분 좋게 했는가에 기초해서 당신에게 급여를 주는 회사에서 일하고 있다고 가정해 보라. 만약 당신의 급여가 당신이 얼마나 사람들을 잘 대우했는가, 얼마나 친절한가, 당신의 아내와 자녀가 얼마나 인기가 있는가, 당신이 얼마나 제대로 옷을 입는가, 그리고 당신의 행동이 얼마나 완벽한가에 달렸다면?

당신은 이것이 당신에게 가져다줄 짓누르는 스트레스에 대해 상상할 수 있는가? 그런 중압감이 당신으로 하여금 당신의 권위와 위신, 그리고 안정된 직장을 잃지 않으려고 위선으로 가장하도록 얼마나 강요할지 알 수 있는가? (이런 이유 때문에 많은 목사가 어떤 도움도 받으려 하지 않는다.)706)

목사라는 직업도 다른 직업교사, 의사, 변호사처럼 행동규범을 지시한다. 그 직업이 목사가 어떻게 옷을 입고, 말하고, 행동해야 하는지를 지시한다. 이것이 왜 많은 목사가 아주 부자연스러운 삶을 살고 있는지를 설명해 주는 주요 이유 중 하나이다.

이런 점에서, 목사의 역할은 정직하지 못한 삶을 조장한다. 회중은 그들의 목사가 언제나 쾌활하고, 대단히 영적이고, 여차하면 달려갈 준비를 하고 있기를 기대한다. 그들은 또한 목사의 가족이 완벽하게 훈련되어 있기를 기대한다. 더 나아가서, 목사는 결코 분을 내거나 쓴 뿌리가 있음을 보여서는 안 된다.707) 많은 목사가 마치 그리스 연극에 등장하는 배우들처럼 이런 역할을 하고 있다.708)

이전에 목사였던 사람들에게서 들은 많은 개인적인 증언에 근거해보면, 많은대부분이 아니라면 목사가 목사의 직책에 있으면서 어느 정도는 타락할 수밖에 없다는 것이다. 목사라는 직책에 뿌리박힌 정치적 관료의식이 그들 상당수를 고립시키고 다른 사람들과의 관계를 악화시키는 크나큰 문제이다.

목사들에게 쓴 "성직자의 고갈 상태를 예방하기"*Preventing Clergy Burnout*라는 제목의 글에서, 저자는 뭔가 놀라운 것을 제안했다. 목사들을 향한 그의 충고는 목사들의 세계에서 벌어지는 정치적 관료주의를 우리가 분명히 엿볼 수 있게 한다.709) 저자는 목사들에게 다음과 같이 부탁했다: "다른 교단 목사들과도 교제하십시오. 그들이 여러분의 공식적인 울타리 속에 있지 않다고 해서 여러분에게 해로운 존재들이 아닙니다. 그들이 당신을 잡아맬 정치적인 줄은 없습니다."710)

직업에서 오는 고독이 목사 중에 창궐하는 또 다른 바이러스다. 외톨이 질병이 일부 사역자들을 다른 직업으로 몰아내고 있다. 그것이 또 다른 사람들을 잔혹한 운명으로 내쳐버리고 있다.711)

이 모든 병은 목회의 역사에 뿌리를 두고 있다. 하나님께서 자신의 아들 이외에는 결코 그 누구도 정상에 세우지 않으셨기 때문에, "정상에서는 고독"하다! 사실상 현대 목사들은 신약성서에 58번이나 등장하는 "서로또는 피차" 권면 하라는 것을 혼자서 어깨에 짊어지려 하고 있다.712) 그 목사 중 많은 사람이 그 무게를 이기지 못하고 눌려서 뭉개지는 것은 그리 놀랄 만한 일이 아니다.713)

결 론

현대 목사는 21세기 기독교에서 가장 의심 없이 받아들여지는 존재이다. 하지만, 성서에는 이 직책의 존재를 지지해주는 단 한 가닥의 증거도 없다. 오히려 오늘날의 목사는 이그나티우스와 시프리안에 의해 널리 퍼진 단일감독체제에서 생겨났다. 그리고 감독은 지역 장로로 발전하였다. 중세의 장로는 기톨릭의 사제가 되었다. 종교개혁 때는 '설교자' 또는 '사역자' 로 바뀌었고, 결국 개신교 전체가 목을 매는 '목사' 가 탄생했다. 이 모든 것을 한 문장으로 표현하면, 개신교 목사는 약간만 개혁한 기톨릭의 사제일 뿐이다. (다시 말하지만, 우리는 어떤 개인이 아닌 직책에 관해 말하는 것이다.)

종교개혁이 일어났을 무렵, 기톨릭 사제들에게는 7가지의 임무가 있었다: 설교, 성사, 양떼를 위한 기도, 절제되고 경건한 삶, 교회의식, 가난한 자의 구제, 그리고 병자 방문이 그것이다.714) 개신교 목사는 위의 모든 임무를 자신에게 지우고, 거기에 때때로 지역사회의 행사들에 가서 축사해 주는 것을 첨가했다.

저명한 시인 존 밀턴John Milton은 다음과 같은 그럴 듯한 표현을 했다: "새 장로는 옛 사제를 크게 썼을 뿐이다!"715) 달리 표현하자면, 현대 목사는 옛 사제를 큰 글자로 썼을 뿐이다!

심층 탐구

1. 초대교회가 한 교회에서 오랜 시간 동안 머무르지 않은 교회 개척자들에게서 도움을 받았음을 당신들은 주목하지만, 훈련된 지도자들이 드물어서-오늘날 아직도 같은 상황에 부닥쳐 있는 세계의 많은 지역에서처럼-다른 여러 교회와 공유해야 했기 때문이 아닌가?

   그렇지 않다. 교회 개척자들은 교회가 그리스도의 머리 되심 아래 기능을 발휘할 수 있게 하려고 일부러 떠났다. 만일 교회 개척자가 교회에 머물렀다면, 지체들은 자연적으로 그가 인도하는 것을 바라보게 될 것이다. 그렇게 되면 모든 지체가 기능을 발휘하는 것이 방해받게 될 것이다. 이것은 오늘날에도 마찬가지이다. 신약성서 전체에 나타난 방식은 교회 개척자들사도적 일꾼들이 언제나 기초를 놓고 나서 교회를 떠나는 것이다. 더 상세한 것은 다음과 같은 워치만 니Watchman Nee의 책을 참조하라: 『정상적인 그리스도인의 생활』*The Normal Christian Church Life* (생명의 말씀사)

2. 야고보서 3:1은 다음과 같이 말한다: "내 형제들아 너희는 선생된 우리가 더 큰 심판을 받을 줄 알고 선생이 많이 되지 말라." 고린도전서 12:27-31은 성령이 각 지체에게 각기 다른 은사를 주셨다고 분명히 말하고 있다-모든 사람이 사도나 선지자나 교사의 은사를 받은 것이 아니고, 믿는 자가 제각각 다른 기능을 갖고 있다. 교회 전체를 향해 설교하고 가르치고 사역하는 사람들을 하나님께서 따로 부르셨다는 것을 이 성서구절이 지지하고 있지 않은가?

   정말 그렇다. 우리는 예수 그리스도의 교회 안에 교사들, 말씀 전하는 사람들, 선지자들, 사도들, 복음 전하는 사람들, 그리고 목자들까지도 있다는 것에 동의한다. 그렇지만, 현대 목사의 직책은 이 성서 본문이 그리는 그런 것이 아니다. 사실, 오늘날 목사들이 일반적으로 아주 많은 역할을 하도록 기대되기 때문에, 그들은 종종 자신의 은사들 밖에서 활동해야 한다. 이것은 그들과 몸 안에 있는 다른 지체들 두 부류에 다 불공평하다. 왜냐하면, 그 다른 지체들도 이런 은사들을 갖고 있는데 그들은 그것들을 사용하는 것이 금지되어 있기 때문이다.

3. 당신들은 안수를 이교에 뿌리를 둔 공식적인 기독교 의식으로 간주하지만, 이런 과정이 교회 지도자들로 하여금 성서를 제대로 이해하고 공개적으로 교회를 세우는데 자신을 바치도록 확증해준다. 그러므로 안수가 교회 안에 있는 사람들을 위한 중요한 보호장치로 사용되지 않는가?

   이 질문은 현대 성직자제도가 기독교 사역의 모델이라는 가정을 기초로 하고 있다. 우리가 이미 살펴본 대로, 초기 그리스도인들은 성직자에 대해 알지 못했다. 그리고 틀림없이 그들은 안수 받은 성직자에 관해 아무것도 아는 바가 없었다.

   사도적 일꾼들은 어떤 교회들에서는 지역 장로들을 세웠다. 사도행전 20:28, 디모데전서 3장, 그리고 디도서 1장은 이런 장로들의 자질을 묘사하고 있다. 그리고 교회들은 교회를 개척하는 일을 담당할 사도적 일꾼들을 파견했다. 그러나 이런 관습은 몇몇 그리스도인들을 다른 사람들 위에 높이 올리는 현대 안수식과는 연결고리가 거의 없다.

4. 당신들이 "많은대부분이 아니라면 목사가 목사의 직책에 있으면서 어느 정도는 타락할 수밖에 없다."고 할 때 이것은 무슨 뜻인가?

내가 아는 가장 경건하고 헌신된 사람 중엔 하나님 나라를 위해 아주 열심히 사역하는 목사들이 있다. 우리도 역시 열심히 사역하는, 경건하고 헌신적인 목사들을 많이 알고 있다. 그러나 대개 사역 말기에 가서, 목사의 직책 때문에 어느 정도는 타락할 수밖에 없었다고 고백하는 수도 없이 많은 목사를 우리는 또한 알고 있다. 어떤 목사들은 우리에게 개인적으로 다음과 같이 고백했다: "그것목사의 직책이 몇 해 동안은 영향을 미치지 못했지만, 얼마 후부터 부지중에 나를 변질시키기 시작했습니다." 그들은 자신들이 어떻게 사람들을 기쁘게 하고, 그들의 '청중'에게 연극을 하고, 특별한 이미지를 유지하려고 했는지를 설명했다. 이런 관측은 목사의 의도와는 아무런 관계가 없다. 그것은 비성서적인 제도의 막강한 영향력과 관련이 있다.

이 모든 것은 차치하고, 실질적인 질문은 이것이다: 우리는 신약성서에 기초를 두지 않은 직책과 역할을 지지할 것인가? 만일 현대 목사의 직책과 역할이 하나님의 감동으로 생겨났다면, 우리가 그것을 지지해야 한다. 그러나 만일 그렇지 않다면, 그것이 그 역할을 담당하는 사람들에게 해를 끼친다는 것을 알게 되어도 우리가 놀라서는 안 된다.

5. 이 장을 읽고 나서 당신들이 개인적인 공격을 퍼붓는다고 느끼는 목사에게 당신들은 뭐라고 말할 것인가?

우리에게 그 어느 목사나 사역자의 품위를 손상하려는 마음은 추호도 없다. 우리는 그들 대부분이 하나님의 부르심을 받았고, 하나님을 사랑하고, 하나님의 사람들을 섬기는 사람이라고 믿는다. 하지만, 우리는 이 장을 읽을 때 공격받는다고 느끼는 목사들을 이해한다. 어떤 경우는 그들의 주체성identity이 그들의 지위와 단단히 묶여 있기 때문에 그렇다고

생각된다: 이것은 우리가 만들어내서 대물림해온 리더십 구조와 제도를 고려할 때 놀랄만한 일이 아니다. 자신의 직책이나 역할에 안정감을 느끼는 목사들은 이 책을 읽고 위협받을 이유가 없을 것이다. 우리는 우리의 결론에 오류가 없다고 주장하지는 않는다. 단지 우리의 독자들이 우리가 내린 결론에 마음을 열기를 바라는 것이다.

6장 • 주일 예배 의상:
문제를 덮는 가리개

"긴 옷을 입고 다니는 것을 원하며… 좋아하는 서기관들을 삼가라."
— 예수 그리스도, 누가복음 20:46에서

"누가 철학과 헛된 속임수로 너희를 사로잡을까 주의하라 이것은 사람의 전통과 세상의
초등학문을 따름이요 그리스도를 따름이 아니니라."
— 다소 사람 바울, 골로새서 2:8에서

매주일 아침, 세계 곳곳에 있는 수억 명의 개신교인은 가장 좋은 옷을 입고 예배에 참석한다.[716] 그러나 아무도 왜 그렇게 해야 하는지 의문을 품지 않는 것 같다. 수십만 명의 목사가 자신을 교인들과 구분시키는 특별한 가운을 입는다. 그렇지만, 아무도 그것을 상관하지 않는다.

의심할 여지없이, 지난 몇십 년 동안에 많은 교회에서 옷차림에 격식을 따지는 것이 줄어들었다. 오늘날 많은 교회에서 작업복을 입은 사람이 본당에 들어와도 눈살 찌푸리는 법이 별로 없다. 하지만, 예배를 위해 정장을 하는 것은 여전히 많은 교회에서 일반적인 관습으로 남아 있다. 이 장에서 우리는 예배를 위해 '정장을 하는' 전통의 유래를 탐구할 것이다. 아울러 우리는 성직자의 특별한 복장의 근원도 추적할 것이다.

정장을 하고 교회당 가는 것

정장을 하고 교회당 가는 관습은 비교적 최근의 현상이다.717) 그것은 18세기 후반에 산업혁명과 함께 시작되어, 19세기 중반에 널리 퍼지게 되었다. 그전까지는 아주 부유한 사람들만 사교모임에 "정장을 하고" 참석했을 뿐이다. 그 이유는 간단하다. 오직 잘 나가는 귀족들만이 좋은 옷을 살 여유가 있었다! 보통 사람들은 옷이 두 벌밖에는 없었다: 농장에서 일할 때 입는 작업복과 나들이할 때 입는 덜 해진 옷이 그것이다.718)

정장을 하는 것은 어떤 경우라도 오로지 부유한 귀족계급의 선택사항일 뿐이었다.719) 중세부터 18세기까지는, 옷이 사람의 사회적 계급을 구분하는 확실한 가늠자였다. 영국 같은 곳에서는 가난한 사람들이 상류층의 옷을 입는 것이 아예 금지되었었다.720)

그러다가 직물 대량생산의 발명 및 도시사회의 발달과 함께 이것에 변화가 일어났다.721) 평민들도 좋은 옷을 입을 여유가 생긴 것이다. 중산층이 생겨나서, 그 계층의 사람들은 선망의 대상이던 귀족들을 흉내 내기 시작했다. 처음으로 중산층은 자신들을 농민들과 구분할 수 있게 되었다.722) 그들은 이제 새롭게 격상된 자신들의 지위를 과시하기 위해 부유층처럼 사교 모임을 위해 "정장"을 입을 수 있었다.723)

18세기 말과 19세기 초의 몇몇 기독교 그룹은 이런 문화적 풍조에 저항했다. 존 웨슬리는 비싸거나 화려한 옷 입는 것에 반대하는 글을 썼다.724) 초기 감리교인들은 정장하고 교회당에 가야 한다는 생각을 심히 반대해서, 그들의 모임에 비싼 옷을 입고 오는 사람은 누구든지 돌려보내기까지 했다.725) 초기 침례교인들도 좋은 옷이 부자와 가난한 자를 구분한다고 가르치면서, 좋은 옷에 대해 비난했다.726)

이런 저항들이 있었음에도, 그리스도인 주류는 할 수만 있다면 언제든지 좋은 옷을 입기 시작했다. 늘어나는 중산층은 계속 번성해서 더 큰 집과 더 큰 교회 건물과 더 화려한 옷을 소유하기 원했다.727) 영국 빅토리아 여왕 때 중산층의 문화적응이 더 활발해지자, 화려한 교회 건물들이 사회에서 더 영향력이 있는 인물들을 교회로 끌어들이기 시작했다.728)

이것이 미국 코네티컷Connecticut주의 영향력 있는 회중교회 목사였던 호레이스 부쉬넬Horace Bushnell이 『맛과 멋』*Taste and Fashion*이라는 글을 써서 출판했던 1843년에 이르러 절정에 달했다. 그 책에서 부쉬넬은 세련미와 우아한 것이 하나님의 속성이기 때문에 그리스도인들은 그것들을 위해 힘써야 한다고 주장했다.729) 따라서 하나님을 높이려고 정장을 하고 교회당에 가는 사상이 태어났다. 교인들은 이제 하나님을 높이려고 공들여 치장한 교회 건물에서 격에 맞는 옷들을 입고 예배하게 되었다.730)

1846년에는, 버지니아Virginia의 장로교인인 윌리엄 헨리 푸트William Henry Foote가 "교회에 가는 사람들은 옷을 좋아하는 사람들이다"라는 글을 썼다.731) 이런 주장은 기독교 주류가 도입한 교회당 출석 때의 공식 의상을 간단하게 표현했다. 이런 풍조가 1850년경에 이르러 맹위를 떨치게 되자 '공식 의상을 반대' 하던 감리교인들까지도 그것에 흡수되어 버렸다. 그리고 그들도 교회당 갈 때는 '주일 최고 의상'을 입기 시작했다.732)

따라서 교회에 도입되어 받아들여진 사실상의 모든 다른 관습들처럼, 정장을 하고 교회당에 가는 것도 그리스도인들이 주위의 문화에 영향을 받은 결과이다. 오늘날 많은 그리스도인이 주일 아침에 '잘 차려입고' 교회당에 가면서 왜 그렇게 되었는지 의문을 품지 않는다. 그러나 이제 당신은 이런 분별 없는 관습의 배경을 알게 되었다.

그것은 다름 아닌, 그 시대의 부유한 귀족들처럼 되고 싶어서, 격상된 자신들의 지위를 옷으로 과시했던 19세기 중산층이 만들어낸 결과이다. 빅토리아 여왕 때의 체통에 대한 개념도 이것에 일조했다. 그것은 성서나 예수 그리스도나 성령과는 아무런 상관이 없다.

그래서, 뭐가 문제란 말인가?

그래서 '정장을 하고' 교회당에 가는 것이 뭐가 문제란 말인가? 그것이 무슨 뜨거운 쟁점은 아닐 것이다. 그렇지만, 정장을 하고 교회당에 가는 것이 무엇을 대표하는지가 뜨거운 쟁점이다.

첫째, 그것은 세속적인 것과 신성한 것 사이의 거짓된 구분을 반영해 준다. 주일에 '하나님을 만나려고' 당신이 입는 옷에 하나님께서 조금이라도 관심을 두신다고 생각하는 것은 새 언약에 대한 모독이다. 우리는 언제나, 그리고 어떤 환경에서나 하나님의 임재 속에 들어갈 수 있다. 하나님께서 자신의 사람들이 주일 아침의 미인대회를 위해 정장하기를 정말 바라고 계실까?

둘째, 주일 아침에 품위있고 화려한 옷을 입는 것은 다음과 같은 부끄러운 메시지를 뿜어낸다: 교회는 그리스도인들이 자신의 참모습을 숨기고 멋있게 잘 보이려고 '정장을 하고' 모이는 장소이다.733) 잘 생각해 보라. 교회당에 갈 때 당신의 주일 최고 의상을 입는 것은 이미지 관리하는 것 이상의 아무것도 아니다. 그것은 하나님의 집에 쇼 무대의 온갖 것들을 제공하는 것이다: 의상, 화장, 소품, 조명, 안내위원, 특별송, 사회자, 공연, 그리고 특별 프로그램.734)

정장을 하고 교회당에 가는 것은 교회가 온갖 문제를 가진 현실 세계의 사람들로 이루어졌다는 사실에 어긋난다—교회 주차장으로 들어오기 직전에 한바탕 대판 싸우고 나서 그것을 숨기려고 환한 웃음을 짓는 그런 현실을 사는 사람들의 모임이 교회라는 것 말이다!

우리의 '주일 최고 의상'을 입는 것은 밑에 깔린 근본문제를 숨겨버린다. 그것은 우리가 하나님을 위해 정장을 했기 때문에 우리는 어쨌든 '좋은' 사람이라는 착각을 일으키게 한다. 그것은 인간성을 말살하는 겉치레의 예로서, 세상을 향해 거짓 증거를 조장한다.

솔직히 말해보자. 타락한 인간인 우리는 좀처럼 우리의 참모습을 드러내려고 하지 않는다. 우리가 어떤 사람인가를 사람들이 믿게 하려고 특별한 인상을 그들에게 심으려고 거의 언제나 꾸며낸 행동이나 옷을 의지한다. 이 모든 것은 초대교회를 특징지었던 소박함과는 거리가 멀어도 한참 먼 것이다.

셋째, 정장을 하고 교회당에 가는 것은 초대교회를 떠받쳤던 특징인 본래의 소박함을 말살시킨다. 1세기 그리스도인들은 교회 모임에 참석하려고 정장을 차려입진 않았다. 그들은 거실의 소박한 분위기에서 모임을 했다. 그들은 자신의 사회적 신분을 밝히려고 옷을 입지 않았다. 사실 초기 그리스도인들은 사회적 신분의 차별에 대해 철저하게 반대하는 것을 보여 주려고 무던히 애를 썼다.735)

교회 안에서는 모든 사회적, 인종적 차별이 사라졌다. 초기 그리스도인들은 그들이 지상에 새로 창조된 새로운 종족임을 잘 알았다.736) 이런 이유에 의해, 야고보는 가난한 성도들보다 부유한 성도들을 우대하는 교인들을 꾸짖었다. 그는 가난한 사람들과 구별되게 치장한 부자들을 담대하게 질타했다.737)

하지만, 많은 그리스도인이 주일 아침의 교회 예배에 격식 없이 옷을 입고 가는 게 '불경한' 것이라는 거짓된 망상에 사로잡혀 있다. 이것은 서기관들과 바리새인들이 장로들의 유전을 따르지 않는 주님과 제자들을 불경하다고 비난했던 것과 조금도 다르지 않다. 막7:1-13

요약하자면, 주님의 사람들이 교회 모임을 위해 좋은 옷으로 치장하기를 주님께서 기대하신다고 말하는 것은 성서에 뭔가를 더하는 것이고, 하나님께서 말씀하시지 않은 것을 주장하는 것이다.738) 그런 관습은 아무리 잘 봐 주려 해도 인간의 전통에 지나지 않는다.

성직자의 가운

이제 방향을 바꿔서 성직자 복장의 발달과정을 살펴보자. 기독교 성직자들은 콘스탄틴이 등장하기 전까지는 옷을 보통 사람들과 다르게 입지 않았었다.739

일반적인 견해와는 달리 성직자의 복장은 전통의 기독교 의상ecclesiastical vestments을 포함해서 구약성서에 나오는 제사장의 복장에서 유래하지 않았다. 오히려 그것은 그리스와 로마의 세속적인 의상에서 유래했다.740)

알렉산드리아의 클레멘트Clement of Alexandria는 성직자가 평신도보다 더 나은 옷을 입어야 한다고 주장했다.(이 무렵에 교회 의식은 공식적인 행사로 간주하였다.) 클레멘트는 사역자의 의복이 '단순하고' '흰색'이어야 한다고 했다.741)

수 세기 동안 흰색이 성직자의 색깔이었다. 이런 관습은 "흰색은 신들의 색깔이다"라고 주장한 이교 철학자 플라톤에서 빌려온 것이었다. 이런 점에서 클레멘트와 터툴리안은 둘 다 염색한 옷이 주님을 기쁘시게 하지 못한다고 생각했다.742)

콘스탄틴의 등장과 함께 감독과 사제와 집사의 구분이 뿌리를 내리기 시작했다.743) 330년에 콘스탄틴이 그의 황실을 비잔티움Byzantium으로 옮기고 그 이름을 콘스탄티노플Constantinople로 바꿨을 때, 공식적인 로마의 의상이 사제들과 집사들에 의해 점진적으로 채택되었다.744) 성직자들은 이제 그들의 가운에 의해 식별되었는데, 그 가운은 세상 관리들의 가운과 일치했다.745)

게르만족이 로마제국을 정복했던 4세기 이후로는, 세속적 의상의 감각에 변화가 일어났다. 길게 늘어진 로마인들의 옷이 고트족의 짧은 옷에 영향을 주었다. 그러나 성직자들은 평신도와의 구분을 유지하기 원해서 고풍의 로마 의상을 계속 입었다!746)

성직자들은 세속 법정 의식의 모델을 따라 교회 예배에서 그 구식 옷을 입었다.747) 평신도들이 새로운 스타일의 옷을 입었을 때, 성직자들은 그런 옷은 "세상적"이고 "야만적"이라고 믿었다. 그들은 자신들이 더 "문명적인" 옷이라고 여겼던 것은 보존시켰다. 그리고 이것이 성직자의 복장이 되었다.748) 이런 관습은 당대의 신학자들에게서 지지를 받았다. 예를 들어, 제롬Jerome, 347-420 같은 사람은 성직자가 결코 평상복을 입고 성소에 들어가서는 안 된다고 주장했다.749)

5세기 이래로 감독들은 자주색 옷을 입었다.750) 6세기와 7세기에는 성직자의 가운이 더 정교해지고 비싸졌다.751) 중세에 가서는 그것들에 신비하고 상징적인 의미가 첨가되었다.752) 6세기와 7세기경에는 특별한 예복이 널리 퍼졌다. 그리고 사제의 나들이 옷과 바꿔 입는 특별한 성직자의 예복을 교회당의 제의실祭衣室, vestry, 사제의 사무실에 보관하는 관습이 생겨났다.753)

7세기와 8세기에는 그 예복이 구약의 레위 제사장들 가운에서 물려받은 신성한 물건으로 인정되었다.754) 이것은 자기들의 관습을 정당화하려는 것이었다. 12세기 무렵에는 성직자들도 다른 모든 사람과 그들을 구별하고자 평상복을 입기 시작했다.755)

종교개혁이 변화시킨 것

종교개혁 때는 전통과 성직자의 예복과의 결별이 천천히 점진적으로 이루어졌다.756) 개혁자들은 성직자의 예복을 대신해서 학자들의 검정색 가운을 채택했다.757 그것은 또한 4세기와 5세기 때 철학자들이 입던 옷을 빗대어 철학자의 외투라고도 알려졌었다.758 새 성직자 가운이 얼마나 인기가 있었는지, 세속학자들의 검은색 가운이 개신교 목사의 의복이 되었다.759)

루터교 목사들은 길거리에서 긴 검은색 가운을 입고 다녔다. 그들은 또 나중에는 더 커진 둥근 "옷깃"ruff을 그들의 목에 두르고 다녔다. 이것이 매우 커져서 17세기에 가서는 이 옷깃을 "연자맷돌 옷깃"millstone ruff이라 불렀다.760) (이 옷깃은 오늘날 아직도 루터교회 일부에서 사용되고 있다.)

그렇지만, 흥미로운 것은 개혁자들이 여전히 성직자의 복장을 그대로 보존했다는 점이다. 개신교 목사들은 주의 만찬을 인도할 때 그것을 입었다.761) 이것은 오늘날 아직도 많은 개신교 교단에서 행해지고 있다. 많은 목사가 가톨릭 사제들처럼 떡과 잔을 들어 올릴 때 성직자 가운을 입는 것이다.

개혁교회 목사의 가운검정 가운은 그의 영적 권위를 상징했다.762) 이런 풍조는 17세기와 18세기를 통틀어 계속되었다. 목사들은 항상 어두운 옷, 특히 검은색을 선호했다. (이것은 16세기에 법률가와 의사 같은 '전문가들'의 전통적인 색깔이었다.)

검은색은 곧 모든 교회에서 모든 사역자의 색깔이 되었다.763) 철학자의 그 검은색 가운은 궁극적으로 1940년대의 "평상예복"frock coat으로 발전했다. 평상예복은 나중 20세기에는 검은색 또는 회색의 '정장' lounge suit으로 대체되었다.764)

20세기 초에는 많은 성직자가 넥타이와 함께 흰색 옷깃을 둘렀다. 사실 성직자가 넥타이 없이 나타나는 것은 아주 부적절한 것으로 여겨졌다.765) 저低교회 Low church: 침례교회, 오순절 교회 등 성직자는 옷깃과 넥타이를 착용했고, 고高교회 High church: 성공회, 루터교회 등 성직자는 종종 "개 목걸이"dog collar라고 불렸던 성직자용 옷깃을 둘렀다.766)

성직자용 옷깃의 기원은 1865년으로 거슬러 올라간다. 그것은 일반적으로 알려진 것과는 달리 기톨릭의 고안품이 아니다. 그것은 성공회에 의해 고안된 것이다.767) 18세기와 19세기 사제들은 전통적으로 흰색 옷때로는 미사용 제복으로도 불림 위에 검은색 예복길게 늘어진 가운에 위로 똑바로 올린 옷깃을 두르는 방식을 입었다.

다르게 표현하면, 그들은 가운데가 흰색인 검은색 옷깃을 둘렀다. 성직자용 옷깃은 단순히 이 옷깃을 빼서 움직일 수 있게 한 것이었다. 그것은 성공회나 기톨릭 사제들이 평상복 위에 걸치고 어디서나 "하나님의 사람들"로 눈에 띌 수 있게끔 고안되었다!

오늘날은 어두운 색깔의 신사복에 넥타이를 맨 것이 대부분 개신교 목사의 표준의복이다. 그것을 입지 않은 채 시체로 발견되는 목사는 그리 많지 않을 것이다! 어떤 개신교 목사들은 성직자용 옷깃도 두르는데, 그 옷깃은 그것을 두른 사람이 성직자라는 것을 알려주는 확실한 상징이다.

특별한 성직자 의상은 해로운가?

특별하게 옷을 입은 성직자는 하나님의 집을 지배하는 영적인 원리들에 대한 모독이다. 그것은 하나님의 사람들을 '전문가 집단' 과 '비전문적 집단', 이렇게 두 계급으로 분리시킴으로써 교회의 마음을 찢어놓는다.

교회당에 갈 때 '정장을 하고' 가는 것처럼 성직자용 의상도, 그것이 "고교회"high churh 사역자의 정교한 제복이든 복음주의 목사들의 어두운 색 신사복이든 간에, 세속적인 문화에 뿌리를 두고 있다. 성직자의 특이한 가운은 성직자들이 세속적인 로마 관리들의 제복을 도입했던 4세기로 거슬러 올라간다.

주 예수님과 제자들은 하나님을 감동시키는 특별한 옷이나 하나님의 사람들에게서 그들을 구분하는 어떤 옷에 대해서도 아는 바가 없었다.768) 종교적인 목적을 위해 특별한 가운을 입는 것은 오히려 서기관들과 바리새인들의 특징이 었다.769) 그리고 서기관들이나 바리새인들은 둘 다 다음과 같이 말씀하신 주님의 예리한 시선을 피할 수 없었다: "긴 옷을 입고 다니는 것을 원하며 시장에서 문안받는 것과 회당의 높은 자리와 잔치의 윗자리를 좋아하는 서기관들을 삼가라."눅20:46

심층 탐구

1. 교회당에 갈 때 정장하도록 사람들을 권하면 안 된다는 것을 당신들은 암시하고 있다. 그렇지만, 그렇게 하는 것이 우리가 하나님께서 받으시기에 합당한 존귀를 그분께 드리는 것임을 나에게 상기시켜준다. 이런 점에서, 교회에서 좋은 옷을 입는 것이 긍정적인 것이 아닌가?

   만일 당신이 교회 모임에 정장하고 가는 것에 긍정적이고, 또 당신이 순수한 동기로 주님께 그렇게 할 수 있다고 생각한다면, 당연히 그렇게 하라. 그러나 우리는 그런 모임에 올 때 정장을 하지 않은 사람들을 판단하거나 업신여기지 않도록 주의해야 한다.

2. 당신들은 정장하고 교회 모임에 가는 것이 본질적으로 틀렸다고 믿는가, 아니면 그것이 회복할 수 있는 인간이 고안해낸 관습이라고 생각하는가?

   후자이다. 이 책에서 우리가 추적한 다른 전통적인 관습들과는 달리, 이것은 회복할 수 있는 성서 밖의 관습이다.위의 답을 참조할 것 그리스도인의 모임에 멋있는 옷을 입고 가는 것은 본질적으로 틀린 것이 아니다. 우리의 모든 종교적 전통처럼, 우리는 우리가 그것을 왜 하는지를 묻는 것과 그것의 배후에 있는 우리의 동기에 연결되는 것이 중요하다고 믿는다.

7장 • 음악 사역자들:
음악을 곁들인 성직자

"진실한 복음주의의 특징은 옛 전통을 비판 없이 답습하는 것이 아니고, 아무리 오래된 것이라도 모든 전통이 신선한 성서적 정밀검사를 기꺼이 받도록 하는 것이다. 그리고 꼭 필요하다면 개혁하는 것이다."
– 존 스토트 John Stott, 20세기 영국의 사역자와 성서학자

"진짜 문제는 교회가 너무 부유하다는 사실에 있는 것이 아니라, 유지하기 위한 버거운 투자와 함께 심히 제도화되었다는 데에 있다. 그것은 공룡과 전함의 특징들을 갖고 있다. 그것이 감당할 수 없는 설비와 프로그램을 잔뜩 갖고 있어서, 공급에 온갖 문제를 안고 있고 생존하기 위해 발버둥치게 된다. 기계의 관성은 재정의 배당, 적법성, 조직의 채널, 마음 자세 같은 것들이 전부 다 현상유지를 지속하고 강화하는 방향으로 설정되어 있다. 만일 누가 이런 채널들을 가로지르는 항로로 가기를 원한다면, 적진에 도달하기도 전에 에너지 대부분이 소모되어버린다."
– 존 로빈슨 John A. T. Robinson, 20세기 영국의 신약성서학자

어느 기독교 교회의 예배를 들어가 봐도, 당신은 예배가 보통 찬송이나 합창 아니면 찬양과 경배의 노래로 시작되는 것을 보게 될 것이다. 한 사람 또는 팀이 찬양을 인도하고 주도할 것이다. 더 전통적인 교회들에서는 성가대 지휘자 아니면 음악 사역자가 그 역할을 맡는다. 어떤 교회들에서는 이 역할을 담임목사가 담당하기도 한다. 또는 성가대가 그 역할을 하는 교회도 있다. 현대적인 감각의 교회들에서는 예배 인도자 또는 경배와 찬양 팀이 그것을 담당한다.

'예배를 인도하는' 사람들은 설교로 분위기를 몰아가려고 부를 노래들을 선

곡해서 그 노래들로 예배를 시작한다. 그들은 그 노래들을 어떻게 불러야 할 것인지를 결정한다. 그리고 그들은 그 노래들이 언제 끝날지를 결정한다. 청중으로 앉아 있는 사람들은 노래를 인도하는 데 있어 아무런 결정권이 없다. 그들은 타인에 의해, 곧 주로 스태프 성직자 또는 비슷한 대접을 받는 이에 의해 인도될 뿐이다.

이것은 신약성서의 가르침과 실례와는 아주 대조적이다. 초대교회에서는 예배와 찬양이 하나님의 사람들 모두의 손에 달려 있었다.770) 교회 자체가 자신들이 지은 노래들을 같이 불렀다. 노래를 부르는 것과 인도하는 것이 집합적인 행위였지, 전문가들에 의해 인도되는 특별한 이벤트가 아니었다.

성가대의 기원

이것이 4세기로 거슬러 올라가서 성직자의 출현과 성가대의 등장과 함께 모두 다 바뀌기 시작했다. 밀라노 칙령313년이 반포된 직후 그리스도인들에 대한 핍박은 끝났다. 콘스탄틴의 통치 아래서 성찬을 돕고자 성가대가 생겨났고 훈련되었다. 이것은 황제의 의식을 행진 음악으로 시작하는 로마의 관습에서 따온 것이다. 특수학교들이 세워졌고, 성가대원들에게 성직자 다음의 지위가 주어졌다.771)

성가대의 뿌리는 그리스 이교 신전들과 그리스 연극에서 발견된다.772) 윌 듀란트는 멋지게 표현했다: "고대 그리스와 마찬가지로 중세에도 연극의 주된 뿌리는 종교의식이었다. 미사 자체가 극적으로 연출된 구경거리였고, 성당은 신성한 무대였고, 미사의 참여자들은 상징적인 소품을 입었고, 사제와 다른 성직자들은 극 중 대사를 읊었고, 사제와 성가대 그리고 성가대 안에서 번갈아 노래하는 것은 로마 신화에 등장하는 디오니소스의 신성한 제사의식 연극에 나오는 대사와 똑같이 발전하였음을 정확하게 암시해 주었다."773)

기독교 교회 안에 성가대의 등장과 함께, 찬양을 부르는 것이 더는 하나님 사람들 모두의 것이 아니고 훈련된 성악가들로 구성된 스태프 성직자의 것이 되었다.774) 이런 변화는 이단 교리들이 찬송을 통해 퍼져 나간 사실에 부분적으로 기인한다. 성직자들은 자신들이 찬송을 좌지우지한다면 이단의 확장을 방지할 수 있다고 생각했다.775) 그러나 그것은 또한 기독교 드라마의 주연으로서 날로 커지는 성직자의 권세에 그 뿌리를 두고 있다.776)

367년에 가서, 회중 찬송은 완전히 금지되었다. 그것이 훈련된 성가대의 음악으로 대체되었다.777) 따라서 교회 안에 훈련된 전문적인 성악가가 탄생했다. 기독교 예배에서 노래를 부르는 것은 이제 성직자와 성가대의 전유물이 되었다.

암브로즈Ambrose는 사도 시대 이후의 기독교 찬송을 최초로 만든 사람이었다.778) 이 찬송들은 고대 그리스 형식을 본떴고, 그 노래들에 그리스 제목을 붙였다.779) 암브로즈는 또한 오늘날 일부 기톨릭 교회들에서 아직도 사용되고 있는 의식용 성가의 합본도 만들었다.780) 의식용 성가는 로마 이교 제가의 직계 후손으로서, 고대 수마리아 도시들Sumarian cities의 의식에서 모방한 것이다.781

교황 성가대는 5세기에 시작되었다.782) 그레고리가 6세기 말에 교황이 되면서 로마에 있던 음악학교Schola Cantorum를 재정비했다. 이 학교는 335년에 죽은 실베스터Sylvester 교황에 의해 창립되었다.783)

그레고리는 이 학교를 통해 로마제국 전역에 걸쳐 기독교 성가대를 훈련할 전문 성악가들을 길러 냈다. 성악가들은 9년 동안 훈련받았다. 그 훈련은 그 유명한 그레고리오 성가Gregorian Chant를 포함한 모든 노래를 다 외워야 하는 그런 훈련이었다.784) 그레고리는 음악이 성직자에게 국한된 기능이고 훈련된 성악가들만 독점할 수 있는 권리라고 믿음으로써 회중 찬송의 마지막 흔적마저 싹

지워 없애버렸다.

훈련된 성가대들, 훈련된 성악가들, 그리고 회중 찬송의 멸절, 이 모든 것은 그리스 사람들의 문화적 사고방식을 반영했다. 웅변전문적인 연설과 마찬가지로, 그리스 문화는 청중-공연자 역학구조로 이루어졌다. 비극적인 것은 이런 경향이 다이애나 신전과 그리스 연극에서 기독교 교회로 직수입되었다는 사실이다. 하나님의 사람들은 말씀사역뿐만 아니라 찬송을 부르는 데 있어서도 구경꾼이 되어 버렸다.785) 유감스럽게도, 그리스의 구경꾼 정신이 아직도 현대 교회에 살아 있다.

기독교 소년 성가대도 콘스탄틴 시대로 거슬러 올라간다. 일부는 아직도 존재한다. 대부분 소년 성가대는 고아원에서 시작되었다.786) 예를 들면, 비엔나 소년합창단은 1498년에 오스트리아의 빈Vienna에서 시작되어, 오로지 왕실과 미사와 개인 콘서트, 그리고 국가 행사에서 노래를 불렀다.787) 최초의 소년합창단은 실제로 그리스와 로마의 신들을 섬기는 이교도들에 의해 시작되었다.788) 그 이교도들은 어린 소년들의 목소리에 특별한 힘이 있다고 믿었다.789)

장송곡과 장례 행렬

이교에 기원을 둔 또 다른 형태의 음악은 장송곡이다. 그것은 3세기 초에 기독교 교회에 도입되었다. 어떤 학자가 말한 대로 "죽은 자를 위한 이교 의식은 전에 이교도였던 많은 그리스도인의 지나간 과거의 삶이 대부분 그대로 옮겨온 것이다. 그들은 단지 이교의 애도가와 장송곡을 성가로 대체했을 뿐이다."790)

콘스탄틴 시대에 로마의 정혼 예법과 장례 행렬이 도입되어 기독교 '장례식'으로 둔갑했다.791) 이것은 이교의 관습에서 따온 것이다.792) 그리스도인들에 의해 받아들여져서 사용되는 소위 장송곡이라는 것도 이교사상에서 온 것이다.793) 그것은 3세기 초에 기독교 교회로 도입되었다. 터툴리안은 기독교 장례 행렬이 이교에서 유래했다는 이유로 그것을 반대했다.794)

장례 행렬만 이교에서 생겨났을 뿐만 아니라, 장례식 설교도 거기에서 유래했다. 유창하게 연설할 줄 아는 그 도시의 교수 한 사람을 사서 사랑하는 사람의 장례식에서 말하게 하는 것이 로마제국에서 이교의 일반적인 관습이었다. 연설자는 그런 경우를 위해 만든 작은 안내서를 따랐다. 그는 격정적인 애도의 표현으로 분위기를 고조시키고서, 죽은 자에 대해 "그는 지금 신 중에 함께 살고 있고, 하늘을 날아다니며 아래에 있는 사람들을 내려다보고 있다"고 말했다.795) 죽은 자가 사랑했던 남은 가족을 위로하는 것이 그의 임무였다. 이런 역할은 오늘날 현대 목사에게 주어졌다. 그 연설의 내용까지도 놀랄 정도로 비슷하다!

종교개혁의 영향

개혁자들이 음악에 크게 이바지한 것은 회중 찬송과 악기 사용의 부활이다. 보헤미아의 존 후스John Huss, 1372-1415와 그의 추종자들이 교회에서 그 두 가지를 회복시킨 최초의 사람 중 하나였다.796)

루터도 예배의 어떤 부분에서는 회중 찬송을 부를 것을 권면했다.797) 그러나 본격적인 회중 찬송은 18세기에 영국에서 일어났던 웨슬리의 부흥운동에서부터 시작되었다고 봐야 한다.798)

종교개혁 당시 성가대는 그대로 보존되었다. 성가대가 회중 찬송을 돕고 또 인도하기도 했다.799) 종교개혁 이후 150년이 지나, 회중 찬송은 일반적으로 인정된 관습이 되었다.800) 18세기에 가서는 기독교 예배를 인도하는 데 있어 오르간이 성가대의 자리를 차지했다.801)

흥미로운 것은 중세 전에는 기독교 교회에서 악기를 사용했다는 증거가 없다는 사실이다.802) 그전까지는, 예배에서의 모든 찬송이 악기에 의지하지 않고 불렸었다.803) 교부들은 악기를 부도덕과 우상숭배와 연결하면서 그것에 대해 부정적인 견해를 가졌었다.804) 캘빈도 악기가 이교적이라는 견해를 수용했다. 결과적으로, 2세기 동안 개혁교회들은 악기 사용 없이 시편을 읊었다.805)

오르간은 콘스탄틴 시대 이후의 그리스도인들에 의해 사용된 최초의 악기였다.806) 기독교 교회들 안에서 오르간이 사용된 것은 6세기가 최초이다. 그러나 12세기까지는 미사에서 사용되지 않았다. 13세기에 가서야 오르간이 미사에서 주요 부분을 차지하게 되었다.807)

오르간은 사제들과 성가대로 하여금 노래의 음을 알게 하려고 처음으로 사용되었다.808) 종교개혁 시대에는 오르간을 뜯어내어 부숴버린 캘빈주의자들을 제외하곤 오르간이 개신교 예배에 사용된 표준 악기가 되었다.809) 미국 교회가 최초로 오르간을 산 것은 1704년이었다.810)

최초의 개신교 성가대들은 18세기 중엽에 번성하기 시작했다.811) 성가대원들의 특별한 위치를 나타내도록 특별한 성가대석이 마련되었다.

처음엔 성가대의 역할이 회중 찬송 때에 곡조를 잡아주는 것이었다. 그러나 얼마 지나지 않아서 성가대가 특별하게 노래를 선택하기 시작했다.812) 따라서 여기에서 특별찬송이 생겨나 회중이 지켜보는 가운데 성가대에 의해 불렸다.

19세기 말에 가서는, 어린이 성가대가 미국 교회들에 처음으로 등장했다.813) 그때에 가서, 의식 위주의 교회가 아닌 일반 교회들에서는 성가대가 특별찬송을 부르는 것이 관례가 되었다. 이 관습은 궁극적으로 의식적인 교회들에도 전파되었다. 814)

성가대의 위치도 주목해 볼 필요가 있다. 16세기 말에는 성가대가 성직자용 강단chancel에서 파이프오르간이 위치한 뒤편 발코니로 옮겨갔다.815) 그러나 19

세기 말과 20세기 초에 있었던 옥스포드 운동Oxford Movement때 성가대가 다시 성직자용 강단chancel 위로 돌아왔다. 바로 이때부터 성가대원들이 교회용 가운을 입기 시작했다.816) 1920년대와 1930년대에 가서, 새로 지은 신 고딕식 교회 건물에 어울리게 하려고 이런 특별 가운을 입는 것이 미국 성가대들의 관례가 되었다.817) 이제 성가대는 고풍의 성직 가운을 입고 성직자와 함께 사람들 앞에 서게 되었다.818)

예배 인도팀의 기원

은사주의 교회든 그렇지 않은 교회든 관계없이, 많은 현대적 감각을 가진 교회에서 예배 인도팀이 성가대를 대신하게 되었다.819) 이런 부류의 교회들에서는 깃발 같은 것을 제외하곤 본당에 종교적 상징물들이 거의 없음을 자랑한다.

무대의 앞에는 단순한 연단, 화분 몇 개, 소리 증폭기, 스피커, 그리고 많은 전기선이 있다. 옷은 보통 격식 없이 입는다. 일반적으로 접는 의자들과 극장식 의자들이 회중석을 대체한다. 보통 예배 인도팀은 전기기타, 드럼, 키보드, 가능하면 베이스기타, 그리고 몇 명의 노래 부르는 사람들로 구성된다. 가사는 보통 스크린에 투영되거나 오버헤드 프로젝터또는 비디오 프로젝터나 파워포인트 슬라이드에 의해 벽에 투영된다. 노래들은 일반적으로 예배 전에 선택된다. 노래책이나 찬송가 책은 거의 찾아볼 수 없다.

그런 교회들에서는 미리 선택된 노래들을 밴드의 반주에 맞춰 따라 부르는 것이 예배이다. 경배와 찬양의 시간이 보통 20분에서 40분 정도 계속된다. 처음의 노래들은 대개 빠른 박자의 찬양 코러스이다.820) 그러다가 예배 인도팀이 활기차게 손뼉 치면서 몸을 움직이고 손을 높이 드는춤을 추기도 함 회중을 개인적이고 부드럽고 예배 분위기 있는 혼성곡으로 인도한다. (일반적으로, 노래들의 초점이 개인적인 경험에 맞춰진다. 주로 '나는, 나를, 나의' 같은 일인칭 대명사가 상당수의 노래를 채우고 있다.821) 어떤 현대 교회들에서는 우리, 우리를, 우리의 같이 공동체적인 일인칭 복수로 옮겨가는 경향이 있다.)

밴드가 무대에서 사라지면서, 헌금위원들이 헌금 접시들을 돌린다. 그다음에 설교가 따라오고, 또 목사가 예배의 남은 시간을 독점한다. 많은 교회에서, 목사가 설교를 마감하면서 예배 인도팀을 무대로 다시 불러 내어 예배 분위기 있는 노래들을 몇 곡 더 부르게 한다. 밴드가 곡을 연주하는 가운데 "사역의 시간"이 따라온다.

위에 묘사한 찬송 의식은 대부분의 은사주의 교회들과 초교파 교회들에서 시계가 돌아가듯 정확하게 행해진다. 그런데 그것이 어디서부터 왔을까?

1962년에 스코틀랜드Scotland의 던블레인Dunblane에 있는 영국의 교회 음악인들 그룹만족이 없던이 전통적인 기독교 노래들에 활력을 불어넣기 위한 시도를 했다. 이 예술인들은 회중교회 사역자인 에릭 라우틀리Erik Routley의 주도로 밥 딜런Bob Dylan과 시드니 카터Sydney Carter의 영향을 받았다. 호프 출판사Hope Publishing Company의 조지 쇼니George Shorney Jr.는 그들의 새로운 스타일을 미국으로 가져왔다. 이런 새 기독교 찬송들은 개혁적이긴 했지만, 혁명적인 것은 아니었다. 혁명은 예수 운동Jesus movement:1960년대 미국에서 일어난 젊은이들의 열광적인 무교회주의 기독교 운동-편집자주의 등장과 함께 로큰롤rock and roll이 기독교 음악에 도입되었을 때 일어났다. 이 개혁이 갈보리 채플Calvary Chapel과 빈야드The Vineyard를 통해 기독교 교회에 뿌리를 내리는 혁명적인 음악의 변화를 위한 장을 열었다.822)

예배 인도팀의 기원을 추적하려면 1965년의 갈보리 채플 창립 때로 거슬러 올라가야 한다. 그 교단의 창시자인 척 스미스Chuck Smith는 히피들과 서퍼surfer들을 위한 사역을 시작했다. 그는 새로 회심한 히피들이 그들의 기타를 다시 들고, 이제는 교회 안에서 사용할 수 있게 재조율된 음악을 연주하도록 문을 열어 주었다. 그는 문화에 저항하는 그들에게 그들의 음악을 위한 무대를 제공해 주었다—그들이 주일 저녁공연과 콘서트를 할 수 있도록 허용했다. 이 새로운 음악 형식은 "경배와 찬양"Praise and Worship이라고 불리기 시작했다.823) 예수운동이 번성하기 시작하면서, 스미스는 1970년대 초에 마라나타 뮤직Maranatha Music이라는 레코드 회사를 설립했다. 그 회사의 목적은 이런 젊은 예술인들의 노래를 전파하려는 것이었다.824)

빈야드는 음악의 귀재인 존 윔버John Wimber의 영향 아래, 예배 인도팀의 개념을 도입해서 그 뒤를 따랐다. 갈보리 채플의 목사 출신인 윔버는 1982년에 빈야드 운동의 수장이 되었다. 이때부터 빈야드가 예배 인도팀과 예배 음악을 정립하는 데 있어 어쩌면 갈보리 채플보다 더 큰 영향을 끼쳤을 것이다. 갈보리 채플의 음악이 빠르고 찬양 중심의 노래들로 알려진 것에 반해, 빈야드 음악은 더 친근하고 예배 분위기를 자아내는 것으로 간주된다.825)

머지않아 기타가 개신교의 예배를 주도하는 중심 악기로서 오르간을 대체하게 되었다. 예배 인도팀은 세속문화의 록 콘서트를 본떴지만, 강단 못지않게 일반화되었다.

그래서 어쨌다는 것인가?

당신은 아마 의아하게 생각할 것이다: 성가대 지휘자나 예배 인도자나 아니면 예배 인도팀이 교회의 음악을 인도하는 게 뭐가 문제란 말인가? 문제 될 것은 하나도 없다. 단, 교회의 모든 지체가 그것에 만족한다면 말이다. 그렇지만, 많은 그리스도인은 하나님 사람들이 생명력 있게 기능을 발휘하는 것을 그것이 강탈한다고 생각한다: 모임에서 그들 스스로 노래를 선곡하고 주도하는 것—하나님을 예배하는 것이 그들의 손에 달린 것 – 사람이 인도하는 것이 아니라 예수 그리스도께서 친히 자신의 교회 찬송을 주도하시도록 그분에게 맡기는 것. 초대교회의 찬송은 위와 같은 특징들이 있었다.

신약성서적 교회 모임에 대해 사도 바울이 묘사한 것을 들어 보라: "너희가 모일 때에 각각 찬송시도 있으며"고전14:26 "시와 찬송과 신령한 노래들로 서로 화답하며"엡5:19 "너희가… 각각"이라는 말을 음미해보라. 찬송 인도자, 성가대, 그리고 예배 인도팀은 그리스도의 머리 되심을 제한함으로 이것을 불가능하게 한다– 특히 주님 자신의 형제들을 인도하셔서 아버지께 찬양을 올리게 하시는 주님의 사역을 제한한다. 오늘날에는 거의 잊힌 이런 사역에 대해서 히브리서 기자는 다음과 같이 말한다: "거룩하게 하시는 이와 거룩하게 함을 입은 자들이 다 한 근원에서 난지라 그러므로 형제라 부르시기를 부끄러워하지 아니하시고 이르시되 내가 주의 이름을 내 형제들에게 선포하고 내가 주를 교회에클레시아 중에서 찬송하리라 하셨으며"히2:11–12

오직 재능 있는 사람들만이 예배 찬송들을 선곡해서 알려주고, 시작하고, 인도한다면, 예배의 이런 요소는 공동체적 예배라기보다는 엔터테인먼트에 더 가깝다고 해야 할 것이다.826) 그리고 오직 "어떤 수준 이상에 드는 사람들"만 노래를 인도하는 사역에 참여하도록 허용된다. 우리는 신약성서의 원리에 의해 음악 사역이 하나님 사람들 모두에게 속했음을 주장하는 바이다. 그리고 이런 사역이 표현될 출구가 있어야만 한다.

나프랭크는 이론가가 아니다. 나는 거의 20년 동안 모든 지체가 자유자재로 노래를 시작하도록 훈련된 교회들과 함께 모임을 했다.827) 상상해보라: 형제와 자매 누구든지 그리스도의 머리 되심 아래서 자유자재로 노래를 인도한다는 것을–심지어 그들 스스로 작사를 해서 모든 성도와 나누려고 모임에 가지고 오는 것을. 나는 이런 영광스러운 역동을 경험한 여러 교회와 함께 모임을 가져왔다.

누군가 노래를 시작하면 모두가 함께 부르고, 그다음 또 다른 누군가 다른 노래를 시작하고, 이런 식으로 예배가 긴 침묵 없이 또 눈에 보이는 지도자의 참석 없이 계속된다.

그런데 이것이 정확히 1세기 그리스도인들이 예배한 방식이다. 하지만, 그것은 현대 제도권 교회에서는 보기 드문 경험이다. 긍정적인 것은 그것이 가능하고 교회 모임에서 노래를 통해 그리스도의 머리 되심을 경험하고자 하는 모든 사람에게 열려 있다는 사실이다. 그런 교회들에서 노래하는 것은 개인적이거나 주관적이지 않고, 전적으로 공동체적이다.828)

"우리가 바벨론의 여러 강변 거기에 앉아서 시온을 기억하며 울었도다 그 중의 버드나무에 우리가 우리의 수금을 걸었나니 이는 우리를 사로잡은 자가 거기서 우리에게 노래를 청하며 우리를 황폐하게 한 자가 기쁨을 청하고 자기들을 위하여 시온의 노래 중 하나를 노래하라 함이로다 우리가 이방 땅에서 어찌 여호와의 노래를 부를까"…"여호와께서 시온의 포로를 돌려보내실 때에 우리는 꿈 꾸는 것 같았도다 그때에 우리 입에는 웃음이 가득하고 우리 혀에는 찬양이 찼었도다 그때에 뭇 나라 가운데서 말하기를 여호와께서 그들을 위하여 큰일을 행하셨다 하였도다."시137:1-4; 126:1-2

심층 탐구

1. 당신들은 교회 성가대의 "이교적인 뿌리"를 드러냈다; 하지만 나는 왜 이것이 그 자체로 가치가 없는지를 모르겠다. 나는 음악적 재능이 없지만, 음악을 사랑하고 그것에 재능을 가진 사람들이 예배에서 노래를 통해 나를 인도하려고 준비하는 데에 시간을 내고 수고하는 것을 감사한다. 당신들의 생각은?

우리도 음악적 재능을 갖고 있고 그것을 다른 사람들을 축복하는 데 사용할 수 있는 사람들에게 감사한다. 그렇지만, 모든 교회 모임에서 선곡하는 것을 성가대나 예배 인도팀 같은 선택된 소수(에게 위탁하는 것은 몸의 다른 지체들이 이런 사역에 참여하는 것을 허용하지 않는다. 이것은 성서에 어긋난다. 바울이 "너희가 모일 때에 각각 찬송시도 있으며"고전14:26라고 한 것을 주지해야 한다.

2. 현재 우리 교회의 목사와 예배 인도팀 리더는 주일 아침 메시지에 걸맞은 음악을 선택한다. 그들이 택한 노래 전부가 다 나에게 "들어맞는" 것은 아니겠지만, 나는 이것이 모임에 참석한 모두가 선곡하고 인도를 하는 것과 뭐가 다른지를 모르겠다.

만일 어떤 기독교 그룹이 그리스도의 머리 되심 아래 자유자재로 노래를 선택하고 인도하는 것을 본 적이 없다면, 이것이 어떤 모습일지를 파악하기 어려울 것이다. 선택된 사람들의 그룹만 선곡하는 것과 모든 성도가 노래의 시작에 참여하는 것 사이에 하늘과 땅만큼의 차이가 있다는 것만은 말해두자. 그것은 한 사람또는 작은 그룹을 수동적으로 따르는 것과 모두가 함께 자유롭게 능동적으로 참여하는 것 사이의 차이이다.

3. 구약시대에는대상23:5, 30, 25:1-31, 대하7:6 하나님께서 일반 예배를 인도하고 시편의 많은 시(예를 들면, 아삽과 고라의 자손들의 것들)를 읊은 레위 족속 중에서 '전문적인' 예배 인도자들을 세우셨다. 당신들은 이것이 정당한 음악 사역의 성서적 근거를 제공한다고 생각하는가? 그렇다면, 왜 그렇고, 아니라면 왜 아닌가?

우리는 이 본문들이 우리의 주장을 실질적으로 지지한다고 믿는다. 구약의 제사장 제도는 선택된 그룹인 레위 지파에게 한정되어 있었다. 새 언약에서는, 그 선택된 제사장제도는 효력을 상실하고 모든 그리스도인이 하나님 앞에 제사장으로 세워졌다. 우리는 레위 제사장 제도에 속한 일부가 아니다: 우리는 멜기세덱의 반차를 따르는 제사장이다. 히5-7장 그리스도가 우리의 대제사장이시고 모든 믿는 자가 주님 앞에서 제사장이다. 벧전2:5, 9; 계1:6 그러므로 우리 생각에 이 본문들은 모든 그리스도인이 그리스도의 머리 되심 아래 "예배 인도"에 참여할 권리를 가졌음을 보여주고 있다.

4. 당신들은 그리스도인이 교회 모임에서 독창을 하는 것이나 밴드가 노래를 연주하면서 교인들을 예배 분위기의 노래로 인도하는 것이 틀렸다고 생각하는가?

전혀 그렇지 않다. 우리가 주장하는 것은 간단하다: 만일 이것들이 모든 신자에게 주어진, 주님께 드리는 찬양과 경배를 인도하고 참여하는 사역을 가로막고, 무효로 하고, 완전히 대체한다면, 우리가 하나님께서 교회에 제정하신 사역을 짓눌러버릴 가능성에 대해 깊이 생각해야 한다.

8장 · 십일조와 성직자 사례비:
상처투성이의 지갑

"우리는 수많은 사람처럼 하나님의 말씀을 혼잡하게 하지 아니하고."
– 다소 사람 바울, 고린도후서 2:17에서

"시저에서 비천한 노예에 이르기까지 제국 인구의 다수를 껴안고 제국의 모든 제도 속에 살고 있던 교회는 이 세상과 이교에서 이질적 성분의 막대한 부착물을 그 품 안으로 받아들였다… 고대 그리스와 로마가 영원히 멸망했는데도, 그리스와 로마 이교사상의 정신은 사라지지 않았다. 그것은 오늘날 그 어느 때 못지않게 하나님의 영으로 중생할 필요가 있는 자연인의 마음속에 여전히 살아 있다. 그것은 또한 그리스도교의 순수한 영이 시작 때부터 본능적으로 항거했고 또 항거할 남아 있는 천하고 개선된 우상숭배의 모든 것이 물 뿐만 아니라 복음의 영과 불에 의해, 속과 겉이 정복되고, 침례세례를 받고, 깨끗해질 때까지 그리스와 로마 교회들의 많은 우상숭배와 미신적 관습 속에도 살아 있다."

– 필립 샤프 Philip Schaff, 19세기 교회사 학자

66사람이 어찌 하나님의 것을 도둑질하겠느냐 그러나 너희는 나의 것을 도둑질하고도 말하기를 우리가 어떻게 주의 것을 도둑질하였나 이까 하는도다 이는 곧 십일조와 봉헌물이라 너희 곧 온 나라가 나의 것을 도둑질하였으므로 너희가 저주를 받았느니라 만군의 여호와가 이르노라 너희의 온전한 십일조를 창고에 들여 내 집에 양식이 있게 하고 그것으로 나를 시험하여 내가 하늘 문을 열고 너희에게 복을 쌓을 곳이 없도록 붓지 아니하나 보라."말3:8-10

이 본문은 많은 기독교 지도자가 선호하는 성서구절인 것 같다. 특별히 헌금이 잘 들어오지 않을 때는 더욱 그러하다. 당신이 현대 교회에 좀 다닌 사람이

라면, 이 본문을 강단에서 봉독하는 것을 여러 차례 들었을 것이다. 이 구절을 사용해서 그럴 듯하게 말하는 것을 들어 보라:

"하나님께서 십일조를 충성스럽게 바치라고 여러분에게 명하셨습니다. 여러분이 십일조를 하지 않는다면, 당신은 전능하신 하나님에게서 도적질하는 것입니다. 그리고 당신은 자신을 저주 아래 놓이게 하는 것입니다."

"하나님의 일이 계속되려면 여러분의 십일조와 헌금이 꼭 필요합니다!"(물론 "하나님의 일"이란 교역자 사례비와 교회 건물이 제대로 돌아가게 하기 위한 전기 사용료 같은 것을 의미한다.)

이런 부류의 압력이 가져온 결과가 무엇인가? 하나님의 사람들이 매주 소득의 십 분지 일을 바치도록 설득된다. 그렇게 할 때 그들은 하나님을 기쁘시게 했다고 생각한다. 그리고 그들은 하나님께서 그들에게 물질적인 복으로 채워 주시기를 기대한다. 그들이 바치지 못했을 때는 하나님께 불순종했다고 생각하고 물질적 저주가 그들에게 임할 것에 대해 두려워한다.

그러나 몇 발자국 뒤로 가서 예리하게 질문을 던져보자: "성서가 우리에게 십일조를 바치라고 가르치는가? 그리고… 우리에게 목사와 다른 교역자들의 생활을 책임져야 하는 영적인 의무가 있는가?"

이 두 가지 질문에 대한 대답이 당신에게 충격을 안겨 줄지도 모른다.

십일조가 성서적인가?

십일조는 성서에 분명히 등장한다. 그래서 대답은 그렇다. 십일조가 성서적이라는 것이다. 그러나 그것이 크리스천적인 것은 아니다. 십일조는 고대 이스라엘에 속했었다. 그것은 본질적으로 그들의 세금이었다. 당신은 1세기 그리스도인들이 십일조 했다는 것을 신약성서에서 결코 찾지 못할 것이다.

성서가 십일조에 관해 무엇을 가르치는지 수없이 많은 그리스도인이 아무런 개념조차 없다. 그래서 그것을 살펴볼 필요가 있다. 십일조tithe라는 말은 단순히 십 분의 일이라는 뜻이다.829) 하나님께서는 이스라엘의 세금제도로서 세 종류의 십일조를 제정하셨다. 그것들은:

- 가나안 땅을 상속받지 못한 레위 사람들을 위해 땅의 소산 중에서 바치는 십일조.830)
- 예루살렘에서 열리는 절기 행사를 위해 땅의 소산 중에서 바치는 십일조. 만일 소산을 예루살렘으로 나르는 것이 가족에게 너무 부담이 된다면, 그것을 돈으로 바꿀 수 있었다.831)
- 고을의 레위인들, 고아들, 나그네들, 그리고 과부들을 위해 땅의 소산 중에서 모아 두었다가 3년에 한 번씩 바치는 십일조.832)

이것이 성서적인 십일조였다. 하나님께서 이스라엘로 하여금 매년 소득의 23.3퍼센트를 바치라고 하셨지, 10퍼센트가 아니었다.833) 이 십일조들은 땅의 소산 중에서 드렸다─즉, 땅에서 나온 씨, 땅에서 나온 열매, 그리고 가축을 드렸다. 그것은 돈이 아니라 땅의 소산이었다.

이스라엘의 십일조 제도와 오늘날의 미국 세금제도를 비교하면 아주 유사한 점이 많을 것이다. 이스라엘은 매년 바치는 그들의 십일조로 그들의 국가 관리들제사장, 국경일들절기, 그리고 가난한 사람들나그네, 과부, 고아을 지원할 의무가 있었다. 현대 세금제도도 비슷한 목적이 있다.

예수님의 죽음과 함께, 유대인들에게 속했던 모든 의식에 관한 규례가 그리스도의 십자가에 못 박히고 장사 되었고, 결코 다시는 우리를 심판하는 데 사용될 수 없게 되었다. 이런 이유에 의해서 우리는 신약성서에서 기독교 십일조라는 것을 전혀 볼 수 없게 되었다. 그들이 죄를 덮으려고 더는 염소와 황소를 제사로 바치는 것을 우리가 볼 수 없는 것처럼 말이다.

사도 바울은 다음과 같이 말했다: "또 범죄와 육체의 무할례로 죽었던 너희를 하나님이 그와 함께 살리시고 우리의 모든 죄를 사하시고 우리를 거스르고 불리하게 하는 법조문으로 쓴 증서를 지우시고 제하여 버리사 십자가에 못 박으시고…그러므로 먹고 마시는 것과 절기나 초하루나 안식일을 이유로 누구든지 너희를 비판하지 못하게 하라 이것들은 장래 일의 그림자이나 몸은 그리스도의 것이니라."834)

십일조는 율법 아래 있었던 이스라엘에만 국한된 것이었다. 물질을 맡은 청지기로서는, 1세기 성도들이 그들의 능력에 따라 기꺼이 드린 것을 우리가 성서에서 볼 수 있다―명령에 의한 의무로서가 아니고.835) 초대 교회의 헌금은 자발적이었다.836) 그리고 헌금으로 도움을 받은 사람들은 가난한 자, 고아, 과부, 병자, 옥에 갇힌 자, 나그네였다.837)

금방 다음과 같은 반론을 제기하는 사람이 있을 것이다: "그러나 아브라함은 어떤가? 그는 율법시대 전에 살았던 사람이다. 그리고 우리는 그가 대제사장 멜기세덱에게 십일조를 바친 것을 알고 있다.창14:17-20 이것이 십일조가 모세의 율법에 속한 일부분이라는 당신의 주장을 뒤집지 않는가?"

아니, 그렇지 않다. 첫째, 아브라함의 십일조는 철저하게 자발적이었다. 강요받은 적이 없었다. 하나님께서 이스라엘에 십일조를 명하신 것처럼 그에게 명하시지 않았다.

둘째, 아브라함은 그가 싸웠던 특정한 전투에서 얻은 노획물 중에서 십일조를 했다. 그는 자기 정기적인 소득이나 재산에서 십일조를 하지 않았다. 아브라함의 십일조는 당신이 복권에 당첨되었다든지, 잭팟을 터뜨렸다든지, 아니면 직장에서 보너스를 받아서 십일조 하는 것과 비슷하다 하겠다.

셋째, 그리고 가장 중요한 것은, 이것이 아브라함이 지상에서 175년을 살면서 십일조를 바쳤던 유일한 기록이다. 우리는 그가 또다시 그런 십일조를 드렸다는 증거를 찾아볼 수 없다. 결과적으로 당신이 만약 아브라함의 경우에 "본문을 증빙자료로 사용하기"를 적용해서 그리스도인들이 십일조를 해야 한다고 주장한다면, 당신이 십일조를 해야 할 의무는 딱 한 번뿐이다![838]

이제 종종 인용되는 말라기 3장을 살펴볼 때가 되었다. 하나님께서는 거기서 무엇을 말씀하고 계신가? 우선 이 본문은 모세의 율법 아래 있던 고대 이스라엘을 향해 하신 말씀이다. 하나님의 백성이 그들의 십일조와 헌물 드리기를 거부했다. 미국 국민 상당수가 세금 내기를 거부할 때 무슨 일이 벌어질지를 상상해 보라. 미국법은 이것을 도적질로 간주할 것이다.[839] 죄가 밝혀진 사람들은 정부에서 도적질한 죄로 심판을 받게 될 것이다.

이와 마찬가지로, 이스라엘 백성이 바쳐야 할 세금십일조을 거부했을 때, 그들은 하나님에게서 도적질한 것이다–십일조 제도를 제정하신 바로 그분에게서. 그래서 하나님께서 자신의 백성에게 십일조를 가져와 창고에 채우라고 명령하신 것이다. 창고는 성전에 속한 방들에 있었다. 그 방들은 레위 사람들, 가난한 사람들, 나그네와 과부들을 위한 십일조돈이 아닌 땅의 소산를 저장해 두려고 따로 정해 놓은 곳이었다.[840]

말라기 3:8-10의 문맥을 잘 살펴보라. 5절에서 하나님은 과부와 고아를 압제하고 나그네를 억울하게 하는 사람들을 심판하시겠다고 하시며 다음과 같이 말씀하셨다: "내가 심판하러 너희에게 임할 것이라 점치는 자에게와 간음하는 자에게와 거짓 맹세하는 자에게와 품꾼의 삯에 대하여 억울하게 하며 과부와 고아를 압제하며 나그네를 억울하게 하며 나를 경외하지 아니하는 자들에게 속히 증언하리라."

과부와 고아와 나그네가 십일조를 받기에 합당한 사람들이었다. 이스라엘 백성이 그들의 십일조를 움켜쥐고 바치지 않았기 때문에, 그들은 이 세 부류의 사람들을 압제하고 억울하게 한 죄를 범했던 것이다. 여기 말라기 3:8-10에 하나님의 마음이 깃들어 있다: 하나님은 가난한 사람들을 압제하는 것을 적대시하신다.

설교자들이 말라기 3장을 가지고 열변을 토할 때, 당신은 그들이 이것에 초점을 맞추어 말하는 것을 몇 번이나 들어 보았는가? 필자가 수도 없이 들은 십일조에 관한 설교 중에, 이 구절이 참으로 말하고자 하는 내용을 이야기하는 것은 한 번도 들은 적이 없다. 즉, 십일조는 과부, 고아, 나그네, 레위인들아무것도 소유한 것이 없는 사람들을 위한 목적으로 바쳐졌다.

십일조의 기원과 성직자 사례비

신약성서는 신자들이 자신의 능력에 따라 헌금하기를 권고하고 있다. 초대교회의 그리스도인들은 다른 사람들을 도우려고, 또 사도적 일꾼들의 여행 경비와 교회 개척을 지원하기 위해 헌금했다.841) 초대교회에서 가장 훌륭한 간증 중 하나는 그리스도인들이 가난한 자들과 약한 자들에게 얼마나 관대했었는가에 관한 것이었다.842) 이것이 외부 사람들의 관심을 불러 일으켰다. 그 중 초대교회의 대단한 흡인력을 지켜본 철학자 갈레노스Galen는 다음과 같이 말했다: "보라, 그들이 얼마나 서로 사랑하는가를."843)

3세기에, 카르타고의 시프리안은 성직자를 재정적으로 지원하는 관습에 관해 최초로 언급한 기독교인 저자였다. 그는 레위인들이 십일조에 의해 지원받았던 것처럼 기독교인 성직자도 십일조에 의해 생활비를 지원받아야 한다고 주장했다.844) 그러나 이것은 잘못된 생각이다. 오늘날 레위 제사제도는 철폐되었고, 우리는 모두 다 제사장이 되었다. 따라서 만일 제사장의 십일조가 요구된다면, 모든 그리스도인이 서로에게 십일조를 해야만 할 것이다!

시프리안의 주장은 그 당시에 아주 보기 드문 주장이었다. 한참 후에 가서야 그것이 그리스도인 다수에 의해 받아들여지고 반향을 일으켰다.845) 시프리안 이외에는 콘스탄틴 이전의 다른 어떤 기독교인 저자도 십일조를 옹호하기 위해 구약성서를 인용한 적이 없다.846) 그리스도 이후 300년이 지난 4세기에 가서야, 몇몇 기독교 지도자가 성직자를 지원하기 위한 기독교의 관습으로 십일조를 옹호하기 시작했다.847) 그러나 그것은 8세기까지는 그리스도인들 사이에 널리 퍼지지 않았었다.848) 어떤 학자에 의하면 "처음 700년 동안엔 십일조가 거의 언급된 적이 없다."849)

기독교 십일조의 역사를 추적하는 것은 아주 흥미로운 일이다.850) 십일조는 국가에서 시작해서 교회로 퍼져갔다. 여기에 그 역사를 소개한다. 7세기와 8세기에, 땅을 임대하는 것은 유럽 경제의 익숙한 특징이었다. 십일조, 또는 십 분의 일의 관습은 땅의 소유주들에게 바치는 임대료를 계산하는 데 흔히 사용되었다. 유럽 전체에 교회들이 점점 더 많은 땅을 소유하게 되자, 10퍼센트의 임대료를 바치는 것이 땅의 세속적인 소유주들에게서 교회로 옮겨갔다. 교회의 지도자들이 땅의 소유주가 된 것이다. 그리고 십일조는 교회에 바치는 세금이 되었다. 이것이 10퍼센트 임대에 새로운 의미를 부여했다. 그것이 구약의 율법에 창조적으로 적용되어 레위인들을 위한 십일조와 동일시되었던 것이다!851) 결과적으로, 제도화된 기독교 십일조는 구약의 관습과 중세 유럽의 일반적인 토지 임대 제도 사이에서 형성된 혼합물에 기초한 것이다.852)

8세기에 가서 십일조는 서유럽의 여러 곳에서 법으로 제정되었다.853) 그러나 10세기 말에 가서는 토지 임대료로서의 십일조는 자취를 감추었다. 그렇지만, 십일조는 그대로 유지되어 구약의 지지를 받는 도덕적 요구 사항으로 여겨지게 되었다. 십일조는 기독교 유럽 전체에서 법적으로 의무화된 종교 관습으

로 발전했다.854)

　다르게 표현하자면, 8세기 이전에는 십일조가 자발적인 헌금으로 행해졌었다.855) 그러나 10세기 말에 가서는 그것이 국가 교회의 재정을 지원하려는 법적 의무로 귀속되었다—성직자들이 요구했고 세속 관리들이 그것을 집행했다!856)

　오늘날 십일조는 어떤 나라에서도 더는 법적 의무가 아니다.857) 하지만 십일조의 의무적인 관습은 법적으로 묶어 놓았을 때 못지않게 오늘날에도 팔팔하게 살아 있다. 물론 당신이 십일조를 바치지 않았다 해서 육체적인 벌을 받지는 않을 것이다. 그러나 여러 곳에서 당신이 죄를 짓고 있다는 말을 듣든지 아니면 죄를 짓고 있다는 느낌이 들게 할 것이다.

　실제로 어떤 교회들에서는, 십일조를 하지 않으면 봉사의 기회를 박탈한다. 나의 친구 중 하나는 잘 알려진 교회에서 장로직의 물망에 올랐었지만, 그가 무명으로 헌금해야 한다고 믿었기 때문에그는 수표를 사용하지 않았음 장로가 되지 못했다. 그 이유는, 십일조에 의해 하나님께 순종하는 사람과 그렇지 않은 사람을 교회가 알아야 하기 때문이라는 것이다. 이것은 그 특정한 교단의 일괄적인 방침이었다. 오직 십일조 교인만이 장로가 될 수 있었다.

　성직자의 사례비에 관해 논하자면, 처음 3세기 동안에 사역자들은 무보수였다. 그러나 콘스탄틴이 등장하면서 그가 교회 재정과 지방 금고 및 제국의 국고에서 성직자들에게 고정적인 봉급을 지급하는 제도를 제정했다.858) 따라서 신약성서에 뿌리를 두지 않은 해로운 관습인 성직자의 봉급이 탄생하였다.859)

　믿는 사람들이 주님의 일에 재정적으로 지원하는 것과 가난한 사람들에게 아낌없이 주는 것이 필수적이라는 데는 의심할 여지가 없다. 성서가 이 둘을 명령하고 있고, 하나님나라가 이 둘을 절실하게 필요로 하고 있다. 이 장에서 유심히 살펴봐야 할 이슈는 기독교의 '법'으로서의 십일조의 적합성과 그것이 주로 어떻게 사용되는가이다: 성직자 사례비, 운영자금, 그리고 교회 건물에 들어가는 경비.

가난한 사람들에 대한 부담

만일 믿는 사람이 자기 자신의 결정 또는 확신에 의해 십일조 하기를 원한다면, 그것은 괜찮다. 그러나 십일조가 모든 신자를 묶어 버리는 하나님의 명령으로 나타난다면 그건 문제가 된다.

구약의 제도 아래서 십일조는 가난한 사람들에게 좋은 소식이었다. 그렇지만, 오늘날엔 의무적인 십일조는 가난한 사람들을 압제하는 것이나 마찬가지이다.860) 감당할 수 없는 헌금을 해야 할 부담감 때문에 더 심한 가난에 허덕이는 그리스도인들이 적지 않다. 그들이 십일조를 하지 않으면 하나님의 것을 도적질하는 것이고 하나님의 명령을 어기는 것이라고 들었기 때문이다.861) 그럴 경우, 복음이 더는 "가난한 자들을 향한 좋은 소식"이 아니다.862) 오히려 그것은 무거운 부담이 되어버렸다. 자유가 아니라 압박이 되었다. 하나님께서 이스라엘을 위해 제정하신 원래의 십일조는 가난한 사람들에게 상처를 입히는 것이 아니라 유익을 주려는 것임을 우리는 너무 쉽게 잊어버린다!

거꾸로 말하면, 현대의 십일조는 부유한 사람들에게 좋은 소식이다. 수입이 많은 사람에게는, 10퍼센트가 얼마 안 되는 분량이다. 그러므로 십일조는 부자들의 생활방식에 큰 충격을 주지 못함으로 그들의 양심을 마비시킨다. 적지 않은 부유한 그리스도인들이 수입의 10퍼센트를 헌금 바구니에 넣고서 "하나님께 순종했다"고 생각하며 자신을 속이고 있다.

그러나 하나님께서는 헌금에 대해 아주 다른 견해를 갖고 계시다. 가난한 과부의 두 렙돈 이야기를 상기해 보라: "예수께서 눈을 들어 부자들이 헌금함에 헌금 넣는 것을 보시고 또 어떤 가난한 과부가 두 렙돈 넣는 것을 보시고 이르시되 내가 참으로 너희에게 말하노니 이 가난한 과부가 다른 모든 사람보다 많이 넣었도다 저들은 그 풍족한 중에서 헌금을 넣었거니와 이 과부는 그 가난한 중에서 자기가 가진 생활비 전부를 넣었느니라 하시니라."눅21:1-4

애석하게도 십일조는 종종 제자도의 리트머스 테스트로 간주된다. 당신이 진정한 그리스도인이라면, 십일조를 할 것이다.이런 식으로 생각한다 그러나 이것은 엉터리로 적용한 것이다. 십일조는 그리스도인의 헌신도를 말해주는 증거가 아니다. 만약 그렇다면, 남아 있는 모든 증거를 종합해 볼 때 바울이 세운 1세기 교회의 그리스도인들은 십일조를 하지 않았기 때문에 헌신 되지 않은 사람들로 비난받아야 마땅하다!863)

오늘날 교회에서 십일조를 하라고 끊임없이 압력을 가하는 배후에 좀처럼 사라지지 않는 근원 중 하나는 성직자 사례비이다. 적지 않은 목사들이 그들의 생활비와 목회 활동비와 프로그램을 지원할 의무가 회중에게 있음을 상기시키려면 십일조에 관한 설교를 해야 한다고 생각한다. 유감스럽게도, 십일조가 계속 굴러 들어오는 것을 확실하게 하기 위한 자극제로 물질적 축복의 약속이나 물질적 저주에 대한 두려움이 너무나도 자주 사용된다.

이렇게 함으로써 오늘날의 십일조는 때때로 기독교 증권 투자에 버금갈 정도로 제시된다. 십일조를 내면 하나님께서 더 많은 돈으로 돌려주실 것이요, 십일조를 거부하면 하나님께서 심판하실 것이다. 그런 생각은 좋은 소식인 복음의 심장부를 갈기갈기 찢어 버린다.

성직자의 사례비도 마찬가지이다. 그것도 신약성서의 근거가 희박하다. 사실 성직자 사례비는 새 언약 전체의 기본 성질에 어긋난다.864) 1세기의 장로들 목자들은 봉급을 받은 적이 없다.865) 그들은 자신의 직업을 가진 사람들이었다.866) 그들은 양떼들에서 취하는 대신 오히려 그들에게 주면서 살았다. 바울은 장로들의 그룹을 향해 다음과 같이 진지하게 말했다: "내가 아무의 은이나 금이나 의복을 탐하지 아니하였고 여러분이 아는 바와 같이 이 손으로 나와 내 동행들이 쓰는 것을 충당하여 범사에 여러분에게 모본을 보여준 바와 같이 수고하여 약한 사람들을 돕고 또 주 예수께서 친히 말씀하신 바 주는 것이 받는 것보다 복이 있다 하심을 기억하여야 할지니라."행20:33-35

목사들에게 봉급을 주는 것은 그들을 다른 하나님의 사람들 위에 올려놓는 것이다. 그것은 살아 있는 그리스도의 몸을 비즈니스로 둔갑시키는 성직자 계급을 만든다. 목사와 다른 교역자들이 보상을 받고 사역하기 때문에, 그들은 봉급을 받는 전문 직업인이다. 교회의 나머지 사람들은 수동적으로 의지하는 상태에 빠지게 된다.

만일 그리스도인 모두가 주님의 집에서 역할을 수행하는 제사장으로 부르심을 받은 것을 확실히 안다면, 그리고 그들이 그 부르심에 따라 실지로 직무를 수행하는 것이 허용된다면, 즉시 질문 하나가 떠오르게 될 것이다: "우리가 목사에게 봉급을 줘야 하는 이유가 도대체 뭘까!?"

그러나 수동적인 제사장 제도가 존재하므로 그런 질문은 절대 생기지 않는다.867) 이와는 대조적으로, 교회가 제대로 기능을 발휘한다면, 전문적인 성직자는 필요치 않게 될 것이다. 즉시, 이것은 목사가 해야 하는 일이다라는 생각이 이단으로 여겨지게 될 것이다. 간단히 말하자면, 전문적인 성직자들이 하나님의 말씀은 오직 자격증 가진 전문가만 다룰 수 있는 구별된 위험한 문서라는 착각을 일으키도록 조장한다.868)

그러나 이게 전부가 아니다. 목사에게 봉급을 주는 것은 그로 하여금 사람을 기쁘게 하도록 힘을 실어준다. 그것이 목사를 사람의 종이 되게 한다. 그가 먹고사는 것이 교인들이 그를 얼마나 좋아하느냐에 달렸다. 따라서 그는 든든한 십일조 교인들을 놓칠지도 모른다는 두려움 때문에 자유롭게 말할 수가 없다. 많은 목사가 이것을 우리에게 고백했다.

유급 목사제도의 또 하나의 위험성은, 자신에게 직장을 구할 수 있는 기술이 모자란다고 믿기 때문에 목사제도 안에 "갇혀 있다"고 느끼는 성직자들을 그것이 만들어낸다는 데 있다.869) 나프랭크는 사역을 그만두어야 한다는 부담을 느끼는 많은 목사를 개인적으로 알고 있다. 그들의 학업과 훈련은 전부 다 성서를 공부하고 설교하는 것에 집중되었었다. 이런 기술이 주목할 만한 것이긴 하지만 세속 직장을 얻기엔 제한적일 수밖에 없다. 그들의 당면한 주요 장애물은 가족을 부양할 수 있는 새로운 경력을 쌓는 일이다. 전직 목사였던 내 친구 중 하나는 목사들이 성직 제도를 떠나고 어떻게 직장을 구할 수 있는지, 그리고 어떻게 새로운 경력을 쌓을 수 있는지에 관한 소책자를 써냈다. 그의 아이디어는 이론에 기초한 것이 아니다. 내 친구와 그와 비슷한 처지에 있는 사람들은 그것들을 구체적으로 경험했다.

그것은 그렇더라도, 많은 현대 목사는 그들의 직책이 성서적으로 지지받을 수 없다는 것을 인정하기가 몹시 어렵다. 그 이유는 단순한데, 그들이 그 직책을 경제적으로 의지하고 있기 때문이다. 언젠가 업톤 싱클레어Upton Sinclair는 이렇게 말했다: "사람의 봉급이 그가 이해하지 못하는 어떤 것을 의지할 때 그것을 그에게 이해시키는 것은 힘들다."

전직 목사인 나프랭크의 여러 친구는 그들과 그들의 가족에게 심히 상처를 입힌 제도권 종교에 속했었다고 시인했다.870) 유감스러운 것은, 우리 대부분은 제도권 종교의 압도적인 힘에 대해 너무나도 순진하게 생각한다. 그것은 자체적으로 씹어서 내뱉는 데 지칠 줄 모르는 정체불명의 제도이다.871)

봉사위원들과 헌금 접시

이런 문제들이 있음에도, 십일조와 헌금을 거둬가는 것이 오늘날 거의 모든 교회 예배의 일부분이다. 봉사위원들이 헌금 접시를 돌리는 관습은 어떻게 형성되었을까? 이것도 사도 시대 이후에 고안된 것이다. 그전에도 구제헌금을 위한 접시나 헌금함이 비치되어 있었지만, 그것은 1662년에 시작되었다.[872]

봉사위원 제도는 영국 여왕 엘리자베스 1세1533-1603가 영국 국교회의 의식을 재조정하면서 시작되었다. 봉사위원들의 임무는 사람들을 자기 자리로 안내하고엉뚱한 사람들이 지정석을 차지하는 것을 방지하기 위해서, 헌금을 거둬가고, 누가 성찬식에 참여했는지를 기록하는 것이었다. 봉사위원의 전신은 교회 "관리인"porter, 즉 3세기 때까지 거슬러 올라가 추적되는 하급 사역자일종의 낮은 계급 성직자였다.[873] 관리인들은 교회당의 문들을 잠그고 여는 것, 건물의 제반 관리, 그리고 집사들에게 일반적인 지시사항을 전달하는 일을 했다.[874] 관리인은 종교개혁 시대를 전후로 영국에서 "교회 관리장"churchwarden으로 대체되었고,[875] 나중에 봉사위원으로 대체되었다.

결론

우리가 살펴본 바와 같이, 십일조가 성서적이긴 하지만 기독교적인 것은 아니다. 예수 그리스도께서는 십일조를 제자들에게 가르치시지 않았다.[876] 1세기 그리스도인들은 십일조를 실시하지 않았다. 그리고 그 후 300년 동안도 그리스도를 따르는 사람들은 십일조를 행하지 않았다. 그리스도인들이 처음부터 아낌없이 헌금하긴 했지만,종종 그들이 가진 것의 10퍼센트 그 이상 십일조가 8세기까지는 그리스도인들 사이에 널리 시행된 관습이 아니었다.

십일조는 신약성서에 단 네 번 밖에는 언급되어 있지 않다. 그러나 단 한 군데도 그리스도인들에게 적용되지는 않는다.[877] 십일조는 가난한 자를 구제하고 하나님을 섬기도록 구별된 특별한 제사장들을 지원하는 세금제도가 필요했던 구약시대에 속한 것이다. 예수 그리스도의 오심과 함께, '율법의 변화'가 생겼다. 옛것은 "따로 젖혀두고" 새것에 의해 폐기된 바 되었다.히7:12-18; 8:13

우리는 지금 모두 다 제사장이다. 하나님의 집에서 자유롭게 제 기능을 발휘하는. 율법, 옛날 제사장 제도, 그리고 십일조는 전부 다 십자가에서 못 박혔다. 이제 하나님과 사람 사이를 가로막고 있던 성전의 휘장, 성전 세금, 그리고 특별한 제사장 제도는 없다. 당신은 십일조의 굴레와 비성서적인 성직제도를 지원할 의무에서 해방되었다. 당신도 1세기의 마게도냐 그리스도인들처럼, 죄책감이나 종교적 의무나 조작 없이 자원하는 심령으로… 도움이 필요한 사람들에게 따뜻한 손길을 내밀기를 바란다.고후8:1-4; 9:6-7

심층 탐구

1. 당신들은 많은 목사가 단지 사례비를 확실히 받아내려하거나, 프로그램에 필요한 재정을 충당하기 위해 십일조 할 것을 교인들에게 촉구한다고 가정하는 것 같다. 예수님과 사도 바울이 그것을 권고했기 때문에 목사들이 헌금을 촉구한다고는 생각지 않는가? 교회가 헌금에 대해 어떤 태도를 보여야 하는지를 더 상세하게 설명해줄 수 있는가?

   실은 둘 다 옳다. 많은 목사가 고백하기를 자신의 봉급의 영향이 크다고 했다. 아울러 우리는 다른 동기를 가진 목사들이 있음도 알고 있다. 당신의 다른 질문에 대해서는, 십일조 하기를 원하는 그리스도인들은 자유롭게 하면 된다. 그리고 만일 그들이 십일조 하기를 원치 않는다면 자유롭게 하지 않으면 된다. 바울은 헌금에 관한 바람직한 자세를 다음과 같이 제시했다: "각각 그 마음에 정한 대로 할 것이요 인색함으로나 억지로 하지 말지니 하나님은 즐겨 내는 자를 사랑하시느니라"고후 9:7

2. 딤전 5:17에는 "잘 다스리는 장로들은 배나 존경할 자로 알되 말씀과 가르침에 수고하는 이들에게는 더욱 그리할 것이니라"라고 되어 있다. 이것이 목사들에게 사례비를 주라는 개념을 지지하지 않는가? 만일 아니라면, 이 본문이 뜻하는 바는 무엇이라고 생각하는가?

먼저, 이 본문은 장로들에 관한 것이지 현대 목사의 직책을 두고 한 말이 아니다. 그리스 원어에는, 하나님의 사람들을 잘 돌보는 장로들은 갑절이나 존경할 가치가 있음을 말하고 있다. NAS, KJV, NIV 전부 다 이 말이 "두 배로 존경"double honor이라는 단어로 번역되어 있다.

18절에서 바울은 자신의 주장을 뒷받침하고자 구약성서를 인용하고 있다. 곡식을 밟아 떠는 소에게 여물을 주고, 일꾼에게 삯을 주는 것이 마땅하듯이 하나님의 사람들을 잘 돌보는 장로들을 더 크게 존경하는 것이 마땅하다는 것이다.

그렇다면, 중요한 질문이 생긴다. "두 배로 존경"이란 무슨 뜻인가? 그것이 성직자의 봉급이나 사례비인가, 아니면 단순히 더 크게 존경한다는 뜻인가?

첫째, 신약성서에서 봉급pay 또는 급료wages에 사용되는 특정한 그리스 단어들은 이 본문에는 사용되지 않았다. 오히려, 이 본문에 나오는 "존경"honor의 그리스 단어는 누구 또는 어떤 것을 존경하거나 그것에 가치를 부여한다는 뜻이다. 똑같은 단어가 디모데전서에 네 번 사용되었다. 네 경우 다 그것은 존경한다는 뜻이다.

둘째, 모든 그리스도인은 서로 존경하라고 권함을 받았다.롬12:10 이것을 모든 신자가 상호 간에 돈을 주고받는 뜻으로 받아들이면 곤란할 것이다. 다시 강조하지만, 잘 섬기는 그 장로들이 더 존경을 많이더 큰 존경 받아야 마땅하다.

셋째, 바울이 말하려는 것이 존경이었다는 사실은 19절을 보면 알 수 있다. 바울은 더 나아가서 두세 증인이 없으면 장로에 대한 고발dishonor, 불명예을 받지 말라고 했다.

그렇다 하더라도, 배로 존경한다는 것이 때때로 축복의 상징으로서 자발적인 헌금을 포함할 수도 있을 것이다.갈6:6 그러나 이것이 우선적인 의미는 아니었다. 성서는 우리에게 장로들이 존경받기에 합당한 사람들임을 말하는 것이지, 사례비를 말하는 것이 아니다.

결과적으로, 디모데전서 5장은 사도행전 20:33-35에 기록된 장로들을 향한 바울의 말과 완벽하게 일치한다. 거기서 바울은 에베소 장로들에게 자신이 하나님의 사람들에게서 돈을 취하지 않았고, 오히려 자신이 쓸 것을 스스로 충당했고 말했다. 그리고서 바울은 장로들도 자신이 보여준 모본을 따르라고 했다. 이 본문 하나만 가지고도 고용된 성직자나 월급 받는 목회 사역자의 개념을 반박할 수 있다.

놀라운 것은, 디모데전서 5:17-18과 사도행전 20:33-35이 똑같은 사람들에게 한 말이라는 사실이다. 에베소 장로들. 따라서 여기에 반박의 여지는 없다. 장로들은 지역에 있는 사람들이므로, 그들에겐 이 지역에서 저 지역으로 여행하며 교회들을 개척하는 순회 사도들이 받는 온전한 재정적 지원을 받을 성서적 근거가 없다.고전9:1-18

바울은 순회하는 사도적 일꾼이었다. 그러므로 그는 주님의 사람들에게서 온전한 재정적 지원을 받을 합법적인 권리를 갖고 있었다.고전 9장 그러나 그는 그리스도인들의 그룹과 함께 있으며 사역할 때는 언제나 의도적으로 그 권리를 사용하지 않았다.고전9:14-18; 고후11:7-9; 12:13-18; 살전2:6-9; 살후3:8-9 오늘날 더 많은 사역자가 바울의 발자취를 따른다면 어떤 일이 벌어질지 궁금하다.

디모데전서 5:17-18은 단순히 이것을 말한다: 일하는 소가 여물을 먹을 자격이 있듯이, 일하는 고용인이 급료를 받을 자격이 있듯이, 잘 다스리는 장로들도 갑절로 존경받아야 마땅하다. 바울은 고린도전서 9장에서 이것과 똑같은 비유를 사용한다. 그렇지만, 여기서는 바울이 지역의 장로들이 아닌 사도적 일꾼들을 지칭해서 말하고 있다. 그리고 그가 존경보다는 재정에 관해 말하고 있음을 분명히 밝힌다.

9장 · 침례와 주의 만찬:
희석된 의식들

"때때로 원시 기독교에 속해 있었다고 생각되는 많은 제도와 그 제도의 요소들은 알고 보면 중세에 속한 것들이다."
– 에드윈 해치 Edwin Hatch, 19세기 영국 신학자

"개신교 성직자들은 성서를 교황청 도서관의 흑암에서 구출해서 이 땅의 전 지역으로 널리 퍼뜨렸다. 그들은 성서를 사람의 말로 높일 수 있는 가장 영광스러운 말로 찬양했다. 그들은 가능한 모든 해석을 동원해서 단어와 문장과 표현 하나하나를 공부했고, 언급했고, 설명했고, 아니 고문하기까지 했다. 그 결과, 기독교는 신학과 비평 속에서 질식되었다: 계시 된 진리들은 인간의 상상과 인간의 논리가 고안해낼 수 있는 가장 환상적인 형태들로 이끌려지고, 회전되고, 비틀어졌다. 로마 교회의 모든 복잡한 장치에 버금가는 기술적인 신성의 제도가 확립되었다."
– 스티븐 콜웰 Stephen Colwell, 19세기 *New Themes for the Protestant Clergy*의 저자

개신교의 두 가지 의식인 침례세례와 주의 만찬에 관해서는 헤아릴 수 없이 많은 책이 저술되었다. 그렇지만, 우리가 오늘날 그것들을 실시하는 방법의 기원을 추적한 책은 거의 존재하지 않는다. 이 장에서 우리는 우리가 원래의 물 침례세례와 주의 만찬에서 얼마나 멀리 떨어진 관습을 행하고 있는지를 살펴볼 것이다.

침례세례의 물을 희석시키다.

대부분 복음주의 그리스도인들은 "유아세례"에 반대해서 "믿는 자의 침례세

례"를 믿고 시행한다.878) 마찬가지로 대부분 개신교인─전세계적으로 침수에 의한 침례를 하는 교단이 물을 뿌리는 세례예식을 하는 교단보다 월등하게 많기 때문에─편집자주은 물을 뿌리는 것이 아닌 침수에 의한 침례세례를 믿고 실시한다. 초대교회의 역사뿐 아니라 신약성서는 이 두 가지 견해를 다 인정한다.879)

그렇지만, 대부분 현대 교회들에서는 침례세례와 회심과의 사이에 장시간의 거리를 두는 것이 일반적인 현상이다. 많은 그리스도인이 구원받고 나서 한참 후에 침례세례를 받는다. 이것은 1세기 때는 들어보지도 못한 현상이었다.

초대교회에서는 회심한 사람이 믿는 즉시 침례세례를 받았다.880) 어떤 학자는 침례세례와 회심에 관해 다음과 같이 말했다: "그들은 다 함께 속했다. 회개하고 말씀을 믿은 사람들은 침례세례를 받았다. 우리가 아는 한, 그것은 변함없이 계속된 방식이었다."881) 또 다른 학자는 "교회가 태어나면서, 회심한 사람들은 지체하지 않고, 아니면 조금 후에 침례세례를 받았다"고 했다.882)

1세기에는 물 침례세례가 개인의 믿음을 밖으로 드러내는 고백이었다.883) 그러나 이것 이상으로 물 침례세례는 사람이 주님께 오는 방법이었다. 이런 이유로, 침례세례 받을 때의 고백은 구원받는 믿음을 나타내는 것과 밀접한 관계가 있다. 그래서 신약성서의 저자들은 종종 믿음이라는 말 대신에 침례세례라는 말을 사용했고, 그것을 '구원'과 연결했던 것이다.884) 이것은 침례세례가 초기 그리스도인이 그리스도 안에서의 믿음을 고백하는 시작이었기 때문이다.

오늘날에는 최초의 신앙고백으로서 물 침례세례의 역할을 '죄인의 기도'가 대체했다. 불신자들에게 다음과 같이 말한다: "내가 하는 대로 이 기도를 따라 하십시오. 예수님을 당신의 개인의 구주로 영접하면 당신은 구원받게 될 것입니다." 그러나 신약성서 어디에서도 죄인의 기도에 의해서 주님께 인도된 사람은 찾을 수 없다. 그리고 성서 어디에서도 '개인'의 구주라는 속삭임조차 찾아볼 수 없다.

오히려 1세기 불신자들은 침례세례를 통해 예수 그리스도께 인도되었다. 다른 식으로 표현하자면, 물 침례세례는 1세기식 죄인의 기도였다! 침례세례는 복음을 받아들이는 것을 전제로 했다. 예를 들면, 루디아는 바울이 전한 복음을 들었을 때 믿고 그 즉시 그녀와 그 집이 침례세례를 받았다.행16:14-15 이와 마찬가지로, 바울이 빌립보 감옥 간수와 그 집을 주님께 인도했을 때, 그들은 즉시 침례세례를 받았다.행16:30-33 이것은 신약성서의 방식이었다.아울러 행2:41, 8:12, 35-37을 참조할 것 침례세례는 과거의 삶과 완전히 결별하고 그리스도와 그분의 교회 안으로 온전히 들어오는 삶을 구분 지었다. 침례세례는 믿음의 표현뿐만 아니라 믿음의 행위가 동시에 일어나는 사건이었다.885)

그렇다면, 언제부터 침례세례가 그리스도를 영접하는 것에서 분리되었는가? 그것은 2세기 초반에 시작되었다. 어떤 영향력 있는 그리스도인들이 침례세례를 받기 전에 학습과 기도와 금식하는 기간이 필요하다고 가르쳤다.886) 이런 풍조가 3세기에는 더 악화하여서, 젊은 회심자들은 침례세례 받기 전에 3년을 기다려야 했다!

당신이 그 당시에 침례세례 받을 후보였다면, 당신의 삶은 철저하게 검증되어야 했다.887) 당신의 삶으로 침례세례 받기에 합당한지를 증명해야 했다.888) 침례세례는 유대교와 그리스 문화에서 대거 빌려온, 경직되고 온갖 것을 갖다 붙인 의식이 되어버렸다. 물을 축복하고, 옷을 완전히 벗기고, 신경을 암송하고, 귀신을 내쫓는 기름을 바르고, 침례세례 받은 직후 우유와 꿀을 먹이는 것들이 첨가되었다.889) 침례세례가 믿음보다 행위와 결부된 의식으로 바뀌어버렸다.

침례세례에 수반된 율법주의는 더 깜짝 놀라게 하는 사상으로 인도했다: 오직 침례세례만이 죄를 사해 준다. 만일 누구든지 침례세례 받고 나서 죄를 범하면, 그는 사함을 받을 수 없게 된다. 이런 이유 때문에 4세기에 가서는 침례세례를 연기하는 경우가 아주 흔했다. 침례세례가 죄를 사해 준다고 믿었기 때문에, 최대한의 유익을 얻을 때까지 침례세례를 연기하는 것이 좋다고 생각하는 사람이 많았다.890) 그래서 콘스탄틴 같은 사람은 죽기 일보 직전까지 침례세례 받는 것을 연기했다.891)

죄인의 기도와 개인의 구주

앞에서 언급한 바와 같이, 죄인의 기도가 궁극적으로 성서적인 물 침례세례의 역할을 대체했다. 오늘날 그것이 복음이라고 끈덕지게 졸라대지만, 이 기도는 최근에 고안된 작품일 뿐이다. 무디가 그것을 사용한 최초의 인물이다.

무디는 그와 함께 동역했던 복음 전도자들을 훈련할 때 이 기도의 '모델'을 사용했다.892) 그러나 그것의 사용이 1950년대에 와서 빌리 그레이엄의 전도 소책자인 『하나님과의 평화』*Peace with God*와 그 후 대학생 선교회Campus Crusade for Christ의 사영리Four Spiritual Laws가 등장하기 전까지는 일반화되지 않았었다.893) 그것에 특별히 잘못된 것은 없다. 물론, 하나님께서는 믿음으로 하나님께 나아오는 사람의 진심에서 우러나온 기도에 응답하실 것이다. 그렇지만, 그것이 회심 및 신앙의 시작을 위한 외적 수단으로서의 물 침례세례를 대체해서는 안 된다.

개인의 구주라는 문구도 19세기 미국 부흥운동의 풍조에서 자라나 최근에 고안된 또 하나의 작품이다.894) 정확히 말하면 그것은 1880년대 중반에 시작되었다.895) 그러나 그것은 찰스 풀러Charles Fuller, 1887-1968에 의해 대중적인 용어로 자리 잡게 되었다. 풀러는 1937년부터 1968년까지 놀라울 정도로 인기리에 방송되었던 '옛날식 부흥의 시간' Old Fashioned Revival Hour이라는 그의 라디오 프로그램에서, 이 문구를 글자 그대로 수천 번도 넘게 사용했다. 그의 프로그램은 북미에서 세계 곳곳을 향해 전파를 타고 펴져 나갔다. 그가 세상을 떠날 무렵에, 그 프로그램은 전 세계의 650개가 넘는 라디오 방송국을 통해 방송되고 있었다.[896]

오늘날 개인의 구주라는 문구가 너무나 넓게 퍼져 있어, 그것이 성서적인 것처럼 보인다. 그러나 그런 식으로 사용하는 것이 얼마나 우스운 표현인가를 생각해 보라. 당신은 그런 표현으로 당신의 친구들을 소개한 적이 있는가? "내 '개인의 친구' 스미스를 소개하겠습니다."

예수 그리스도 안에서 당신과 나는 개인의 구주보다 한참 더 위대한 무언가를 얻게 되었다. 우리는 예수 그리스도께서 갖고 계신 그분과 아버지와의 친밀한 관계를 얻게 된 것이다! 신약성서의 가르침에 의하면, 아버지께서 예수 그리스도를 대하시는 것이 곧 예수 그리스도께서 당신과 나를 대하시는 것이다. 우리가 지금 "그리스도 안에" 있기 때문에, 아버지께서 우리를 사랑하셔서 자신의 아들을 대하시듯 우리를 대하신다.[897]

이 관계성은 개인적인 것 못지않게 공동체적이다. 모든 그리스도인은 함께 이 관계성을 공유한다. 이런 점에서, 개인의 구주라는 문구는 아주 개인주의적인 기독교를 강화시킨다. 그러나 신약성서는 "오직 나와 예수님뿐"이라는 기독교 신앙과는 아무런 관련이 없다. 오히려 기독교 신앙은 매우 집합적이다. 그것은 그리스도를 주님과 구주로 함께 아는 신자들이 모인 몸 안에서 살아가는 삶이다.

주의 만찬

주의 만찬과 관련된 복잡한 교리들 때문에, 개신교와 기톨릭 그리스도인들의 손에 의해 피가 강처럼 흘러 넘쳤다.[898] 한 때는 소중하게 살아 있던 주의 만찬이 수세기에 걸쳐 신학적 논쟁의 중심이 되었다. 비극적인 것은 그것이 그리스도의 몸과 피를 표현해주는 극적이고도 구체적인 그림에서 추상적이고 형이상학적인 사상의 연구대상으로 전락해 버렸다는 사실이다.

우리는 이 책에서 주의 만찬을 둘러싼 신학적인 사소한 점들에는 관심을 기울이지 않을 것이다. 그러나 기톨릭은 물론이고 개신교인들은 분명히 1세기에 시행되었던 방식대로 주의 만찬을 거행하지 않는다. 초기 그리스도인들에게는 주의 만찬이 흥겨운 공동 식사모임이었다. 899 그 분위기는 잔치와 같았고 기쁨이 넘쳤다. 믿는 사람들이 처음 함께 먹으러 모였을 때 떡을 떼어 그것을 돌렸다. 그리고 나서 식사를 했고, 잔을 돌린 다음 끝마쳤다. 주의 만찬은 본질적으로 그리스도인의 잔치banquet였다. 또한, 거기에 그것을 주관한 성직자는 없었다. 900)

오늘날 혀만 간지럽게 하는 미미한 포도 주스와 한 번 씹으면 끝나버리는 작고 맛없는 과자로 주의 만찬을 거행하게끔, 전통이 우리를 강요하고 있다. 주의 만찬이 종종 엄숙한 분위기에서 거행된다. 우리는 주님의 잔혹한 죽음을 떠올리고 우리의 죄를 상기하며 참여하라고 배웠다.

여기에 덧붙여서, 전통은 주의 만찬에 참여하는 것이 위험한 것일 수도 있다고 우리에게 가르쳐왔다. 따라서 많은 현대그리스도인은 안수 받은 성직자 없이는 결코 성찬식을 거행하지 않는다. 그들은 종종 고린도전서 11:27-33을 떠올린다. 27절에서 사도 바울은 주의 만찬에 "합당치 않게" 참여하는 신자들을 경고했기 때문이다. 그렇지만, 이 경우에는 포도주에 취해 있는 사람들뿐만 아니라 가난한 형제들이 오기를 기다리지 않고 먼저 먹어버림으로써 주의 만찬을 멸시하는 교인들에게 말한 것으로 보인다.

간소화된 식사

그렇다면, 어째서 그 푸짐한 식사가 오직 떡과 잔만 남은 의식으로 대체되었는가? 그 배경은 다음과 같다. 1세기와 2세기 초에, 초기 그리스도인들은 주의 만찬을 "사랑의 향연"love feast이라고 불렀다.901) 그때 그들은 흥겨운 식사와 함께 떡과 잔에 참여했다. 그러나 터툴리안 때 즈음에 떡과 잔이 식사에서 분리되기 시작했다. 그러다가 2세기 말에 가서는 이 둘이 완전히 분리되었다.902)

어떤 학자들은 성찬이 불신자들의 참석으로 말미암아 더럽혀지는 것을 막기 위해서 그리스도인들이 식사 부분을 일부러 없앴다는 주장을 펴왔다.903) 이것이 부분적으로는 사실일지도 모른다. 그러나 점점 더 강해진 이교 종교의식의 영향이 개인 집에서 벌어졌던 즐겁고, 실제적이고, 종교적 냄새를 풍기지 않는 식사에서 주의 만찬을 제거했다는 사실이 더 타당할 것이다.904) 4세기에 가서 사랑의 향연은 그리스도인들 사이에 "금지"되었다!905)

식사가 폐지됨과 함께 떡을 떼다와 주의 만찬이라는 말은 자취를 감추어 버렸다.906) 이제 간소화된 의식떡과 잔만으로의 일반적인 용어는 성찬Eucharist이었다.907) 이레니우스Irenaeus, 130-200는 떡과 잔을 제사라고 불렀던 최초의 사람 중 한 사람이었다.908) 이후부터 그것은 '제사' 또는 '희생' 이라고 불리기 시작했다.

떡과 잔을 올려놓는 제단 테이블이 제물이 바쳐진 제단의 의미로 해석되기 시작했다.909) 주의 만찬은 더는 공동체적 행사가 아니었다. 그것은 오히려 멀리서 바라봐야 하는 사제의 의식이었다. 4세기와 5세기를 통틀어, 신성한 성찬이 거행되는 테이블에 점점 더 가중되는 두려움과 공포의 분위기가 서려 있었다.910) 그것은 침울한 의식이 되었다. 한 때 그것의 일부였던 기쁨은 사라져 버렸다.911)

성찬에 가미되어 있던 신비스런 분위기는 미신으로 가득한 이교의 신비주의 종교들의 영향 때문이었다.912) 이런 영향과 함께 그리스도인들은 떡과 잔에 함축적인 신성한 의미를 부여하기 시작했다. 그것들은 그 자체 속에 거룩함이 깃들인 대상으로 여겨졌다.913)

주의 만찬이 신성한 의식이 되었으므로 그것을 거행하는 신성한 사람이 요구되었다.914) 이제 미사의 희생 제사를 바치는 사제에 대해 살펴보자.915) 그는 하나님을 하늘에서 불러내어 떡 조각 안으로 들어가게 하는 능력을 보유한 사람으로 믿어졌다.916)

10세기를 전후해서 몸이라는 말의 의미가 기독교 문서들에서 바뀌었다. 전에는 기독교 저자들이 세 가지 중 하나를 일컬으려고 몸이라는 말을 사용했다: (1) 예수님의 육체적인 몸, (2) 교회, 또는 (3) 성찬의 떡.

초기 교부들은 교회를 떡을 떼는 것에 의해 자신을 스스로 확인한 신앙 공동체로 보았다. 그러나 10세기에 가서는 생각과 말에서 변화가 일어났다. 몸이라는 말은 더는 교회를 일컫는 말로 사용되지 않았다. 그것은 오직 주님의 육체적인 몸 또는 성찬의 떡을 일컫는 말로만 사용되었다.917)

결과적으로 주의 만찬은 떡을 떼며 함께 잔치하려고 모이는 교회의 개념과 동떨어진 것이 되어 버렸다.918) 용어의 변화는 이 관습을 반영했다. 성찬은 이제 더는 즐거운 공동 식사의 일부가 아니고, 그 자체로서 신성한 것으로 여겨졌다. 그냥 테이블 위에 놓여 있기만 해도. 그것은 종교적 안개로 둘러싸였다. 두려움의 대상으로서 침울한 분위기 속에 사제에 의해 거행되었고, 그것에서 에클레시아의 공동체적 본질은 완전히 제거되었다.

이 요소들 전부가 화체설transubstantiation 교리를 등장시켰다. 4세기에는 떡과 잔이 주님의 실제 몸과 피로 변화된다는 믿음이 노골화되었다. 그렇지만, 화체설은 어떻게 해서 그런 변화가 일어나는지를 신학적으로 설명해 주는 교리였다

919) (이 교리는 11세기부터 13세기까지 만들어졌다.)

화체설 교리와 함께, 하나님의 사람들은 두려움을 가지고 떡과 잔에 참여했다. 그들은 그것들에 접근하는 것조차 꺼렸다.920) 사제가 성찬을 거행하며 말하기 시작할 때, 떡이 글자 그대로 하나님이 된다고 믿었다. 이 모든 것이 주의 만찬을 하나님 사람들의 손에서 빼앗아서 신성한 사람에 의해 거행되는 신성한 의식으로 바꾸어 놓았다. 떡과 잔이 곧 "제사"라는 중세의 사상이 얼마나 깊이 참호를 두르고 있었는지, 몇몇 개혁자들도 그 사상을 고수했다.921)

현대 개신교 그리스도인들은 주의 만찬이 희생제사라는 기톨릭 사상은 폐기했지만, 만찬의 기톨릭 방식은 계속 신봉해왔다. 대부분 개신교 교회에 가서 주의 만찬종종 '성찬식' 이라고 부름을 살펴보면, 당신은 다음과 같은 것을 목격하게 될 것이다:

- 주의 만찬에는 작은 크기의 크래커(아니면 조그만 떡 조각)와 포도 주스(또는 포도주)가 담긴 작은 유리잔이 전부이다. 기톨릭 교회에서처럼 그것이 식사에서 분리되어 있다.
- 분위기가 기톨릭 교회처럼 침울하고 칙칙하다.
- 회중은 떡과 잔에 참여하기 전에 목사가 권면 하는 대로 죄에 관해 자신들을 살펴보아야 한다. 이것은 존 칼빈에게서 온 관습이다.922)
- 경우에 따라 많은 목사도 기톨릭 사제처럼 성직자 가운을 과시할 것이다. 그러나 항상 예외 없이, 목사는 떡과 잔을 회중에게 돌리기 전에 "이것은 내 몸이다."라는 '주의 만찬 제정의 말씀' words of institution을 읊을 것이다.923)

약간 손질만 했을 뿐, 위의 모든 것은 중세 기톨릭 그대로이다.

요약

우리는 우리의 전통에 의해 물 침례세례의 배후에 있는 참된 의미와 능력을 없애 버렸다. 제대로 이해하고 시행된다면, 물 침례세례는 사람들과 귀신들과 천사들과 하나님 앞에서 표현하는 믿는 자의 최초의 신앙고백이다. 침례세례는 우리가 세상에서 분리된 것924) , 우리가 그리스도와 함께 죽은 것, 우리의 옛 사람이 장사 된 것,925) 옛 창조가 죽은 것,926) 그리고 하나님의 말씀으로 씻어 깨끗해진 것927) 을 그려 주는 눈에 보이는 표시sign이다.

물 침례세례는 회심–출발의 신약성서적 방식이다. 그것은 하나님의 아이디어이다. 인간이 고안해 낸 죄인의 기도로 그것을 대체하는 것은 하나님께서 주신 간증으로서의 침례세례를 격감시키는 것이다.

마찬가지로 주의 만찬도 그것이 푸짐한 식사라는 적합한 토양에서 분리되었을 때, 이교 의식이나 다름없는 이상한 것으로 변질하였다.928) 주의 만찬이 교회가 즐겁게 삶을 나누는 경험이 아닌, 성직자에 의해 거행되는 알맹이 없는 의식이 되었다. 그것은 기쁜 잔치가 아닌, 의미 있는 공동체 행사가 아닌 무미건조한 개인적인 의식인 음울한 종교 행위가 되었다.

어떤 학자는 다음과 같이 말했다: "주의 만찬이 개인 집에 모여서 행한 가족 식사 또는 친구들과의 식사로 시작되었음은 의심할 여지가 없다…. 주의 만찬은 실제적인 식사에서 상징적인 식사로 바뀌었다…. 주의 만찬은 꾸밈없는 단순함에서 정교한 화려함으로 옮겨갔다…. 주의 만찬 잔치는 평신도의 역할에서 사제의 역할로 바뀌었다. 신약성서 자체 안에는 주의 만찬에서 예배적 분위기의 교제를 인도할 특별한 의무나 특권을 가진 사람이 있다는 암시조차 없다."929)

이스라엘이 하나님의 생각에서 떠났을 때 선지자가 외쳤다: "여호와께서 이처럼 말씀하시되 너희는 길에 서서 보며 옛적 길 곧 선한 길이 어디인지 알아보고 그리로 가라 너희 심령이 평강을 얻으리라."렘6:16 이와 마찬가지로, 우리는 사람의 헛된 전통을 피해 옛적 길로 돌아설 수 있을까… 예수 그리스도와 그분의 사도들에 의해 우리에게 주어진 그 거룩한 전통들로? 930)

심층 탐구

1. 죄인의 기도가 성서에는 없지만, 내가 그리스도께 내 인생을 드렸을 때 다른 형제와 함께 그 기도를 한 것이 내가 무엇을 하고 있었는지를 이해하도록 도움을 주었다: 하나님 앞에서 내가 철저하게 깨어져야 함을 깨닫고 죄의 용서가 필요함을 인정하는. 당신들은 죄인의 기도를 하는 것이 틀렸다고 말하는 것인가, 아니면 단지 그것이 회심을 공개적으로 드러내는 침례세례의 자리를 차지해서는 안 된다고 말하는 것인가?

   후자이다. 우리는 단지 그것이 회심-출발이라는 성서적 방식으로서의 침례세례를 대체해서는 안 된다고 말하는 것이다.

2. 당신들은 개인의 구주라는 말이 우리의 관계가 개인적 못지않게 공동체적이라는 것을 약화시킨다고 염려하지만, 이 문구가 또한 그저 교회에 속해 있다고 천국행 차표를 손에 쥔 것으로 착각하지 않게끔 우리 스스로 신앙고백을 할 필요성을 상기시켜주지 않는가?

   우리는 진정 우리 스스로 신앙고백을 해야 한다. 초기 그리스도인들은 예수님을 주님과 구주로 고백했다. 오늘날 많은 그리스도인이 이것이면 충분하다고 생각한다. 그러므로 그 앞에 개인의 라는 말을 끼워 넣도록 강요당한다는 것을 그들은 느끼지 못한다.

3. 예수님께서 주의 만찬을 제정하셨을 때 하신 말씀을 사도 바울이 신자들에게 상기시킨 고린도전서 11:23−26의 내용은 그리스도의 희생적인 죽음을 기억하는 시간으로서의 성찬식을 강조하는 것 같다. 그래서 자연스럽게, 많은 신자가 그것을 죄를 자백하고 하나님의 자비를 기억하는 시간으로 사용한다. 당신들이 묘사한 것처럼 그렇게 "알맹이 없는 의식"이 아니다. 당신들의 생각은?

　　우리는 주의 만찬이 모든 그리스도인에게 알맹이 없는 의식이 아니라는데 동의한다. 동시에, 우리는 수많은 교회가 최초의 그리스도인들이 성찬식을 거행하던 때 가졌던 초점을 잃어버렸다는 데 대해 유감스럽게 생각한다. 초기 그리스도인들은 기쁨과 잔치의 분위기로 만찬에 참여했다. 그렇게 함으로써, 그들은 그리스도 승리의 죽음과 다시 오심을 선포했다. 아울러 그들은 그리스도의 몸인 교회와 함께 교제하는 온전한 식사로서 그것에 참여했다. 이것은 예수님과 사도들에 의해 우리에게로 전해진 방식이다. 그러므로 우리는 우리 자신에게 질문해야 한다: 주의 만찬을 식사에서 빼앗아서 침울한 의식으로 만드는 것이 발전인가, 아니면 결별인가? 우리는 예수님과 사도들이 우리에게 전해준 것을 발전시켰는가, 아니면 그것에서 벗어나 방황하고 있는가?

10장 • 기독교 교육:
두개골 부풀리기

"아테네가 예루살렘과 무슨 상관인가?"
– 터툴리안, 3세기 신학자

"원시 교회는 신약성서도 없었고, 주도적인 신학도 없었고, 전형적인 전통도 없었다. 이방 세계에 그리스도교를 전한 사람들은 특별한 훈련을 받지 못했고, 오직 위대한 경험만을 갖고 있었다—그 경험 안에서 '빛이 왔기 때문에 모든 원칙과 철학이 그 빛 안에서 걸어가는 단순한 임무로 축소되었다.'"
– 스트리터 B. H. Streeter, 20세기 영국 신학자 및 성서 학자

대부분 그리스도인은 공식적인 기독교 교육이 주님의 일을 하도록 자격을 갖춰 줄 것으로 생각한다. 그리스도인이 성서대학이나 신학대학원을 졸업하지 않으면, 그 사람을 '보조' 사역자로 간주한다. 가짜 사역자. 그런 사람은 그런 일을 하도록 정식으로 훈련받은 적이 없으므로 설교할 수 없고, 가르칠 수 없고, 침례세례 줄 수 없고, 주의 만찬을 거행할 수 없다…그렇지 않은가?

기독교 일꾼이 자격을 갖추려면 성서대학이나 신학대학원을 꼭 다녀야 한다는 생각은 아주 뿌리가 깊다. 그것이 얼마나 뿌리가 깊은지, 사람들이 그들의 인생에서 하나님의 "부르심"을 느꼈을 때, 들어갈 성서대학이나 신학대학원을 물색하도록 길들어 있다.

그런 생각은 초기 그리스도인들의 사고방식에 전혀 들어맞지 않는다. 성서대학, 신학대학원, 그리고 심지어 주일학교까지도 초대교회에서는 전혀 찾아

볼 수 없었다. 모든 것이 사도들이 죽고 수백 년이 지나서 사람들에 의해 고안된 것이다.

1세기 기독교 일꾼들이 종교적인 학교에 다닌 적이 없다면 어떻게 훈련을 받았을까? 1세기 훈련은 오늘날의 사역훈련과는 달리 학구적이지 않고 실제적이었다. 지적인 학습이 아니라 실습의 문제였다. 전두엽을 겨냥한 것이 아니라 주로 영을 겨냥했다.

1세기에는 주님의 일에 부르심을 받은 사람들이 두 가지 방법으로 훈련되었다: (1) 그들은 다른 그리스도인들과 함께 공동체의 삶을 사는 것에 의해 기독교 사역의 본질을 배웠다. 다르게 표현하면 그들은 지도자가 아닌 상태로 몸의 생활을 경험하는 것에 의해 훈련되었다. (2) 그들은 경험을 많이 쌓은 연장자의 지도로 주님의 일을 배웠다.

1세기 교회에 대해 청교도 존 오웬은 다음과 같이 피력했다: "그때는 모든 교회가 신학대학원(공급해 주고 준비시켜 주는데 있어)이었다."[931] 이 말에 대한 화답으로, 폴 스티븐스R. Paul Stevens는 이렇게 말했다: "각 그리스도인을 모두 다 훈련하는 가장 좋은 구조는 이미 존재하고 있다. 그것은 신학대학원과 주말 세미나보다 앞서고, 그 둘보다 더 오래간다. 신약성서에는 지역교회 이외에 양육과 훈련을 제공해준 그 어떤 것도 없다. 신약 성서적 교회에서는 예수님의 사역에서처럼 사람들이 삶의 용광로 안에서 배웠다. 그리고 관계성을 갖고 살며, 일하며, 사역하는 현장 안에서 배웠다."[932]

이와는 매우 대조적으로, 오늘날의 사역훈련은 욥을 위로한답시고 찾아왔던 괴로운 세 친구의 종교적인 대화에 비유할 수 있겠다: 이성적이고, 객관적이고, 추상적인 사람들. 그것은 실제적이지도, 체험적이지도, 또는 영적이지도 않다.

1세기에 기독교 일꾼들이 훈련된 방법들을 철저히 살피는 것은 이 책의 범위를 벗어난다. 그러나 많지는 않지만, 이 주제를 다룬 책들이 있다.933 이 장에서 우리는 신학대학원, 성서대학, 그리고 주일학교의 기원을 추적하게 될 것이다. 아울러 우리는 청소년 목사의 역사도 추적할 것이다. 그리고 위의 것들이 각각 그리스도의 방법과 한참 차이가 있음도 살펴보게 될 것이다—왜냐하면, 이 모든 것은 세상의 교육제도에 기초하고 있기 때문이다. 934)

신학교육의 네 단계

교회 역사를 통틀어, 네 단계의 신학교육이 있었다. 그것들은 감독 신학 Episcopal, 수도원 신학 Monastic, 대학 신학 Scholastic, 신학대학원 신학 Seminarian이다.935) 각 단계를 간단하게 살펴보자:

감독 신학 Episcopal. 교부시대 3세기부터 5세기까지의 신학을 "감독 신학"이라고 부른다. 왜냐하면, 당대를 주도한 신학자들이 감독이었기 때문이다.936) 이 제도는 교회의 각종 의식과 예법의 시행 방법을 감독들과 사제들에게 훈련했던 것으로 특징지어진다.937)

수도원 신학 Monastic. 수도원 단계의 신학교육은 금욕적이고 신비한 삶과 연결되어 있다. 그것은 수도원 공동체나중의 대성당 학교에 살고 있던 수도사들에 의해 훈련되었다.938) 수도원 학교들은 3세기에 생겨났다. 이 학교들은 4세기 이후 미개척 지역에 선교사들을 파송했다.939)

이 단계에서는, 동방교회의 교부들이 플라톤 사상에 몰두했다. 그들은 플라톤과 아리스토텔레스가 사람들을 그리스도께 인도하는 데 사용될 수 있는 기술을 제공한 교사들이라는 잘못된 견해를 갖고 있었다. 그들이 사람들을 오도하려고 의도한 것은 아니었지만, 이런 이교 철학자들을 심히 의지한 그들의 사상이 기독교 신앙을 심각하게 희석시켰다.940)

교부들 상당수가 회심하기 전에 이교 철학자와 연설가였기 때문에, 기독교 신앙은 곧 철학적인 경향을 띠기 시작했다. 2세기 가장 영향력 있던 교사 중 한 사람이었던 순교자 저스틴Justin, 100-165은 "철학자의 가운을 입고" 있었다.941) 저스틴은 철학이 그리스 사람들에게 임한 하나님의 계시라고 믿었다. 그는, 유대인들에게 모세가 있었듯이 그리스인들에게는 소크라테스, 플라톤, 그리고 다른 철학자들이 있었다고 주장했다.942)

200년 이후에 알렉산드리아Alexandria는 그리스 사람들에게 그래 왔던 것처럼 기독교 세계의 지적인 수도가 되었다. 180년에 특별한 학교가 거기에 세워졌다. 이 학교는 신학대학과 견줄 수 있는 그런 학교였다.943)

알렉산드리아에서 기독교 교리의 제도적인 연구가 시작되었다.944) 이 학교에서 초기에 가르쳤고 또 가장 영향력 있는 인물 중 하나였던 오리겐Origen, 185-254은 이교 철학에서 큰 영향을 받았다. 그는 신플라톤주의Neoplatonism의 아버지인 플로티누스Plotinus의 동료로서 그의 가르침에서 많은 것을 터득했다. 신플라톤주의 사상에 의하면, 개인이 신과 하나 됨을 얻으려면 정화purification의 여러 단계를 거쳐 올라가야 한다.945) 오리겐은 핵심적인 신학개념을 조직신학으로 체계화한 최초의 인물이었다.946)

윌 듀란트는 이 시기에 대해 다음과 같이 관찰했다: "철학과 종교 사이의 간격이 좁혀졌고, 천 년 간의 지성이 신학 시녀가 되기로 동의했다."947) 에드윈 해치는 다음과 같이 이 견해에 화답했다: "기독교와 철학이 처음으로 가깝게 만난 지 1세기와 반세기 안에, 철학의 사상들과 방법들이 기독교 안으로 엄청나게 쏟아져 들어왔고, 그 안에 크게 자리를 잡은 결과, 기독교를 종교 못지않은 철학으로 만들었다."948)

오리겐이 세상을 떠나고 나서 기독교 학교들은 사라졌다. 신학교육은 감독교육 방식으로 되돌아갔다. 감독들은 다른 감독들과의 개인적인 만남에 의해 훈련되었다.949) 이 시대에 성직자 교육의 요점은 그레고리 교황의 목회신학을 공부하는 것이었다.950) 그레고리는 감독들에게 유능한 목회자가 되는 법을 가르쳤다.951) 8세기 중반에 가서, 감독 학교들이 설립되었다. 10세기에는 대성당들이 그 안에 학교를 세워 후원하기 시작했다.952)

대학 신학Scholastic : 신학교육의 세 번째 단계는 대학교 문화에 많은 빚을 지고 있다.953) 1200년에 가서 여러 대성당 학교가 대학교로 발전하였다. 이탈리아의 볼로냐대학The University of Bologna이 최초로 등장한 대학교였다. 곧이어 파리대학The University of Paris이 두 번째로 세워졌고, 옥스포드Oxford가 그 뒤를 이었다.954)

파리대학은 당대에 세계의 철학과 신학의 중심지가 되었고,955) 그 대학교는 나중에 개신교 신학대학원Seminary의 씨앗이 되었다.956) 고등교육은 성직자들의 영역이었다.957) 그리고 학자는 옛 지혜의 수호자로 여겨졌다.

오늘날의 대학교는 성직자의 훈련을 제공하기 위한 감독들의 의무에서 생겼다.958) 신학은 대학교에서 "과학의 여왕"으로 간주하였다.959) 12세기 중반에서 14세기 말까지, 유럽에 71개의 대학교가 설립되었다.960)

현대신학은 그리스 철학의 추상적인 개념들에 기초해서 발전했다.961) 대학교의 교수들은 이성적인 지식과 논리를 중심으로 한 아리스토텔레스식 모델을 채택했다. 학교 신학을 독점하고 있었던 경향은 지식의 흡수와 전달이었다. 이런 이유 때문에 서구사상은 항상 신경의 공식화, 교리의 정립, 그리고 생명력 없는 추상적 개념을 좋아한다.

현대신학을 체계화시키는데 가장 영향력을 행사한 교수 중 한 명은 피에르

아벨라르Peter Abelard, 1079-1142였다. 아벨라르는 우리에게 "현대" 신학을 안겨준 데 있어서 부분적인 책임이 있다. 그의 가르침은 토마스 아퀴나스Thomas Aquinas, 1225-1274 같은 스콜라철학자들을 준비시켜 주었다.962)

아벨라르의 노력으로 파리학교the school of Paris는 모든 대학이 따라가야 할 모델로 등장했다.963) 아벨라르가 다음 두 가지 사이의 긴장에 대해 이해하기는 했다: "만일 그것이 내가 사도 바울을 부정한다는 의미라면, 나는 철학자가 되고 싶지 않다; 만일 그것이 나 자신을 그리스도에게서 분리시킨다는 뜻이면, 나는 아리스토텔레스의 제자가 되고 싶지 않다." 하지만 아벨라르는 계시된 진리에 아리스토텔레스의 논리를 적용시켰다. 아울러 그는 신학theology이라는 말에 오늘날과 같은 의미를 부여했다. 그 이전에는 이 말이 오직 이교신앙을 표현할 때만 사용되었다.964)

아벨라르는 아리스토텔레스를 본받아서 이교철학 기법인 변증법에 통달했다—진리에 대한 논리적인 토론. 그는 이 기법을 성서에 적용시켰다.965) 기독교 신학교육은 결코 아벨라르의 영향에서 회복되지 못했다. 아테네가 아직도 그 핏줄에 흐르고 있었다. 아리스토텔레스, 아벨라르, 그리고 아퀴나스는 모두 이성이 신적 진리로 가는 관문이라고 믿었다. 그래서 서구 대학교 교육은 시작부터 이교와 기독교 요소들의 혼합물을 감싸 안았다.966)

마틴 루터가 다음과 같이 말했을 때 그는 옳았다: "그리스도의 영광 안에서 젊은이들을 훈련하는 곳이 대학교 말고 또 어디 있겠는가?"967) 루터 자신도 대학교 사람이었지만, 그의 비판은 대학교 수준에서 아리스토텔레스의 논리를 가르치는 것을 겨냥했다.968)

신학대학원 신학Seminarian: 신학대학원 신학은 대학교에서 가르쳐졌던 대학교 신학에서 생겨났다. 우리가 이미 살펴본 바와 같이, 이 신학은 아리스토텔레스의 철학체계에 기초한 것이다.969) 신학대학원 신학은 전문 사역자들을 훈련하는 것에 바쳐졌다. 그 목표는 신학대학원에서 훈련받은 종교 전문가들을 양성하는 것이었다. 그것은 감독의 신학, 수도사의 신학, 그리고 교수의 신학이 아닌, 전문적으로 "자격을 갖춘" 사역자의 신학을 가르쳤다. 이것이 현대 신학대학원에서 널리 행해지는 신학이다.

20세기 가장 위대한 신학자 중 하나였던 칼 바르트는 신학교육이 전문 연설가들의 엘리트 계층에 속해야 한다는 견해에 반대했다. 그는 다음과 같이 기술했다: "신학은 신학자들이 사적으로 예약해 놓은 영역이 아니다. 그것은 교수들의 사적인 관심사가 아니다⋯ 목사들의 사적인 관심사도 아니다⋯ 신학은 교회를 위한 것이다⋯ '평신도' 라는 말은 종교 용어 중에서 가장 잘못된 말 중 하나이다. 그 말은 그리스도인의 대화에서 추방되어야 마땅하다."970)

신학대학원에 관해서, 우리는 아벨라르가 알을 낳았고 토마스 아퀴나스가 부화시켰다고 말할 수 있다. 아퀴나스는 현대 신학훈련에 가장 큰 영향을 끼쳤다. 1879년에, 그의 작품은 신학에 입문한 모든 학생이 공부해야 하는 권위 있는 교리의 표현으로써 교황의 교서에 의해 승인되었다. 아퀴나스의 주요 논제는 인간의 이성을 통해 하나님을 알 수 있다는 것이다. 그는 "진리에 이르는 기관으로서 감성보다는 지성을 선호했다."971) 따라서 사람의 이성과 지성이 더 훈련될수록 하나님을 더 잘 알게 된다는 것이다. 아퀴나스는 아리스토텔레스에게서 이 사상을 빌려 왔다. 그리고 이것이 오늘날의 많은 신학대학원생 속에 있는 전제(assumption)이다.

신약성서는 하나님이 영이라고 가르치고 있다. 그래서, 하나님은 계시영적 통찰력에 의해 사람의 영에 알려진다.972) 이성과 지성은 우리로 하여금 하나님에 관해서 알게 할 수 있다. 그리고 우리로 하여금 우리가 아는 것을 소통하도록 도와준다. 그러나 그것들은 우리에게 영적 계시를 주는 데는 이르지 못한다.

지성은 주님을 깊이 아는 데 있어 관문이 될 수 없다. 감정 또한 마찬가지이다. 토저A. W. Tozer의 말의 빌리면: "신적 진리는 영의 본질에서 비롯된다. 이런 이유로 그것은 오직 영적 계시에 의해서만 얻어질 수 있다… 하나님의 생각은 영의 세계에 속하고, 사람의 생각은 지성의 세계에 속한다. 그리고 영이 지성을 껴안을 수는 있지만, 인간의 지성은 결코 영을 이해할 수 없다… 사람은 이성에 의해 하나님을 알 수 없다; 오직 하나님에 관해서 알 수 있을 뿐이다… 사람의 이성은 그것의 영역 안에서는 좋은 도구이고 쓸모가 있다. 그것에 의해 하나님을 알게끔 주어진 기관은 아니다."973)

요약하자면, 광범위한 성서지식, 유능한 지성, 그리고 날카로운 사고력이 자동으로 영적인 사람을 만들어내지 못한다. 예수 그리스도를 깊이 알고, 생명을 공급하는 주님의 계시를 다른 사람들에게 전할 수 있는 그런 사람들 말이다.974) 언젠가 블레즈 파스칼Blaise Pascal, 1623-1662은 이렇게 말했다: "하나님을 인식하는 것은 마음이지, 이성이 아니다."975)

오늘날 개신교인들과 기톨릭교인들은 둘 다 신학공부를 위해 아퀴나스의 작품에서 길어와서 그의 개관을 사용한다.976) 아퀴나스가 쓴 최고의 저작인 『신학 대전』Summa Theologica-The Sum of All Theology은 사실상 오늘날의 모든 신학교 강의실에서 사용되는 모델이다-개신교든 기톨릭이든 관계없이. 아퀴나스의 신학이 배열된 순서를 살펴보라:

하나님
삼위일체
창조
천사들
사람

신적 통치(구원, 기타)

종말 977)

이제 이 개요를 개신교 신학대학원에서 사용되는 전형적인 조직신학 책과 비교해 보라:

하나님

유일성과 삼위일체

창조

천사론

사람의 기원과 특성

구원론(구원, 기타)

종말론 : 세상의 끝978)

의심의 여지없이, 아퀴나스는 현대신학의 아버지이다.979) 그의 영향은 개신교 학자들을 통해 개신교 신학대학원들에 흘러들어 갔다.980) 비극적인 것은 아퀴나스가 거룩한 말씀을 해석할 때 아리스토텔레스의 '논리로 강요하는 법' logic chopping을 철저히 의지했다는 사실이다.981) 윌 듀란트에 의하면, "교회의 힘은 아퀴나스와 다른 사람들을 통해 아리스토텔레스를 중세 신학자로 확실하게 탈바꿈시키기 위해 아직도 충분했다." 듀란트는 다른 책에서 다음과 같이 말했다: "그는 기독교 옷을 입힌 아리스토텔레스 철학을 제시하기 위해 긴 시리즈의 작품을 쓰기 시작했다."982) 아퀴나스는 또한 그의 『신학대전』을 통틀어 다른 이교 철학자를 아주 많이 인용했다.983) 우리가 아무리 그것을 부인한다 할지라도, 현대신학은 기독교 사상과 이교철학의 혼합물이다.

이와 같이 우리는 신학교육의 네 단계를 갖게 되었다: 감독들의 신학인 Epis-copal, 수도사들의 신학인 Monastic, 교수들의 신학인 Scholastic, 그리고 전문 사역자들의 신학인 Seminarian.984)

기독교 교육의 각 단계는 지금도, 그리고 항상 그래 왔던 것처럼 매우 지적이고 학구적인 열정을 불러 일으킨다.985) 어떤 학자가 말한 것처럼, "그 학교가 수도원 신학이든지, 감독 신학이든지, 아니면 장로 신학이든지 상관없이, 그것은 종교교육으로부터, 그리고 교회의 신조와 윤리의 교훈에서 절대 분리되지 않았다. 기독교는 지적인 종교였다."986) 종교개혁의 산물로서, 우리는 기독교 신앙에 이성적으로 그리고 매우 이론적으로 접근하도록 배웠다.987)

최초의 신학대학원들Seminaries

중세 내내 성직자 교육은 미미했다.988) 종교개혁 시기에 로마 가톨릭에서 회심한 많은 개신교 목사는 말씀을 전한 경험이 전혀 없었다. 그들에겐 훈련과 교육이 결핍되었었다.

그렇지만, 종교개혁이 점점 왕성해지면서, 교육을 받지 못했던 목사들에게 학교와 대학교에 다닐 기회가 제공되었다. 개신교 목사들은 연설 훈련을 받는 대신 해석학과 성서신학 훈련을 받았다. 그들이 신학을 알게 되면 말씀을 전할 수 있다고 가정했기 때문이었다. (이 가정은 종종 두세 시간씩이나 지속하는 16세기식 설교의 원인이 되었다!)989)

이런 유형의 신학훈련은 "새로운 직업"인 신학교육을 받은 목사를 배출해 냈다. 이제 교육을 받은 목사들은 그들에게 명성을 안기는 신학박사 학위 또는 다른 학위들을 따서 엄청난 영향력을 행사했다.990) 16세기 중반에 가서, 대부분 개신교 목사는 어떤 모양으로든지 대학교 교육을 받았다.991)

이것을 발단으로, 개신교는 그 운동의 중추 역할을 하게 된, 교육을 잘 받은 성직자들을 양산해 냈다.992) 개신교 지역을 통틀어, 성직자는 가장 교육을 많이 받은 시민이었다. 그리고 그들은 권세를 휘두르고자 자신들이 받은 교육을 이용했다.993)

개신교 사역자들이 그들의 해박한 신학지식을 갈고 닦는 동안, 기톨릭 성직자의 약 사분의 일은 대학교육을 받지 못했었다. 기톨릭교회는 트렌트종교회의1545-1563에서 이것에 대한 반응을 드러냈다. 교회가 새로 일어난 개신교 종교개혁에 대항하기 위해서 그 성직자들을 더 잘 교육해야만 했다. 그것의 해답은 바로 최초의 신학대학원들을 설립하는 것이었다.994)

기톨릭은 개신교 목사들에 버금가는 배움과 헌신을 그들의 사제들이 가지기를 원했다.995) 그러므로 트렌트종교회의는 모든 대성당과 큰 교회가 "그들의 도시와 지역 교구에 있는 특정한 수의 젊은이들에게 종교교육과 교회의 징계에 관한 훈련을 시킬 것"을 요구했다. 그래서 우리는 신학대학원 설립의 공로를 16세기 말의 기톨릭으로 돌려야 할 것이다.

개신교 신학대학원의 기원은 좀 불확실하다. 그러나 개신교인들이 기톨릭 모델을 모방해서 미국에 최초의 신학대학원을 설립한 것으로 추정된다. 그것은 1808년에 매사추세츠주의 앤도버Andover에 세워졌다.996)

미국의 기독교 교육도 유럽에서처럼 아리스토텔레스의 사상을 따랐고 상당히 조직화하였다.997) 1860년 무렵에 미국땅에는 모두 60개의 개신교 신학대학원이 있었다.998) 이렇게 급속도로 확산한 데는 제2차 대각성운동1800-1835 때 회심한 사람들의 유입과 그들을 돌볼 사역자들을 훈련해야 할 필요가 대두한 것이 크게 작용했다.999)

앤도버 신학대학원이 설립되기 전에 개신교는 예일Yale과 하바드Havard에서 성직자들을 훈련했다. 졸업을 한 후 공식 시험 절차를 통과한 사람들에게 목사 안수가 허락되었다.1000) 그러나 머지않아 이 대학교들은 정통 기독교 신앙을 거부했다. (예를 들면, 하바드는 일신론Unitarianism 을 받아들였음.)1001) 개신교 인들은 더는 예일과 하바드의 학부교육을 신뢰하지 않았다. 그래서 그들은 그들 스스로 목사들을 길러 내려고 신학대학원을 설립했던 것이다.1002)

성서대학Bible College

성서대학은 본질적으로 19세기에 북미 복음주의가 고안해 낸 작품이다. 성서대학은 성서학교훈련센터와 기독교 인문학교가 합병된 것이다. 그 대학의 학생들은 종교학을 전공하고 기독교 사역을 위해 훈련받는다. 최초의 성서 대학들을 설립한 사람들은 런던London의 목사들인 기네스H.G. Guinness, 1835-1910와 찰스 스펄전Charles Spurgeon, 1834-1892의 영향을 받았다.

무디의 부흥운동에 발맞춰서 성서대학 운동이 19세기 말과 20세기 초에 꽃을 피웠다. 최초의 성서대학 두 개는 1882년에 설립된 '선교사 훈련원' The Missionary Training Institute: 뉴욕주의 나약대학Nyack College과 1886년에 설립된 "무디성경학교"Moody Bible Institute, Chicago였다.1003) 그들의 초점은 평범한 평신도를 '상근직' full time 기독교 사역자가 되도록 훈련하는 것이었다.1004)

무엇이 성서대학을 설립하게 했는가? 19세기 중반 이후로 전통적인 기독교 가치들이 고등교육의 핵심적 부분으로 별로 주목받지 못했다. 자유주의 신학이 미국 전역에 걸쳐 주립대학교들을 휩쓸기 시작했다. 이런 요소들의 표면에, 선교사들과 선교단체의 지도자들과 사역자들을 배출해야 한다는 요구가 성서대학의 설립을 자극했다. 그 대학에서 성서교육을 통해 "부르심 받은 사람들"을 훈련하기 위해서였다.1005) 오늘날 미국과 캐나다에 400개가 넘는 성서학교와 성서대학이 있다.1006)

주일학교

주일학교도 그리스도 이후 1700년 이상 지나고 나서 생긴, 비교적 최근에 고안된 것이다. 로버트 레익스Robert Raikes , 1736-1811라는 이름을 가진 영국의 신문 발행인이 그 설립자로 알려졌다.1007) 레익스는 1780년에 가난한 어린이들을 위해 글루스터Gloucester의 스카웃 앨리Scout Alley에 학교를 세웠다. 그는 종교적 가르침을 위한 목적으로 주일학교를 시작한 것이 아니라, 가난한 어린이들에게 기초교육을 하려고 설립했다.

레익스는 일반 어린이 중 문맹자가 많은 것과 그들의 낮은 도덕성에 관심을 두었다. 그가 세운 학교에 다녔던 어린이들 상당수가 사회적으로 희생자였고, 또 고용주들의 학대를 당한 희생자들이었다. 그 아이들이 글을 읽지 못했기 때문에 다른 사람들이 그들을 이용하기가 쉬웠다. 레익스는 영국 국교회의 평신도였지만, 주일학교는 산불처럼 번져서 영국 전역의 침례교회, 회중교회, 그리고 감리교회로 퍼져 갔다.1008)

주일학교 운동은 미국을 강타하면서 절정에 이르렀다. 미국에 등장한 최초의 주일학교는 1785년에 버지니아Virginia주에서 시작되었다.1009) 그리고 1790년에 필라델피아Philadelphia의 어떤 그룹이 주일학교협회Sunday School Society를 설립했다. 그 목적은 일요일에 어려운 어린이들을 길거리에서 떼어놓으려고 그들에게 교육을 제공하는 데 있었다.1010) 18세기와 19세기에는 많은 주일학교가 교회들과는 별도로 운영되었다. 그 이유는 목사들이 평신도들은 성서를 가르칠 수 없다고 생각했기 때문이다.1011) 1800년대 중반에는 주일학교가 미국 전역에 멀리, 그리고 넓게 퍼졌다. 1810년에는 주일학교가 가난한 어린이들을 돕는 자선사업에서 복음을 전하는 도구로 바뀌었다.

무디가 바로 미국에 주일학교를 대중화한 장본인이다.1012) 무디의 영향으로 주일학교는 현대 교회에서 새로운 교인을 받아들이는 관문이 되었다.1013) 오늘날 주일학교는 새 교인을 흡수하고 어린이들에게 신앙 교리를 가르치는 두 가지 용도로 사용된다.1014) 공교육이 주일학교가 맡았던 원래의 역할을 대신하게 되었다.1015)

19세기가 미국에서 많은 기관이 세워졌던 시기였음을 주목할 필요가 있다. 고아원, 재교육기관, 공립학교 같은 어린이들을 위한 기관들뿐만 아니라, 법인, 병원, 보호시설, 교도소 같은 것들이 이 시기에 설립되었다.1016) 주일학교는 단지 그런 단체 중의 하나였다.1017) 오늘날 그것은 전통 교회의 영구적인 부속기관으로 자리 잡았다.

전체적으로 볼 때, 우리는 현대 주일학교를 효과적인 기관으로 보지 않는다. 어떤 연구 보고들에 의하면, 지난 20년 동안 주일학교 출석은 계속 줄어들었다.1018)

어떤 학자는 초대교회의 방식에 관해 다음과 같이 묘사했다: "교사들이 나이와 성별에 기초해서 그룹을 나누었다는 증거는 없다. 어린아이의 초기 교육과 특히 신앙교육의 책임은 부모에게 있었다…. 초대교회에서는 어린이들을 위해 특별한 제도를 만들었던 것 같지는 않다. 기독교 학교는 372년을 전후해서 한참 후에 생긴 제도이다. 주일학교는 그것보다도 훨씬 더 후에 생겨났다."1019)

청소년 목사Youth Pastor

청소년 목사는 주일학교가 생긴지 한참 후에 교회들에 등장하기 시작했는데, 20세기 이전에는 사회가 이 연령대의 필요를 인식하지 못했거나 채워주지 못한 것이 큰 이유이다.1020) 1905년에 스탠리 홀G. Stanley Hall은 청년과 유소년과는 다른 별개의 '청소년'이라는 개념을 일반화시켰다.1021)

그리고 나서 1940년대에 "십 대"teenager라는 말이 탄생했다. 그리고 최초로 독특한 청소년 문화가 형성되었다. 13세부터 19세까지는 더는 단순한 '청소년'이 아니었다. 그들은 이제 '십 대'였다.1022)

제2차 세계대전 이후, 미국인들은 젊은 사람들에게 지대한 관심을 두기 시작했다. 이 관심이 흘러 넘쳐 기독교 교회 안으로 들어왔다. "청소년을 그리스도께"Youth for Christ의 기치 아래 벌어졌던 1930년대의 청소년 집회들이 1945년 전후에 같은 이름의 기독교 단체를 낳았다.1023)

"십 대"에 대한 이해 및 관심과 함께, 그들을 지도할 사람들을 써야 할 필요가 있다는 아이디어가 생겨났다. 그래서 전문적인 청소년 사역자가 탄생하게 되었다. 청소년 목사는 1930년대와 1940년대에 도시의 큰 교회들에서 사역하기 시작했다.1024) 맨해튼Manhattan의 갈보리침례교회Calvary Baptist Church가 최초로 청소년 목사를 둔 교회 중 하나였다. 월간 잡지인 「월간 무디」*Moody Monthly*는 1930년대 말에 청소년 목사에 관한 글을 실었다.1025)

그렇지만, 그 시대의 청소년 사역자 대다수는 기독교 세계를 수놓고 있던, 교회 밖의 떠오르는 단체들에서 사역했다.1026) 1950년대 초에 가서는 수천 명의 전문 청소년 사역자가, 이제 자신들만의 음악, 옷, 문학, 언어, 에티켓을 소유하게 된 젊은이들의 영적 필요를 충족시키고 있었다.1027) 이때, 기독교 교회는 십 대들을 다른 사람들과 구분하기 시작했다.

청소년 목사는 1950년대 중반부터 1960년대 말까지 복음주의 교회들 안의 한 부분으로 자리를 확보하게 되었다. 이 직책은 주류 교단들에서 서서히 자리를 잡아갔다.1028) 1980년대 말에 가서, 청소년 사역은 교회 밖의 단체들에게서 제도권 교회들로의 이동을 잘 마무리 지었다.

오늘날, 청소년 목사들은 전문성직자 일부이다. 그들의 직책은 1세기쯤 전에 세속문화에서 생겨난 구분을 따르는 현대 교회의 잘못된 선택 위에 세워졌다. 말하자면, 십 대와 다른 세대를 사이의 구분한 것이다.

달리 표현하자면, 청소년 목사는 십 대라 불리는 분리된 계층이 생기기 전에는 존재하지 않았다. 그렇게 함으로써, 우리는 전에는 결코 없었던 문제 하나를 만들어 냈다. 젊은 사람들을 위해그리고 그들과 함께 무엇을 해야 할까. 그것은 '평신도'라는 그리스도인의 새로운 계층이 고안되었던 때에 생겼던 문제와 절대 다르지 않다. 제도권 교회가 평신도를 분리된 기독교 계층으로 만들기 전에는 "우리가 평신도를 어떻게 훈련해야 하는가?"라는 질문은 절대 떠오르지 않았었다.

문제의 핵심을 파헤치기

그리스의 철학자인 플라톤과 소크라테스는 지식이 선이라고 가르쳤다. 선이 개인이 가진 지식의 정도에 달렸다고 했다. 그래서 지식에 대한 가르침은 곧 선에 대한 가르침이다.[1029]

여기에 현대 기독교 교육의 뿌리와 줄기가 놓여 있다. 그것은 지식이 도덕적 특성과 같다는 플라톤 사상 위에 세워졌다. 거기에 큰 오류가 있는 것이다.

플라톤과 아리스토텔레스둘 다 소크라테스의 제자였음는 현대 기독교 교육의 선조이다.[1030] 성서의 비유를 사용한다면, 현대 기독교 교육은 신학대학원이든 성서대학이든 관계없이 잘못된 나무에서 영양을 공급받고 있다: 생명나무가 아닌 선악을 알게 하는 나무.[1031]

현대 신학공부는 본질적으로 두뇌의 작용이다. 그것은 "유동적인 교수법"liquid pedagogy이라고 불릴 수 있다.[1032] 우리는 사람들의 머리를 억지로 열어서, 한두 컵의 정보를 쏟아 붓고는 다시 닫아 버린다. 사람들이 정보를 받았으므로, 우리는 다 된 것으로 잘못 결론을 내린다.

현대신학의 가르침은 자료를 전달하는 교육이다. 그것은 노트북에서 노트북으로 옮겨갈 뿐이다. 그 과정에서 우리의 신학이 거의 목 아래로는 내려갈 수 없다. 만약 학생이 교수의 사상을 정확하게 앵무새처럼 되풀이하면, 그에게 학위가 수여된다. 그리고 누가 사역할 자격이 있는지를 분석하는 데 있어, 많은 그리스도인이 신학 학위에 사로잡혀 있고 때로는 신성시하는 오늘날과 같은 때에는 그것의 의미가 아주 크다.1033)

그렇지만, 신학지식은 한 개인을 사역자로 준비시켜 주지 못한다.1034) 이것은 세상의 지식, 교회 역사, 신학, 철학, 그리고 성서가 무가치하다는 뜻이 아니다. 그런 지식은 매우 유익할 수 있다.1035 그러나 그것이 중심이 될 수는 없다. 신학으로 갖춰지고 높은 지식을 쌓은 것만으로는 하나님의 집에서 섬길 자격을 갖추었다고 할 수 없다.

신학대학원이나 성서대학에서 학위를 딴 사람들을 즉시 '자격자'로 인식하는 것은 크나큰 오류이다. 그런 학위를 따지 못한 사람들을 '자격없는 자'로 간주한다. 이런 기준에 의해 주님의 택함을 받은 많은 그릇이 자격 미달로 판정되어 왔다.1036)

더구나 정식 신학교육은 학생들이 사역에서 마주칠 많은 도전에 제대로 준비시켜주지 못한다. 코네티컷주의 하트포드신학대학원Hartford Seminary에서 발간된 『현대 신앙공동체 연구』Faith Communities Today study에 의하면, 높은 학위를 소지한 신학대학원 졸업생들과 성직자들이 갈등을 처리하는 능력과 '뚜렷한 목적의식'을 드러내는 데 있어서 신학대학원 교육을 받지 못한 사람들보다 더 낮은 점수를 받았다.1037)

이 설문조사는 목회교육이나 정식 학위가 없는 사역자들이 갈등과 스트레스를 얼마나 잘 처리하느냐에 있어서 더 높은 점수를 받았음을 보여 준다. 성서대학 졸업생들은 약간 낮은 점수를 받았고, 신학대학원 졸업생들이 가장 낮은 점수를 받았다!

이 연구가 밝혀낸 주요 결과는 다음과 같다: "신학대학원 교육을 받은 지도자들이 있는 교회들은 그룹 단위로 봤을 때, 지도자들의 목적의식이 덜 분명하고, 더 많고 다양한 종류의 갈등을 경험하고, 개인 간의 대화가 더 적고, 미래에 대한 확신이 덜하고, 그리고 예배의 변화에 위협을 더 느낀다."[1038]

이 모든 것은 이론만 무성한 신학대학원이나 성서대학에서 학위를 받은 사람이 교회생활body life의 도가니에서 실제적인 체험을 거의 해본 적이 없음을 암시해 준다. '교회생활'이라고 할 때, 우리는 제도권 교회의 토양에서 하는 일반적인 경험을 일컫는 것이 아니다. 그리스도인들이 친밀한 공동체로서 살아가며 그들 위에서 주장하는 지도자 없이 그리스도의 머리 되심 아래 함께 공동의 결정을 내리기에 힘쓰는 그리스도의 몸 안에서의 경험을 일컫는다. 그것은 무모하고, 불쾌하고, 노골적이고, 아주 부담스러운 경험이다. 이런 점에서, 신학대학원은 몇몇 꽤 기초적인 수준에서 영적으로 어리석음을 드러낸다.

신학대학원들의 접근방식은 또한 자가 참조적self-referential이다. 그들은 누가 어떤 조건에 의해 사역할 것인지의 고유의 기준을 스스로 설정한다. 그리고 나서 그들은 그 기준이 특별하게 도움되거나 중요하다고 생각지 않는 사람들을 판단한다.

그러나 신학대학원과 성서대학의 가장 치명적인 문제는 어쩌면 그 안에서 그들이 살아 숨 쉬며 존재감을 느끼는, 인간이 고안해 낸 제도를 영구화하는 것일 것이다. 이 제도는 이 책에서 밝힌 인간의 모든 다른 구식 전통과 함께 우리의 신학교들을 통해 보호되고, 보존되고, 널리 퍼져 나가고 있다.[1039]

우리의 신학교들은 교회의 병을 치료하려고는 하지 않고 오히려 병을 유발한 모든 비성서적인 관습들을 인정함으로써그리고 변호하기까지 함으로써 그 병을 더욱 악화시켰다.

그 문제를 아주 잘 요약한 어떤 목사의 말을 들어보라: "나는 복음주의가 제공하는 최상의 교육을 갖춘 제도를 통과해왔다. 하지만 진정 내가 필요한 훈련은 받지 못했다… 뛰어난 복음주의 신학교에서 7년 동안 받은 최고의 교육도 (1) 사역을 하고 (2) 지도자가 되도록 나를 준비시켜 주지 못했다. 어째서 내가 멋진 설교를 한 후 사람들이 내게 악수하며 "목사님, 설교 참 좋았어요"라고 말하게 할 수 있었는지를 나는 분석하기 시작했다. 그러나 이 사람들은 자존감이 낮아 고민하고, 배우자를 구타하며, 일 중독에 빠져 괴로워하고, 각종 중독에 걸려 있는 사람들이었다. 그들의 삶은 변화되지 않았다. 나는 스스로 질문을 던져야 했다. 내가 설교하는 이 대단한 지식이 어째서 그들의 머리에서 그들의 가슴과 삶으로 옮겨가지 않는 것일까? 그리고 나는 교회 안에 일어난 고장이 실제로는 신학대학원에서 배웠던 것에 기인한 것임을 깨닫기 시작했다. 만일 우리가 사람들에게 정보를 제공하기만 하면 그것으로 충분하다고 우리는 배웠다!"[1040]

심층 탐구

1. 만일 당신들이 신학대학원이 기독교 지도자들의 교육을 위해 적절한 환경을 제공하지 못한다고 믿는다면, 그리스도인 사역자들이 사역을 위해 준비되어야 할 당신들이 믿는 비결을 알려줄 수 있는가?

   이것은 아주 거창한 주제이다. 그러나 요약하자면, 예수 그리스도께서 그리스도인 사역자들을 훈련하신 방식은 수년 동안 그들과 함께 사신 것이다. 그것은 "현장 훈련"on the job training이었다. 주님은 제자들을 가까이에서 멘토링하셨다. 아울러 그들은 함께 공동체로 살았다. 예수님께서 사역하시는 것을 그들은 지켜봤고, 그다음 그들이 시험 삼아 나가서 사역하고 나서 주님께서 평가하셨다. 궁극적으로 주님은 그들을 보내셨고, 그들은 스스로 사역을 감당했다. 다소 사람 바울은 에베소에서 그리스도인 사역자들을 훈련할 때 똑같은 방식을 따랐다. 그들은 에베소에 있던 공동체의 일원으로서 바울을 지켜봤고, 궁극적으로 사역을 위해 보냄을 받았다.

2. "지성은 주님을 깊이 아는 데 있어 관문이 될 수 없다. 감정 또한 마찬가지이다."라는 당신들의 주장을 더 상세히 설명해줄 수 있는가? 우리가 오직 영적 계시에 의해서만 신적 진리를 얻을 수 있다는 토저Tozer의 관찰이 우리가 기독교 훈련을 제공해야 하는 방법에 어떤 영향을 미치는가?

    기독교 사역에서 다른 사람들을 훈련하는 사람들은 지성과 감정을 초월하는 영적 실체들에 익숙해야 한다. 결과적으로, 영적 형성, 영적 이해, 그리고 영적 통찰력은 영적 사역을 위한 훈련에 없어서는 안 될 요소들이다. 이것은 주님과 함께 하는 시간, 주님의 십자가를 지는 것 배우기, 순수한 공동체 안에서의 삶, 영적 본능을 갈고 닦기, 그리고 하나님의 음성 듣는 법을 분별해서 내적으로 주님의 인도 받기 등을 포함한다.

3. 교회가 어린이들과 청소년들을 교훈하는 방법에 대해 당신들이 추천할 것은 무엇인가?

    신약성서는 이 질문에 관해서는 절대적으로 침묵하고 있다. 비록 아이들의 윤리적 교육을 위한 책임이 부모에게 달렸다고 암시하고는 있지만. 엡6:4과 딤후1:5, 3:15을 참조할 것.

    그렇다면, 우리의 제안은 각 지역 교회의 창의력 있는 사람들로 하여금 아이들에게 사역할 새롭고 효과적인 방법들을 발견하도록 하라는 것이다.

11장 • 신약성서에의 재접근:
성서는 그림맞추기가아니다

"신약성서의 사역에 관한 주제를 다루는 데 있어 신약성서의 책들이 기록된 순서를 기억하는 것이 매우 중요하다. 만일 우리가, 신약성서의 책들이 지금 우리로 하여금 가정하도록 인도하는 순서대로, 복음서들이 최초로 기록되었고, 그다음 사도행전, 그리고 이어서 로마서를 시작으로 목회 서신들디모데서에서 디도서, 그리고 빌레몬서까지의 바울 서신들, 이런 순서로 기록되었다고 가정한다면, 우리는 결코 초대교회의 제도와 사상의 형성과정을 이해할 수 없게 될 것이다."

– 리차드 핸슨 Richard Hanson, 20세기 교부 학자

"지난 50년 또는 100년 동안, 신약성서 연구는 원시 기독교에서 '에클레시아'로 알려진 것을 우리를 위해 밝혀내는 임무에 끈질기게, 그리고 성공적으로 몰두해왔다 –오늘날 로마 가톨릭과 개신교 진영 둘 다에서 교회라고 불리는 것과는 아주 다른 것… 신약성서의 편견 없는 연구와 교회의 절실한 필요가 우리로 하여금 도달하도록 도와주는 이 통찰력은 다음과 같이 표현할 수 있다: 예수 그리스도의 교제인 신약성서의 '에클레시아'는 사람들의 순수한 친교이고 그것에 관한 제도의 특성과는 상관이 없다. 그러므로 모두 제도권의 특성으로 특징지어지는, 역사적으로 형성된 교회 중 어느 한 교회를 진정한 기독교 친교와 동일시하는 것은 잘못 인도하는 것이다."

– 에밀 브루너 Emil Brunner, 20세기 스위스 신학자

어째서 우리 그리스도인들은 그것이 신약성서와 동떨어진 것인 줄 전혀 알아채지 못하고 똑같은 의식을 일요일마다 답습하고 있을까?1041) 그것은 전통의 엄청난 힘과 관련이 있다. 우리가 살펴본 바와 같이, 교회는 종종 주위 문화가 가져올 부정적인 결과를 알지 못한 채 그것의 영향을 받아왔다. 또 어떤 때는 예수 그리스도의 인성과 신성에 관한

이단의 가르침 같은 것처럼 교회가 공공연한 위협에 대해 제법 제대로 인식했다. 그러나 교회는 그런 위협에 대항하여 싸우는 노력 속에서, 하나님께서 교회의 DNA 안에 새겨두신 유기적인 구조에서 멀리 떠나왔다.

그러나 그것 말고도 또 있다–그리스도인 대부분이 철저하게 알아채지 못하는 더 근본적인 무언가가 있다. 그것은 우리의 신약성서와 관련된 문제이다. 그 문제는 신약성서가 말하는 것 자체가 아니고 우리가 그것에 어떻게 접근하는가에 관한 문제이다.

현대 그리스도인들이 성서를 공부할 때 가장 흔히 사용하는 접근방식은 '본문을 증빙자료로 사용하기' proof texting라고 불린다. 이것의 기원은 1590년대 말로 거슬러 올라간다. 개신교 스콜라학자로 불렸던 어떤 사람들의 그룹이 개혁자들의 가르침을 아리스토텔레스의 논리 법칙들에 의해 조직화시켰다.1042)

그 개신교 스콜라학자들은 성서가 하나님의 말씀일 뿐만 아니라, 성서의 모든 부분이 문맥과 상관없이 그 자체로서 하나님의 말씀이라고 주장했다. 이것이 다음과 같은 사상을 위한 발판을 마련했다: 만일 우리가 성서에서 한 구절을 떼어낸다면, 그것이 그 자체로서 참된 사실이고 교리나 관습을 증명하는 데 사용될 수 있다.

1800년대 중반에 존 넬슨 다비John Nelson Darby가 등장해서 이 접근방식에 기초하여 신학을 정립했다. 다비는 '본문을 증빙자료로 사용하기'를 예술 수준으로 끌어올렸다. 사실, 근본주의자들과 복음주의 그리스도인들이 오늘날 받아들인 가르침의 상당한 부분은 다비가 제공한 것이다.1043) 그 모든 것은 '본문을 증빙자료로 사용하기' 방식에 기초하고 있다. 그래서 '본문을 증빙자료로 사용하기'가 우리 현대 그리스도인들이 성서에 접근하는 일반적인 방식이 되었다.

그 결과 우리 그리스도인들은 신약성서를 거의 (설령 그런 경우가 있다 할지라도) 전체적으로 볼 수 없게 되었다. 오히려 우리는 타락한 인간의 논리에 의해 짜맞춰진 단편적인 사상들에 사로잡히게 되었다. 이 접근방식의 열매는 우리가 신약교회의 원리들에서 한참 멀리 떠나 잘못된 길로 가게 된 것이다. 하지만, 우리는 여전히 우리가 성서적으로 하고 있다고 믿고 있다. 꾸며낸 이야기를 예로 들어 그 문제를 설명하고자 한다.

마빈 스너들리Marvin Snurdly를 만나다

마빈 스너들리는 전 세계에서 손꼽히는 결혼상담가이다. 결혼 전문가로 20년 동안 일해 오면서, 마빈은 위기에 처한 부부 수천 쌍을 상담해 왔다. 그의 인터넷 웹사이트에는 하루에도 수백 통씩 결혼생활의 고통을 호소하는 편지가 쇄도한다. 그 편지들은 세계 각지에서 온 것들이다. 그리고 마빈은 그 편지들 전부에 답장한다.

그 후로 100년이 지났고, 마빈은 무덤에 편히 잠들어 있다. 그의 4대손 중에 필딩 멜리쉬Fielding Melish라는 사람이 있었다. 필딩은 그의 고조 할아버지인 마빈의 잃었던 편지들을 찾아내기로 했다. 그러나 필딩이 발견한 마빈의 편지들은 13개밖에 되지 않았다. 마빈이 생전에 쓴 수천 통의 편지 중 고작 13개만 남아 있었다! 9개는 결혼생활의 위기 중에 있는 부부에게 쓴 편지였고, 4개는 배우자 개개인에게 쓴 편지였다.

이 편지들은 전부 1980년부터 2000년 사이의 20년 동안에 썼던 편지들이었다. 필딩은 이 편지들을 한 권의 책으로 편집할 계획을 세웠다. 그러나 마빈이 편지를 쓴 방식에는 필딩의 작업을 곤란하게 만든 뭔가 흥미로운 것이 있었다.

첫째, 마빈은 그의 편지들에 그것들을 쓴 날짜를 일절 기록하지 않는, 골치 아프게 하는 습관이 있었다. 일, 월, 연도가 13개 편지 어디에도 등장하지 않는다. 둘째, 편지들은 대화의 반밖에 표현해 주지 못했다. 마빈이 답장을 쓰도록 했던 즉, 마빈이 받았던 원래의 편지들은 존재하지 않았다. 결과적으로 마빈이 쓴 편지들의 배경을 이해하는 유일한 방법은 마빈의 대답에서 결혼 상황을 재구성해보는 것이었다.

편지마다 각기 다른 문제를 다루었고, 각기 다른 시기에 기록되어 각기 다른 문화권의 사람들에게 보내졌었다. 예를 들면, 1985년에 마빈은 결혼 초기에 성 문제로 고민했던 버지니아주에 사는 폴과 샐리 부부에게 편지를 썼다. 1990년에는 마빈이 아이들 문제로 상담을 구했던 호주의 제드로와 마틸다 부부에게 편지를 썼다. 1995년에는 마빈이 중년의 위기를 맞은 멕시코의 어떤 부인에게 편지를 썼다. 유감스럽게도, 필딩은 그 편지들이 언제 기록되었는지 알 길이 없었다.

20년 동안에 13개의 편지를, 각각 다른 문제들을 안은 다양한 문화권의 각기 다른 사람들에게 다른 시기에 보냈음을 주목하라.

13개의 편지를 연대순으로 정리해 보려는 것이 필딩의 바람이었지만, 기록한 시기를 알 수 없었기 때문에 그렇게 할 수 없었다. 그래서 필딩은 편지의 길이가 긴 것부터 짧은 것까지를 순서대로 배열했다. 즉, 그는 마빈이 쓴 편지 중 제일 긴 편지를 맨 앞에 놓고, 두 번째로 긴 편지를 그다음에 놓았다. 그다음 긴 편지를 세 번째에, 제일 짧은 편지를 맨 마지막에 놓았다. 13개의 편지는 연대순이 아닌 그 길이의 순서대로 배열되었다.

이 책은 출판되자마자 화제의 책으로 떠올라 일약 베스트셀러가 되었다.

100년이 흘렀어도, 필딩에 의해 편찬된『마빈 스너들리의 편지 모음』은 시험기를 지나서도 여전히 절찬리에 애독되고 있었다. 또 100년이 지났고, 이 책은 서구 전역에서 널리 사용되었다.

그 책은 이제 열 개 이상의 언어로 번역되어 출간되었다. 결혼 상담가들은 그 책의 여기저기에서 필요한 대로 인용했다. 대학교에서도 그것을 사회학 과

목에 교과서로 채택했다. 그 책이 너무 널리 사용되었기 때문에 어떤 사람은 그 책을 쉽게 인용하고 다루는 방법에 대한 기발한 아이디어를 내놓았다.

그 기발한 아이디어란 무엇인가? 그것은 마빈의 편지들을 장과 절로 나누어 번호를 매기는 것이었다. 그래서 『마빈 스너들리의 편지 모음』에 장과 절이 첨가되었다.

그러나 한때 생생하게 살아 있던 편지들에 장과 절이 첨가되면서, 알게모르게 뭔가 변질하였다. 편지들은 인격적인 촉감을 잃어버리고, 그 대신 지침서의 성격을 띠게 되었다.

많은 사회학자가 결혼과 가정에 관한 책들을 쓰기 시작했다. 그들이 참고한 주요 자료는 다름 아닌 『마빈 스너들리의 편지 모음』이었다. 24세기에 결혼을 주제로 한 아무 책이나 펼쳐 보면, 당신은 저자가 마빈의 편지들에서 장과 절을 인용하는 것을 발견하게 될 것이다.

그것은 보통 다음과 같다: 저자가 특정한 주장을 입증하고자 폴과 샐리에게 보낸 마빈의 편지에 있는 구절을 인용할 것이다. 그리고 나서 그는 제드로와 마틸다에게 보낸 마빈의 편지에서 또 다른 구절을 인용할 것이다. 그는 또 다른 편지에서 다른 구절 하나를 빼낼 것이다. 그리고 나서 그는 이 세 구절을 함께 짜맞춰서 그 구절들 위에 그의 특별한 결혼철학을 정립할 것이다.

결혼에 관해 책을 저술한 사실상 모든 사회학자와 결혼 전문가가 똑같은 방법을 사용했다. 하지만, 여기에 모순이 있다: 이 저자들이 모두 똑같은 자료를 사용했음에도 불구하고 그들끼리는 끊임없이 서로 대립했다!

그러나 이게 전부가 아니다. 원래 실제 장소에 있던 실재 인물들에게 보내졌던 살아 숨 쉬던 마빈의 편지들이 이제는 차가운 산문으로 변질하였을 뿐만 아니라, 논쟁을 좋아하는 사람들의 손에 쥐어진 무기가 되어버렸다. 적지 않은 결혼 전문가가 자신의 결혼철학에 동의하지 않는 사람들을 질타하려고 마빈의 편지들에서 하나씩 구절을 떼어다가 '본문을 증빙자료로 사용하기'proof text 시작했다.

이것이 어떻게 가능할까? 정확하게 똑같은 자료를 사용하는 모든 사회학자가 어떻게 서로 대립할 수 있을까? 그것은 편지들이 역사적 상황이 무시된 채 사용되었기 때문이다. 편지는 각각 그 연대순으로 뽑혔고, 실제 삶의 상황은 제거되었다.

다르게 표현하면, 마빈의 편지들은 고립되고, 뒤죽박죽 되고, 산산조각이 난 일련의 문장들로 둔갑해버렸다. 그래서 아무나 이 편지에서 한 문장, 저 편지에서 한 문장, 이런 식으로 뽑아낸 다음, 자기가 주장하려는 결혼철학을 정립하려고 그것들을 갖다 함께 붙였다.

기막힌 얘기가 아닌가? 자, 여기서 정곡을 찌르는 말을 들어보라. 당신이 알아차렸든 아니든, 이것이 당신이 가진 신약성서에 대한 묘사이다.

바울 서신들의 순서

신약성서는 대부분 사도 바울의 서신들이 차지하고 있다; 사실, 그는 신약성서의 3분의 2를 썼다. 그는 약 20년에 걸쳐 13개의 편지를 썼는데, 9개의 편지는 다른 시기에 다양한 문화권에서 각기 다른 문제들을 경험하고 있던 교회들에 보내졌다. 4개의 편지는 그리스도인 개인들에게 보내졌다. 그 편지를 받은 사람들 역시 각자 다른 시기에 다른 이슈들을 다루고 있었다.

20년 동안 13개의 편지를 각각 다른 시기에 다른 문화권에서 다른 문제들을 경험하고 있던 교회들에 썼음을 주목하라.1044)

2세기 초에, 누군가가 바울의 편지들을 한 권으로 편집하기 시작했다. 이 책을 학술적 용어로는 "정경"canon이라고 부른다.1045) 학자들은 이렇게 편집된 책을 "바울의 정경"the Pauline canon이라 일컫는다. 신약성서는 본질적으로 이 편집물인데, 그 뒤에 몇 개의 편지를 첨가하고, 그 앞에 4 복음서와 사도행전을 놓고, 맨 뒤에 요한계시록을 붙인 것이다.

그때에는 아무도 사도 바울의 편지들이 언제 기록되었는지를 알지 못했다. 그러나 그들이 알았다고 해도 상관없었을 것이다. 왜냐하면, 알파벳이나 연대적으로 순서를 정하는 전례가 없었기 때문이다. 1세기 그리스와 로마 문화에서는 문학작품의 순서를 긴 것에서 짧은 것의 길이에 의해 정했다.[1046)

당신의 신약성서가 어떻게 배열되었는지를 보라. 당신은 무엇을 발견했는가? 바울의 가장 긴 편지가 제일 먼저 등장한다.[1047) 로마서이다. 고린도전서가 두 번째로 긴 편지이기 때문에 로마서 바로 뒤에 나온다. 고린도후서가 세 번째로 긴 편지이다. 당신의 신약성서는 아주 짧은 빌레몬서까지 이런 식으로 배열되어 있다.[1048)

1864년에, 버나드Thomas D. Bernard는 뱀프턴 강좌Bampton Lectures의 일부분으로서 시리즈로 강좌를 했다. 이 강좌는 1872년에 『신약성서 교리의 진보』*The Progress of Doctirine in the New Testament*라는 제목의 책으로 출간되었다. 버나드는 그 책에서 신약성서에 있는 바울의 편지들이 하나님의 감동과 지지에 의해 그 순서대로 배열되었다고 주장했다. 이 책은 19세기와 20세기 성서 교사들 사이에 인기가 높았다. 그 결과, 19세기와 20세기에 집필된 사실상 모든 신학 책이나 해석학 책이나 성서주석은 우리로 하여금 신약성서의 총체적인 파노라마를 보지 못하게 하는 지금의 혼돈된 순서를 따르고 있다. 정경의 비평은 신학대학원들 사이에서 중요하게 취급된다. 이것은 전반적인 성서 신학을 습득하기 위해 정경을 하나의 단위로 공부하는 것이다. 오늘날 절실한 것은 정립된 신학이다. 지금의 정경과 그 잘못된 배열 위에 정립된 것이 아니라, 초대교회의 연대적 이야기 위에 정립된 신학이다.

다음은 당신의 신약성서에 등장하는 지금의 순서이다. 그 책들은 길이가 긴 것부터 짧은 것의 순서로 배열되어 있다:

로마서

고린도전서

고린도후서

갈라디아서

에베소서1049)

빌립보서

골로새서

데살로니가전서

데살로니가후서

디모데전서

디모데후서

디도서

빌레몬서

그러면 이 편지들의 올바른 연대 순서는 무엇인가? 저명한 학자들의 연구에 의하면, 그 편지들이 기록된 순서는 다음과 같다:1050)

갈라디아서

데살로니가 전서

데살로니가 후서

고린도 전서

고린도 후서

로마서

골로새서

빌레몬서

에베소서

빌립보서

디모데 전서

디도서

디모데후서

장과 절의 첨가

파리대학의 교수였던 스티븐 랭턴Stephen Langton이라는 사람은 1227년에 성서의 모든 책을 장단원으로 나누었다. 그리고 나서 1551년에 로베르 스테파노 Robert Stephanus라는 인쇄업자가 신약성서의 모든 책을 절로 나누고 번호를 매겼다.[1051]

스테파노의 아들에 의하면, 그의 아버지가 나누어 놓은 절들은 본문의 감각과는 상관없이 만들어졌다. 스테파노는 일정한 형식을 사용하지 않았다. 그는 파리에서 리옹Lyons까지 말을 타고 가는 동안, 랭턴이 이미 나누어 놓았던 신약성서 전체의 장들 안에 절들을 나누었다.[1052]

그래서 1551년에 거룩한 말씀의 페이지들에 절들이 탄생하였던 것이다.[1053] 그리고 그때 이후로, 하나님의 사람들은 가위와 풀을 가지고 각기 다른 편지들에서 고립되고 분리된 문장들을 자르고 갖다 붙여서, 그것들을 실제 삶의 상황에서 뽑아내어 자신들의 구름 잡는 교리들을 정립하기 위해 한데 묶는 식으로 신약성서에 접근해왔다. 그리고는 그것을 "하나님의 말씀"이라고 불렀다.

신학대학원들이나 성서대학들이나 할 것 없이 학생들에게는, 조금은 그런 경우가 있을지 몰라도, 연대순으로 배열된 신약성서의 책들을 가지고 초대교회에서 벌어졌던 자유스런 흐름의 이야기에 관한 파노라마를 볼 기회를 거의 주지 않았다.1054) 그 결과, 대부분 그리스도인은 신약성서에 있는 각 편지의 배경이 되는 사회적, 역사적 사건들과 철저하게 단절되었다. 그 대신, 그들은 신약성서를 어떤 주장이든지 증명하기 위해 갖다 쓸 수 있는 지침서로 탈바꿈시켰다. 성서를 잘게 썰어 산산조각 내는 것이 이런 짓을 비교적 쉽게 하게 한다.

신약성서에 어떻게 접근할 것인가?

우리 그리스도인들은 8가지 방법의 하나로 성서에 접근하도록 배워왔다. 당신에게 적용되는 것이 몇 개나 되는지 연필로 표시해 보라:

• 당신에게 감동을 주는 구절을 찾는다. 그런 구절을 찾으면 거기에 줄을 치거나, 그것을 암송하거나, 묵상하거나, 아니면 냉장고 문에 써 붙인다.

• 당신에게 하나님께서 약속하셨다고 생각되는 구절을 찾는다. 그렇게 해서 그것을 믿음으로 선언하고 주님으로 하여금 당신이 바라는 것을 하시게 한다.

• 당신이 순종하도록 하나님께서 명령하셨다고 생각되는 구절을 찾는다.

• 마귀를 겁줘서 혼비백산케 하는 구절이나, 시험에 빠졌을 때 마귀를 무찌르기 위해 당신이 인용할 수 있는 구절을 찾는다.

• 당신의 특정한 교리를 증명할 구절을 찾는다. 그렇게 해서 당신은 당신

의 신학적 논쟁 상대의 코를 납작하게 만든다. (그 '본문을 증빙자료로 사용하기'라는 방법 때문에, 기독교의 불모지대가 문맥과 동떨어진 임의의 성서구절 몇 개를 단순히 읊기만 하면 사실상 어떤 주제에 관한 토론도 끝장낼 것처럼 행동한다.)

- 다른 사람들을 좌지우지하거나 그들을 고쳐줄 구절들을 성서에서 찾는다.
- '설교'에 잘 들어맞을 구절들과 좋은 설교거리를 찾는다(이것이 설교하고 가르치는 수많은 사람을 영구적인 중독에 빠뜨린다).
- 때때로 눈을 감고 성서를 아무 데나 펴서 손가락을 얹은 다음 손끝이 머문 곳의 본문을 읽는다. 그리고 나서 당신이 읽은 것을 주님에게서 온 개인적인 '말씀'으로 받아들인다.

위에 열거한 목록을 다시 살펴보자. 그중에 당신이 사용한 접근 방법은 어떤 것들인가? 다시 살펴보라: 각 접근방식이 얼마나 개인주의적인가를 주목하라. 그것들 전부가 다 그리스도인 개인으로서의 당신을 중심에 놓고 있다. 각 접근방식은 신약성서 대부분이 개인을 향해서가 아닌 공동체들교회들을 향해 기록되었다는 사실을 무시해 버린다.

그러나 이게 전부가 아니다. 이 접근방식들은 각각 고립된 '본문을 증빙자료로 사용하기'에 기초하고 있다. 그것들은 신약성서를 무슨 지침서로 다루고 그 실제 메시지에서 우리의 눈을 멀게 한다. 이 책에서 살펴온 주제들유급 목사, 주일 예배 순서, 설교, 교회 건물, 종교적 의상, 성가대, 예배 인도팀, 신학대학원, 그리고 수동적인 제사장에 대해 우리가 동의하며 고개를 끄덕이는 것이 전혀 놀랄 일이 아니다 – 아무런 주저함도 없이.

우리는 그림맞추기처럼 성서에 접근하도록 배워왔다. 우리 대부분은 바울,

베드로, 야고보, 요한, 그리고 유다가 쓴 편지들의 배후에 있는 전체적인 이야기를 전혀 들은 적이 없다. 우리는 성서의 장들과 절들을 배웠지 역사적인 상황에 대해서는 가르침을 받은 적이 없다.[1055]

예를 들어, 당신은 바울이 갈라디아에 쓴 편지의 배후에 있는 이야기에 관해 배운 적이 있는가? 당신이 고개를 끄덕이기 전에, 다음의 질문들을 즉석에서 답할 수 있는지 스스로 살펴보라: 갈라디아인들은 어떤 사람들이었는가? 그들의 이슈는 무엇이었나? 사도 바울이 그들에게 언제 그리고 왜 편지를 썼는가? 바울이 갈라디아서를 쓰기 직전에 무슨 일이 벌어졌었는가? 갈라디아서를 썼을 때 바울은 어디에 있었는가? 무엇이 바울로 하여금 그 편지를 쓰게 했을까? 그리고 당신은 갈라디아서의 역사적 상황을 사도행전의 어느 부분에서 찾을 수 있는가? 이 모든 배경이 우리의 신약성서에 관해 이해하는 데 있어 필수적이다. 우리가 그런 배경을 알지 못하고는 성서를 분명하게 또는 정확하게 이해할 수 없다.[1056]

어떤 학자는 그것을 이런 식으로 표현했다: "신약성서에서 바울이 쓴 편지들의 배열은 전반적으로 그 길이 순으로 되어 있다. 우리가 사도행전의 기록에 비추어 그 당시의 실제상황을 가능한 한 그대로 맞춰서 그 편지들을 연대순으로 다시 배열할 때, 그 편지들은 더 많은 보배를 내어놓기 시작할 것이고; 그 편지들의 배경이 무시되었을 때보다 훨씬 더 쉽게 이해될 것이다."[1057]

또 다른 학자는 이렇게 말했다: "만일 앞으로 나올 [신약성서의] 새번역본이 독자가 신약성서를 이해하는 것을 방해하지 않고 도와주기를 원한다면, 장과 절로 나뉜 것이 본문에서 자취를 감추고, 그것을 가능한 한 눈에 띄지 않는 구석에다 놓아야 할 때가 무르익었음을 깨달아야 한다. 저자 자신이 마음에 품고 있던 것들이 뚜렷이 나타나도록 하는 방법으로 모든 노력을 기울여 출판해야 한다."[1058]

당신은 우리가 신약성서를 공부하는 방법을 "클립보드 접근방식"clipboard approach이라고 부를 수 있을 것이다. 당신이 컴퓨터에 익숙하다면 클립보드 clipboard 기능에 대해 알고 있을 것이다. 당신이 컴퓨터로 문서를 편집할 수 있다면, 클립보드를 통해 문서 일부분을 빼내고 붙여 넣을 수 있을 것이다. 클립보드는 한 문서에서 문장을 빼내서 다른 문서에 그것을 붙여 넣을 수 있게 해준다.

목사들, 신학대학원생들, 그리고 평신도들은 너나 할 것 없이 클립보드 접근방식에 의해 성서공부를 하도록 길들어왔다. 이것이 우리가 인간이 만든 꽉 막힌 전통들을 정당화하고, 그것들을 성서적이라고 떠넘긴 방법이다. 그것이 우리가 신약성서를 열 때마다 초대교회가 어떤 모습이었을지를 일상적으로 보지 못하는 이유이다. 우리는 그냥 구절들만 본다. 전체적인 윤곽은 보지 못한다.

이런 접근방식이 오늘날 제도권 교회들뿐만 아니라 가정집 교회들house churches에도 여전히 팔팔하게 살아 있다. 누구라도 그것에 쉽게 빠져들 수 있음을─그리고 그것이 해로운 영향을 끼칠 수 있음을 또 다른 예를 들어 설명하고자 한다.

죠 하우스처치Joe Housechurch를 만나다

죠는 제도권 교회에서 자라났다. 그는 지난 10년 동안 교회에 만족이 없었다. 하지만, 그는 하나님을 향한 열정을 가졌고 또 하나님께 쓰임 받기를 진심으로 원하고 있다.

죠는 가정집 교회들House Churches에 관한 책을 읽고 양심에 갈등이 일어났다. 그리고 결국 놀라운 것들을 발견하게 되었다. 즉, 신약성서에는 오늘날과 같은 목사가 없다는 것을 알게 되었던 것이다. 또 교회 건물도 없고, 유급 성직자도 없고, 교회 모임에 누구나 다 자유롭게 참여해서 나눌 수 있음도 깨닫게 되었다.

이 모든 것의 발견이 죠의 인생을 얼마나 발칵 뒤집어 놓았는지, 결국 그는 제도권 교회를 떠나 버렸다. 물론 잔뜩 화가 난 목사를 대면하고 사실인즉, 죠는 이 "엄청난 계시들"을 교회의 다른 사람들에게 떠벌이는 실수를 범했다. 목사가 낌새를 알아챘을 때, 죠는 목사의 집중포화를 맞게 되었고 또 이단자라는 낙인이 찍혔다.

상처를 달래고 있던 죠는 그의 뇌 속에 자르고 붙이는 접근방식이 아직도 살아 있다는 것을 전혀 깨닫지 못한 채 신약성서를 열었다. "클립보드 사고방식"은 그의 생각에서 조금도 뽑히지 않았다. 그리고 그리스도인들 대부분이 그런 것처럼 그는 천진난만할 정도로 그것을 깨닫지 못했다.

죠는 신약성서적인 교회를 시작할 요건들을 찾기 시작했다. 그래서 그는 그리스도인 대부분이 하나님의 뜻을 구할 때 하는 길들여진 행동을 하기 시작했다. 그는 신약성서 여기저기서 구절을 골랐다−그 구절들의 사회적 배경과 역사적 배경은 무시한 채.

죠는 마태복음 18:20이 떠올랐다: "두세 사람이 내 이름으로 모인 곳에는 나도 그들 중에 있느니라." 계속해서 성서를 읽어가다가 사도행전 2:46 에서 초기 그리스도인들이 정기적으로 "집에서" 모였음을 발견하게 되었다. 죠에게 계시가 임했다. "내가 해야 할 일은 오직 내 집을 개방해서 두세 사람을 모아 모임을 하는 것이다. 바로 이거다! 내가 신약성서적인 교회를 세우게 되었다!"

그래서 죠는 그다음 일요일에 그의 집을 개방해서 신약성서에 기초한 "가정집 교회"를 시작했다. 물론 그의 생각이 그렇다는 얘기임 머지않아, 그는 또 다른 계시를 받았다: "나도 바울처럼 교회를 개척하는 사람이다. 나도 바울이 했던 것처럼 가정집 교회를 시작했다." 죠는 그가 방금 두 개의 각기 다른 성서 본문에서 두 개의 문장을 뽑아낸 다음—역사적 상황과는 완전히 동떨어진—성서에 뿌리를 두지 않은 뭔가를 하려고 구절들을 함께 묶었다는 사실을 깨닫지 못했다.

마태복음 18:20은 교회를 세우는 지침이 아니다. 그것은 출교에 관해 다루는 구절이다! 사도행전 2:46은 단순히 초기 그리스도인들이 어떻게 했는지에 관한 보고이다. 물론 초기 그리스도인들은 가정집에서 모인 게 사실이다. 그리고 우리가 오늘날 집에서 모이는 것은 적극적으로 추천할 만한 일이다.1059) 그러나 집을 개방해서 사람들을 초청하여 모임을 한다고 교회가 되는 것은 아니다. 그것이 그 집의 주인을 교회 개척자church planter로 만들어 주지도 않는다.

1세기에 세워진 교회들은 피와 땀으로 세워졌다. 그 교회들을 세운 사람들은 토요일에 회당을 떠나서 일요일에 가정집 교회를 세우겠다고 결심하지 않았다. 신약성서에서 교회를 세우는데 관여했던 사람들은 누구나 다 이미 존재하고 있던 교회에서 먼저 평범한 형제로 신앙생활을 했었다. 그리고 때가 되어 그 사람은—그를 아주 잘 알았던 교회 안에서 많은 고통을 겪고 노출이 되고— 교회의 인정을 받고 세워져서 보냄을 받았다. 이것이 신약성서를 통틀어 일관된 패턴이다.1060)

당신은 성서의 구절들을 가지고 무엇이든지 다 증명할 수 있다. 신약성서의 원리들과 일치하는 교회가 태어나려면, 당신의 집을 개방해서 사람들을 안락한 소파에 앉혀 놓고 다과를 나누며 성서에 관해 논하는 것보다 훨씬 더 수고를 요한다.

우리가 신약성서 방식의 교회라고 할 때 그것은 무엇을 뜻하는가? 그것은 인간 지도자 없이 모이는 모임에서 어떻게 예수 그리스도를 경험하고 또 드러낼지를 아는 사람들의 그룹을 말한다. 또 그런 사람들의 그룹은 그 교회의 설립자 교회 개척자가 그들을 떠나고서 그들만 남았을 때 몸으로서 함께 유기적으로 역할을 수행할 수 있다. 이것은 교회 개척자들이 절대 돌아오지 않는다는 뜻이 아니다. 그 교회를 도울 필요가 있는 경우가 많이 있다. 그러나 교회 개척자들은 교회를 개척하고 나서 그 교회에 있을 때보다 없을 때가 더 많아야 한다.

신약성서 방식의 교회를 개척하는 사람은 그 교회에 목사, 장로들, 음악 사역자, 성서 인도자 또는 성서교사를 두지 않고 떠난다. 만일 그 교회가 제대로 세워졌다면, 그 교인들은 교회 모임에서 살아 숨 쉬는 머리로서 예수 그리스도를 감지하고 따르는 법을 알게 될 것이다. 그들은 주님께서 보이지 않는 가운데 모임을 인도하시도록 하는 법을 알게 될 것이다. 그들은 자신들의 노래를 가져오고, 자신들이 직접 노래 가사를 쓰기도 하고, 그리스도께서 그들에게 보여주신 사역을 하게 될 것이다 – 인간 지도자 없이! 여기에 묘사된 것은 사변철학 armchair philosophy이 아니다. 나프랭크는 이것에 들어맞는 교회들과 함께 해왔다.

이렇게 하도록 사람들을 준비하는 것은 당신의 집을 개방하고 "와서 같이 성서공부 합시다"라는 말하는 것보다 훨씬 더 많은 것을 요한다.

앞의 이야기로 돌아가 보자. 죠는 이제 자신이 생각하는 신약성서적인 교회를 가지게 되었다. 죠의 그룹과 같은 모든 작은 그룹에서는 리더십의 이슈가 생기게 된다. 죠는 어떻게 할 것인가? 그는 여느 때처럼 리더십에 관한 구절들을 찾기 시작했다. 그러다가 사도행전 14:23의 이 말에서 눈이 멎었다: "각 교회에서 장로들을 택하여." 죠에게 또 하나의 계시가 임했다! 하나님의 말씀이 모든 신약성서의 교회에 장로가 있었다고 선포하고 있구나, 그는 곰곰이 생각했다. 그래서 우리 가정집 교회에도 장로들이 필요하다! (죠는 그의 집을 개방하고 단 2주 만에 이것을 발견했다.)

죠는 그 구절을 문맥에서 따로 떼어내고 장로들을 임명했다. 그런데 죠 자신도 마침 장로 중 하나가 되었다.

그러면 사도행전 14장의 역사적 상황은 무엇인가? 두 교회 개척자바울과 바나바가 안디옥에 있는 그들의 모 교회에서 보냄을 받았다. 이 두 사람은 이렇게 보냄을 받기 전에 지도자가 아닌 형제로서 바나바는 예루살렘에서, 바울은 안디옥에서 이미 교회생활을 경험했다.

사도행전 14:23은 이 두 교회 개척자가 보냄을 받고 나서 벌어진 일들을 묘사한 것 중의 일부분이다. 그들은 남갈라디아 지역에 있었다. 두 사람은 조금 전에 4개의 교회를 개척했다. 그리고 지금 그들은 그 교회들을 세운 지 6개월에서 1년쯤 후에 돌아가서 그 교회들을 방문하는 중이다. 바울과 바나바는 갈라디아의 각 교회로 돌아가서 각 교회에서 "공개적으로 연장자들을 인정"했다.[1061]

죠는 이 본문을 해석하면서 또 하나의, 더 미묘한 실수를 범했다. 그 구절은 바울과 바나바가 각 교회에 장로들을 택했다고 했다. 그런데 죠는 이것이 모든 참된 교회에는 장로들이 있어야 한다는 뜻으로 받아들였다. 하지만, 이 본문은 그런 식으로 얘기하지 않았다. 그 구절은 1세기 때 남갈라디아 지역에서 있었던 사건을 언급하고 있다. "각 교회"는 49년에 남갈라디아 지역에 있었던 각 교회를 의미한다![1062] 누가는 바울과 바나바가 방금 개척했던 네 교회에 대해 얘기하고 있다. 당신은 우리가 성서 본문의 역사적 상황에서 경솔하게 구절들을 뗐을 때 생기는 문제를 보고 있는가?

사실을 말하자면, 죠는 성서의 울타리 밖으로 완전히 벗어나 있다. 첫째, 그는 순회 교회 개척자an itinerant church planter가 아니다. (이들이 1세기에 장로들을 세운 사람들이다.) 둘째, 그의 교회는 장로를 세우는 데 있어 일러도 보통 이른 것이 아니다. 예루살렘교회에서는 장로가 세워지기까지 적어도 14년쯤 걸렸다. 그러나 죠는 자신의 성서 구절을 붙들고, 그래서 스스로 상상 속에서 "성서 말씀에 서 있었다."

그 후에 헌금의 이슈가 튀어나왔다. 그래서 죠는 그 해답을 고린도전서 16:2

에서 찾았다: "매주 첫날에 너희 각 사람이 수입에 따라 모아 두어서." 이 구절에 기초해서 죠는 그의 가정집 교회에 있는 모든 사람이 주일 아침에 교회 재정을 위한 헌금을 해야 한다는 규율을 만들었다.

또다시 죠는 성서의 문맥에서 구절 하나를 떼 그 위에 관습을 세웠다. 고린도전서 16:2은 한 번 요청했던 일을 다루고 있다. 그것은 55년경에 고린도교회에 보내졌던 편지의 내용이다. 그때 바울은 그가 세운 모든 이방인 교회에서 돈을 모으고 있었다. 바울이 이렇게 한 데에는 한 가지 목적이 있었다: 그는 처절한 가난 속에 있던 예루살렘의 형제 자매들에게 그 모은 돈을 갖다 주려고 했다. 바울은 고린도교인들에게 다음과 같이 말했다: "그런데 내가 가서 방문할 때, 예루살렘으로 가지고 갈 수 있게끔 그 돈이 준비되어 있기를 바란다. 그러려고 너희가 매 일요일에 함께 모일 때 구제기금을 위해 너희 수입의 일부를 점차 따로 떼어 놓기를 바란다." 그러므로 고린도전서 16:2은 매주일 헌금을 걷는, 형식적인 의식과는 아무런 상관이 없다.1063)

그다음, 죠의 가정집 교회는 교회의 선교에 대해 토론하기 시작했다. 역시 죠는 그 해답을 성서에서 고르기로 하고, 답을 주는 구절을 찾았다. 그리고 그는 마태복음 28:19에서 멈췄다: "그러므로 너희는 가서 모든 민족을 제자로 삼아." 그는 이 구절과 같은 맥락의 마가복음 16:15을 찾았다: "너희는 온천하에 다니며 만민에게 복음을 전파하라." 그는 계속해서 사도행전 5:42을 찾았다: "그들이…예수는 그리스도라고 가르치기와 전도하기를 그치지 아니하니라."

죠는 혼자 곰곰이 생각에 잠겼다: 우리의 임무는 복음을 전하는 것이다. 그것이 우리가 존재하는 이유이다. 아뿔싸! 만약 하나님께서 우리가 복음 전하는 것을 원치 않으셨다면, 우리가 구원받자마자 하나님께서 우리를 다 죽이셨을 것이다! 그래서 우리가 산소를 호흡해야 하는 단 하나의 이유는 우리가 가정집 교회를 하는 유일한 이유는 복음을 전하기 위해서이다. 이것이 바로 신약성서가 말하고

자 하는 것이다. 내가 방금 이것을 읽었다. 그리고 만일 우리가 정기적으로 복음을 전하지 않는다면, 하나님께 죄를 짓는 것이다!

또다시 죠는 문맥과 전혀 상관없는 세 개의 구절을 뽑아냈다. 마태복음 28:19과 마가복음 16:15은 예수님께서 자신의 사도들을 보내시면서 하신 말씀이다. 그리고 바로 그 사도들이 사도행전 5:42에서 복음을 전하고 있다. 그리스 원문에는 그 "지상명령"이 "너희가 길을 가면서…"로 되어 있다. 그러므로 그것은 예언("가면서")이지, 명령("가라")이 아니다.[1064] 주님은 사도들에게 "가라"고 명령하시지 않았다. 그들이 가게 될 것이라고 그들에게 말씀하셨던 것이다. 여기에 귀중한 포인트가 있다.

오늘날의 그리스도인들과는 달리 초기 그리스도인들은 죄책감이나, 명령이나, 아니면 의무감에 의해 그리스도를 전하지 않았다. 그들은 주님께서 그들에게 쏟아 부으심으로 주체할 수 없어서 주님을 전파했다! 그것은 죄책감이 아닌, 생명에서 나온 것으로 자발적이었고, 유기적이었다.

교회의 선교에 관한 죠의 사고방식은 두 가지에 의해 형성되어 왔다: 19세기 부흥운동[3장], 그리고 성서에 클립보드 방식으로 접근하는 것.

클립보드 접근방식의 총체적 결과

여기서 잠깐 뒤로 가서 죠의 이야기를 분석해 보자. 죠는 신약성서를 엄청나게 잘못 사용했다. 그의 동기는 순수했는가? 그렇다. 그에게 하나님께 대한 열심이 있는가? 당연하다. 이것이 그가 성서를 잘못 적용하는 것을 막아 주었는가? 아니다.

죠는 우리 대부분이 배웠던 방식대로 신약성서에 접근했다−가위와 풀을 가지고 자르고 붙여서 우리가 선호하는 교리들과 관습들의 기초를 놓았다.

이 클립보드 접근방식의 총체적 결과는 아주 비극적이다. 그것은 존재해야 할 성서적 근거가 없는 오늘날의 수많은 교회를 양산해 냈다. (우리가 오늘날 아는 제도권 교회들을 말하는 것이다). 그러나 더 비극적인 것은, 그것이 생명력 없고, 무미건조하며, 기계적이고 형식적인 '가정집 교회들'을 잔뜩 만들어 냈다는 사실이다.

에스겔이 보았던 마른 뼈가 가득한 골짜기의 환상을 상기하라.에스겔 37장을 참조할 것 하나님께서 에스겔을 마른 뼈가 가득한 골짜기로 데리고 가셨고, 생기살아 숨 쉬는 하나님의 말씀가 그 뼈들을 살리려고 속으로 들어갔다. 성서는 말하기를 이 뼈, 저 뼈가 들어맞아 뼈들이 서로 연결되었다고 했다. 그리고 그 뼈에 힘줄이 생기고 살이 오르며 그 위에 가죽이 덮였다고 했다. 그다음 하나님의 생기가 바람처럼 사방에서부터 와서 그것에 들어가, 그 죽었던 뼈들이 극히 큰 군대가 되었다고 했다.

많은 현대 가정집 교회의 '설립자들'은 손에 풀, 바늘, 실, 그리고 신약성서 구절들을 가지고 마른 뼈가 가득한 골짜기에 온 사람들로 묘사될 수 있다. 그들은 뼈들을 취해서 그것들을 함께 풀로 붙였다. 그들은 힘줄과 살을 실로 꿰매었다. 그리고 나서 다음과 같이 선언했다: "보라, 신약성서에 기초한 신약성서적인 교회를. 우리는 장로들이 있고, 가정집에서 모이고, 고용된 성직자가 없고, 매주 헌금을 걷고, 그리고 복음을 전파한다."

그러나 사방에서 와서 부는 생기가 없다!

예수 그리스도의 교회는 시작될 수 없다. 용접을 하듯 꿰맞출 수 없다. 우리가 구절들을 뽑아 내어 그것들을 기계적으로 모방함에 의해 신약성서에서 얻을 수 있는 청사진이나 모델은 존재하지 않는다. 예수 그리스도의 교회는 생물학적인, 살아 있는 실체이다! 교회는 유기적이다: 그러므로 교회는 태어나야 한다.

우리가 1세기에 교회들이 세워진 방식에 제대로 주의를 기울여야 하는 것은 당연하다. 나는 성서가 우리를 위해 이것과 관련된 영속적인 원리들을 간직하고 있다고 믿는다. 신약성서에 언급된 모든 교회의 수를 세어 보면 약 35개쯤 된다. 그 교회들은 전부 다 오직 그리스도만을 전하는 순회 교회 개척자에 의해서 세워졌든지, 아니면 그의 도움을 받았다. 거기엔 예외가 없다. 교회는 사도들이 예수 그리스도를 제시한 결과로 세워졌다.

이 원리를 뒷받침해 주는 구절들이 가정집에서 모였다는 구절들보다 더 많다. 이것을 뒷받침해 주는 구절들이 모두가 참여하는 열린 모임에 관한 구절들보다 더 많다. 이것을 뒷받침해 주는 구절들이 주일에 헌금을 거두었다는 것보다 더 많다. 사도행전은 순회 사역자에 의해 개척된 교회들의 기록이다. 유대에서, 남갈라디아 지역에서, 마게도냐에서, 아가야에서, 소아시아에서, 그리고 로마에서. 서신들은 사도적 일꾼들이 쓴 편지이다. 위기에 처한 교회에게, 개인들에게, 그리고 그들이 영적 사역을 위해 훈련하고 있던 사람들에게. 순회 교회 개척자의 원리는 신약성서에 널려 있다.[1065]

그리고 우리가 살펴본 바와 같이, 이 관습을 지지하는 성서 말씀이 우리가 현대교회에서 하는 모든 비성서적인 것목사를 채용하는 것을 포함해서을 지지하는 말씀보다 훨씬 더 많다. 교회를 개척하고 돕는 순회사역자들의 패턴은 신약성서 전체에 널리 퍼져 있다. 그리고 그것은 하나님의 원리에 깊이 뿌리 내린 패턴이다.[1066]

실제적인 개선책

그렇다면 신약성서에 클립보드 방식으로 접근하는 것의 해결방법은 무엇일까? 우리 시대에 그리스도의 몸으로서의 생명력 있는 표현으로 당신을 인도 할 개선책은 무엇일까? 그 해결방법은 우리의 신약성서를 이해하는 데서 시작된다.

우리는 신약성서에 현미경을 들이대고 접근해서, 초기 그리스도인들이 어떻게 했는지를 알려고 구절들을 뽑아내는 것에 길들어 왔다. 우리는 그런 사고방식을 포기하고, 뒤로 물러나서, 성서를 신선하게 봐야 할 필요가 있다. 우리는 시작부터 끝까지의 전반적인 드라마에 익숙해져야 한다. 현미경으로 들여다보는 식이 아닌, 파노라마를 감상하듯 신약성서를 보도록 배울 필요가 있다.

우리 시대의 위대한 학자 중 하나인 브루스F. F. Bruce는 언젠가 재미있는 표현을 했다. 그는 바울의 서신들을 읽는 것이 마치 전화 통화의 한쪽 편에서 듣는 것과 같다고 말했다.[1067] 최근의 성서학자들 덕분에, 우리는 이제 초대교회의 대하드라마를 재구성할 수 있게 되었다. 바꿔 말하면, 우리가 통화의 저쪽편 이야기도 들을 수 있게 되었다! 프랭크의 책『알려지지 않은 신약성경 교회이야기』*The Untold Story of the New Testament Church*, 순전한나드는 통화의 양쪽을 재구성해서 초대교회의 유연한 이야기를 하나 만들어냈다.

초대교회의 이야기를 배우는 것은 신약성서를 자르고 붙이는 클립보드 접근방식이 영원히 치료되는 것이다. 그 이야기를 배우면, 하나님 자신 안에 있는, 신약성서 전체를 통틀어 한결같이 나타난 영적 원리들이 드러나게 될 것이다. 우리의 성서 접근방식 때문에, 그리고 바울의 편지들이 연대순으로 배열되지 않았기 때문에 우리는 그 원리들을 끊임없이 놓치고 만다.

우리가 그 이야기를 배울 때, 우리가 붙드는 구절들은 그 이야기 앞에 절하고 굽혀야 할 것이다. 우리는 문맥에서 구절 하나를 뽑아내어 "여기 봐, 우리가 이렇게 해야 해"라는 식의 말을 더는 할 수 없다. 우리 그리스도인들이 생각 없이 성서에서 뽑아내는 구절들 상당수는 그냥 굴복하지는 않을 것이다. 더 중요한 것은, 이런 방식으로 성서에 접근하는 것이 우리로 하여금 최초의 그리스도인들이 그들의 주님이신 예수님을 충성스럽게 따르고 나타내면서 살았던 열정과 화합을 볼 수 있게 해준다. 그런데 그 열정은 어떤 것일까? 이것이 우리가 마지막 장에서 다룰 질문이다.

심층 탐구

1. 당신들은 성서를 주제별로 다루는 것이 언제나 위험하다고 말하고 있는가? —개인적으로 공부할 때나 어떤 특정한 이슈에 관해 가르치려고 준비할 때. 또는 만일 그리스도인들이 성서를 파노라마로 이해하려고 시간을 낸다면 그들이 '본문을 증빙자료로 사용하기'의 위험을 피할 수 있을 거로 생각하는가?

   만일 '주제'의 일부인 특정한 본문이 그것의 역사적 상황 안에서 이해되지 않는다면 주제별 공부는 그 누구라도 쉽게 잘못된 방향으로 인도할 수 있다. 이런 이유 때문에, 그것의 역사적 상황 안에서 유연한 전체 이야기를 보면서 성서의 이야기로 시작하는 것이 제일 좋다. 한번 이 기초가 놓이면, 주제별 공부는 꽤 의미 있다고 할 수 있다.

2. "유기적 교회"organic church가 "가정집 교회"의 동의어인가? 아니라면, 어떻게 구분하는가?

   그것은 동의어가 아니다. 어떤 가정집 교회들은 유기적이지만, 유기적이지 않은 가정집 교회들도 있다. 오늘날의 많은 가정집 교회는 미화된 성서공부이다. 또 다른 많은 가정집 교회는 음식을 나누는 것에서 맴도는 것이 거의 전부인 식사 잔치이다. 어떤 가정집 교회들은 전통 교회들 못지않게 제도화되어 있다. 참석자가 45분간 설교를 들을 수 있도록 마련된 거실의 강대상과 일렬로 배열된 의자를 가진.

유기적 교회생활은 다음과 같은 것들로 특징지어지는 기초적인 경험
이다: 서로 잘 아는 공동체, 모든 지체가 역할을 함, 모두가 참여하는 열
린 모임, 계층 없는 리더십, 그리고 그룹의 실제 지도자요 머리이신 예수
그리스도의 중심성과 우월성. 달리 표현하자면, 유기적 교회생활은 그
리스도의 몸으로서의 '경험'이다. 그것은 가장 순수한 형태로서 삼위일
체 하나님의 교제를 땅으로 가져와서 사람들에 의해 경험되도록 한다.

3. 건강한 유기적 교회의 사인signs은 무엇인가? 건강치 못한 유기적 교회
   의 사인은 무엇인가?

건강한 유기적 교회의 사인은 아래와 같다:

- 형제들과 자매들이 그리스도 중심의 친밀한 공동체로 함께 지어져
  감
- 지체들의 삶에 일어나는 성품의 변화
- 모든 지체가 역할을 하고 서로 나눔에 의해 예수 그리스도를 표현하
  고 계시하는 모임
- 활기차고, 번성하며, 진실하고, 모든 지체의 서로 향한 사랑이 더욱
  더 자라는 공동체 생활
- 주님께 멋지게 사로잡힌 신자들의 공동체, 그리고 사는 방식이 율법
  적이거나 자유방임적이지 않은 사람들

건강치 못한 유기적 교회의 사인은 사도 바울이 고린도교회에 지적한 문
제들과 똑같다:

- 하나님의 은혜를 죄짓는 면허로 왜곡시킴
- 분파적이고 우월적인 태도
- 지체들 사이에 자기 중심적임

    유기적 교회들은 서로 잘 아는 공동체이기 때문에, 그들은 그리스도인들이 친밀한 관계성 안에서 직면하는 모든 전반적인 문제를 경험한다. 그 문제들은 바울의 서신들에서 다루어지고 있다. 건강한 교회들은 그 문제들에서 살아남아, 그 문제들을 통과하고 나서 더 튼튼해진다. 건강치 못한 교회들은 일반적으로 그 문제들에서 살아남지 못한다.

12장 • 다시 봐야 할 구세주:
혁명을 일으키시는 예수님

"진짜 급진파는 뿌리가 있는 사람이어야 한다. 내가 다른 곳에서 사용했던 말로 표현하면, '혁명가는 그가 보게 될 붕괴하는 구조에 '이방인'일 수 있다: 실로, 그는 자신을 그것의 밖에 두어야 한다. 그러나 급진파는 자신이 속한 전통의 뿌리로 가야 한다. 그는 그것을 사랑해야 하고, 그가 전통의 파멸을 선고해야 함에도 예루살렘을 위해 울어야 한다.'"

— 존 로빈슨 John A. T. Robinson 신약학자

"기독교가 원기를 회복하려면 지금 사용되고 있는 어떤 것도 아닌 다른 방법을 동원해야 한다. 만일 20세기 후반의 교회가 전반기에 입은 상처들에서 회복되려면, 새로운 유형의 설교자가 나타나야 한다. 회당의 우두머리에 적합한 그런 유형은 결코 할 수 없다. 혹은 자기 임무를 수행한 대가로 봉급을 받고 입 싹 씻는 제사장 같은 유형의 사람이나, 기독교를 모든 사람이 받을 만하게 만드는 법을 아는 부드럽게 말하는 목회자의 유형으로도 할 수 없다. 이 모든 유형은 이미 시도되었지만, 갈증만 더 생겼다. 다른 유형의 종교 지도자가 우리 중에 일어나야 한다. 그는 하나님의 환상을 보고 보좌에서 나오는 음성을 들은 사람, 곧 옛 선지자 같은 유형이어야 한다. 그가 나타날 때 능글맞은 우리의 부드러운 문명이 소중하게 붙드는 모든 것에 대하여 그는 노골적인 반대의 위치에 서게 될 것이다. 나는 한 사람이 아니라 많은 사람이길 바라며 하나님께 기도한다. 그는 하나님의 이름으로 반대하고, 고발하고, 대항할 것이며, 기독교의 상당한 세력에 의해 미움을 받고 반발을 사게 될 것이다.

— 토저 A. W. Tozer

예수 그리스도는 구세주이실 뿐 아니라, 메시아, 선지자, 대제사장, 그리고 왕이시다. 아울러 주님은 혁명가이시다. 하지만, 주님을 그렇게 아는 그리스도인은 드물다. 의심할 여지 없이, 독자 중에는 이 책

을 읽는 동안 이런 생각을 하고 갈등을 겪은 사람도 있을 것이다: 당신들은 어째서 현대 교회에 대해 그토록 부정적이어야 하는가? 예수님은 비판적인 분이 아니셨다. 교회의 문제를 파헤쳐서 얘기하는 것은 우리 주님과는 너무나도 동떨어진 것이다. 긍정적인 것에 초점을 맞추고, 부정적인 것은 그냥 넘어가기로 하자!

그런 감상적인 태도는, 혁명적인 교사이며, 혁신적인 선지자이며, 도발적인 설교자이며, 논쟁의 대상이며, 관습 타파주의자이며, 종교 당국과 화해할 수 없는 적이셨던 그리스도와는 완전히 생소한 것이다.

그렇다 하더라도, 우리 주님은 자신의 사람들에게는 비판적이거나 가혹하지 않으시다. 그분은 자비와 인자하심으로 가득하고, 자신의 사람들을 뜨겁게 사랑하신다. 그렇지만, 엄밀하게 따지고 보면 이것은 주님께서 왜 자신의 신부를 놓고 질투하시는지의 이유이다. 그리고 그것은 주님께서 왜 자신의 사람들을 가두어 놓은 깨질 줄 모르는 전통들과 타협하지 않으시는지의 이유이다. 또한, 우리가 그 전통들에 광적으로 집착하는 것을 주님께서는 모른 체하시지 않을 것이다.

주님께서 지상에 계셨을 때 어떻게 행동하셨는가를 생각해 보라.

예수님은 결코 선동가이시거나 열광적인 반란 주모자가 아니셨다.마 12:19-20 하지만, 주님은 서기관들과 바리새인들의 전통에 끊임없이 도전하셨다. 그리고 우연히 그렇게 하신 것이 아니라 의도적으로 그렇게 하셨다. 바리새인들은 자신들이 발견했다는 '진리'를 위해 그들이 보지 못하는 진리를 없애 버리려고 했던 사람들이다. 이것은 왜 "장로들의 유전"과 예수님의 행동 사이에 돌발적인 논쟁이 잇따랐는지에 대한 이유를 설명해 준다.

누군가 다음과 같이 얘기한 적이 있다: "반란 주모자는 과거를 변화시키려 하고, 혁명가는 미래를 변화시키려고 시도한다." 예수 그리스도는 이 세상에 대대적인 변화를 일으키셨다. 그것은 하나님을 보는 인간의 눈의 변화이다. 또 인간을 보는 하나님의 눈의 변화이다. 그리고 여자를 보는 남자들의 눈의 변화이다. 우리 주님은 옛 구조에 급진적인 변화를 일으키셔서 그것을 새 구조로 대체하셨다.1068) 주님은 새 언약을 성취하러 오셨다. 즉, 그것은 새로운 나라, 새로운 출생, 새로운 혈통, 새로운 종족, 새로운 문화, 그리고 새로운 문명이다.1069)

복음서들을 읽어 가면서 혁명가이신 당신의 주님을 바라보라. 바리새인들의 관습을 고의로 깔보시면서 그들을 당황케 하시는 주님을 주시하라. 예수님은 그들이 소중히 여기는 전통을 노골적으로 깨시면서 안식일에 여러 번 병자를 고치셨다. 만약 주님께서 그의 대적들과 잘 지내시기를 원하셨다면, 그들을 고치시는 것을 일요일이나 월요일로 미루셨을 것이다. 그러나 주님은 그의 대적들이 분개할 것을 잘 아시면서도 일부러 안식일에 고치셨다.

이런 패턴은 잘 드러나 있다. 한 번은 예수님께서 진흙에 침을 뱉어 이기신 다음 소경의 눈에 바르셔서 눈을 뜨게 하셨다. 그런 행동은 유대인들의 법에 정면으로 도전한 것이었다.안식일에 진흙과 침을 섞어 고치는 것을 금하는 규례 1070) 하지만 당신의 주님은 공개적으로, 그리고 확고한 결의로 이 전통을 의도적으로 박살 내셨다. 바리새인들이 눈에 쌍심지를 켜고 보는 가운데 손을 씻지도 않고 음식을 잡수시는 주님을 주시하라. 이것 역시 그들의 화석처럼 딱딱하게 굳은 전통에 의도적으로 도전하신 것이다.1071)

예수님 안에서, 우리는 종교에 신봉하라는 압력에 굴복하기를 거부했던 사람을 모시고 있다: 혁명을 선포했던 사람을. 외식하는 것을 묵인하지 않았던 사람을. 인생들을 자유롭게 하는 해방의 복음을 억압했던 자들을 자극하기에 두려워하지 않았던 사람을. 대적들의 분을 불러 일으키고 그들이 전투태세를 갖추도록 자극하는 것을 아랑곳하지 않은 사람을.

말하려는 핵심이 무엇인가? 이것이다: 예수 그리스도는 하나님의 백성을 타락의 굴레에서 해방하는 메시아 곧 하나님의 기름 부음을 받은 자로 오셨을 뿐만 아니라,

자신은 빚을 지신 적이 없지만, 인류가 지은 죄를 씻어 빚을 청산하려고 구세주로 오셨을 뿐 아니라,

고통받는 자들을 위로하시고 안락한 자들에게 고통을 주러 선지자로 오셨을 뿐 아니라,

하나님 앞에서 사람을 대변하고 사람 앞에서 하나님을 대변하는 대제사장으로 오셨을 뿐 아니라,

모든 정사와 권세와 능력 위에 승리한 왕으로 오셨을 뿐 아니라,

또한, 새 가죽부대를 위해서 낡은 가죽부대를 다 찢어버리는 혁명가로 오셨다.

혁명가이신 당신의 주님을 바라보라!

대부분 그리스도인에게, 이것은 그들이 전에 결코 알지 못했던 예수 그리스도의 새로운 면이다. 하지만, 우리는, 그리스도의 몸이 하나님의 궁극적인 목적을 완수할 수 있도록 현대 교회의 오류를 드러내는 것이 왜 꼭 필요한지를 그것이 설명해준다고 믿는다. 간단히 말해서, 그것은 우리 주님의 혁명가적인 본성을 드러내는 표현이다. 이 본성의 주된 목표는 하나님의 고동치는 심장의 중심에 당신과 나를 놓는 것이다. 당신과 나를 하나님의 영원한 목적 한가운데에 놓는다는 말이다─그것을 위해 모든 것이 창조된 그 목적.1072)

초대교회는 이 목적을 이해했다. 그들은 그분의 교회를 향한 하나님의 열정을 이해했을 뿐만 아니라, 그것을 실제로 살았다. 그럼, 그런 몸의 생활은 어땠을까? 다음에 열거한 것들을 살펴보라:1073)

- 초기 그리스도인들은 매우 그리스도 중심이었다. 예수 그리스도가 그들의 맥박이었다. 주님은 그들의 생명이었고, 호흡이었고, 대화의 핵심이었다. 주님은 예배의 대상이었고, 노래의 주제였고, 토론과 말의 내용이었다. 신약성서 적 교회는 모든 것에 주 예수 그리스도를 중심으로 놓았고, 또 최우선으로 놓았다.

- 신약성서적 교회는 예배의 고정된 순서가 없었다. 초기 그리스도인들은 모든 신자가 자신이 경험한 그리스도를 나누고, 자신의 은사를 사용하고, 서로 덕을 세우려고 애쓰는, 모두가 참여하는 열린 모임을 했다. 거기에 구경꾼은 없었다. 모두가 참여할 특권과 책임을 부여받았다. 이 교회 모임의 목적은 두 가지였다. 그것은 몸 안에서 상호 간에 덕을 세우기 위함이었다. 아울러 주 예수 그리스도의 몸에서 모든 지체가 기능을 발휘함을 통해 주님이 밖으로 보이게 하는 것이었다. 초대교회 모임은 종교적 "예배 의식"이 아니었다. 그것은 자유스럽고, 자발적이고, 즐거운 분위기로 충만한 비공식적인 모임이었다. 그 모임은 예수 그리스도에게 속했고, 또 교회에 속했다: 그것은 어떤 특정한 사역 또는 은사 받은 사람을 위한 무대로 쓰이지 않았다.

- 신약성서적 교회는 친밀한 공동체로 살았다. 초기 그리스도인들이 집합적인 예배와 서로 덕을 세우려고 모였지만, 교회가 단지 일주일에 한 번 또는 두 번 모이려고 존재한 것이 아니다. 신약성서의 신자들은 나누는 삶을 살았다. 그들은 정기적인 모임 밖에서 서로 돌봤다. 그들은 가족이라는 말이 주는 바로 그 느낌대로 진짜 그렇게 살았다.

- 그리스도교는 이 세상에서 의식, 성직자, 그리고 신성한 건물이 없다고 알려진 최초의, 그리고 유일한 종교였다. 교회가 생긴 다음 처음 300년 동안 그리스도인들은 가정집에서 모였다. 특별한 경우에는, 기독교 사역자들이 때때로 더 큰 장소를 사용했다. 솔로몬의 행각 같은 곳(요10:23; 행3:11)과 두란노 서원(행19:9) 그러나 그들에겐 신성한 건물의 개념이나 건물에 큰돈을 들이는 개념이 없었다. 또 건물을 "교회" 또는 "하나님의 집"이라고 부른 적이 없었다. 초기 그리스도인들이 알았던 유일한 신성한 건물은 인간의 손으로 만들지 않은 것이었다.

- 신약성서적 교회에는 성직자가 없었다. 가톨릭 사제와 개신교 목사 같은 것은 아예 알지도 못했다. 교회는 교회를 개척하고 돌보는 순회 사도적 일꾼들을 가지고 있었다. 그러나 이 일꾼들을 특별한 성직자 계급에 속했다고 보지 않았다. 그들은 그리스도의 몸에 속한 일부였고, 거꾸로 교회가 그들을 섬긴 것이 아니고 교회를 섬겼다. 모든 그리스도인이 각기 다른 은사와 기능을 소유했지만, 오직 예수 그리스도만이 그분의 사람들 위에 권위를 행사할 독점적인 권리를 갖고 계셨다. 사람은 그 누구도 자격을 갖지 못했다. 장로의 역할과 목자의 역할이 단 두 가지 은사였다. 장로들과 목자들은 특정한 은사를 가진 평범한 그리스도인이었다. 그들은 특별한 직책이 아니었다. 그리고 그들은 교회 모임에서의 사역을 독점하지 않았다. 그들은 위기에 처한 교회의 지체들을 자연스럽게 돌보고 또 교회 전체를 감독하는 일을 하는 경험 많은 그리스도인이었다.

- 신약성서적 교회에서의 의사결정은 교회 전체의 어깨에 달렸었다. 순회 교회 개척자들은 때때로 지침을 주고 방향을 설정해주었다. 그러나 궁

극적으로는, 교회 전체가 주인이신 예수 그리스도 아래서 그 지역에서 결정을 내렸다. 함께 주님의 마음을 알고 그것을 따르는 것은 교회의 책임이었다.

• 신약성서적 교회는 조직적이지 않고 유기적이었다. 그것은 사람들에게 직책을 주고, 프로그램을 짜고, 의식을 제정하고, 상명하복식 계급이나 명령계통 구조를 조직해서 함께 묶은 것이 아니었다. 교회는 살아 숨 쉬는 생명체였다. 그것은 태어나서 자라날 것이었고, 그 유전자DNA 안에 있는 모든 것을 자연스럽게 드러냈다. 이것은 그리스도의 몸 안에 있는 모든 은사와 사역과 기능을 포함한다. 하나님의 눈에는, 교회가 아름다운 여자, 곧 그리스도의 신부이다. 그녀는 땅에서 나온 인간이 만든 조직이 아니고, 하늘에서 온 식민지였다.

• 십일조는 신약성서적 교회의 관습이 아니었다. 초기 그리스도인들은 그들의 재정을 교회 밖의 가난한 자들뿐만 아니라 그들 중의 가난한 자들을 지원하는 데 사용했다. 아울러 그들은 복음이 널리 퍼져서 다른 곳에도 교회들이 세워지게 되도록 순회 교회 개척자들을 지원했다. 그들은 죄책감이나 의무나 강압에 의해서가 아닌, 자신의 능력대로 드렸다. 목사/성직자의 사례비에 대해서는 들어본 적도 없다. 교회의 모든 그리스도인은 제사장이요, 사역자요, 몸에서 기능을 발휘하는 지체였다.

• 침례(세례)는 그리스도인으로 회심했음을 밖으로 드러내는 표현이었다. 초기 그리스도인들이 사람들을 주님께 인도했을 때, 새로운 지위를 얻었음을 표하는 간증으로 즉시 그 사람들에게 물로 침례세례를 베풀었다. 주

의 만찬은 초기 그리스도인들이 예수 그리스도 안에 있는 그들의 믿음을 재확인하고 또 주님의 몸과 하나가 되었음을 재확인하는 지속적인 표현이었다. 주의 만찬은 교회가 기쁨과 잔치의 분위기로 함께 즐겼던 온전한 식사였다. 그것은 상징적인 의식이나 특별한 제사가 결코 아닌, 그리스도의 몸 안에서의 교제였다.

• 초기 그리스도인들은 젊은 일꾼들을 훈련시키려고 성서학교나 신학대학원을 설립하지 않았다. 기독교 일꾼들은 교회생활의 토양에서 나이든 일꾼들에 의해 교육되고 훈련되었다. 그들은 '현장에서' 배웠다. 예수님은 12제자를 키우실 때 이 "현장에서" 훈련하는 최초의 모델을 선보이셨다. 바울은 에베소에서 젊은 이방인 출신 일꾼들을 훈련할 때 그 모델을 복제했다.

• 초기 그리스도인들은 자신들을 여러 교파로 나누지 않았다. 그들은 그리스도 안에서의 하나 됨을 이해했고 그것을 모든 도시에서 눈에 띄게 표현했다. 교회가 그 지역 전체에서 여러 다른 가정집에 흩어져서 모였겠지만, 그들의 생각에는, 한 도시에 교회는 하나뿐이었다. 만일 당신이 1세기 그리스도인이었다면, 한 교회에 속했을 것이다. 성령 안에서의 하나 됨은 잘 지켜졌다. 그들을 나누는 것"나는 바울에게 속했다," "나는 베드로에게 속했다," "나는 아볼로에게 속했다"은 분파와 분열을 조장하는 것으로 간주되었다. 고전1:12을 참조할 것

우리는 이것이 모든 교회를 위한 하나님의 비전이라고 믿는다. 사실, 우리는 한 가지 이유를 위해 이 책을 썼다: 주님의 교회에 그리스도의 절대적

인 중심성, 우월성, 그리고 머리 되심이 자리 잡는 것. 다행스러운 것은, 오늘날 점점 더 많은 혁명가가 이 비전을 붙들고 있다는 사실이다. 그들은 진정 필요한 것이 기독교 신앙 안에서의 혁명임을 인식하고 있다-성서적인 원리에 어긋나는 그 기독교 관습들에 일어나야 할 철저한 대변혁. 우리는 올바른 기초 위에서 처음부터 다시 시작해야 한다. 그보다 못한 것은 결함 투성이로 드러날 것이다.

그래서 이 책을 끝내는 당신에게 우리가 바라는 것은 세 가지이다. 첫째, 우리의 바람은 당신이 지금 아는 교회에 대해 질문을 던지기 시작하는 것이다. 그 교회에 진짜 성서적인 것이 얼마나 되는가? 예수 그리스도께서 절대적으로 머리 되심을 얼마나 드러내고 있는가? 주님의 몸에 속한 지체들이 얼마나 자유롭게 기능을 발휘하도록 하는가? 둘째, 우리의 바람은 당신이 아는 모든 그리스도인에게 이 책을 소개해서 그들도 그 메시지에 의해 도전받을 수 있게 하는 것이다. 그리고 셋째, 우리의 바람은 이 메시지에 당신이 어떻게 반응해야 하는지를 당신이 심각하게 기도하는 것이다.

만일 당신이 나사렛 출신 혁명가의 제자라면…도끼를 뿌리에 놓아둔 급진적인radical 1074) 메시아를 따르는 사람이라면… 당신은 궁극적으로 특정한 질문을 해야만 한다. 그것은 주님께서 지상에 계실 때 받으셨던 주님의 제자들에 관한 것과 똑같은 질문이다. 이 질문은: "당신의 제자들이 어찌하여 장로들의 전통을 범하나이까."마15:2

심층 탐구

1. 어째서 당신들은 교회에 대해 그렇게 비판적인가? 하나님은 교회를 사랑하시는데, 당신들이 교회에 대해 그토록 비판적인 것이 나를 화나게

한다.

이 질문은 우리가 이 책에서 노출하고자 하는 문제의 좋은 예이다. 말하자면, 성서가 **교회**Church라는 말을 사용할 때 그것이 무슨 뜻인지에 대해 많은 그리스도인이 혼동하고 있다. 교회라는 말은 하나님의 사람들을 일컫는다. 더 구체적으로 말하면, 그것은 예수님을 따르는 사람들이 모인 공동체를 일컫는다. 그것은 제도나, 교파나, 건물이나, 조직 기관이나, 예배 의식을 가리키지 않는다.

우리는 교회를 매우 사랑하기 때문에 이 책을 썼다. 그리고 우리는 교회가 그 역할을 하는 데 있어 하나님의 영광을 드러내는 방식으로 하는 것을 보고 싶다. 제도권 교회의 제도와 구조는 성서적이지 않다. 그리고 우리가 주장한 바와 같이 그것들은 하나님의 사람들이 하나님께서 의도하신 방식대로 기능을 발휘하는 것을 훼방한다.

마틴 루터가 당대의 제도권 교회에 도전했을 때, 그것이 수많은 사람을 화나게 했다. 실은, 만일 루터가 독일 작센 지방의 영주인 프레데릭 Frederick the Wise과 그의 군대의 지원을 받지 못했다면, 다른 많은 개혁자가 그랬던 것처럼 루터는 그의 신앙 때문에 죽임당했을 것이다.

오늘날, 개신교인들은 루터를 회상하며 그를 영웅으로 떠받들고 있다. 루터는 하나님과 교회를 사랑했지만, 그를 둘러싸고 있던 교회 제도가 성서적이 아니라고 주장하면서 그 제도와 대립했다. 그리고 그는 그렇게 대립하는 것을 대중 앞에서 예언적으로 선포할 용기를 가졌다.(그런데 루터는 말의 표현에서 우리가 한 것보다 훨씬 더 강했다. 당신 생각에 이 책을 받아들이는 것이 너무 힘들다면, 당대의 교회 제도를 신랄하게 비판한 루터의 문서들을 읽어보라.)

요약하자면, 교회를 향한 우리의 사랑과 하나님의 사람들이 해방되는 것을 보고자 하는 우리의 염원 때문에 이 책이 나오게 되었다. 그리고 교회 역사의 방향이 바뀌도록 돕는 데에 하나님께서 이 책을 사용하시는 것이 우리의 바람이다.

2. 당신들은 건강한 유기적 교회 안에서는 매주 "모든 지체가 그리스도의 어떤 것으로 모임에 이바지했다."라고 했다. 이것이 매주 모임에 참석한 모든 신자가 그리스도께서 그 사람에게 계시하신 것을 어떤 식으로든 나눠야 한다는 뜻인가? 불신자나 성서를 잘못 짚은 사람이 일어나서 그릇된 것을 말하지 않도록 당신들이 어떻게 보장할 수 있는가? 또한, 어떤 참석자들은 그 시간에 아무것도 내놓을 것이 없음에도 모임에 이바지해야 한다는 압박감을 받지 않겠는가?

만일 교회가 제대로 훈련이 되었다면, 이런 문제들은 거의 일어나지 않을 것이다. 누가 모임에서 말할 때 "다른 이들은 분별할 것이요"고전 14:29라고 한 바울의 가르침은 건강한 참여 모임을 위한 안전망을 제공하는 데 큰 도움이 된다.

교회가 열린 모임을 시행하기 위해 훈련되려면 시간이 필요하다는 것을 주지하라. 그리고 여기에 교회 개척자들의 역할이 놓여 있는 것이다. 그들이 할 일은 지체들이 조화를 이루며 기능을 발휘하도록 훈련하는 것이다. 이것은 거의 참여하지 않는 사람들로 하여금 더 참여하도록 격려하는 것과 모임을 독점하는 경향이 있는 사람들로 하여금 덜 참여하도록 하는 것을 포함한다. 아울러 그것은 모든 모임에서 이바지할 수 있는 뭔가를 가지게 되도록 하나님의 사람들에게 주님과 교제하는 법을 보여주는 것도 포함한다.

덧붙여 말하자면, 누군가 모임에서 '거짓된' 것을 말하게 될지 모른다는 염려가 모두가 참여하는 열린 모임을 성직자가 주도하는 예배 의식으로 대체하도록 결코 우리에게 강요해서는 안 된다. 우리도 바울처럼 하나님의 사람들을 온전히 신뢰해야 한다: 만일 누군가 모임에서 뭔가 틀린 것을 나눈다면, 교회가 이것을 진리를 강조하고 확대할 기회로 삼게 될 것이다. 놀라운 것은 하나님의 사람들이 제대로 훈련될 때 그들이 바로 이것을 실천한다는 사실이다.

3. 만일 그리스도께서 요한계시록 2장과 3장에서 초대교회들에 말씀하신 것처럼 오늘날 제도권 교회에게 메시지를 보낸다면, 무슨 말씀을 하실 것으로 생각하는가? 주님께서 칭찬의 말씀을 하실 것 같은가?

그런 질문에 대해 확신을 하고 대답하는 것은 아주 주제넘을 것이다. 그리고 제도권 교회가 단일 체제가 아니므로, 그리스도께서 말씀하실 것은 분명히 교회마다 다 다를 것이다.

하지만, 주님께서는 어쩌면 요한계시록 2장과 3장에서 교회들에 하신 말씀과 똑같은 것들을 말씀하실지도 모른다. 그것들이 시대에 관계없이 모든 그리스도인에게 적용된다고 할 때 말이다. 주님께서 아마 어떤 교회들에겐 잃은 영혼들에 관심을 두고 그들을 향해 성실하게 복음 전한 것을 칭찬하실 것이다. 또 어떤 교회들엔 과부, 고아, 그리고 학대당하는 사람들과 함께한 것을 칭찬하실 것이다. 아마 주님은 또 어떤 사람들에게는 타협하지 않고 주님의 교훈을 지키는 그들의 충성을 칭찬하실 것이다.

동시에, 주님은 요한계시록에서처럼 각 교회의 특정한 단점들을 지적하실 것이다. 아울러 주님은, 어떤 것들을 시행하는 데 있어 하나님의 사람들을 억압하고, 조작하고, 남용하고, 침묵케하는 교회들을 어쩌면 책망하실지도 모른다. 그리고 자신들을 이런 식으로 대우하도록 허용한 주님의 사람들에게 주님께서 징계의 말씀을 주실 확률이 높다. 오래전에 하나님께서 이렇게 말씀하셨던 것처럼: "선지자들은 거짓을 예언하며 제사장들은 자기 권력으로 다스리며 내 백성은 그것을 좋게 여기니 마지막에는 너희가 어찌하려느냐." 렘5:31

맺는 말
그다음단계

"그들이 이 말을 듣고 마음에 찔려 베드로와 다른 사도들에게 물어 이르되 형제들아 우리가 어찌할꼬 하거늘."
– 사도행전 2:37

"진리를 알지니 진리가 너희를 자유롭게 하리라."
– 요한복음 8:32, 예수 그리스도

이 책을 읽으려면 용기가 필요하다

그런 용기가 요구되는 이유는 책의 내용 때문이 아니라 당신이 책을 읽고 나서 그리스도의 제자로서 취해야 하는 반응 때문이다.

믿는 사람이 진리를 알고 나서 그것을 무시해버리는 것이 가능할까? 그렇다. 그리스도인들이 지난 2천 년 동안 시종일관 교회를 향한 하나님의 계획에서 조금씩 떠난 증거가 이를 말해준다.

우리가 자신의 교회를 향한 하나님의 계획에서 떠나는 것이 타당한가? 천만의 말씀이다. 우리가 오늘 현재 하나님의 계획에 대해 재조정을 하지 않으면서 단지 과거에 잘못된 선택을 많이 했었다고 인정하는 것이 용인될 수 있는가? 물론 그럴 수 없다. 그리스도인의 특징 중 하나는 정직성이다. 우리는 다른 사람들이 어떻게 하든 상관없이 우리 주님을 따름으로 이 정직성을 드러내야 한다. 오직 그분이 주님이라는 이유 때문이다.

당신은 이 책을 읽었기 때문에 결단해야 한다: 당신이 읽은 것을 따라 행할 것인가, 아니면 단지 정보를 얻고 말 것인가?

오늘날 많은 사람이 진퇴양난에 빠진 자신을 발견하곤 한다. 그들은 하나님께서 의도하신 교회가 되기를 원하지만, 정확히 어떻게 해야 할지를 모른다. 특히 비성서적인 교회의 모습이 표준이 되어 있는 시대에는 더욱 그렇다.

그것을 질문 형식으로 표현하자면: 당신이 이제 제도권 교회가 성서적이지 않다는 것을 발견했다면, 그다음 단계는 무엇일까? 당신이 지금 해야 할 것은 무엇인가?

여기에 심사숙고하고 기도할 필요가 있는 몇 가지 영역을 소개하고자 한다.

예배에 대한 새로운 접근

만일 당신이 수많은 그리스도인과 같다면, 주일 아침또는 수요일 저녁에 예배 인도팀이나 예배 인도자가 "찬양과 예배"로 회중을 인도할 때 따라 하는 것이 예배라고 생각할 것이다. 아니면… 집에서 예배의 CD나 녹음테이프를 따라 찬송 부르는 것을 예배라고 여길 것이다.

그렇지만, 신약성서는 예배에 대해 아주 다른 그림을 그리고 있다. 첫째, 예배는 하나님께 절대적으로 중요한 것이다. 따라서 예배는 이벤트가 아니라 생활방식lifestyle이어야 한다.롬12:1을 읽을 것 둘째, 하나님께서 이스라엘에 율법을 주셨던 구약의 시작 때부터 신약시대에 이르기까지, 예배는 진정 공동체가 함께 해야 할 성질의 것이었다. 그것은 개인의 독점적 영역이 아니었다. 셋째, 하나님께서 우리에게 어떻게 예배해야 할 것인지에 대한 교훈을 주셨다.

다윗왕이 언약궤를 예루살렘으로 가져오려 할 때를 상기하라. 이스라엘 백성은 그의 염원을 따라 언약궤를 수레에 싣고 택한 성을 향해 가지고 갔다. 수

레가 거룩한 성을 향할 때 백성은 악기를 동원하여 노래하고 춤추며 잔치 분위기에 젖어 있었다. 말하자면, 그들이 예배한 것이다! 그리고 열정적으로 예배한 것이다. 그것은 정말 훌륭한 잔치였다. 그러나 비극이 닥쳤다. 하나님께서 그 잔치를 중단시키셨다.삼하6:1-15을 보라

왜 이런 일이 벌어졌는가? 그것은 백성이 언약궤를 어떻게 옮겨야 하는지, 주님께서 주신 규례를 어겼기 때문이다. 하나님은 자신이 예배를 어떻게 받으셔야 하는지에 대한 분명한 방법을 갖고 계셨다. 그리고 그것에 대해 타협하지 않으셨다.

하나님 백성이 올바른 마음을 가졌고 다윗의 의도도 순수했지만, 그들이 잘못한 것은 "규례대로 어떻게 예배할 것인지를 그에게 구하지" 않은 것이다.대상15:13 하나님께서는 주님의 임재가 깃든 언약궤는 정결한 레위족 제사장들이 어깨에 메고 옮겨야 할 것을 모세를 통해 분명히 말씀하셨다. 그것을 절대로 수레에 실으면 안 되는 것이었다.

다윗이 두 번째에는 언약궤를 올바르게 하나님의 규례대로 레위 제사장들의 어깨에 메게 했고, 이에 하나님께서는 기뻐하셨다. 첫 번째 옮겼을 때 이스라엘 백성의 실수에 대해 다윗이 진지하게 한 말을 숙고해보라:

"전에는 너희가 메지 아니하였으므로 우리 하나님 여호와께서 우리를 찢으셨으니 이는 우리가 규례대로 그에게 구하지 아니하였음이라."대상15:13

이스라엘의 잘못은 그들이 "규례대로" 하나님께 구하지 않은 것이었다. 즉, 그들은 하나님의 방식대로 하나님을 예배하지 않고, 그들 자신의 방식으로 예배했다. 이스라엘이 언약궤를 수레에 싣고 옮기는 방식을 이방인인 블레셋 사람들에게서 빌려왔다는 사실을 주목하는 것이 중요하다!삼상6:1-12

같은 맥락에서, 하나님도 자신이 어떻게 예배를 받으실 것인지에 대해 함구하신 적이 없다. 하나님은 영과 진리로 예배받으시기를 바라신다.요4:23 "진리

로"라는 것은 단순히 실제로, 그리고 하나님의 방식대로 라는 뜻이다. 그렇지만, 유감스럽게도, 아직도 주님의 거룩한 도구들이 수레에 의해 옮겨지고 있다. 그 이야기는 당신이 이미 이 책에서 읽어 익히 아는 바다.

영적 성장에 대한 새로운 접근

초대교회는 그들의 세상을 뒤집어엎은, 그리스도를 따르는 제자들을 길러냈다. 오늘날에도 우리는 그리스도 안에서 성장하려면 어떻게 살아야 하는지를 1세기 그리스도인들에게서 많이 배워야 한다. 참 제자도는 그리스도의 성품을 닮는 삶에 기초하여 하나님나라를 위해 열매를 맺는 것에 관한 것이다. 참 제자도는 예수 그리스도를 알아 우리 안에서 그리스도께서 그분의 삶을 사시도록 하는 것이다.

참으로 불행한 것은 우리가 그리스도인의 제자도를 개인적인 추구 내지는 학문적 활동으로 변질시켜버렸다는 사실이다. 어디에서나 우리는 영적 형성에서 얼마나 다양한 지식을 습득했고 보존했는지로 '성공'의 정의를 내려왔다. 우리는 종종 프로그램 또는 이수한 공부과정으로 이것을 측정한다. 우리는 우리가 누구인지, 그리고 어떻게 살아야 하는지를 재조정 해줄 수 없는 비현실적이고 수동적인 결과에 편승하여 제자도의 순전한 목표를 간과해왔다.

하지만, 예수님은 우리에게 결코 "종교적 지식을 가장 많이 습득하고 죽는 자가 승리한다"라고 말씀하신 적이 없다. 또 제자도를 오로지 각 사람이 수고하고 땀 흘려 성취해야 할 개인적 작업으로 만드신 적이 없다.

예수님은 다른 사람들이 하나님을 위해 살도록 훈련하시는 것에, 그리고 그렇게 사는 것이 어떤 것인지를 직접 보여주시는 것에 그분의 생애를 바치셨다. 예수님은 열두 명의 남자와 소수의 여자가 함께 나누는 삶을 사는 공동체를 시작하셨다. 그리고 그 공동체는 로마제국의 각처에서 다른 공동체들로 확장되었다. 그 공동체들이 초대교회였던 것이다.

삶에 영향을 끼치는 예수님의 접근방식은 상호교류와 실천이었다. 그분의 강의는 드물었고, 언제나 교훈의 핵심은 고된 삶의 현장에 적용하는 것으로 연결되었다. 예수님의 시각은 하나님나라라는 큰 그림에서 생겨났다. 즉, 하나님의 방식과 그분이 바라시는 결과를 포괄적으로 이해함으로써 형성된 세계관에 기초를 둔 견해였다.

이것이 어떻게 실제적이고 개인적인 삶으로 연결될 수 있는가?

그것은 아주 간단하다. 그리스도의 학교는 다름 아닌 믿는 사람들의 공동체, 즉 하나님의 에클레시아*ekklesia* 이다. 우리는 1세기 그리스도인들이 그랬던 것처럼 각 지체가 형제·자매들과 자유롭게 주님을 나누며 친밀하게 삶을 나누는 공동체에서, 함께 그리고 서로에게서 그리스도를 배운다.

바울에 의하면, 예수 그리스도는 믿는 자의 공동체 안에서 배워야 할 존재이다.엡4:20 이런 공동체 안에서 우리는 더 나은 제자가 되고자 "그리스도를 배운다." 이런 공동체 안에서 우리는 부모, 자녀, 남편, 아내로 살고자 그리스도를 배운다. 그리고 이런 공동체 안에서 각 지체가 함께 그리스도를 배우고, 함께 그리스도에게서 듣고, 함께 그리스도를 따른다.

이것을 대신할 것은 아무것도 없다. 그리스도인의 삶은 결코 기독교 공동체 밖에서 살아지도록 의도된 적이 없다. 그리고 이것이 정확히 말해서 성서적 의미로 교회가 그리스도의 머리 되심 아래 함께 삶을 나누는 공동체라는 뜻이다.

자원의 관리에 대한 새로운 접근

인생에 온갖 활동과 해야 할 일로 가득한 우리는 당연히 기억하기 쉽고 이행하기 수월한 책임을 좋아한다. 십일조가 이런 범주에 잘 맞아떨어질 것이다.(신약성서가 그것을 뒷받침해주지는 않지만 −8장을 참조할 것).

우리가 살펴본 바와 같이, 하나님의 자원을 취급하는 것은 가볍게 다룰 성질의 것이 아니다. 또 그것은 단지 법적 한도액을 충족시키는 수표 한 장을 끊고 난 후 잊어버리는 의무도 아니다.

가족의 일원으로 사는 것은 가족의 자원을 보호하는 것을 포함한다. 그것은 하나님의 가족도 다르지 않다. 하나님나라의 유형 자원이 우리 손에 있다. 우리는 하나님나라를 위해 긍정적인 결과를 얻으려면 그 자원꼭 돈만이 아니고, 우리의 시간, 소유, 아이디어, 관계, 재주, 영적 은사 등을 포함한다을 투자할 특권을 갖고 있다. 하나님 일의 진전은 얼마 만큼은 하나님께서 우리에게 맡기신 풍부한 자원을 우리가 어떻게 활용하느냐에 달렸다. 사실상, 당신은 하나님나라를 위한 자산 관리자portfolio manager이다.

당신의 돈, 노력, 전문지식, 관계자산relational capital, 창의력을 더 많은 교회 건물을 짓는데 투자하는 것이 하나님나라를 위한 최고의 투자일까? 당신 가정 총 수입의 3퍼센트미국인들이 어느 종교를 막론하고 종교활동에 기부하는 평균치를 투자하는 것이 하나님 일의 진보에 충분할까?1075) 당신이 가난한 사람들의 삶에 유일하게 관여하는 것으로 그들의 필요를 채워주는 단체에 돈을 기부했다고 해서 정당화될 수 있을까? 당신은 다른 모든 투자자처럼 거의 좋은 성과를 내지 못하는 기회에, 또는 자원을 낭비하는 다른 기회들에 유혹받게 될 것이다. 당신의 모든 선택이 영원을 결정한다. 하나님나라 자원을 할당하는 데 있어 당신이 어떤 선택을 하느냐가 많은 사람의 인생에 영향을 끼치게 될 것이다.

가진 것의 십 분의 일을 하나님께 드린다는 개념이 대부분 신자에게는 과하다고 느껴지겠지만, 당신이 그런 목표에서 해방되었음을 주지하라. 그 대신, 하나님께서는 당신에게 재물을 맡기시고 그것을 하나님의 영광과 목적을 위해 가장 최선의 결과를 내는 것들에 투자하라고 말씀하셨다. 그리고 물론 당신은 그 자원을 얼마나 지혜롭게 투자했는지 평가받게 될 것이다.

어떤 사람의 우선순위를 알려면 그 사람의 통장checkbook: 수표책을 들여다보면 된다는 말이 있다. 만일 누가 당신의 통장을 검사하거나 당신의 일정과 개인적인 목표들을 조사한다면, 그가 어떤 반응을 보일 것인가?

당신의 주체성에 대한 새로운 접근

우리가 연구한 바로는 대부분 미국 사람이 자신의 정체성identity을 확립하는데 문제를 안고 있다. 그들은 다음과 같은 우선순위로 자신을 보는 경향이 있다: 독특한 개인, 미국 사람, 가족의 일원, 전문 직업인, 소비자, 그리스도를 따르는 제자. 미국 사람들 대부분 마음과 생각 속에는 자신을 "거듭난 그리스도인"으로 분류하는 사람들조차 그리스도를 따르는 제자로서의 주체성이 그들의 다른 역할들에 비해 그 중요성에서 희박하다. 참으로 이상한 것은 거듭났다는 대부분 그리스도인이 자신을 하나님의 종이라고, 또 그리스도를 믿음으로 변화되었다고 여긴다는 것이다. 이런 자가 진단에는 뭔가 연결되지 않고 빠져 있음이 분명하다.1076)

어쩌면 이런 혼란은 사람들이 매일 엄청나게 감당해야 하는 책임과 다른 사람들과의 교류에 그 원인이 있을지도 모른다. 아마 그것은 우리 대부분이 교회에서 받은 제목 중심의 산만한 교육과 관련이 있을 것이다. 또 그것은 우리가 항상 접하는 대중 매체가 경쟁심을 부추기고 이미지의 폭탄으로 유혹하는 것 때문일 수도 있다.

그러나 가장 중요한 핵심은 생각보다 꽤 간단하다. 당신은 하나님의 제사장이고, 주 예수 그리스도의 사역자이고, 그분의 영광스러운 몸에 속한 지체이다. 당신이 예수님께 대한 충성을 선포하고 또 영원히 주님과 함께 살고자 하는 염원을 고백함으로, 당신은 역할을 하는 제사장이요, 사역자요, 몸에 속한 지체로서의 책임이 있다.

제도권 교회는 지난 2천 년 동안 구부러진 길로 들어섰다. 그것을 다시 본 궤도로 올리는 유일한 방법은 우리 각 사람이 기도하는 마음으로, 하나님께서 자신의 백성을 위해 세우신 원래의 계획을 탐구하여 그 계획에 기꺼이 성실하게 응답하기를 시작하는 것이다. 이렇게 함으로써, 우리 시대에 뿌리를 내리기 시작한 혁명이 더 멀리 사방으로 퍼져 나가게 될 것이다. 그리고 하나님께서 항상 추구해오신 그것을 얻게 되실 것이다.

프랭크 바이올라와 조지 바나와 함께 하는
질문과 답변

1. 나는 제도권 교회에 소속되어 있다. 만일 내가 이번 주에 유기적인 교회 모임에 참석한다면, 그 경험이 내가 다니는 교회 예배와 어떻게 다를 것인가?

유기적인 교회생활에서의 모임은 매주 다르다. 유기적 교회에서는 형제들과 자매들이 기도하는 마음으로 모임의 초점을 계획할 수는 있지만,(예를 들면, 교회가 한 달을 따로 정해놓고 에베소서 1장을 집중적으로 연구할 수 있다) 특별하게 예배의 순서를 계획하지는 않는다. 그 대신, 누구든지 모임에서 자유롭게 영적으로 기능을 발휘하고, 나누고, 참여하고, 사역한다. 고로, 그들 안에서 나타나는 창의력은 무궁무진하다.

참여하는 사람들은 누가 다음에 나눌지 또는 무엇을 나눌지를 알지 못한다. 단막극을 할 수도 있고, 시를 낭독할 수도 있고, 새 노래를 소개해서 부를 수도 있고, 또 권면, 간증, 간단한 교훈, 계시, 예언적인 말씀 등을 나눌 수도 있다. 모임에 누구나 자발적으로 참여하고 또 이바지하기 때문에, 지루한 것은 문제가 될 수 없다. 가장 뜻깊은 모임은 보통 모두가 다 참여하고 기능을 발휘하는 모임이다.

예수 그리스도가 모임의 중심이시다. 노래, 가사, 기도, 사역, 그리고 나눔을 통해 주님이 영광 받으신다. 모임은 성령이 적합하게 각 사람을 통해 그리스도를 계시하는데 완전히 열려 있다. 고린도전서 14:26에 나와 있는 대로 "각각"every one of you 그리스도의 어떤 것으로 모임에 이바지한다. 유기적인 교회생활에서 전체 교회 모임은 그 주에 주님께서 각 지체에게 자신을 나타내시는 계시의 폭발적인 분출이다. 이런 요소들은 전형적인 제도권 교회의 예배에는 사실상 빠져 있다.

2. 어떤 사람들이 말하기를, 현대 교회들에 있는 조직과 계급구조의 상당수는 초대교회의 잠재적 이단과 사이비에 대처해서 교회를 보호할 필요에 의해 생겨났다고 한다. 유기적 교회들에서는 이런 위험에 대처하는 안전장치가 무엇인가?

타락한 우리 본성의 결과로 사람들이 항상 계급구조와 상명하복식 관계를 택한다는 것을 우리는 실제로 믿고 있다. 왜냐하면, 그렇게 하는 것이 사람들에게 통제 감각과 안정감을 주기 때문이다.

하지만, 역사는 계급구조를 가진 단체들이 이단을 억제하지 못한다는 것을 우리에게 가르쳐주고 있다. 사실, 교회 역사의 증언을 따르면 그런 단체들이 이단을 조장하고 증식시킨다. 교단이나 어떤 단체의 지도자들이 이단을 받아들일 때, 그것이 그 교단이나 단체에 연결된 교회들을 통틀어 영구화한다.

반면에, 모든 교회의 자치권이 보장된다면 오류의 번짐이 그 지역에 국한될 가능성이 클 것이다. 교회가 독립적일 때는 달려드는 거짓 교사들이 그 교회와 연관이 없는 교회들을 장악하기는 어려울 것이다.

그런데 사실상 모든 주요 이단들은 계급구조로 되어 있다. (우리가 "주요" 이단들이라고 한 것을 주목하라. 어떤 이단들은 모든 결정을 독점하고 의견차이를 허용하지 않고 짓누르는 1인 지도자가 주도한다는 것을 우리는 알고 있다. 때때로 이 사람들은 "가정집 교회"를 인도한다고 주장하기도 한다. 하지만, (1) 독재적이고 (2) 자신의 지혜를 성서 위에 올려놓는 사람이 주도하는 교회는 거의 틀림없이 그리스도가 머리이신 교회가 아니므로, 어떤 희생을 치르더라도 피해야 한다.

위에서 강조한 이유 때문에, 우리는 계급구조가 이단을 억제하지도 못하고 사이비종교를 예방하지도 못한다고 믿는다. 이단에 대한 교회의 유일한 안전장치는 그리스도의 머리 되심 아래서 믿는 사람들이 서로 복종하는 것이다. 그리고 이것은 그리스도를 중심으로 한 친밀한 공동체와의 관계성을 요구한다.

그리스도의 몸은 2천 년 동안 존재해 왔다. 그렇다면, 서로 복종하는 것은 지역 교회 안에서의 서로 복종뿐만 아니라, 시대를 통틀어 보편적인 그리스도의 몸이 합의해온 진리에 대한 복종을 포함한다. 이렇게 함으로써, 역사적 신조들이 우리 신앙의 본질적인 가르침에서 교회를 바로잡아주는 유익한 이정표가 될 수 있다.

3. 당신들은 왜 1세기 교회 모델이 우리가 따라야 할 모델이라고 확신하는가? 우리가 사는 21세기는 초기 그리스도인들이 살던 시대와는 너무나도 다른데도 말이다.

인간 전통이 아닌, 성서가 그리스도인의 신앙과 실천에 있어 교회의 관습을 포함해서 하나님께서 주신 안내자라고 우리는 믿고 있다.

성서는 예수 그리스도의 교회가 어떻게 세워져야 하는지 침묵하지 않는다. 신약성서는 교회에 관해 명확한 신학을 제공하고 있다. 또한, 이 신학을 어떻게 구체화해야 하는지 확실한 실례를 제공하고 있다.

교회는 제도적 조직체가 아니라 영적 생명체이기 때문에 유기적이라야 한다. (복음주의자들은 교회가 생명체라는 것에 동의한다. 신약성서를 통틀어 교회는 언제나 살아 있는 이미지로 그려지고 있다. 예를 들면, 한 새 사람, 몸, 신부, 가족, 산 돌들로 구성된 살아 있는 성전.)

그리고 교회는 유기적이기 때문에 다른 모든 생명체가 그렇듯이 자연적인 표현들을 하고 있다. 이런 이유로, 그리스도인들의 그룹이 그들의 영적 유전자를 따를 때 삼위일체 하나님의 유전자에 걸맞은 방식으로 모이게 될 것이다. 왜냐하면, 그들이 하나님의 생명과 똑같은 생명을 소유하고 있기 때문이다. 우리 그리스도인들이 결코 신적인 것은 아니지만 "신성한 성품에 참여하는 자"가 되는 특권을 갖고 있다.벤후1:4

따라서 교회의 유전자는 우리가 삼위일체 하나님 안에서 발견하는, 바로 그 특성에 의해 특징지어진다. 즉, 그 특성은 서로 사랑, 서로 의존, 함께 거함, 함께 교제함, 그리고 순수한 공동체이다. 신학자 스탠리 그렌츠Stanley Grenz는 언젠가 말하기를, "우리가 교회를 이해하는 데 있어 궁극적인 기초는 삼위일체 하나님 자신의 본성과 교회와의 관계성에 놓여 있다."라고 했다.

그렇다면, 교회가 오늘날의 문화에 적응해야 한다는 생각은 대답보다 더 많은 질문을 유발한다. 예를 들면, 어떤 교회 관습이 오늘날의 문화에 적응해야 하고, 어떤 교회 관습이 폐기되어야 하는가? 그리고 어떤 교회 관습이 표준에 들어맞아서 절대로 바꾸지 않아야 하는가?

교회의 유전자는 확인할 수 있는 어떤 특성들을 만들어낸다. 그것 중 몇 개의 예를 들자면: 순수한 공동체의 경험, 가족적인 사랑과 지체들 상호 간의 희생, 예수 그리스도의 중심성, 의식 없이 함께 모이고 싶은 고유본능, 모든 지체가 기능을 발휘함, 그리스도를 중심으로 한 깊은 관계성을 형성하고자 하는 타고난 열망, 그리고 모두가 참여하는 열린 모임을 향한 내적 충동. 이런 고유의 특성들을 가로막는 교회 관습은 그 무엇이든 건전하지 않으므로, 우리는 그것이 성서적이 아니라고 믿는다.

복음의 씨앗이 이런 특성들을 **자연스럽게** 만들어낼 것이지만, 그것들이 어떻게 표현되는지는 문화에 따라 조금씩 다른 모습을 보이게 될 것이다. 예를 들자면, 내가프랭크 언젠가 남미의 칠레에 유기적 교회를 개척했었는데, 그곳의 신자들이 작사한 노래들, 그들이 서로 교제하는 방식, 앉는 방식, 아이들을 다루는 방식 등 모든 것이 유럽이나 미국의 유기적 교회들과 달랐다. 그렇지만, 교회의 유전자 안에 내재하는 똑같은 기초적 특성들은 다 그곳에 있었다. 그리고 제도권 교회의 형태는 절대 나타나지 않았다.

건강한 유기적 교회들은 절대로 성직자 제도나 단일 목사 제도나 지도자 계급구조, 또는 대다수를 수동적이 되게 하는 예배 순서를 만들어내지 않는다. 우리 생각엔 그런 것들이 교회의 유전자 코드를 파괴하고 교회 고유의 표현을 침해한다. 그런 것들은 또한 신약성서의 원리와 상반된다.

교회가 그 유전자보다도 문화에서 차지하는 위치에 더 치중했던 콘스탄틴 시대 때, 교회의 형태는 1세기 그것에서 급격하게 변형되기 시작했다. 신약성서 학자인 브루스F. F. Bruce는 다음과 같이 현명하게 피력했다: "교회가 자신의 섬김보다 자신의 위치를 더 생각할 때, 잘못된 길로 들어서게 되면 즉시 자신의 발자국을 재추적해봐야 한다."1077) 이것과 관련해서, 우리는 교회가 그 발자국을 재추적해서 그 성서적 뿌리로 돌아가야 한다고 생각한다.

달리 표현하자면: 우리가 신약성서의 원리와 실례에 근거한 교회의 모델을 따를 것인가, 아니면 이교의 전통에 그 기원을 둔 모델을 따를 것인

가? 이것이 이 책이 우리에게 제기하는 궁극적인 질문이다.

4. 당신들은 삼위일체 안의 상호관계를 주목해야 한다고 말했다. 하지만, 요한복음 14:28과 고린도전서 11:3은 하나님 안에 계급이 있다고 가르 치지 않는가?

　그렇지 않다. 이 구절들은 사람으로 계시는 동안 아버지의 뜻에 자신 을 자발적으로 복종하신 아들 하나님의 임시적인 관계성을 보여주고 있 다. 삼위일체 하나님 안에서는 아들과 아버지가 공동체적인 조화와 상 호 간의 복종을 경험하신다.

　이런 이유로 역사적 정통은 하나님의 아들이 영원토록 종속한다는 것 을 거부했다. 그 대신, 아들이 성육신 하셨을 때의 임시적인 종속을 받아 들였다.

　신학자 케빈 가일즈Kevin Giles는 말하기를, "역사적 정통은 삼위일체 안에서의 위계질서를 결코 받아들인 적이 없다."1078) 아나타시우스 신경 Arthanasian Creed을 의역하자면, 하나님의 아들은 오직 사람이었을 때 하 나님 아버지의 아래에 있었다: 삼위일체 안에서는 아버지와 동등하다.

5. 교회사를 통틀어 수많은 사람과 운동이 교회의 정치와 관습에서 신약성 서의 모델로 돌아가자고 외쳐왔다. 당신들은 자신을 스스로 이런 운동 중의 하나로 보는가, 아니면 완전히 새로운 것으로 여기는가?

　하나님에겐 언제나 제도권 교회 바깥에서 활동한 사람들이 있었다. 역 사가들은 그들을 "급진적 개혁자"라고 불렀다. 그들은 자신들이 따른 신앙으로 말미암아 잔인하게 핍박받았기 때문에, 어떤 역사가들은 그들을 "피 흘린 발자취"the trail of blood라고 불렀다.1079)

이런 그리스도인들은 시대를 막론하고 당대의 제도권 교회에 순응하기를 거부했다. 그들은 제도권 교회를 예수님께서 세우신 교회의 발전으로 보지 않고, 그 교회를 떠난 것으로 믿었다. 이런 비동조자들은 예수 그리스도의 중심성, 그리스도의 몸에서 모든 지체가 기능을 발휘함, 모든 신자가 제사장이라는 것, 그리고 그리스도의 몸이 하나라는 것을 치열하게 옹호했다. 그들은 이 횃불을 높이 들었고, 그 결과 동료 그리스도인들에 의해 학대를 받았다. 우리저자들는 이 계보를 잇고 있다.

6. 당신들은 그리스도인들이 어떻게 "우리가 속해 있는 기독교 전통에 의해 전해내려온 눈으로 성서를 읽는 데에 숙달되었는지"에 대해 말했다. 그렇다면, 당신들 또한 자신의 생각과 경험에 들어맞도록 성서를 해석하지 않는다고 내가 어떻게 확신할 수 있는가?

지금까지 살았던 모든 그리스도인은 자신의 경험과 생각에 따라서 성서를 해석해왔다. 우리도 예외가 아니다.

그렇지만, 복음주의 학자들 사이에 확실하게 일치하는 것들이 있는데, 그것들은 초대교회가 성직자를 두지 않았고, 신성한 건물에서 모이지 않았고, 주의 만찬을 식사와 따로 거행하지 않았고, 고정된 의식을 갖지 않았고, 교회 모임 때 정장을 하지 않았다는 것이다. 게다가, 현대 제도권 교회의 많은 관습이 그리스와 로마의 이교사상에서 유래했다는 사실도 논쟁의 여지가 없다. 이 책이 그 역사적 고증을 제공한다

요컨대, 우리 그리스도인들은 신약성서가 가르치지도, 예시하지도 않

은 교회 관습들을 받아들여 표준화시켰다. 그리고 우리는 신약성서에 허용되고 표준화된 교회 관습들은 내어버렸다.

따라서 사실 질문은 이것으로 요약된다: 제도권 교회성직자/평신도 제도, 사례비 받는 목사들, 신성한 건물, 예배 순서 등의 관습들은 신약성서가 그리는, 하나님께서 교회에 승인하신 결과인가? 아니면 그것들이 신약성서에서 이탈한 건전치 못한 결과인가?

이것이 우리가 모든 독자로 하여금 기도하는 마음으로 숙고하기를 바라는 질문이다.

7. 당신들은 신성한 건물의 건축과 성직자 제도 같은 것들을 이교에서 받은 영향으로 돌리지만, 사람은 자연스럽게 주위의 문화를 재구성해서 그것에 적응하지 않는가?

만일 우리가 우리의 타락한 본성을 따른다면 그 말이 맞다. 우리 인간들은 세상을 재구성해서 그것에 적응할 것이다. 그러나 우리 하나님의 훌륭한 솜씨 중 하나는 하나님께서 그리스도의 몸에 있는 유전자에 사람들을 집어넣으신 것이다. 즉 사람들이 세상을 재구성해서 적응하는 것을 막기 위한 사역을 하나님께서 그들에게 주신 것이다. 고전3:5-15, 12:28-31; 엡4:11-16; 행13-21 이들은 순회 사역자사도적 일꾼로서 교회들을 개척하고 그 교회들을 그대로 놔두고 떠나고 나서, 주기적으로 방문하여 그들을 훈련하고, 다시 중심을 잡아주고, 격려하는 사람들이었다. 그들의 임무 중 하나는 교회들이 혼란에 빠지는 것을 방지하는 것이었다. 그들은 또한 이질적 요소들을 제거해서 교회들이 건강하게 자라고 계속 유기적인 본성에 충실하도록 도움을 주었다. 다소 사람 바울이 그런 순회 사역자였는데, 그의 서신들이 그런 사람들의 역할을 멋지게 예시해주고 있다.

안타까운 것은, 1세기와 2세기 핍박 때 순회 사역이 사라졌다는 사실이다. 그럼에도, 그 이후로 그 사역이 유기적 교회들 안에서 부활하였다. 이 특별한 사역은 유기적 교회들이 주위 문화에 이끌려서 그 가치들을 받아들이지 못하도록 하는 중요한 견제수단이다.

8. 당신들은 전통적인 교회가 교인들을 수동적인 구경꾼으로 만든다고 비난하지만, 나는 주일 아침 예배에 참여할 뿐 아니라 유기적 교회와 여러 모로 비슷한 소그룹에 속해있다. 우리는 예배하고, 함께 하나님 말씀을 공부하고, 도전과 위기에 처했을 때 서로 도움을 준다. 내 생각엔, 내가 양쪽의 가장 좋은 점을 갖고 있다.

당신이 생각하기에 당신이 양쪽의 가장 좋은 점을 갖고 있다면, 반드시 지금 있는 곳에 계속 머무르라. 그렇지만, 우리는 양쪽에 다 우려를 하고 있다. 우리는 제도권 교회에 속해 있는 대부분 소그룹에 모임을 주관하는 지도자가 있음을 보아왔다. 따라서 우리가 생각하기엔 그런 모임이 모임을 지배하고 주도하는 인간 지도자에 의해 인도되고 있다.

나프랭크는 교파를 막론하고 이런 부류의 소그룹 모임에 수도 없이 참석했었다. 그런데 나는 완전히 예수 그리스도의 머리 되심 아래에 있는 모임을 한 번도 본 적이 없다. 즉, 모든 지체가 사람의 주도나 방해 없이 자유롭게 형제 · 자매들과 함께 주님을 나누려고 오는 그럼 모임을 본 적이 없다.

신약성서가 그리는바 예수 그리스도께서 그분의 몸에 속한 모든 지체가 기능을 발휘함으로 밖으로 드러나시는, 누구나 참여할 수 있도록 열려 있고 자유롭게 흘러가는 그런 모임보다는, 모든 모임이 성서공부나 전통적인 기도모임에 더 가깝게 진행되었다.

나는 제도권 교회의 소그룹 운동을 창시한 몇몇 사람들을 만나보았는데, 그들은 그런 모임이 누군가에 의해 인도되어야 한다는 생각을 변호하기에 급급했다. 만일 하나님의 사람들이 제대로 훈련된다면, 그들은 예수 그리스도 외에 다른 지도자가 필요 없는 모임을 하게 될 것이다.

이 모든 것이 제도권 교회에 속해 있는 전형적인 소그룹과 신약성서가 그리는 유기적 교회 사이에 엄청난 차이가 있음을 말해주고 있다. 그럼에도, 만일 누가 제도권 교회의 모델이 편안하다고 느낀다면, 그 사람은 주님께서 다른 길을 보여주시기까지는 지금 있는 그곳에 계속 머물러 있어야 한다고 우리는 믿는다.

9. 어떤 그리스도인들은 의식이나 성가 같은 전통적인 방식들에 자연스럽게 끌린다. 그런 방식들이 그들을 오랜 세월 동안 하나님과 그리스도의 몸 둘 다에 연결되도록 도와주기 때문이다. 당신들은 성령님이 그런 방식들을 통해 역사 하시지 않는다고 믿는가? 또는 만일 성령님이 역사 한다면, 그런 방식들이 성령님이 사람들을 자신에게 이끄시려고 선호하시는 수단이 아니라고 믿는가? 당신들은 그런 주장을 어떻게 성서를 통해 뒷받침할 수 있는가?

"당신들은 성령님이 특정한 전통적 관습을 통해서는 역사 하시지 않음을 성서를 통해 증명할 수 있는가?"라는 질문은 정말 잘못된 질문이라고 우리는 믿는다. 왜냐하면, 그것이 정직한 대답을 얻을 수 없는 질문이기 때문이다. 그것에 관해 성서가 전혀 언급하고 있지 않기 때문에 그 질문은 증명할 수 없는 견해이다. 우리가 물어봐야 할 질문은 "하나님의 말씀이 교회 관습에 관해 어떻게 가르치고 있는가?"이다.

우리가 확신하는 것은 하나님께서 신약성서의 원리들에 어긋나는 어떤 교회 관습도 승인하시지 않는다는 사실이다. 예를 들어, 우리는 성직자/평신도의 구분이 모든 신자가 제사장이라는 신약성서의 원리에 배치된다고 믿는다.5장을 참조할 것

우리는, 만일 우리가 하나님의 말씀과 어긋나는 모든 전통을 기꺼이 포기한다면, 우리 생각을 지배하게 될 질문이 "하나님의 말씀은 그분의 교회에 관해그 목적, 역할, 그리고 표현에 관해 어떻게 가르치고 있는가?"라고 생각한다.

이 질문은 교회구조가 신약성서의 원리들을 강화시키는지 아니면 억누르는지를 분별해내는 유용한 장치를 제공한다. 다시 말해서, 만일 교회구조가 신약성서의 교훈에 어긋난다면, 그런 구조는 거부되어야 마땅하다.

그리고 우리가 독자들로 하여금 질문하고 탐구하기를 바라는 것이 바로 이것이다.

우리가 이렇게 말하지만, 하나님께서는 인간에 의해 고안된 성서적 근거가 없는 관습들을 통해서도 역사 하실 수 있음을, 또 분명히 역사 하심을 우리는 의심하지 않는다. 또한, 하나님께서 제도권 교회의 사람들을 통해서 여전히 역사 하신다는 것은 논쟁의 여지가 없다. 이 책의 저자 둘 다 제도권 교회에서 사역하는 사람들에게 우리의 구원과 침례세례의 은혜를 입고 있다.

그러나 하나님께서 특정한 제도 안에 있는 사람들을 쓰실 수 있다고

해서 그 제도를 인정하신다는 뜻은 아니다. 이스라엘이 그들의 유일한 왕이 되고자 하시는 하나님의 뜻을 거부했을 때도 하나님은 그들을 쓰셨을 뿐만 아니라 복을 주시기까지 하셨음을 상기하라. 그들은 오히려 다른 나라들을 따라 왕을 두기를 원했고, 하나님께서는 그들의 요구를 허락하셨다. 그리고 하나님께서 계시하신 뜻을 저버린 자신의 백성을 여전히 사랑하셨고 쓰셨다.

10. 우리의 많은 교회 문제는 우리가 "내가 예배를 통해 어떻게 하나님을 높이고 영화롭게 할 수 있을까?"라는 자세보다는 너무 빈번히 "내가 교회에서 무엇을 얻어낼 것인가?"라는 태도를 보이는 데서 비롯되지 않는가? 예배에 대한 올바른 시각을 되찾는다면 완전히 달라지지 않겠는가?

아니, 그렇지 않다. 이 질문은 두 가지를 가정하고 있다: 첫째, 교회 모임을 하는 유일한 이유가 그리스도인 개인의 예배를 위한 것이라는 것, 그리고 둘째, 교회가 "가는" 곳이라는 것. (다시 돌아가서 질문을 주의 깊게 읽어보라.) 위의 가정 둘 다 성서적인 가치가 빠져 있는데도, 오랜 종교적 전통의 결과로 그리스도인의 사고방식 속에 깊이 스며들어 있다. 신약성서에 "예배 의식"이라는 것은 없다. 그리고 그리스도인들은 교회에 "가는 것"을 할 수 없다. 그들이 교회이다.

초대교회는 그리스도의 몸 안에 있는 모든 지체가 각기 기능을 발휘함으로 예수 그리스도를 드러낼 목적을 위해 모였다. 그들이 지향했던 것은 그 과정을 통해 그리스도가 밖으로 보이고 교회가 세워지는 것이었다. 상호 간의 나눔을 통한 세워짐, 상호 간의 사역, 그리고 상호 간의 권면이 목표였다.

우리 생각엔, 획기적인 차이는 하나님의 사람들이 훈련되어 고린도전서 14:26, 31과 히브리서 10:25이 권면하는 바 모든 지체가 그 주에 만난 그리스도를 자유롭고 열린 마음으로 나누는 모임을 하느냐에 달렸다. 그 결과는 하나님께서 드러나시고 영광 받으시는 것이다.

당신의 육적인 몸에 대해 생각해보라. 몸의 모든 지체가 다 기능을 발휘할 때, 당신의 성격이 드러난다. 그것은 그리스도에게도 마찬가지이다. 그리스도 몸 안의 각 지체가 그리스도 안에 있는 자신의 몫을 나눌 때 그리스도가 세워진다.고린도전서 12-14장을 참조할 것

이 역학은 조각 그림 맞추기를 하는 것과 비슷하다. 모든 조각이 함께 맞춰질 때 우리는 전체 그림을 보게 된다. 그러나 만일 몇 조각만 보이게 되면 우리가 전체 그림을 이해할 수 없다. 그렇다면, 신약성서에서 '교회'라고 번역된 헬라어 단어의 실제적 의미가 '모임'이라는 사실은 매우 중요하다. 교회 모임은 예수 그리스도를 이 땅에서 재집합시키는reassemble 목적을 위한 것이다.

나프랭크는 신약성서의 방식으로 모임을 하는 수많은 모임에 참석했는데, 내가 말할 수 있는 것은 그런 모임들에 견줄만한 것은 없다는 사실이다. 그런 모임이 일으키는 반응의 맛을 보여주기 위해 간단한 이야기를 하나 소개하겠다.

내가 속해 있는 유기적 교회의 한 형제가 모임에 불신자 친구 한 명을 데리고 왔다. 우리는 그때 큰 거실에서 모임을 했는데, 지체들 각 사람이 그 주에 경험한 주님을 나누고 있었다. 그리스도의 몸에 속한 각 지체에 의해 예수 그리스도가 계시되고, 높임을 받고, 나뉘고, 선포되고, 알려지고, 증거되었다. 그 모임이 얼마나 생명으로 충만했는지, 잠시 중단되거나 잠잠한 적이 없었다. 우리는 거실에 있던 그리스도의 몸에 속한 모

든 지체를 통해 주님께서 하시는 말씀을 들었다. 부정할 수 없는 성령의 흐름이 그 자리에 있었다. 모임을 위해 사전에 의제를 정하지 않았지만, 그 모임에서 공통된 주제가 생겨났다.

모임이 끝나갈 무렵, 그 불신자는 거실 중앙에서 무릎을 꿇더니 "나는 구원 받고 싶습니다! 나는 여기서 하나님을 보았습니다!"라고 외쳤다. 누가 이 사람에게 이렇게 하라고 힌트를 주거나 요청하지 않았다. '강단 앞으로의 초대'altar call나 '구원으로의 초청' salvation invitation 같은 것도 없었다. 그냥 벌어진 일이다.

이것은 예수 그리스도가 그분의 몸을 통해 보이게 될 때 유기적으로 일어나는 현상 중 하나이다.고린도전서 14:24-25을 참조할 것 나는 그런 모임들에서 이런 현상이 일어나는 것을 여러 번 목격했었다–그런 모임들이 믿는 사람들에게 일으킨 변화는 말할 것도 없고.

11. 당신들이 쓴 책은 정말 나를 혼란스럽게 한다. 왜냐하면, 어떤 사람들은 책을 다 읽고 나서 다니던 교회를 떠날지도 모르기 때문이다. 내가 특히 걱정되는 독자들은 다니던 교회를 그만두고 다른 신자들의 공동체와의 연결에 실패하게 될 사람들이다.

우리는 이 책이 그들을 어디로 인도하든지, 하나님의 사람들에게 성령의 인도를 따르도록 허락하기를 바란다. 아무도 특정한 형태의 교회에 남아야 한다는 압력을 받아서는 안 된다. 만일 그 사람이 주님께서 자신을 그곳에서 나오도록 인도하신다는 느낌을 받는다면 말이다.

이것을 마음에 두고, 제도권 교회를 떠나라는 부르심을 느끼는 사람들에게 우리가 충고하고 싶은 것은 세 가지이다: 1) 조용히 떠나고 아무도 함께 데리고 가지 말 것. 달리 말해서, 분열을 일으키지 말 것. 2) 제도권 교회에 대해 쓴 뿌리를 갖지 않도록 하라. 만일 당신이 제도권 교회의 사람들에 의해 상처를 입었다면, 당신의 아픔을 십자가로 가지고 가라. 쓴 뿌리를 품는 것은 마치 독을 가지고 다른 사람들이 병들기를 기다리는 것과 같다. 그것처럼 치명적인 것은 거의 없다. 3) 예수 그리스도를 중심으로 교제할 그리스도인들을 열심히 찾아라. 주위에 유기적 교회생활에 관심을 두고 신약성서가 말하는 교회의 비전에 충실하고자 신선한 방식을 추구하는 사람들의 모임이 있는지 알아보라. 그리고 시간을 내서 각자 다른 형태의 교회들을 방문하여 교제해보라. 만일 주님의 인도 하심을 느낀다면, 그들과 함께 하도록 이사하라.

책에 관해서 가장 흔히 물어보는 질문들을 위해 www.paganchristianity.org를 방문하면 도움을 받을 수 있다.

전통이 생긴 유래의 요약

"역사가 우리에게 가르쳐주는 것은 사람들이 역사에서 결코 아무것도 배우지 않았다는 사실이다."
　－ 헤겔 G. W. F. Hegel, 19세기 독일 철학자

아래의 요약은 완전하거나 상세한 것이 아니다. 여기서 다룬 관습 전부는 성서 밖의 것들, 사도 시대 이후의 것들, 그리고 대부분 이교 문화의 영향을 받은 것들임을 주지하라.

2장: 교회 건물

교회 건물: 327년 전후 콘스탄틴 아래에서 최초로 지어졌다. 가장 처음 지어진 교회 건물들은 그리스의 신전들을 모델로 한 로마의 바실리카들을 본떴다.

신성한 장소: 그리스도인들은 2세기와 3세기에 이교도들에게서 이 사상을 도입했다. 순교자들의 무덤들이 '신성한 것'으로 여겨졌다. 4세기에는, 교회 건물이 이런 무덤들에 세워졌고, 따라서 '신성한' 건물들이 등장했다.

목사의 의자: 감독의 의자 또는 보좌였던 주교좌Cathedra에서 파생된 것이다. 이 의자가 로마 바실리카에서의 재판관 자리를 대체했다.

교회와 기독교 성직자를 위한 면세 혜택: 콘스탄틴 황제는 323년에 교회들에 면세 혜택을 베풀었다. 성직자들을 위한 면세 혜택이 시작된 것은 313년의 일이다. 이것은 이교 제사장들이 누리던 혜택이었다.

색 유리창: 뚜르의 그레고리가 최초로 선보였고, 생 드니의 수도원장이었던 쉬

제르에 의해 완성을 보았다.

고딕 대성당: 12세기. 이 건축물들은 플라톤의 이교철학을 기초로 해서 세워졌다.

뾰족탑: 고대 바빌론과 이집트의 건축양식 및 철학에 뿌리를 둔 뾰족탑은 1666경에 런던에서 크리스토퍼 렌에 의해 일반화되고 근대화된 중세의 고안물이었다.

강대상: 일찍이 250년경에 기독교 교회에서 사용되었다. 그것은 그리스인들과 유대인들이 연설할 때 사용하던 설교단인 그리스의 낭독대ambo에서 유래했다.

회중석: 13세기부터 18세기까지 영국에서 발달되었다.

3장: 예배 순서

주일 예배 순서: 6세기에 그레고리의 미사에서 발달되었고, 루터, 캘빈, 청교도, 자유교회 전통, 감리교, 프러티어 부흥운동, 그리고 오순절 교회에 의해 개정되었다.

예배 순서에서 차지하는 강대상의 중심성: 1523년에 마틴 루터에 의해.

성찬 테이블 위에 있는 두 개의 촛불 및 분향: 촛불은 4세기에 로마 황제들의 의전에 사용되었음. 성찬 테이블은 16세기에 울리히 츠빙글리가 선보였다.

3개월마다 거행되는 주의 만찬: 16세기에 울리히 츠빙글리에 의해.

성직자가 입장할 때 회중이 일어나서 노래하는 것: 4세기에 로마 황제들의 의전에서 행하던 것을 빌려옴. 존 칼빈에 의해 개신교 의식으로 도입되었다.

엄숙하고 경건한 태도로 교회에 가는 것: 경건에 대한 중세의 견해에 기초함. 존 칼빈과 마틴 부처에 의해 개신교 예배로 도입되었다.

주일 예배를 거른 데 대한 비난과 죄책감: 17세기 뉴 잉글랜드의 청교도들에 의해.

설교 전의 긴 '목회 기도' : 17세기 청교도들에 의해.

엘리자베스식 영어로 하는 목회 기도: 18세기 감리교인들에 의해.

개인 영혼을 구원하는 것이 모든 설교의 목표: 18세기 프런티어 부흥운동가들에 의해.

강단 앞으로의 초대: 17세기 감리교인들에 의해 시작되었고, 찰스 피니에 의해 일반화되었다.

교회 주보 (기록된 의식): 1884년에 알버트 블레이크 딕Albert Blake Dick의 등사기 발명과 함께 시작되었다.

구원을 위한 찬송의 "독창," 가가호호 전도, 그리고 전도 홍보/캠페인: 무디에 의해.

결단 카드: 압살롬 얼Absalom B. Earle, 1812-1895에 의해 고안되었고, 무디에 의해 일반화되었다.

구원의 메시지에 대한 반응으로 눈을 감고 고개를 숙이고 손을 드는 것: 20세기에 빌리 그레이엄에 의해.

"한 세기 안에 세계 복음화 달성"이라는 표어: 1888년 전후에 존 모트John Mott에 의해.

헌금 시간에 부르는 독창 또는 합창 음악: 20세기에 오순절 교회에 의해.

4장: 설교

현대 설교: 연설과 수사학의 권위자인 그리스의 소피스트들에게서 빌려왔음. 존 크리소스톰과 어거스틴이 그리스와 로마의 연설설교을 일반화시켜서 기독교 신앙의 중심으로 만들었다.

한 시간짜리 설교, 설교 요약 노트, 그리고 4가지 개요로 꾸며진 설교: 17세기에 청교도들에 의해.

5장: 목사

단일 감독 (현대 목사의 전신): 2세기 초의 안디옥의 이그나티우스에 의해. 이그나
　　티우스의 모델인 단일 감독 체제는 3세기까지는 교회들에서 널리 행해지지
　　않았다.

"거느림"Covering 교리: 이교 연설가 출신인 카르타고의 시프리안에 의해. 아르
　　헨티나 출신인 후앙 카를로스 오르티즈와 1970년대에 미국에서 소위 "목
　　자—제자훈련 운동"Shepherding—Discipleship Movement을 확산시킨 "Fort Lau-
　　derdale Five"에 의해 부활하였다.

계층적 리더십: 4세기에 콘스탄틴에 의해 교회에 도입되었음. 이것은 바벨론,
　　페르시아, 그리스, 그리고 로마의 리더십 방식이었다.

성직자와 평신도: 평신도Laity라는 말은 로마의 클레멘트의 저작들에 최초로 등
　　장한다. 성직자Clergy라는 말은 터툴리안에 의해 최초로 사용되었다. 3세기
　　에 가서는, 기독교 지도자들을 보편적으로 성직자로 불렀다.

오늘날의 안수: 2세기에서 4세기에 발달하였음. 사람들을 공적인 직책에 임명
　　하던 로마의 관습에서 취한 것이다. 안수 받은 사역자를 "하나님의 거룩한
　　사람"으로 보는 사상은 어거스틴, 나지안주스의 그레고리, 그리고 크리소
　　스톰Chrysostom으로 거슬러 올라가 추적될 수 있다.

"목사"라는 호칭: 기톨릭 사제 출신의 개신교 사역자들이 보편적으로 목사라
　　고 불린 것은 18세기에 루터교 경건주의자들의 영향에 의해서였다.

6장: 주일 예배 의상

"주일 최고 의상"을 입고 교회에 가는 그리스도인들: 18세기 말의 산업혁명과

함께 시작되어 19세기에 널리 퍼졌다. 이 관습은 중산층이 당대의 부유한 귀족계급처럼 되고자 하는 노력에 그 뿌리를 두고 있다.

성직자의 복장: 기독교 성직자가 로마 행정관들의 가운을 입기 시작한 330년에 시작되었음. 12세기에 가서는, 성직자들이 일반인들과 구별된 그들의 평상복을 입기 시작했다.

복음주의 목사들의 정장: 20세기 검정 양복은 종교개혁 때의 사역자들이 걸쳤던 학자의 검정 가운의 후손으로서 현대 목사의 전형적인 의상이 되었다.

성직자의 목에 두르는 옷깃Collar: 글래스고의 도널드 맥레오드Rev. Dr. Donald McLeod에 의해 고안되었음.

7장: 음악 사역자들

성가대: 로마황제의 의전에 사용되던 전문적인 음악을 모방하라는 콘스탄틴의 기대에 부응해서 생겼음. 4세기 그리스도인들은 그리스 드라마와 그리스 신전에서 성가대의 아이디어를 빌려왔다.

소년 성가대: 4세기에 시작된 것으로, 이교도들이 사용하던 소년 합창단에게서 왔다.

장례 행렬과 조사: 3세기에 그리스와 로마의 이교사상에서 도입되었다.

예배 인도팀: 1965년에 갈보리 채플이 세속적인 록 콘서트를 본떠서 만들었다.

8장: 십일조와 성직자 사례비

십일조: 8세기 전까지는 널리 퍼진 기독교 관습이 아니었음. 십일조는 로마제국에서 사용되던 10퍼센트 임대료에서 온 것인데, 나중에 구약성서를 이용해서 정당화되었다.

성직자 사례비: 4세기에 콘스탄틴에 의해 제정되었다.

헌금수거 접시: 구제를 위한 접시가 4세기에 등장했음. 헌금수거 접시를 돌리는 것은 1662년에 시작되었다.

봉사위원: 엘리자베스 여왕 때 시작되었음. 봉사 위원의 전신은 교회 관리자였는데, 이 직분은 3세기까지 거슬러 올라가 추적될 수 있다.

9장: 침례세례와 주의 만찬

유아세례: 그리스와 로마에 널리 퍼져 있던 미신에 뿌리를 둔 유아세례는 2세기 말에 기독교 신앙 안으로 도입되었다. 5세기에 가서는, 유아 세례가 성인 침례세례를 대체했다.

뿌리는 것이 침수를 대체하다: 중세 후반에 서방 교회들에서 시작되었음.

회심과 분리된 침례세례: 침례가 죄 사함을 위한 유일한 수단이라는 율법적인 견해에 의해 2세기 초에 시작되었음.

죄인의 기도: 무디에 의해 시작되었고, 빌리 그레이엄의 '하나님과의 평화' Peace with God와 대학생선교회CCC의 사영리Four Spiritual Laws를 통해 1950년대에 일반화되었다.

"개인의 구주"라는 용어의 사용: 1880년대 중반에 프런티어 부흥운동에 의해 태동했고, 찰스 풀러Charles Fuller, 1887-1968에 의해 일반화되었다.

온전한 "Agape" 식사에서 단지 잔과 빵조각만으로 축소된 주의 만찬: 이교 의식의 영향으로 2세기 말에 시작되었다.

10장: 기독교 교육

가톨릭 신학대학원: 최초의 신학대학원은 트렌트 종교회의에 의해 시작되었음. 교과과정은 토마스 아퀴나스의 가르침에 기초를 두었다. 그의 가르침은 아리스토텔레스의 철학, 신플라톤주의 철학, 그리고 기독교 교리의 혼

합이었다.

개신교 신학대학원: 1808년에 미국 메사추세츠의 앤도버에서 시작되었음. 그
교과 과정도 토마스 아퀴나스의 가르침 위에 세워졌다.

성서 대학: 무디의 영향에 의해 최초로 세워진 두 개의 성서대학은 1882년의
the Missionary Training Institute^{Nyack College, New York}와 1886년의 Moody
Bible Institute^{Chicago} 였다.

주일학교: 1780년에 영국의 로버트 레이크스^{Robert Raikes}에 의해 시작되었음.
레이크스는 종교 교육을 위한 목적으로 주일학교를 세우지 않았고, 가난한
아이들에게 기초교육을 하려고 세웠다.

청소년 목사: "십 대"^{teenager}라 불리는 새로운 사회계층의 필요를 채우기 위한
목적으로 1930년대 말과 1940년대에 도시의 교회들에서 발전하였다.

11장: 신약성서에의 재접근

정경으로 합쳐지고 긴 것에서 짧은 것의 순서로 배열된 바울의 편지들: 2세기
초에 일반화되었다.

신약성서가 장으로 나뉘어 붙여진 장의 번호들: 1227년에 파리대학<sup>University of
Paris</sup>의 교수인 Stephen Langton에 의해 일반화되었다.

신약성서의 장이 절로 나누어짐: 1551년에 인쇄업자 로베르 스테파노<sup>Robert
Stephanus</sup>에 의해 일반화되었다.

교회사의 주요 인물들

Abelard, Peter, 프랑스의 스콜라 철학자; 현대 신학의 기반을 닦은 사람(1079–1142)

Ambrose, 사도 시대 이후에 최초로 찬송가와 성가를 만든 밀라노의 감독(339–397)

Aquinas, Thomas, 『신학대전』*Summa Theologica*를 쓴 이탈리아의 신학자 및 철학자; 그는 화체설 교리를 최초로 주창한 사람이었다(1225–1274)

Aristotle, 그리스의 철학자(384–322 BC)

Arnobius of Sicca, 아프리카의 초기 기독교 변증가(330년에 사망)

Athanasius, 알렉산드리아Alexandria의 신학자 및 감독(296–373)

Augustine of Hippo, 히포의 감독, 영향력 있는 신학자 및 저술가(354–430)

Barth, Karl, 스위스의 개혁주의 신학자(1886–1968)

Beza, Theodore, 존 칼빈의 "오른팔"(1519–1605)

Bruce, F. F. 영국의 성서학자(1910–1990)

Brunner, Emil, 스위스의 신학자(1889–1966)

Bucer, Martin, 독일의 개혁자(1491–1551)

Bushnell, Horace, 회중교회 목사(1802–1876)

Calvin, John, 프랑스의 개혁자(1509–1564)

Carlstadt, Andreas, 독일의 개혁자(1480–1541)

Charlemagne, 신성 로마제국의 황제(약742–814)

Chemnitz, Martin, '개신교 스콜라 학자들'에 속했던 루터교 신학자(1522–1586)

Chrysostom, John, 콘스탄티노플의 기독교 설교자(347–407)

Clement of Alexandria, 그리스 철학과 기독교 교리를 혼합시키고, "교회에 가다"라는 문구를 최초로 사용한 기독교 교사(150–215)

Clement of Rome, 성직자clergy와 대조적으로 평신도laity 라는 말을 최초로 사용한 로마의 감독(100년경에 사망)

Constantine I, 로마제국 전역에 걸쳐 기독교를 발전시킨 황제(약285–337)

Cyprian of Carthage, 카르타고의 감독, 신학자, 저술가(약200–258)

Cyril of Jerusalem, 성령으로 하여금 성찬의 요소들을 변화시키도록 하는 기도를 선보인 예루살렘의 감독(315–386)

Darby, John Nelson, 플리머스 형제 운동의 창설자 중 하나로서 "proof–texting"

위에 신학을 정립한 사람(1800－1882)

Dick, Albert Blake, 등사기를 발명한 사람(1856－1934)

Dow, Lorenzo, 사람들이 기도를 받도록 강단 앞으로 초청했던 감리교 전도자(1777－1834)

Durant, Will, 미국의 역사가, 저술가, 철학자(1885－1981)

Earle, Absolom B., "결단" 카드를 발명한 사람(1812－1895)

Edwards, Jonathan, 회중교회 목사 및 신학자(1703－1758)

Elizabeth I, 영국 국교회의 의식을 재정비한 영국 여왕(1533－1603)

Eusebius, Caesarea의 감독 및 초기 교회 역사가(약 260－340)

Finney, Charles, "강단 초청"altar call을 대중화시킨 미국 전도자(1792－1875)

Foote, William Henry, 장로교 목사(1794－1869)

Fuller, Charles, "개인의 구주"라는 문구를 대중화시킨 미국 성직자 및 라디오 전도자(1887－1968)

Goodwin, Thomas, 청교도 설교자, 저술가(1600－1680)

Gregory of Nazianzus, 사제가 "신성한 사람"이라는 개념을 만든 갑바도기야의 교부(329－389)

Gregory of Nyssa, "sacerdotal endowment"의 개념을 만든 갑바도기야의 교부(330－395)

Gregory of Tours, 색유리를 교회 건물에 선보인 Tours의 감독(538－593)

Gregory the great, 미사를 구체화한 교황(540－604)

Guinness, H. G. 런던의 목사(1835－1910)

Gutenberg, Johann, 성서를 인쇄한 사람(1396－1468)

Hastings, Thomas, 찰스 피니Charles Finney와 동역한 작곡가(1784－1872)

Hatch, Edwin, 영국의 신학자 및 역사가(1835－1889)

Hippolytus, 죄를 사하는 권세가 감독에게 있다는 글을 쓴 로마의 사제(170－236)

Huss, John, 보헤미아Bohemia의 개혁자(1372－1415)

Ignatius of Antioch, "감독"을 다른 장로들 위에 올려놓은 안디옥의 감독(35－107)

Innocent I, 유아세례를 의무화시킨 교황(417에 사망)

Irenaeus, Lyons의 감독, 사도권의 계승에 관한 글을 남긴 신학자(130－200)

Isidore of Pelusium, 사제의 복장에 상징적 해석을 내린 수도사 및 저술가(약 450경 사망)

Jerome, 라틴 교부 및 라틴어 벌게이트Vulgate을 만든 사람; 그는 성직자를 위한 특별한 가운을 옹호했다(342-420)

Justin Martyr, 영향력 있는 기독교 교사 및 변증가(100-165)

Kierkegaard, Soren, 덴마크의 철학자 및 신학자(1813-1855)

Knox, John, 스코틀랜드의 개혁자(1513-1572)

Lactantius, 라틴 기독교 변증가 및 수사학 교사(약240-320)

Langton, Stephen, 파리대학University of Paris의 교수, 나중에 캔터베리 대주교가 되었음; 그는 성서를 장으로 나누었다(약1150-1228)

Leo I(Leo the Great), 로마의 우위를 제정한 교황(440에 사망)

Luther, Martin, 독일의 개혁자(1483-1546)

Moody, D. L. 영향력 있는 미국의 전도자(1837-1899)

More, Hannah, 주일학교의 공동 설립자(1745-1833)

More, Sir Thomas, 영국의 법률가, 저자, 행정가(1478-1535)

Mott, John, 미국의 감리교인, 외국선교를 위한 학생 자원 봉사자 운동의 창설자(1865-1995)

Newton, John, 성공회 성직자, 찬송가 "Amazing Grace"의 작사자(1725-1807)

Origen, 교리의 개념을 조직신학으로 정립한 기독교 신학자(185-254)

Owen, John, 영국의 신학자 및 청교도 저술가(1616-1683)

Pascal, Braise,종교 철학자 및 수학자(1623-1662)

Plato, 그리스의 철학자(427-347 BC)

Plotinus, 영향력 있는 이교 철학인 신플라톤주의의 원조(205-270)

Radbertus, 프랑스의 신학자(790-865)

Raikes, Robert, 영국의 박애주의자, 주일학교를 창설해서 성장시킨 성공회 평신도(1736-1811)

Robinson, John A. T. 성공회 감독 및 저술가(1919-1983)

Routley, Erik, 영국의 회중교회 목사, 작곡가, 찬송가 작사자(1917-1982)

Schaff, Philip, Swiss의 신학자 및 역사가(1819-1893)

Serapion, 성령으로 하여금 성찬의 요소들을 변화시키도록 하는 기도를 선보인 Thmuis의 감독(360 이후 사망)

Simons, Menno, 아나뱁티스트 지도자(1496-1561)

Siricius, 성직자의 독신주의를 의무화한 교황(334-399)

Smith, Chuck, Calvary Chapel의 창립자, "예배 인도 팀" 개념을 확립한 사람(1927-2013)

Socrates, 그리스의 철학자(470-399 BC)

Spurgeon, Charles, 영국의 개혁 침례교 설교자(1834-1892)

Stephanus, Robert(Estienne), 신약성서에 절을 나눈 파리의 학자 및 인쇄업자
    (1503-1559)

Stephen I, 로마 감독의 우위를 주장한 교황(257에 사망)

Stock, Thomas, 로버트 레이커스Robert Raikes에게 주일학교에 관한 아이디어를
    제공했다고 여겨지는 글로스터Gloucester의 목사(1750-1803)

Suger, 신성한 그림을 그린 유리를 선보인 생드니 수도원장(1081-1151)

Sunday, Billy, 미국의 전도자(1862-1935)

Tertullian, 교회 지도자들을 따로 구분하기 위해 성직자clergy 라는 말을 최초로
    사용한 카르타고Carthage 출신의 신학자 및 변증가(160-225)

Trimmer, Sarah, 주일학교의 공동 설립자(1741-1810)

Turretin, Francis, "개신교 스콜라 철학자"에 속했던 스위스의 개혁주의 목사
    및 신학자(1623-1687)

Tyndale, William, 성서를 영어로 번역한 영국의 개혁자 및 학자(약 1494-1536)

Watts, Isaac, 다작으로 유명한 영국의 찬송 작사자(1674-1748)

Wesley, Charles, 찬송 작사자로 기억되는 영국의 감리교인(1707-1788)

Wesley, John, 영국의 감리교 전도자 및 신학자(1703-1791)

Whitefield, George, 제1차 대각성 운동 때 활약한 영국의 전도자(1714-1770)

Wimber, John, 빈야드Vineyard 운동의 지도자(1934-1997)

Wren, Sir Christopher, 뾰족탑을 일반화시킨 런던 대성당들의 건축가(1632-
    1723)

Zwingli, Ulrich, Swiss의 개혁자(1484-1531)

관련 서적 목록

"인류 문명의 가장 위대한 전진은 우리가 잃었던 것을 회복했을 때 찾아왔다: 우리가 역사의 교훈을 얻었을 때."

– 윈스턴 처칠 Winston Churchill, 영국 수상

Adams, Doug. Meeting House to Camp Meeting, Austin, TX: The Sharing Company, 1981.

Ainslie, J. L. The Doctrines of Ministerial Order in the Reformed Churches of the 16th and 17th Centuries. Edinburgh: T. & T. Clark, 1940.

Allen, Roland. Missionary Methods: St. Paul's or Ours? Grand Rapids: Eerdmans, 1962.

Althaus, Paul. The Theology of Martin Luther. Philadelphia: Fortress Press, 1966.

Andrews, David. Christ-Anarchy. Oxford: Lion Publications, 1999.

Anson, Peter F. Churches: Their Plan and Furnishing. Milwaukee: Bruce Publishing Co., 1948.

Appleby, David P. History of Church Music. Chicago: Moody Press, 1965.

Aquinas, Thomas. Summa Theologica. Allen, TX: Thomas More Publishing, 1981.

Atkerson, Steve. Toward a House Church Theology. Atlanta: New Testament Restoration Foundation, 1998.

Bainton, Roland. Here I Stand: A life of Martin Luther. Nashville: Abingdon Press, 1950. 『마틴 루터의 생애』(생명의 말씀사, 1982)

Banks, Robert. Paul's Idea of Community. Peabody, MA: Hendrickson, 1994. 『바울의 공동체 사상』(IVP, 2007)

------. Reenvisioning Theological Education: Exploring a Missional Alternative to Current Models. Grand Rapids: Eerdmans, 1999.

------ and Julia Banks. The Church Comes Home. Peabody, MA: Hendrickson, 1998.

Barclay, William. Communicating the Gospel. Sterling: The Drummond Press, 1968.

------. The Lord's Supper. Philadelphia: Westminster Press, 1967.

Barna, George. Revolution. Carol Stream, IL: Tyndale House, 2005. 『레볼루션 교회 혁명』(베이스캠프, 2008)

Barsis, Max. The Common Man through the Centuries. New York: Unger, 1973.

Barth, Karl. "TheologischeFragen und Antworten." In Dogmatics in Outline. Tarnslated by G. T. Thomson. London: SCM Press, 1949.

Bauer, Marion, and Ethel Peyser. How Music Grew. New York: G. P. Putnam's Sons, 1939.

Baxter, Richard. The Reformed Pastor. Lafayette, IN: Sovereign Grace Trust Fund, 2000.

Bede,A History of the English Church and People. Translated by Leo Sherley-Price. New York: Dorset Press, 1985.

Benson, Warren, and Mark H. Senter III. The Complete Book of Youth Ministry. Chicago: Moody Press, 1987.

Bercot, David W. A Dictionary of Early Christian Beliefs. Peabody, MA: Hendrickson, 1998.

Bernard, Thomas Dehaney. The Progress of Doctrine in the New Testament. New York: American Tract Society, 1907.

Bishop, Edmund. "The genius of the Roman Rite. "In Studies in Ceremonial: Essays Illustrative of English Ceremonial. Edited by Vernon Staley. Oxford: A. R. Mowbray, 1901.

Boettner, Loraine. Roman Catholicism. Phillipsburg, NJ: The Presbyterian and Reformed Publishing Company, 1962.

Boggs, Norman Tower. The Christian Saga. New York: The Macmillan Company, 1931.

Bowden, Henry Warner, and P. C. Kemeny, eds. American Church History: A Reader. Nashville: Abingdon Press, 1971.

Bowen, James. A History of Western Education. Vol. 1. New York: St. Martin's Press, 1972.

Boyd, William. The History of Western Education. New York: Barnes & Noble Books, 1967.

Boylan, Anne M. Sunday School: The Formation of an American Institution 1790-1880. New Haven, CT: Yale University Press, 1988.

Bradshaw, Paul F. The Search for the Origins of Christian Worship. New York: Oxford University Press, 1992.

Brauer, Jerald C., ed. The Westminster Dictionary of Church History. Philadelphia: Westminster Press, 1971.

Bray, Gerald. Documents of the English Reformation. Cambridge: James Clarke, 1994.

Brilioth, Yngve. A Brief History of Preaching. Philadelphia: Fortress Press, 1965.

Broadbent, E. H. The Pilgrim Church. Grand Rapids: Gospel Folio Press, 1999.

Bruce, A. B. The Training of the Twelve. New Canaan, CT: Keats Publishing Inc., 1979. 『열 두 제자의 훈련』(크리스찬다이제스트, 2009)

Bruce, F. F. The Canon of Scripture. Downers Grove, IL: InterVarsity Press, 1988.

------. First and Second Corinthians(New Century Bible Commentary). London: Oliphant, 1971.

------. The Letters of Paul: An Expanded Paraphrase. Grand Rapids: Eerdmans, 1965.

------, ed. The New International Bible Commentary. Grand Rapids: Zondervan, 1979.

------. The New International Commentary on the New Testament. Grand Rapids: Eerdmans, 1986.

------. Paul: Apostle of the Heart Set Free. Grand Rapids: Eerdmans, 1977.『바울』(크리스찬다이제스트, 2007)

------. The Spreading Flame. Grand Rapids: Eerdmans, 1958.『초대교회의 역사』(CLC, 2009)

Brunner, Emil. The Misunderstanding of the Church. London: Lutterworth Press, 1952.

Bullock, Alan. Hitler and Stalin: Parallel Lives. New York: Alfred A. Knopf, 1992.

Burgess, Stanley M., and Gary B. McGee, eds. Dictionary of Pentecostal and Charismatic Movements. Grand Rapids: Zondervan, 1988.

Bushman, Richard. The Refinement of America. New York: Knopf, 1992.

Calame, Claude. Choruses of Young Women in Ancient Greece. Lanham, MD: Rowman& Littlefield, 2001.

Calvin, John. Institutes of the Christian Religion. Philadelphia: Westminster Press, 1960.

Campbell, R. Alastair. The Elder: Seniority within Earliest Christianity. Edinburgh: T. & T. Clark, 1994.

Case, Shirley J. The Social Origins of Christianity. New York: Cooper Square Publishers, 1975.

Casson, Lionel. Everyday Life in Ancient Rome. Baltimore: Johns Hopkins University Press, 1998.

Castle, Tony. Lives of Famous Christians. Ann Arbor, MI: Servant Books, 1988.

Chadwick, Owen. The Reformation. London: Penguin Books, 1964

Chitwood, Paul H. "The Sinner's Prayer: An Historical and Theological Analysis." Unpublished dissertation, Southern Baptist Theological Seminary, 2001.

Clowney, Paul and Teresa Clowney. Exploring Churches. Grand Rapids: Eerdmans, 1982.

Cobb, Gerald. London City Churches. London: Batsford, 1977.

Coleman, Robert E. The Master Plan of Evangelism. Grand Rapids: Fleming H. Revell Co., 1993.『주님의 전도계획』(생명의 말씀사, 2007)

Collins, Michael, and Matthew A. Price. The Story of Christianity. New York: DK Publishing, 1999.

Connolly, Ken. The Indestructible Book. Grand Rapids: Baker Books, 1996.

Craig, Kevin. "Is the Sermon Concept Biblical?"Searching Together 15, no. 1-2(1986).

Cross, F. L., and E. A. Livingstone, eds. The Oxford Dictionary of the Christian Church. 3rd ed., New York: Oxford University Press, 1997.

Cullmann, Oscar. Early Christian Worship. London: SCM Press, 1969.

Cully, Iris V., and Kendig Brubaker Cully, eds. Harper's Encyclopedia of Religious Education. San Francisco: Harper & Row Publishers, 1971.

Cunningham, Colin. Stones of Witness. Gloucestershire, UK: Sutton Publishing, 1999.

Curnock, Nehemiah, ed. Journals of Wesley. London: Epworth Press, 1965.

Davies, Horton. Christian Worship: Its History and Meaning. New York: Abingdon Press, 1957.

------. Worship and Theology in England: 1690-1850. Princeton: Princeton University Press, 1961.

Davies, J. G. The Early Christian Church: A History of Its First Five Centuries. Grand Rapids: Baker Book House, 1965.

------. A New Dictionary of Liturgy and Worship. London: SCM Press, 1986.

------. The New Westminster Dictionary of Liturgy and Worship. Philadelphia: Westminster Press, 1986.

------. The Secular Use of Church Building. New York: The Seabury Press, 1968.

------. The Westminster Dictionary of Worship. Philadelphia: Westminster Press, 1972.

Davies, Rupert. A History of the Methodist Church in Great Britain. London: Epworth Press, 1965.

Dawn, Marva J. Reaching Out without Dumbing Down: A Theology of Worship for the Turn-of-the-Century Culture. Grand Rapids: Eerdmans, 1995.

Dever, Mark. A Display of God's Glory. Washington, DC: Center for Church Reform, 2001.

Dickens, A. G. Reformation and Society in Sixteenth-Century Europe. London: Hartcourt, Brace, & World, Inc., 1966.

Dickinson, Edward. The Study of the History of Music. New York: Charles Scribner's Sons, 1905. 『프로테스탄트 교회의 역사와 신학』(한신대학교출판부, 2004)

Dillenberger, John, and Claude Welch. Protestant Christianity: Interpreted through Its Development. New York: The Macmillan Company, 1988.

Dix, Gregory. The Shape of the Liturgy. London: Continuum International Publishing Group, 2000.

Dodd, C. H. The Apostolic Preaching and Its Developments. London: Hodder and Stoughton, 1963.

Dohan, Mary Helen. Our Own Words. New York: Alfred A. Knopf, 1974.

Douglas, J. D. New Twentieth Century Encyclopedia of Religious Knowledge. Grand Rapids: Baker Book House, 1991.

------. Who's Who in Christian History. Carol Stream, IL: Tyndale House Publishers, 1992.

Duchesne, Louis. Christian Worship: Its Origin and Evolution. New York: Society for Promoting Christian Knowledge, 1912.

------. Early History of the Christian Church: From Its Foundation to the End of the Fifth Century. London: John Murray, 1912.

Dunn, James D. G. New Testament Theology in Dialogue. Philadelphia: Westminster Press, 1987.

Dunn, Richard R., and Mark H. Senter III, eds. Reaching a Generation for Christ. Chicago: Moody Press, 1997.

Durant, Will. The Age of Faith. New York: Simon & Schuster, 1950. 『문명이야기』(
　　민음사, 2011)

------. Caesar and Christ. New York: Simon & Schuster, 1950.

------. The Reformation. New York: Simon & Schuster, 1957.

Eavey, C. B. History of Christian Education. Chicago: Moody Press, 1964.

Edersheim, Alfred. The Life and Times of Jesus the Messiah. McLean, VA: MacDonald
　　Publishing Company, 1883.

Ehrhard, Jim. The Dangers of the Invitation System. Parkville, MO: Christian Commu-
　　nicators Worldwide, 1999.

Eller, Vernard. In Place of Sacraments. Grand Rapids: Eerdmans, 1972.

Elwell, Walter. Evangelical dictionary of Theology. Grand Rapids: Baker Book House,
　　1984.

Evans, Craig A. "Preacher and Preaching: Some Lexical Observations. "Journal of the
　　Evangelical Theological Society 24, no. 4(December 1981).

Evans, Robert F. One and Holy: The Church in Latin and Patristic Thought. London: S.
　　P. C. K., 1972.

Ewing, Elizabeth. Everyday Dress: 1650-1900. London: Batsford, 1984.

Ferguson, Everett. Early Christians Speak: Faith and Life in the First Three Centuries,
　　3rd ed. Abilene, TX: A. C. U. Press, 1999.

------, ed. Encyclopedia of Early Christianity. New York: Garland Publishing, 1990.

Finney, Charles. Lectures on Revival. Minneapolis: Bethany House Publishers, 1989.

Fox, Robin Lane. Pagans and Christians. New York: Alfred A. Knopf, 1987.

Foxe, John. Foxe's Book of Martyrs. Old Tappan, NJ: Spire Books, 1968. 『기독교 순
　　교사화』(생명의 말씀사, 2005)

Fremantle, Ann, ed. A Treasury of Early Christianity. New York: Viking Press, 1953.

Fromke, Devern. The Ultimate Intention. Indianapolis: Sure Foundation, 1998.

Furst, Viktor. The Architecture of Sir Christopher Wren. London: Lund Humphries,
　　1956.

Galling, Kurt, ed. Die Religion in der Geschichte und der Gegenwart, 3rd ed. Tubingen,
　　Germany: J. C. B. Mohr, 1957. .

Geisler, Norman, and William Nix. A General Introduction of the Bible: Revised and
　　Expanded. Chicago: Moody Press, 1986.

Gilchrist, James. Anglican Church Plate. London: The Connoisseur, 1967.

Giles, Kevin. Patterns of Ministry among the First Christians. New York: HarperCol-
　　lins, 1991.

Gilley, Gary. This Little Church Went to Market: The Church in the Age of Entertain-
　　ment. Webster, NY: Evangelical Press, 2005.

Gonzalez, Justo L. The Story of Christianity. Peabody, MA: Prince Press, 1999.

Gough, J. E. Church, Delinquent and Society. Melbourne: Federal Literature Commit-
　　tee of Churches of Christ in Australia, 1959.

Gough, Michael. The Early Christians. London: Thames and Hudson, 1961.

Grabar, Andre. Christian Iconography. Princeton: Princeton University Press, 1968.

Grant, F. W. Nicolaitanism or the Rise and Growth of Clerisy. Bedford, PA: MWTB, n. d.

Grant, Michael. The Founders of the Western World: A History of Greece and Rome. New York: Charles Scribner's Sons, 1991.

Grant, Robert M. The Apostolic Fathers: A New Translation and Commentary, 6 vols. New York: Thomas Nelson & Sons, 1964.

------. Early Christianity and Society. San Francisco: Harper & Row Publishers, 1977.

Green, Joel B., ed. Dictionary of Jesus and the Gospels. Downers Grove, IL: InterVarsity Press, 1992.

Green, Michael. Evangelism in the Early Church. London: Hodder and Stoughton, 1970. 『초대교회의 복음 전도』(복있는 사람, 2010)

Greenslade, S. L. Shepherding the Flock: Problems of Pastoral Discipline in the Early Church and in the Younger Churches Today. London: SCM Press, 1967.

Gummere, Amelia Mott. The Quaker: A Study in Costume. Philadelphia: Ferris and Leach, 1901.

Guthrie, Donald. New Testament Introduction. Rev. ed. Downers Grove, IL: InterVarsity Press, 1990.

Guzie, Tad W. Jesus and the Eucharist. New York: Paulist Press, 1974.

Hall, David d. The Faithful Shepherd. Chapel Hill: The University of North Carolina Press, 1972.

Hall, Gordon L. The Sawdust Trail: The Story of American Evangelism. Philadelphia: Macre Smith Company, 1964.

Halliday, W. R. The Pagan Background of Early Christianity. New York: Cooper Square Publishers, 1970.

Hamilton, Michael S. "The Triumph of Praise Songs: How Guitars Beat Out the Organ in the Worship Wars. "Christianity Today(July 12, 1999).

Hanson, Richard. The Christian Priesthood Examined. Guildford, UK: Lutterworth Press, 1979.

Hardman, Oscar. A History of Christian Worship. Nashville: Parthenon Press, 1937.

Haskins, Charles Homer. The Rise of Universities. New York: H. Holt, 1923.

Hassell, C. B. History of the Church of God, from Creation to AD 1885. Middletown, NY: Gilbert Beebe's Sons Publishers, 1886.

Hatch, Edwin. The Growth of Church Institutions. London: Hodder and Stoughton, 1895.

------. The Influence of Greek Ideas and Usages upon the Christian Church. Peabody, MA: Hendrickson, 1895.

------. The Organization of the Early Christian Churches. London: Longmans, Green, and Co., 1895.

Havass, Zahi. The Pyramids of Ancient Egypt. Pittsburgh: Carnegie Museum of Natural History, 1990.

Hay, Alexander R. The New Testament Order for Church and Missionary. Audubon, NJ: New Testament Missionary Union, 1947.

------. What Is Wrong in the Church? Audubon, NJ: New Testament Missionary Union, n. d.

Henderson, Robert W. The Teaching Office in the Reformed Tradition. Philadelphia: Westminster Press, 1962.

Herbert, George. The Country Parson and the Temple. Mahwah, NJ: Paulist Press, 1981.

Hislop, Alexander. Two Babylons. 2nd ed. Neptune, NJ: Loizeaux Brothers, 1990.

Hodge, Charles. First Corinthians. Wheaton, IL: Crossway Books, 1995.

Hoover, Peter. The Secret of the Strength: What Would the Anabaptists Tell This Generation? Shippensburg, PA: Benchmark Press, 1998.

Howe, Reuel L. Partners in Preaching: Clergy and Laity in Dialogue. New York: Seabury Press, 1967.

Jacobs, C. M., trans. Works of Martin Luther. Philadelphia: Muhlenberg Press, 1932.

Johnson, Paul. A History of Christianity. New York: Simon & Schuster, 1976.

Jones, llion T. A Historical Approach to Evangelical Worship. New York: Abingdon Press, 1954.

Jungmann, Josef A. The Early Liturgy: To the Time of Gregory the Great. Notre Dame: Notre Dame Press, 1959.

------. The Mass of the Roman Rite, vol. 1. New York: Benziger, 1951.

Kennedy, John W. The Torch of the Testimony. Bombay: Gospel Literature Service, 1965.

Kierkegaard, Soren. "Attack on Christendom. "In A Kierkegaard Anthology, edited by Robert Bretall, Princeton: Princeton University Press, 1946.

King, Eugene F. A. Church Ministry. St. Louis: Concordia Publishing House, 1993.

Kistemaker, Simon J. New Testament Commentary: Acts. Grand Rapids: Baker Book House, 1993.

Klassen, W., J. L. Burkholder, and John Yoder. The Relation of Elders to the Priesthood of Believers. Washington, DC: Sojourners Book Service, 1969.

Klassen, Walter. "New Presbyter Is Old Priest Writ Large. "Concern 17(1969).

Kopp, David. Praying the Bible for Your Life. Colorado Springs: Waterbrook, 1999.

Krautheimer, Richard. Early Christian and Byzantine Architecture. London: Penguin Books, 1986.

Kreider, Alan. Worship and Evangelism in Pre-Christendom. Oxford: Alain/GROW Liturgical Study, 1995.

Larimore, Walter, and Rev. Bill Peel. "Critical Care: Pastor Appreciation. " Physician Magazine, September/October 1999.

Latourette, Kenneth Scott. A History of Christianity. New York: Harper and Brothers, 1953.

Leisch, Barry. The New Worship: Straight Talk on Music and the Church. Grand Rapids: Baker Book House, 1996.

Lenski, R. C. H. Commentary on St. Paul's Epistle to the Galatians: Minneapolis: Augsburg Publishing House, 1961.

------. Commentary on St. Paul's Epistle to Timothy. Minneapolis: Augsburg Publishing House, 1937.

------. The Interpertation of 1 and 2 Corinthians. Minneapolis: Augsburg Publishing House, 1963.

Liemohn, Edwin. The Organ and Choir in Protestant Worship. Philadelphia: Fortress Press, 1968.

Lietzmann, Hans. A History of the Early Church, vol. 2. New York: The World Publishing Company, 1953.

Lightfoot, J. B. "The Christian Ministry. "In Saint Paul's Epistle to the Philippians. Wheaton, IL: Crossway Books, 1994.

Lockyer, Herbert Sr., ed. Nelson's Illustrated Bible Dictionary. Nashville: Thomas Nelson Publishers, 1986.

Mackinnon, James. Calvin and the Reformation. New York: Russell and Russell, 1962.

MacMullen, Ramsay. Christianizing the Roman Empire: AD 100-400. London: Yale University Press, 1984.

MacPherson, Dave. The Incredible Cover-Up. Medford, OR: Omega Publications, 1975.

Marrou, H. I. A History of Education in Antiquity. New York: Sheed and Ward, 1956.

Marsden, George. The Soul of the American University: From Protestant Establishment to Established Nonbelief, New York: Oxford University Press, 1994.

Marshall, I. Howard. Last Supper and Lord's Supper. Grand Rapids: Eerdmans, 1980. 『마지막 만찬과 주의 만찬』(솔로몬, 2010)

------. New Bible Dictionary. 2nd ed. Downers Grove, IL: InterVarsity Fellowship, 1982.

Maxwell, William D. An Outline of Christian Worship: Its Development and Forms. New York: Oxford University Press, 1936.

Mayo, Janet. A History of Ecclesiastical Dress. New York: Holmes &meier Publishers, 1984.

McKenna, David L. "The Ministry's Gordian Knot. "Leadership(Winter 1980).

McNeill, John T. A History of the Cure of Souls. New York: Harper & Row Publishers, 1951.

Mees, Arthur. Choirs and Choral Music. New York: Greenwood Press, 1969.

Metzger, Bruce, and Michael Coogan. The Oxford Companion to the Bible. New York: Oxford University Press, 1993.

Middleton, Arthur Pierce. New Wine in Old Wineskins. Wilton, CT: Morehouse-Barlow Publishing, 1988.

Miller, Donald E. Reinventing American Protestantism. Berkeley: University of Berkeley Press, 1997.

Morgan, John. Godly Learning. New York: Cambridge University Press, 1986.

Muller, Karl, ed. Dictionary of Mission: Theology, History, Perspectives. Maryknoll, NY: Orbis Books, 1997.

Murphy-O'Connor, Jerome. Paul the Letter-Writer. Collegeville, MN: The Liturgical Press, 1995.

Murray, Lain H. The Invitation System. Edinburgh: Banner of truth Trust, 1967.

------. Revival and Revivalism: The Making and Marring of American Evangelicalism. Carlisle, PA: Banner of Truth Trust, 1994.

Murray, Stuart. Beyond Tithing. Carlisle, UK: Paternoster Press, 2000.

Narramore, Matthew. Tithing: Low-Realm, Obsolete and Defunct. Graham, NC: Tekoa Publishing, 2004.

Nee, Watchman. The Normal Christian Life. Carol Stream, IL: Tyndale House Publishers, 1977.

Nevin, J. W. The Anxious Bench. Chambersburg, PA: German Reformed Church, 1843.

Nichols, James Hastings. Corporate Worship in the Reformed Tradition. Philadelphia: Westminster Press, 1968.

Nicoll, W. Robertson, ed. The Expositor's Bible. New York: Armstrong, 1903.

Niebuhr, H. Richard, and Daniel D. Williams. The Ministry in Historical Perspectives. San Francisco: Harper & Row Publishers, 1956.

Norman, Edward. The House of God: Church Architecture, Style, and History. London: Thames and Hudson, 1990.

Norrington, David C. To Preach or Not to Preach? The Church's Urgent Question. Carlisle, UK: Paternoster Press, 1996.

Oates, Wayne. Protestant Pastoral Counseling. Philadelphia: Westminster Press, 1962.

Old, Hughes Oliphant. The Patristic Roots of Reformed Worship. Zurich: TheologischerVeriag, 1970.

Oman, Charles. English Church Plate 597-183. London: Oxford University Press, 1957.

Osborne, Kenan B. Priesthood: A History of the Ordained Ministry in the Roman Catholic Church: New York: Paulist Press, 1988.

Owen, John. Hebrews. Edited by Alister McGrath and J. I. Packer. Wheaton, IL: Crossway Books, 1998.

------. True Nature of a Gospel Church and Its Government. London: James Clarke, 1947.

Park, Ken. The World Almanac and Book of Facts 2003. Mahwah, NJ: World Almanac

Books, 2003.

Parke, H. W. The Oracles of Apollo in Asia Minor. London: Croom Helm, 1985.

Pearse, Meic, and Chris Matthews. We Must Stop Meeting Like This. E. Sussex, UK: Kingsway Publications, 1999.

Power, Edward J. A Legacy of Learning: A History of Western Education. Albany: State University of New York Press, 1991.

Purves, George T. "The Influence of Paganism on Post-Apostolic Christianity. "The Presbyterian Review. No. 36(October 1888).

Quasten, Johannes. Music and Worship in Pagan and Christian Antiquity. Washington DC: National Association of Pastoral Musicians, 1983.

Reid, Clyde H. The Empty Pulpit. New York: Harper & Row Publishers, 1967.

Reid, Daniel G. et al., Concise Dictionary of Christianity in America. Downers Grove, IL: InterVarsity Press, 1995.

------. Dictionary of Christianity in America. Downers Grove, IL: InterVarsity Press, 1990.

Richardson, A. Madeley. Church Music. London: Longmans, Green, & Co., 1910.

Robertson, A. T. A Grammar of the Greek New Testament in the Light of Historical Research. Nashville: Broadman& Holman Publishers, 1934.

Robertson, D. W. Abelard and Heloise. New York: The Dial Press, 1972.

Robinson, John A. T. The New Reformation. Philadelphia: Westminster Press, 1965.

Rogers, Elizabeth. Music through the Ages. New York: G. P. Putnam's Sons, 1967.

Rowdon Harold H. "Theological Education in Historical Perspective. " InVoxEvangelica: Biblical and Other Essays from London Bible College. Vol. 7. Carlisle, UK: Paternoster Press, 1971.

Sanford, Elias Benjamin, ed. A Concise Cyclopedia of Religious Knowledge. New York: Charles L. Webster & Company, 1890.

Saucy, Robert L. The Church in god's Program. Chicago: Moody Publishers, 1972.

Schaff, Philip. History of the Christian Churh. Grand Rapids: Eerdmans, 1994. 『교회사 선집』(크리스챤다이제스트, 2004)

Schlect, Christopher. Critique of Modern Youth Ministry. Moscow, ID: Canon Press, 1995.

Schweizer, Eduard. The Church As the Body of Christ. Richmond, VA: John Knox Press, 1964.

------. Church Order in the New Testament. Chatham, UK: W. & J. Mackay, 1961.

Sendrey, Alfred. Music in the Social and Religious Life of Antiquity. Rutherford, NJ: Fairleigh Dickinson University Press, 1974.

Senn, Frank C. Christian Liturgy: Catholic and Evangelical. Minneapolis: Fortress Press, 1997.

------. Christian Worship and Its Cultural Setting. Philadelphia: Fortress Press, 1983.

Senter, Mark H. III. The Coming Revolution in Youth Ministry. Chicago: Victor Books,

1992.

------. The Youth for Christ Movement As an Educational Agency and Its Impact upon Protestant churches: 1931-1979. Ann Arbor, MI: University of Michigan, 1990.

Shaulk, Carl. Key Words in Church Music. St. Louis: Concordia Publishing House, 1978.

Shelley, Bruce. Church History in Plain Language. Waco, TX: Word Books, 1982.

Short, Ernest H. History of Religious Architecture. London: Philip Allan & Co., 1936.

Sizer, Sandra. Gospel Hymns and Social Religion. Philadelphia: Temple University Press, 1978.

Smith, Christian. Going to the Root. Scottdale, PA: Herald Press, 1992.

------. "Our Dressed Up Selves. " Voices in the Wilderness, September/October 1987.

Smith, M. A. From Christ to Constantine. Downers Grove, IL: InterVarsity Press, 1973.

Snyder, Graydon F. Ante Pacem: Archaeological Evidence for Church Life before Constantine. Macon, GA: Mercer University Press, 1985.

------. First Corinthians: A Faith Community Commentary. Macon, GA: Mercer University Press, 1991.

Snyder, Howard. Radical Renewal: The Problem of Wineskins Today. Houston: Touch Publications, 1996.

Soccio, Douglas. Archetypes of Wisdom: An Introduction to Philosophy. Belmont, CA: Wadsworth ITP Publishing Company, 1998.

Sommer, Robert. "Sociofugal Space. "American Journal of Sociology 72, no. 6, 1967.

Stevens, R. Paul. The Abolition of the Laity. Carlisle, UK: Paternoster Press, 1999.

------. Liberating the Laity. Downers Grove, IL: InterVarsity Press, 1985.

------. The Other Six Days: Vocation, Work, and Ministry in Biblical Perspective. Grand Rapids: Eerdmans, 1999.

Streeter, B. H. The Primitive Church. New York: The Macmillan Company, 1929.

Streett, R. Alan. The Effective Invitation. Old Tappan, NJ: Fleming H. Revell Co., 1984.

Stumpf, Samuel Enoch. Socrates to Sartre. New York: McGraw-Hill, 1993.

Swank, George W. Dialogical Style in Preaching. Valley Forge, PA: Judson Press, 1981.

Swank, J. Grant. "Preventing Clergy Burnout. " Ministry(November 1998).

Sweet, Leonard. "Church Architecture for the 21st Century. "Your church(March/April 1999).

Sykes, Norman. Old Priest and New Presbyter. London: Cambridge University Press, 1956.

Tan, Kim. Lost Heritage: The Heroic Story of Radical Christianity. Godalming, UK: Highland Books, 1996.

Taylor, Joan E. Christians and the Holy Places: The Myth of Jewish-Christian Origins. Oxford: Clarendon Press, 1993.

Terry, John Mark. Evangelism: A Concise History. Nashville: Broadman& Holman Publishers, 1994.

Thiessen, Henry C. Lectures in Systematic Theology. Grand Rapids: Eerdmans, 1979.

Thompson, Bard. Liturgies of the Western Church. Cleveland: Meridian Books, 1961

Thompson, C. L. Times of Refreshing, Being a History of American Revivals with Their Philosophy and Methods. Rockford: Golden Censer Co. Publishers, 1878.

Thomson, Jeremy. Preaching As Dialogue: Is the Sermon a Sacred Cow? Cambridge: Grove Books, 1996.

Tidball, D. J. Dictionary of Paul and His Letters: Downers Grove, IL: InterVarsity Press, 1993.

Trueman, D. C. The Pageant of the Past: The Origins of Civilization. Toronto: Ryerson, 1965.

Turner, Harold W. From Temple to Meeting House: The Phenomenology and Theology of Places of Worship. The Hague: Mouton Publishers, 1979.

Ulam, Adam B. Stalin: The Man and His Era. New York: Viking Press, 1973.

Uprichard, R. E. H. "The Eldership in Martin Bucer and John Calvin. "Irish Biblical Studies Journal(June 18, 1996).

Uschan, Michael V. The 1940's: Cultural History of the US through the Decades. San Diego: Lucent Books, 1999.

Van Biema, David. "The End: How It Got That Way. " Time(July 1, 2002).

Verduin, Leonard. The Reformers and their Stepchildren. Grand Rapids: Eerdmans, 1964.

Verkuyl, Gerrit. Berkeley Version of the New Testament. Grand Rapids: Zondervan, 1969.

Viola, Frank. 『영원에서 지상으로』From Eternity to Here(대장간, 2009) Colorado Springs: David C. Cook, 2009.

------『유기적 교회 세우기』Finding Organic Church(대장간, 2010) Colorado Springs: David C. Cook, 2008.

------『다시 그려보는 교회』Reimagining Church(대장간, 2013) Colorado Springs: David C. Cook, 2008.

------. The Untold Story of the New Testament Church: An Extraordinary Guide to Understanding the New Testament. Shippensburg, PA: Destiny Image, 2004. 『신약성경 교회이야기』(순전한 나드, 2008)

von Campenhausen, Hans. Tradition and Life in the Church. Philadelphia: Fortress Press, 1968.

von Harnack, Adolf. The Mission and Expansion of Christianity in the First Three Centuries. New York: G. P. Putnam's Sons, 1908.

von Simson, Otto. The gothic Cathedral: Origins of gothic Architecture and the Medieval Concept of Order. Princeton: Princeton University Press, 1988.

von Soden, H. Die Schriften des NewenTestamentes. Gottingen, Germany: Vandenhoeck, 1912.

Walker, G. S. M. The Churchmanship of St. Cyprian. London: Lutterworth Press, 1968.

Wallis, Arthur. The Radical Christian. Columbia, MO: Cityhill Publishing, 1987.

Warkentin, Marjorie. Ordination: A biblical-Historical View. Grand Rapids: Eerdmans, 1982.

Warns, J. Baptism: Its History and Significance. Exeter, UK: Paternoster Press, 1958.

Watson, Philip. Neoplatonism and Christianity: 928 Ordinary General Meeting of the Victoria Institute. Surrey, UK: The Victoria Institute, 1955.

Welch, Bobby H. Evangelism through the Sunday School: A Journey of Faith. Nashville: Lifeway Press, 1997.

Wesley, John. Sermon on Several Occasions. London: Epworth Press, 1956.

White, James F. Protestant Worship: Traditions in Transition. Louisville: Westminster/John Knox Press, 1989). 『개신교 예배』(CLC, 1997)

------. The Worldliness of Worship. New York: Oxford University Press, 1967.

White, L. Michael. Building God's House in the Roman World. Baltimore: Johns Hopkins University Press, 1990.

White, John F. Protestant Worship and Church Architecture. New York: Oxford University Press, 1964.

Whitham, Larry. "Flocks in Need of Shepherds. " Washington Times, July 2, 2001.

Wickes, Charles. Illustrations of Spires and Towers of the Medieval Churches of England. New York: Hessling&Spielmeyer, 1900.

Wieruszowski, Helen. The Medieval University. Princeton: Van Nostrand, 1966.

Wilken, Robert. The Christians as the Romans Saw Them. New Haven, CT: University Press, 1984.

Williams, George. The Radical Reformation. Philadelphia: Westminster Press, 1962

Williams, Peter. Houses of God. Chicago: University of Illinois Press, 1997.

Wilson-Dickson, Andrew. The Story of Christian Music. Oxford: Lion Publications, 1992.

Wright, David F. The Lion Handbook of the History of Christianity. Oxford: Lion Publications, 1990.

Wuest, Kenneth S. The New Testament: An Expanded Translation. Grand Rapids: Eerdmans, 1961.

Youngblood, Ronald. "The Process: How We Got Our Bible. " Christianity Today(February 5, 1988), 23-38.

Zens, Jon. The Pastor. St. Croix Falls, WI: Searching Together, 1981.

후주

1) 내가 발견한, 현대 교회에서 행하여지는 관습의 유래를 추적한 유일한 책은 Gene Edwards 가 쓴 『신약성서적 교회의 급진적 삶』*Beyond Radical*(박인천 역, 대장간 역간)이지만, 이 책은 고증이 되어 있지 않다.

2) 이것을 입증하려면 www.ptmin.org/answers.htm을 참조할 것.

3) 그 책들은 www.ReimaginingChurch.org에 명시되어 있다.

4) Herbert Lockyer Sr., ed., *Nelson's Illustrated Bible Dictionary*(Nashville: Thomas Nelson Publishers, 1986), 830-831, 957-958. 아울러 마태복음 23:23-24를 참조할 것.

5) 모세의 율법은 구약성서의 처음 다섯 권, 즉 창세기부터 신명기까지를 가리킨다. 그것은 또한 토라(Torah, 율법) 또는 Pentateuch(헬라어로 "다섯 권"이라는 뜻)라고 불린다.

6) I. Howard Marshall, *New Bible Dictionary*, 2nd ed.(Wheaton, IL: InterVarsity Fellowship, 1982), 1055.

7) 바울은 고린도전서 12:12에서 교회를 그리스도의 몸이라고 일컬었다. 바울의 가르침에 의하면, 교회는 집합적인 그리스도이다. 머리는 하늘에, 몸은 이 땅에 있다(행9:4-5; 엡5:23; 골1:18, 2:19). 제대로 이해된다면, 교회는 제도적인 조직체가 아닌 영적 유기체이다.

8) 흥미롭게도, 유기적인 교회에서는 1세기 교회에 있었던 것과 똑같은 문제들이 발생하게 될 것이다. 반면에, 제도권 교회는 전혀 다른 문제들에 직면하게 될 것인데, 그런 교회는 신약성서의 교회와는 너무나도 판이한 구조로 되어 있어 성서적인 교정 수단이 없다. 예를 들면, 제도권 교회에서는 평신도 그룹이 목사가 싫을 때 그를 해고해버리면 되지만, 이런 일은 1세기 교회에선 절대로 일어날 수 없었다. 왜냐하면, 그때는 고용된 목사라는 것 자체가 존재하지 않았기 때문이다.

9) 이 원리에 대해 더 깊게 고찰하려면 내가 쓴 다음의 글들을 참조할 것: "The Kingdom, the Church, and Culture"(http://www.ptmin.org/culture.htm), "What is an Organic Church?"(http://www.ptmin.org/organic.htm).

10) 이 책이 학자들을 위해 쓴 것은 아니지만, 많은 학자의 추천을 받았다. http://www.PaganChristianity.org를 참조할 것.

11) 이 책은 개신교의 관습들에 초점을 맞추었다. 그리고 주요 범위는 "저 교회 개신교파(low church Protestantism)"이지, 성공회나 루터교의 어떤 부류 같은 "고 교회 교파(high church denomination)"가 아니다. 내가 고 교회라고 할 때 그것은 정통 기독교의 기톨릭적 요소들(성스러움과 의식과 예식을 중시하는)을 강조하는 교회들을 뜻한다. 이 책에서는 고 교회 관습들을, 지나가면서 약간만 다루게 될 것이다.

12) 영국의 철학자 베이컨(Francis Bacon)은 언젠가 이렇게 말했다. "성 어거스틴(Augustine)이나 성 암브로즈(Ambrose)의 책들이 우리가 교회 역사를 철저하게 읽고 살펴보는 것만큼 우리에게 신적인 지혜를 공급해주지 못한다."

13) 초대 교부들을 인용할 때 나는 가능하면 그들의 원저작물을 선택했다. 원저작물을 인용하지 않을 땐 그 원저작물의 편집 번역물(*Early Christians Speak*, 3rd ed., by Everett Ferguson (Abilene, TX: ACU Press, 1999))을 인용했다.

14) Frank C Senn, *Christian Worship and Its Cultural Setting*(Philadelphia: Fortress Press, 1983), 51.

15) 이 책에서 우리는 때때로 제도권 교회를 현재의 모습이 되게 한 "구부러진 통로"에 대해 언급하게 될 것이다. 백 여년 전에 쓰인 이 시가 이 비유에 영감을 불어넣어 준 셈이다.

16) 역사적 인물들에 대해 처음 언급할 때(특히 교회의 발전에 큰 영향을 준 사람들) 우리가 일반적으로 그들의 출생과 사망연도를 기록했음을 주지할 것. 그 연도와 그 사람이 끼친 영향에 대해 이 책 끝 부분에 있는 부록의 "교회사의 주요 인물들"을 참조할 것.

17) 소크라테스의 삶과 가르침에 관해 간략하게 다룬 Samuel Enoch Stumpf의 *Socrates to Sartre*(New York: Mcgraw-Hill, 1993), 29-45를 참조할 것.

18) Ken Connolly, *The Indestructible Book*(Grand Rapids: Baker Books, 1996); Foxe's Book of Martyrs(Old Tappan, NJ: Spire Books, 1968).

19) Edwin Hatch, *The Influence of Greek Ideas and Usages Upon the Christian Church*(Peabody, MA: Hendrickson, 1895), 18. Hatch는 문화에 영향을 주기보다는 오히려 그 문화에 의해 영향을 받아 교회에 유해해진 결과를 추적하고 있다.

20) 기독교 철학자 쇠렌 키에르케고르(Soren Kierkegaard, 1813-1855)는 현대 기독교를 칭하여 본질적으로 위조품이라고 했다. 아래의 문헌을 참조할 것: Soren Kierkegaard, "Attack on Christendom" in A *Kierkegaard Anthology*, ed. Robert Bretall(Princeton, NJ: Princeton University Press, 1946), 59ff., 117, 150ff., 209ff.

21) Will Durant, *Caesar and Christ*(New York: Simon & Schuster, 1950), 577. Shirley J. Case, *The Social Origins of Christianity*(New York: Cooper Square Publishers, 1975), 27-28. E. Glen Hinson도 다음과 같이 가세했다: "1세기 말 그 이후로 이방인들은 그리스도인의 모임에서 유대인의 수를 능가했다. 그들은 그리스와 로마 문화의 사상과 경향과 관습을 서서히 수입했다("Worshiping Like Pagans?"*Christian History* 12, no. 1 [1993] : 17).

22) Paul F. Bradshaw, *The Search for the Origins of Christian Worship*(New York: Oxford University Press, 1992), 65; Durant, Caesar and Christ, 575, 599-600, 610-619, 650-651, 671-672.

23) 이교도(pagan)라는 단어는 초기 기독교 변증가들에 의해 불신자들을 도매금으로 일컫는 말로 사용되었다. "pagan"의 어원은 촌사람, 곧 pagus(시골)의 거주자라는 뜻이다. 기독교가 먼저 도시들에 전파되었기 때문에 시골사람들(pagans)을 옛날 신들을 섬기는 사람들로 간주하였다. 다음을 참조할 것: John E. Taylor, *Christians and the Holy Places: The Myth of Jewish-Christian Origins*(Oxford: Clarendon Press, 1993), 301.

24) 빨간 알약의 개념은 생각을 꽤 자극하는 히트작 매트릭스(The Matrix)라는 영화에서 온 것이다. 이 영화에 Morpheus가 Nero에게 거짓된 환상의 세계와 감지할 수 있는 현실 중 하나를 선택하라는 장면이 나온다. 그의 말은 이 주제에 곧바로 적용할 만한 말이다. "지금 선택한 이후엔 되돌아올 수 없다. 네가 푸른색 알약을 먹으면 거기서 애기는 끝나고, 침대에서 깨어나 네가 믿고 싶은 데로 믿으면 된다. 빨간 알약을 먹으면… 내가 너에게 토끼의 땅굴이 얼마나 깊은가를 보여 주겠다." 우리는 모든 하나님의 백성이 빨간 알약을 선택하기 바란다.

25) 성전으로서의 그리스도는 요1:14을 참조할 것: "거하시매"는 헬라어로 "성막이 되다" 라는 뜻이다. 그리고 요 2:19-21을 참조할 것. 산 돌로 지은 새집으로서의 그리스도는 막14:58; 행7:48; 고후5:1, 6-16; 엡2:21-22; 히3:6-9, 9:11, 24; 딤전3:15을 참조할 것.

제사장으로서의 그리스도는 히4:14, 5:5-6, 10; 8:1을 참조할 것. 새 제사장 제도에 관해서는 벧전2:9와 계1:6에 언급되어 있다. 마지막 제물로서의 그리스도를 가리키는 성서구절로는 히7:27, 9:14, 25-28, 10:12; 벧전3:18 등이 있다. 히브리서는 예수님께서 자신을 "단번에 영원히" 드리셨음을 계속해서 역설하고 있다. 이것은 주님이 다시 제물이 되실 필요가 없음을 강조한 것이다.

26) 사도행전 7장에 나오는 스데반의 메시지는 다음과 같은 사실을 암시하고 있다: "성전은 단지 인간이 만든 집으로서 솔로몬에 의해 시작되었다; 그것은 다윗시대까지 계속됐던, 모세가 하나님께서 주신 양식대로 만들었던 성막과는 관련이 없다." Harold W. Turner의 *From Temple to Meeting House: The Phenomenology and Theology of Places of Worship*(The Hague: Mouton Publishers, 1979), 116-117을 참조할 것. 또한, 마가복음 14:58에 있는 예수님의 말씀을 참조할 것: 솔로몬의 성전(헤롯의 성전)은 "손으로" 지어졌지만, 예수님께서 일으키실 성전은 "손으로 짓지 아니한" 성전이 될 것이다. 스데반은 사도행전 7:48에서 같은 표현으로 사용했다. 달리 말하자면, 하나님은 "손으로 지은" 성전에 사시지 않는다. 우리 하나님 아버지는 성전 거주자가 아니다!

27) 골로새서 2:16-17을 참조할 것. 그리스도께서 유대교 율법의 그림자를 완성하러 오셨다는 것이 히브리서의 중심 주제이다. 하나님께서 더는 어떤 거룩한 제사나 대리 제사장 제도도 요구하시지 않음을 신약성서의 저자들이 모두 다 확인시켜주고 있다. 예수님 안에서 이 모든 것이 완성되었다-예수님께서 희생제물과 제사장이 되셨다.

28) Ernest H. Short는 그의 책 *History of Religious Architecture*(London: Philip Allan & Co., 1936), ch. 2에서 한 단원 전체를 그리스 신전들의 건축양식에 할애했다. David Norrington은 그의 책 *To Preach or Not to Preach? The church's Urgent Question*(Carlisle, UK: Paternoster Press, 1996), 27에서 "그럼에도, 종교 건축물은 그리스와 로마 종교의 핵심적 요소였다."라고 했다. 이교도들도 "신성한" 제단들을 갖고 있었다. Michael Grant, *The Founders of the Western World: A History of Greece and Rome*(New York: Charles Scribner's Son, 1991), 232-234. 이교 의식들에 관해 더 알아보려면 다음을 참조할 것: Robin Lane Fox, *Pagans and Christians*(New York: Alfred Knopf, 1987), 39, 41-43, 71-76, 206.

29) John O. Gooch, "Did You Know? Little-Known or Remarkable Facts about Worship in the Early Church,"*Christian History* 12, no. 1(1993), 3.

30) 고전3:16; 갈6:10; 엡2:20-22; 히3:5-6; 딤전3:15; 벧전2:5, 4:17. 이 구절들은 모두 건물이 아닌 하나님의 사람들을 가리킨다. Arthur Wallis에 의하면, "구약시대 때는 하나님께서 그분의 백성을 위해 성소를 갖고 계셨고, 신약시대 때는 하나님께서 그분의 백성을 성소로 갖고 계신다."*The Radical Christian*(Columbia, MO: Cityhill Publishing, 1987), 83.

31) 신약성서에 의하면 교회는 그리스도의 신부, 즉 세상에서 가장 아름다운 여자이다: 요3:29; 고후11:2; 엡5:25-32; 계21:9.

32) Clement of Alexandria, *The Instructor*, Book 3, ch 11.

33) 19세의 교회 역사가 Adolf von Harnack은 1세기와 2세기 그리스도인들에 대해 다음과 같이 말했다: "한 가지 분명한 것은 예배를 위한 특별 모임장소의 개념은 아직 생기지 않았다. 하나님과 신성한 예배에 대한 기독교적 사상이 이것을 권장하지도 않았을 뿐만 아니라 아예 제외해버렸다. 또한, 실제적 상황이 더 진전되는 것을 저지했다."*The Mission and Expansion of Christianity in the First Three Centuries*, vol. 2(New York: G. P.

Putnam's Sons, 1908), 86.

34) Robert L. Saucy, *The Church in God's Program*(Chicago: Moody Publishers, 1972), 11, 12, 16; A. T. Robertson, *A Grammar of the Greek New Testament in the Light of Historical Research*(Nashville; Broadman & Holman, 1934), 174. William Tyndale은 신약성서를 번역할 때 ekklesia의 번역을 church로 하기를 거부하고 더 정확한 표현인 congregation(회중)으로 번역했다. 불행스럽게도 King James 역의 번역가들은 ekklesia의 번역으로 church를 사용해버렸다. 그들이 ekklesia의 정확한 번역인 congregation을 외면한 이유는 그것이 청교도들의 용어였기 때문이다. 다음을 참조할 것: "The Translators to the Reader" from the preface to the 1611 translation in Gerald Bray, *Documents of the English Reformation*(Cambridge: James Clark, 1994), 435.

35) Clement, *The Instructor, Book* 3, ch. 11. Clement는 다음과 같이 기록했다: "여자와 남자는 적절한 복장을 하고 교회에 가야 한다."

36) Graydon F. Snyder, *Ante Pacem: Archaeological Evidence of Church Life Before Constantine*(Macon, GA: Mercer University Press, 1985), 67; Gradon F. Snyder, *First Corinthians: A Faith Community Commentary*(Macon GA: Mercer University Press, 1991), 3.

37) "로마 기톨릭의 교회 법전에 따르면, 교회는 종교의 모든 신앙적, 공적 행사에 사용하기 위해 예배에 헌정된 신성한 건물이다." Peter F. Anson, *Churches: Their Plan and Furnishing*(Milwaukee: Bruce Publishing Co., 1948), 3.

38) Fox, *Pagans and Christians*, 71, 207, 27,347, 355. Fox는 다음과 같이 썼다: "현대 기독교에는 독신 맹세를 한 성인 남녀가 160만 명 이상이나 된다"(p. 355). 그들을 수녀와 사제라고 부른다.

39) 스데반 또한 성전에 대해 부정적으로 말했다. 흥미롭게도, 예수님과 스데반은 둘 다 성전을 모독한다는 똑같은 죄목으로 심판을 받았다(막 14:58; 행 6:13-14을 참조할 것).

40) 요 2:12-22, 막 2:22. 다음을 참조할 것: Oscar Cullman, *Early Christian Worship*(London: SCM Press, 1969), 72-73, 117.

41) 요 4:23. 성서는 믿는 자들의 공동체인 교회가 진짜 성전이라고 가르친다(고전3:16; 엡 2:21). 교회는 지상에서 하나님이 사시는 거주지이다. 그러므로 예배는 공간적인 어떤 장소에 국한되거나 삶 전체에서 추출될 성질의 것이 아니다. 성서적으로 볼 때, 그리스도인들의 "거룩한 곳"은 승천하신 주님의 무소부재하심과 같다. 예배는 정해진 어떤 시간에 지정된 어느 장소에서 벌어지는 것이 아니고 생활양식(lifestyle)이다. 예배는 하나님의 사람들 안에서 영과 진리에 의해 일어난다. 왜냐하면, 하나님의 사람들 안이 바로 하나님께서 오늘날 사시는 곳이기 때문이다. 다음을 참조할 것: J. G. Davis, *The Secular Use of Church Buildings*(New York: The Seabury Press, 1968), 3-4.

42) James D. G. Dunn, "The Responsible Congregation, 1 Corinthians 14:26-40," in *Charisma und Agape*(Rome: Abbey of St. Paul before the Wall, 1983), 235-236.

43) 3세기 기독교 변증가인 Minucius Felix는 이렇게 썼다: "우리는 성전도 없고 제단도 없다."The Octavius of Minucius Felix, ch. 32. 다음을 참조할 것: Robert Banks, *Paul's Idea of Community*(Peabody, MA: Hendrickson Publishers, 1994), 8-14, 26-46.

44) 다음을 참조할 것: 행2:46, 8:3, 20:20; 롬16:3, 5; 고전16:19; 골4:15; 몬1:1-2, 요이 1:10. 경우에 따라서는, 그리스도인들이 특별한 목적을 위해 임시로 건물을 빌려 사용했음을 주지할 필요가 있다. 솔로몬 행각과 두란노 서원이 그 실례이다(행5:12, 19:9). 그렇지

만, 그들의 정상적인 교회 모임은 언제나 개인 가정집에서 행해졌다.

45) Snyder, Ante Pacem, 166. John A. T. Robinson은 이렇게 썼다: "처음 3세기 동안 교회는 건물을 갖고 있지 않았다." 다음을 참조할 것: *The New Reformation*(Philadelphia: Westminster Press, 1965), 89.

46) Robert Banks and Julia Banks, *The Church Comes Home*(Peabody, MA: Hendrickson Publishers, 1998), 49-50. Dura-Europos는 256년에 파괴되었다. Frank Senn에 의하면, "처음 몇 세기 동안의 그리스도인들은 이교도들과 거리를 두고 있었다. 그들에겐 사당이나 신전이나 신상이나 희생 제사가 없었다. 또 공공 잔치나 춤이나 음악 행사나 순례 행렬도 없었다. 그들의 주요 행사는 유대교에서 물려받은 가정집에서의 식사가 전부였다. 참으로, 처음 3세기 동안의 그리스도인들은 기독교 공동체가 모임을 하기에 적합하도록 개조된 개인 집들에서 모였다… 초기 기독교 예배에서 의식(ritual)을 찾아볼 수 없었던 것을 시작 단계의 표시로 보면 안 된다. 오히려 그것이 기독교 예배의 영적 특징을 강조한 것으로 봐야 한다."*Christian Liturgy: Catholic and Evangelical*(Minneapolis: Fortress Press, 1997), 53.

47) 어떤 사람들은 콘스탄틴 이전의 그리스도인들은 가난해서 집을 소유할 수 없었다고 주장한다. 그러나 이것은 옳지 않다. 예를 들어, Valerian 황제(253-260)의 핍박 아래에서 그리스도인 소유의 모든 집이 몰수되었다. 다음을 참조할 것: Philip Sachaff, *History of the Christian Church*(Grand Rapids: Eerdmans, 1910), 2:62. L. Michael White는 초기 그리스도인들이 상류사회층에 끈이 닿아 있었음을 지적했다. 또한, 2세기와 3세기 그리스와 로마 환경은 많은 그룹이 지역사회와 종교적 사용을 위해 개인 소유의 건물들을 고치는 데에 열려 있었다. *Building God's House in the Roman World*(Baltimore: Johns Hopkins University Press, 1999), 142-143. 또 다음을 참조할 것: Steve Atkerson, *Toward a House Church Theology*(Atlanta: New Testament Restoration Foundation, 1998), 29-42.

48) Snyder, Ante Pacem, 67. 이 개조된 집들을 domus ecclesiae라고 일컬었다.

49) Everett Ferguson, *Early Christians Speak: Faith and Life in the First Three Centuries*, 3rd ed.(Abilene, TX: A.C.U. Press, 1999), 46, 74. White, Building God's House, 16-25.

50) John F. White, *Protestant Worship and Church Architecture*(New York: Oxford University Press, 1964), 54-55.

51) "Converting a House into a Church," *Christian History* 12, no. 1(1993), 33.

52) Norrington, *To Preach or Not*, 24. 개인 집들을 개조하는 것에 덧붙여, 앨런 크라이더 Alan Kreider는 다음과 같이 말했다: "3세기 중반쯤엔 회중의 수가 늘었고 더 부유해져서, 상점들과 집들이 섞여 있던 여러 층의 건물(insulae)에서 모였던 그리스도인들이 남의 눈에 띄지 않게 개인 집들을 터서 회중의 필요에 맞춘 종합적인 모임 장소를 만들기 시작했다. 그들은 자라나는 공동체의 생활이 요구하는 바대로 아파트 방의 벽들을 헐어서 크고 작은 여러 개의 공간을 만들어냈다."Worship and Evangelism in Pre-Christendom(Oxford: Alain/GROW Liturgical Study, 1995), 5.

53) Turner, *From Temple to Meeting House*, 195. 르네상스 이론가인 Alberti와 Palladiio는 고대 로마의 신전들을 연구하고 나서 기독교 교회 건물을 일컫는 말로 성전(temple)이라는 용어를 사용하기 시작했다. 나중에, 캘빈(Calvin)이 기독교 건물을 성전이라고 부르면서 그것을 종교개혁 용어에 첨가했다. 아울러, 교회 건물을 일컬어 성전이라는 말로 사

용하기 시작하도록 이끌었던 사상을 알려면 다음을 참조할 것: Davies, *Secular Use of Church Buildings*, 220-222.

54) Snyder, *Ante Pacem*, 83, 143-144, 167.

55) "Praying to the 'Dead.'" *Chistian History* 12, no. 1(1993): 2, 31.

56) Snyder, *Ante Pacem*, 65; Johannes Quasten, *Music and Worship in Pagan and Christian Antiquity*(Washington DC: National Association of Pastoral Musicians, 1983), 153-154, 168-169.

57) Quasten, *Music and Worship*, 162-168. 터툴리안은 이교도들의 장례행렬 관습을 가차없이 없애 버리자는 기독교 운동을 주도했다. 하지만, 그리스도인들은 그런 관습에 정복당해 버렸다. 모두 이교도 방식에서 가져오다시피 한 기독교 장례의식이 3세기 때 출현하기 시작했다. 다음을 참조할 것: David W. Bercot, ed., *A Dictionary of Early Christian Beliefs*(Peabody, MA: Hendrickson, 1998), 80; Everett Ferguson, ed., Encyclopedia of Early Christianity(New York: Garland Publishing, 1990), 163. 그리스도인들이 죽은 자들 위해 기도하는 것은 2세기경에 생긴 것으로 보인다. 터툴리안은 그것이 그의 당대에 보편적인 관습이었음을 우리에게 알려주고 있다. 다음을 참조할 것: Tertullian, de cor. 4.1, and F. L. Cross and E. A. Livingstone, eds., The Oxford Dictionary of the Christian Church, 3rd ed.(New York: Oxford University Press, 1997), 456.

58) Snyder, Ante Pacem, 83.

59) Haas, "Where Did Christians Worship?"Christian History 12, no. 1(1993): 35; Turner, From Temple to Meeting House, 168-172.

60) Haas, "Where Did Christians Worship?" 35; Josef A. Jungmann, The Early Liturgy: To the Time of Gregory the Great(Notre Dame: Notre Dame Press, 1959), 141.

61) White, Protestant Worship and Church Architecture, 60. 이런 기념비들은 나중에 웅장한 교회 건물들로 탈바꿈했다.

62) Jungmann, The Early Liturgy, 178; Turner, From Temple to Meeting House, 164-167.

63) Schaff, History of the Christian Church, 2:292. "카타콤의 사용은 2세기 말부터 5세기 말까지 약 3세기 동안 지속하였다."(Snyder, Ante Pacem, 84). 일반적으로 알려진 것과는 달리, 로마의 그리스도인들이 핍박을 피해 카타콤에 숨었다는 역사적 증거는 어디에도 없다. 그들은 죽은 성도들과 가까이 있고 싶어서 그곳에서 모였을 뿐이다. 다음을 참조할 것: "Where Did Christians Worship?"35; "Early Glimpse,"Christian History 12, no. 1(1993): 30.

64) Snyder, Ante Pacem, 27. "콘스탄틴 이전의 예술 작품에서는 예수님이 고통을 당하시거나 죽임을 당하시지 않는다. 십자가 상징이나 그런 것 비슷한 것도 없었다."(p. 56). Philip Schaff는 다음과 같이 말했다: 312년에 콘스탄틴이 막센티우스를 물리친 후부터 십자가가 투구나 방패나 왕관 등에 등장했다(Schaff, History of the Christian Church, 2:270).

65) Snyder, Ante Pacem, 165.

66) Schaff, History of the Christian Church, 2:269-270.

67) 유품(Relic)이란 성도가 죽은 후에 남긴 유물이나 그의 몸이 닿았던 모든 신성한 물건들을 말한다. Relic이라는 말은 "뒤에 남기다."라는 뜻이 있는 라틴어의 reliquere 라는 단어에서 온 것이다. Relic을 숭상했던 첫 번째 증거는 156년경의 것인 Martyrium Polycarpi에 등장한다. 이 문서에서는 폴리캅의 relic들이 금이나 보석보다 더 귀중한 것으로 여겨졌다.

다음을 참조할 것: Cross and Livingstone, Oxford Dictionary of the Christian Church, 1379; Michael Collins and Matthew A. Price, The Story of Christianity(New York: DK Publishing, 1999), 91; Jungmann, Early Liturgy, 184-187.

68) Snyder, Ante Pacem, 91; Turner, From Temple to Meeting House, 168-172.

69) 이것은 성찬이 놓여 있던 테이블이었다. 제단 테이블은 하나님(제단)께 바쳐진 것과 사람(테이블)에게 주어진 것을 상징한다. White, Protestant Worship and Church Architecture, 40, 42, 63. 측면 제단들은 Gregory the Great 이전에는 사용되지 않았다. Schaff, History of the Christian Church 3:550.

70) 4세기 때 평신도는 제단에 가는 것이 금지되었다. Edwin Hatch, The Growth of Church Institutions(London: Hodder and Stoughton, 1895), 214-215.

71) Norman Towar Boggs, The Christian Saga(New York: The Macmillan Company, 1931), 209.

72) Llion T. Jones, A Historical Approach to Evangelical Worship(New York: Abingdon Press, 1954), 103;Schaff, History of the Christian Church, 3:542. Schaff가 서두에서 말한 것이 인상적이다: "기독교가 국가에 의해 공인되어 재산을 소유하는 것이 가속화되면서, 로마제국 전 지역에서 예배 처소를 짓기 시작했다. 아마 이런 종류의 건물은 다른 어느 시대보다 4세기 때 더 많았을 것이다. 19세기 때의 미국을 제외하곤." Norrington은 다음과 같이 지적했다: 4세기와 5세기 감독들은 그들의 부가 더해 갈수록 교회 건축 프로그램에 공들여 집중했다(To Preach or Not, 29). Ferguson은 이렇게 썼다: "우리는 콘스탄틴 시대 이전까지 특별하게 지어진 건물을 찾을 수 없다. 처음엔 단순한 방이었는데, 나중엔 콘스탄틴식의 대성당이 되었다." 콘스탄틴 이전에는 교회 모임에 사용된 구조물들이 "집이나 교회 모임을 위해 상가 건물을 고친 것이었다."(Early Christians Speak, 74).

73) 그 해에 콘스탄틴은 밀비아 다리 전투에서 서방 황제인 막센티우스(Maxentius)를 물리쳤다. 콘스탄틴은 그 전투의 전날 밤하늘에 나타난 십자가 형상을 보고 그리스도께 회심했다고 주장했다(Connolly, Indestructible Book, 39-40).

74) 이것은 신전, 제사장 직무, 고대 로마 성직제도, 신성한 독신제도, 그리고 콘스탄틴 자신을 위해 남겨둔 이교 제사장 총수(Pontifex Maximus)라는 타이틀을 포함한다. 다음을 참조할 것: Louis Duchesne, Early History of the Christian Church(London: John Murray, 1912), 49-50; M. A. Smith, From Christ to Constantine(Downers Grove, IL: InterVarsity, 1973), 172.

75) Paul Johnson, A History of Christianity(New York: Simon & Schuster, 1976), 68.

76) 어떤 역사가들은 거짓 소문이라고 믿지만, 그는 또 자신의 두 번째 아내의 죽음에도 책임이 있다. Taylor, Christians and Holy Places, 297; Schaff, History of the Christian Church, 3:16-17; Ramsay MacMullen, Christianizing the Roman Empire: A.D. 100-400년(London: Yale University Press, 1984), 44-58.

77) Kim Tan, Lost Heritage: The Heroic Story of Radical Christianity(Godalming, UK: Highland Books, 1996), 84.

78) 콘스탄틴은 정복되지 않은 태양(이교 신)과 그리스도가 뭔가 조화가 잘 된다고 생각했던 것 같다. Justo L. Gonzalez, The Story of Christianity(Peabody, MA: Prince Press, 1999), 1:122-123.

79) Hison, "Worship Like Pagans?"20; Jungmann, Early Liturgy, 136.

80) Gonzalez, The Story of Christianity, 123.

81) Fox, Pagans and Christians, 666; Durant, Caesar and Christ, 63, 656.

82) Cross and Livingstone, Oxford Dictionary of the Christian Church, 1307.

83) Robert M. Grant, Early Christianity and Society(San Francisco: Harper & Row Publishers, 1977), 155.

84) Durant, Caesar and Christ, 656.

85) Johnson, A History of Christianity, 69; Duchesne, Early History of the Christian Church, 69. 동방정교에서는 콘스탄틴이 참으로 13번째 사도로 불리고 있고, 또 성인으로 추앙받고 있다(Cross and Livingstone, Oxford Dictionary of the Christian Church, 405; Taylor, Christians Holy Places, 303, 316; Snyder, Ante Pacem, 93).

86) Taylor, Christians Holy Places, 308; Davies, Secular Use of Church Buildings, 222–237.

87) 유품에 마술적인 힘이 있다는 사상을 유대인들에게 돌릴 수는 없다. 왜냐하면, 그들은 시체와 접촉하는 것을 부정하다고 믿었기 때문이다. 이것은 순전히 이교사상이다(Boggs, Christian Saga, 210).

88) Johnson, History of Christianity, 106. 이것은 Vigilantius에서 인용되었다.

89) Taylor, Christians Holy Places, 317, 339–341.

90) Boggs, Christian Saga, 202.

91) Gonzalez, Story of Christianity, 123.

92) Cross and Livingstone, Oxford Dictionary of the Christian Church, 1379. 헬레나는 콘스탄틴의 아들이 처형당하고 그의 아내가 "자살"한 직후 성지로 순례의 길을 떠났다.(Fox, Pagans and Christians, 670–671, 674.

93) Oscar Hardman, A History of Christian Worship(Nashville: Parthenon Press, 1937). 헬레나는 이 대못 두 개를 콘스탄틴에게 주었다: 하나는 그의 왕관을 위해, 다른 하나는 그가 소유한 말의 재갈을 위해.(Johnson, History of Christianity, 106; Duchesne, Early History of the Christian Church, 64–65. "그 십자가엔 기적을 일으키는 능력이 있다고 알려졌고, 그 십자가에서 나왔다는 나무 조각들이 로마제국 전역에서 발견되었다." Gonzalez, Story of Christianity, 126. 헬레나가 십자가를 발견했다는 전설은 4세기 후반에 예루살렘에서 시작해서 급속히 제국 전체에 퍼졌다.

94) Taylor, Christians Holy Places, 308; Boggs, Christian Saga, 206–207.

95) Fox, Pagans and Christians, 667–668.

96) Taylor, Christians Holy Places, 309.

97) Snyder, Ante Pacem, 65. 이 장소들을 일컬어 martyria라고 한다.

98) Ibid., 92; Haas, "Where Did Christians Worship?" Christian History, 35.

99) Taylor, Christians Holy Places, 340–341. Davies는 말하기를, "처음 그리스도인들에겐 거룩한 제단이라는 게 없었기 때문에, 성별(consecration)의 필요성이 대두하지 않았다. 4세기에 가서 교회가 평안할 때 건물을 헌정하는 관습이 시작되었다."(Davies, Secular Use of Church Buildings, 9, 250).

100) Short, History of Religious Architecture, 62.

101) Johnson, History of Christianity, 209.

102) Snyder, Ante Pacem, 109. Haas의 "Where Did Christians Worship?"에 의하면, 성 베드로 대성당은 길이가 835피트(약 255미터)이다. 성바울 대성당에 관한 상세한 내용은 다음을 참조할 것: Cross and Livingstone, Oxford Dictionary of the Christian Church,

1442; 성묘교회에 관한 것은: Edward Norman, The House of God: Church Architecture, Style, and History(London: Thames and Hudson, 1990), 38-39; 예수출생 교회에 관한 것은: Ibid., 31; 다른 아홉 개 교회에 관한 것은: John White, Protestant Worship and Church Architecture, 56; White, Building God's House, 150; Grant, Early Christianity and Society, 152-155.

103) Turner, From Temple to Meeting House, 185.

104) 이것은 반기독교 작가였던 Porphyry의 글에서 인용한 것이다(Davies, Secular Use of Church Buildings, 8). Porphyry는 그리스도인들이 앞뒤가 맞지 않는다고 했다. 왜냐하면, 그들이 이교의 제사의식을 비판하면서도 이교 신전을 모방한 건물들을 세웠기 때문이라고 했다!(White, Building God's House, 129).

105) Gonzalez, Story of Christianity, 122. Harvey Yoder 교수에 의하면, 콘스탄틴은 원래의 소피아 대성당(거룩한 지혜의 교회)을 이교 신전 자리에 짓고 제국의 방방곡곡에서 427개의 이교 신상을 가져다가 그 성당을 치장했다. "From House Church to Holy Cathedrals"(1993년 10월, Harrisburg, VA에서 강의한 내용에서 발췌).

106) Grant, Founders of the Western World, 209. 최초의 바실리카는 314년에 왕궁에서 기증되어 건축된 St. John Lateran 교회였다(White, Building God's House, 18). "콘스탄틴은 선구자적인 교회당으로서 St. John Lateran 교회를 어떤 식으로 지을 것인지를 결정할 때 바실리카를 모델로 선택했다. 그렇게 함으로써 그것을 로마식 기독교 예배장소의 표준으로 삼았다."Lionel Casson, Everyday Like in Ancient Rome(Baltimore: John's Hopkins University Press, 1998), 133.

107) White, Protestant Worship and Church Architecture, 56. 한 가톨릭 학자는 이렇게 말했다: "기독교시대가 도래하기 오래전에, 여러 이교 분파와 조직이 제사를 위해 바실리카 식의 건물을 도입했었다"(Jungmann, Early Liturgy, 123). 아울러 다음을 참조할 것: Turner, From Temple to Meeting House, 162-163. 더 나아가서, 320년과 330년 사이에 지어진 예루살렘과 베들레헴에 있던 콘스탄틴의 교회들은 시리아의 이교 신전들을 본뜬 것이다. Gregory Dix, The Shape of the Liturgy(London: Continuun International Publishing Group, 2000), 26.

108) Hinson, "Worship Like Pagans?"19; Norman, House of God, 24;Jungmann, Early Liturgy, 123. 바실리카(basilica) 라는 말은 "왕"이라는 뜻이 있는 그리스 단어 basileus에서 따온 것이다."기독교 건축가들은 이교의 방식을 도입했다. 이것은 왕이나 재판관이 앉는 곳인, 건물의 한쪽 끝에 만든 큰 반원형의 구조물 근처에 제단을 설치하는 방식인데, 이제 감독들이 이교도 고관의 자리를 취했다." Collins and Price, Story of Christianity, 64.

109) Michael Gough, The Early Christians(London: Thames and Hudson, 1961), 134.

110) Ibid.

111) Jungmann, Early Liturgy, 137.

112) White, Protestant Worship and Church Architecture, 57, 73-74. "이런 부류의 교회 건물은 더는 하나님 백성의 일반적인 예배 처소라 할 수 없었고, 경외심을 갖는 사람들에게 입장이 허락된 하나님의 집이었다. 그들은 회중석에 있어야만 했고, 성가대나 사제들을 위해 지정된 성직자의 단에는 입장이 금지되었다." Turner, From Temple to Meeting House, 244; Hatch, Growth of Church Institutions, 219-220.

113) 제단은 원래 목재로 만들어졌었는데, 6세기 초에 대리석, 돌, 은, 또는 금으로 바뀌었다. Johnson, History of Christianity, 3:550.

114) Snyder, Ante Pacem, 93; White, Protestant Worship and Church Architecture, 58; William D. Maxwell, An Outline of Christian Worship: Its Developments and Forms(New York: Oxford University Press, 1936), 59.

115) Short, History of Religious Architecture, 64.

116) Johnson, History of Christianity, 3:549-550, 551. 개신교의 교회 건물 안에는 강대상이 전면에 배치되어 있고, 제단 테이블은 후면에 위치한다.

117) Short, History of Religious Architecture, 64.

118) Cross and Livingstone, Oxford Dictionary of the Christian Church, 302.

119) White, Protestant Worship and Church Architecture, 57.

120) Davies, Secular Use of Church Buildings, 11; Dix, Shape of the Liturgy, 28.

121) White, Protestant Worship and Church Architecture, 59.

122) Dix, Shape of the Liturgy, 28.

123) Grant, Early Christianity and Society, 155.

124) Norman, House of God, 23-24.

125) Hinson, "Worship Like Pagans?" 19. 이교 신전을 기독교용으로 쓰려고 정결케 하는 데에 성수(holy water)와 기독교 유품(relics)의 사용을 규정한 것은 Gregory the Great(540-604)가 최초였다. Bede, A History of the Christian Church and People, trans. Leo Sherley-Price(New York: Dorset Press, 1985), 86-87(bk 1, chapter 30). 이 페이지들은 이교 신전을 기독교용으로 쓰려고 정결케 하는 방법을 담은 Gregory the Great의 교본을 포함하고 있다. 아울러 다음을 참조할 것: John Mark Terry, Evangelism: A Concise History(Nashville: Broadman and Holman, 1994) 48-50; Davies, Secular Use of Church Buildings, 251.

126) Hinson, "Worship Like Pagans?"20; White, Protestant Worship and Church Architecture, 56.

127) Jungmann, Early Liturgy, 132.

128) Richard Krautheimer, Early Christian and Byzantine Architecture(London: Penguin Books, 1986), 40-41. Krautheimer는 로마 황실의 예법과 콘스탄틴 치하의 기독교 의식 사이에 있는 유사점을 생생하게 묘사하고 있다.

129) Jungmann, Early Liturgy, 129-133.

130) Gonzalez, Story of Christianity, 125.

131) Kenneth Scott Latourett는 그의 책 A History of Christianity, 201-218에서 그리스와 로마의 이교사상이 기독교 신앙에 끼친 큰 영향을 추적한다.

132) White, Protestant Worship and Church Architecture, 56.

133) Jungmann, Early Liturgy, 130, 133.

134) 역사가들은 콘스탄틴의 통치시대를 "평화(the peace)"라고 부른다. 평화는 실제로 311년에 Galerian의 칙령(관용의 칙령이라고도 불린다)과 함께 도래했다. 그리고 나서 313년의 밀라노 칙령에 의해 대중화되었다. 이 칙령들은 303년부터 시작된 그리스도인들에 대한 Diocletian의 모진 박해를 중단시켰다. 최초의 기독교 황제인 콘스탄틴은 로마제국의 단독 통치자가 되었다. Gonzalez, Story of Christianity, 106-107. Durant, Caesar and Christ, 655.

135) Adolf von Harnack은 콘스탄틴의 통치 초기에 제국 전체에 3백만에서 4백만의 그리스도인이 있었다고 추산했다.Mission and Expansion of Christianity, 325. 다른 사람들

은 단지 제국 전체 인구의 4에서 5퍼센트 정도로 추산한다. Taylor, Christians and Holy Places, 298.

136) Johnson, History of Christianity, 126; Hinson, "Worship Like Pagans?" 19.

137) Jungmann, Early Liturgy, 123.

138) Will Durant, The Age of Faith(New York: Simon and Schuster, 1950), 8.

139) Bradshaw, Search for the Origins of Christian Worship, 65.

140) Grant, Early Christianity and Society, 163.

141) Durant, Caesar and Christ, 656.

142) "Inside Pagan Worship"Christian History 12, no. 1(1993): 20.

143) Turner, From Temple to Meeting House, 167, 180. 콘스탄틴은 성서적으로나 역사적으로 중요한 지역에 기독교 사당들(shrines)을 건축했다.(Fox, Pagans and Christians, 674).

144) 이것을 다음의 성서구절들과 대조해 볼 것: 막14:58; 행7:48; 고후5:1; 히9:11; 9:24.

145) Norrington, To Preach or Not, 29. J. D. Davies는 다음과 같이 썼다: "그리스도인들이 웅장한 바실리카를 건축했을 때 그들은 성서에서 본보기를 찾았고, 곧 예루살렘 성전에 관한 것은 무엇이든지 다 그들의 새 건물에 적용시켰다. 그렇게 하는 것이 신약성서의 견해와 어긋나는 것이라는 사실에는 무지한 상태로 말이다." 더 나아가서 Davies는 성인들을 숭배하는 것(죽은 성인들을 숭배함)과 교회 건물에 대한 집착이 결국 교회를 거룩한 장소로 인식하게끔 인을 쳤다고 말했다. "유대인들이 예루살렘 성전을 대하듯이, 그리고 이교도들이 그들의 사당을 대하듯이 그리스도인들도 그런 똑같은 태도를 받아들였다"(Secular Use of Church Buildings. 16-17). Oscar Hardman은 이렇게 썼다: "로마의 행정체계는, 그리고 대저택과 공회당의 건축양식은 그 지위의 등급을 매기고 그 담당구역을 결정하는 데 있어, 또 예배장소를 건축하는 데 있어 교회의 안내자가 되었다"(History of Christian Worship. 13-14).

146) Boggs, Christian Saga, 209.

147) 막14:58; 행7:48, 7:24; 갈4:9; 골2:14-19; 히3-11; 벧전2:4-9.

148) White, Protestant Worship and Church Architecture, 51, 57.

149) Krautheimer, Early Christian and Byzantine Architecture.

150) Norman, House of God, 51-71. 360년에 준공되고 415년에 증축된 The Hagia Sophia(지혜의 교회)는 교회 건물을 완벽하게 구현시켰다고 동방정교가 자랑하는 교회 건물이다.

151) Short, History of Religious Architecture, ch. 10.

152) Norman, House of God, 104-135.

153) 상세한 것은 다음을 참조할 것: Short, History of Religious Architecture, ch. 11-14; Otto von Simson의 고전인 The Gothic Cathedral: Origins of Gothic Architecture and the Medieval Concept of Order(Princeton: Princeton University Press, 1988).

154) Krautheimer, Early Christian and Byzantine Architecture, 43.

155) Durant, Age of Faith, 856.

156) von Simson, Gothic Cathedral, 122. Frank Senn은 이렇게 썼다: "기둥들 사이에 있는 더 넓은 공간은 더 큰 창문들로 채워질 수 있었는데, 그 창문들은 새 건물을 더 밝고 환하게 해 주었다. 이것은 옛 로마네스크 건물엔 빠진 것이었다. 그 창문들은 이전엔 벽에 그려졌던 성서 이야기나 신학적인 상징들을 그린 색 유리로 채워질 수 있었다"(Christian Liturgy,

214).

157) Durant, Age of Faith, 856.

158) Norman, House of God, 153-154; Paul Clowney and Teresa Clowney, Exploring Churches(Grand Rapids: Eerdmans, 1982), 66-67.

159) von Simson, Gothic Cathedral, 22-42, 50-55, 58, 188-191, 234-235. von Simpson은 플라톤의 형이상학이 고딕 건축양식을 어떻게 구체화했는지를 보여준다. 빛과 밝기가 고딕 색 유리창에서 그 진가를 완벽하게 발휘한다. 완벽한 비율로 맞춘 숫자가 건물의 모든 요소를 균형잡히게 한다. 빛과 조화는 하늘의 이미지이고, 창조의 질서정연한 원리이다. 플라톤은 빛이 자연현상 중 가장 독특한 것, 즉 순수한 형태에 가장 가까운 것이라고 가르쳤다. 신플라톤학파 사람들은 진리를 터득하는 데 있어 우리의 지성을 조명시켜주는 초월적인 실체로서 빛을 이해했다. 고딕 설계방식은 본질적으로 플라톤과 어거스틴(Augustine)과 pseudo-Areopagite였던 Denis(저명한 신플라톤 주의자)의 시각이 어우러져 빚어낸 합작품이었다.

160) White, Protestant Worship and Church Architecture, 6.

161) Neil Carter, "The Story of the Steeple"(unpublished manuscript, 2001). 고증된 문서 전체를 다음에서 볼 수 있다: http://www.christinyall.com/steeple.html.

162) Turner, From Temple to Meeting House, 190.

163) 17세기와 18세기 바로크 건축양식은 잘 균형잡힌 모습과 장식으로 분위기를 주입시키는 데 있어 고딕양식의 전철을 밟았다(Clowney and Clowney, Exploring Churches, 75-77). J. G. Davies는 이렇게 말했다: 중세 때 서구에서는 대성당들이 우주의 모델이라고 여겨졌다(Davies, Secular Use of Church Buildings, 220).

164) White, Protestant Worship and Church Architecture, 131.

165) 고딕 건축양식의 역사적 특성에 대한 더 상세한 내용은 다음을 참조할 것: Durant, Age of Faith, ch. 32. 지금은 구식이 되었지만, 고딕 건축양식은 19세기 중반에 고딕이 다시 유행했을 때 개신교 안에 다시 출현했다. 그러나 고딕 건축은 제2차 세계대전 이후 중단되었다(White, Protestant Worship and Church Architecture, 130-142; Norman, House of God, 252-278).

166) Senn, Christian Liturgy, 604.

167) White, Protestant Worship and Church Architecture, 64. 최초의 개신교 교회 건물은 루터교의 예배를 위해 1544년에 지은 Torgua의 castle이었다. 연단은 없었고, 제단은 간단한 테이블이 되었다(Turner, From Temple to Meeting House, 206).

168) White, Protestant Worship and Church Architecture, 78.

169) Jones, Historical Approach to Evangelical Worship, 142-143,225. 흥미로운 것은 19세기와 20세기에 들어와서 모든 개신교 교회에 중세 건축양식의 복고풍이 거세게 불어닥쳤다는 사실이다(White, Protestant Worship and Church Architecture, 64).

170) White, Protestant Worship and Church Architecture, 79.

171) "마틴 루터는 기독교의 모든 위대한 교사 중 신약성서의 Ecclesia와 제도권 교회의 차이를 가장 분명히 이해했고, 그 둘을 동일시하는 quid pro quo에 반하여 가장 날카롭게 반응했다. 그래서, 그는 '교회'(church)라는 단순한 단어로 용인하는 것을 거부했다. 그는 그것을 애매모호한 단어라고 했다. 그는 자신이 번역한 성서에서 ecclesia를 '회중'(congregation)으로 번역했다… 그는 신약성서의 ecclesia가 단지 '그것'이나 '어떤 것'이나 '기관'이 아니고 사람, 백성, 교제의 조화라는 것을 깨달았다…루터가 '교회'(church)

라는 단어에 혐오감을 느꼈던 것 이상으로, 역사의 사실들이 더 강하게 증명해준다. 개혁시대와 개혁시대 이후의 언어학적인 사용은 강력하게 발전한 교회의 개념에 굴복했고, 결과적으로 '애매모호한' 단어의 사용에 의지해서 생긴 모든 혼란이 개혁 신학에 침투했다. 시계를 1500년 뒤로 돌리는 것은 불가능했다. '교회'라는 개념은 1500년간의 역사적 진행과정에 의해 돌이킬 수 없게 틀이 잡혀버렸다." Emil Brunner, The Misunderstanding of the Church(London; Lutterworth Press, 1952). 15-16.

172) Martin Luther, Luther's Works(Philadelphia: Fortress Press, 1965), 53-54.

173) White, Protestant Worship and Church Architecture, 82.

174) Clowney and Clowney, Exploring Churches, 72-73. 제단 테이블은, 그것이 더는 우위를 차지할 수 없다는 상징으로, 높았던 "제단"의 위치에서 연단(성직자의 강대상) 아래로 옮겨졌다. 강대상은 설교를 예배의 중심으로 고정하려고 사람들이 앉아 있는 회중석 가까이 옮겨졌다.

175) 창11:3-9을 참조할 것. Carter, "The Story of the Steeple."

176) Zahi Havass, The Pyramids of Ancient Egypt(Pittsburg: Carnegie Museum of Natural History, 1990), 1; Short, History of Religious Architecture, 13, 167.

177) Norman, House of God, 160.

178) Charles Wickes, Illustrations of Spires and Towers of the Medieval Churches of England(New York: Hessing & Spielmeyer, 1900), 18.

179) Clowney and Clowney, Exploring Churches, 13.

180) Durant, Age of Faith, 865.

181) Clowney and Clowney, Exploring Churches, 13.

182) Gerald Cobb, London City Churches(London: Batsford, 1977), 15ff.

183) Viktor Furst, The Architecture of Sir Christopher Wren(London: Lund Humphries, 1956), 16. London의 교회들이 다른 건물들 사이에 빈틈없이 꽉 끼어 있었기 때문에 뾰족탑 이외에는 다른 방법을 쓸 수 없도록 비좁았다. 결과적으로, Wren은 비교적 평범한 측면의 한쪽 끝에 어울리지 않는 큰 높이의 화려한 뾰족탑을 특색으로 하는 교회 건축양식의 방식을 확립했다. Paul Jeffery, The City Churches of Sir Christopher Wren(London: The Hambledon Press, 1996), 88.

184) Peter Williams, Houses of God(Chicago, University of Illinois Press, 1997), 7-9; Colin Cunningham, Stones of Witness(Gloucestershire, UK: Sutton Publishing, 1999), 60.

185) Arthur Pierce Middleton, New Wine in Old Wineskins(Wilton, Connecticut: Morehouse-Barlow Publishing, 1988), 76.

186) Ambo는 강대상의 라틴어이다. 그것은 "언덕의 꼭대기"라는 뜻이 있는 ambon에서 따온 것이다. 대부분 ambo는 높이 올려져서 계단을 사용하여 거기에 올라갔다.(Ferguson, Encyclopedia of Early Christianity, 29; Peter F. Anson, Churches: Their Plan and Furnishing, 154; Middleton, New Wine in Old Wineskins, 76)

187) Gough, Early Christians, 172;Ferguson, Encyclopedia of Early Christianity, 29; ambo의 전신은 회당의 migdal이다. Migdal은 히브리어로 "탑"이라는 뜻이다.

188) Ferguson, Encyclopedia of Early Christianity, 29.

189) "강대상"의 라틴어. White, Building God's House, 124.

190) Christian Smith, Going to the Root(Scottdale, PA: Herald Press, 1992), 83.

191) White, Building God's House, 124.

192) Ibid.

193) Middleton, New Wine in Old Wineskins, 76.

194) Clowney and Clowney, Exploring Churches, 26.

195) Frank C. Senn, Christian Worship and Its Cultural Setting(Philadelphia: Fortress Press, 1983), 45.

196) Owen Chadwick, The Reformation(London: Penguin Books, 1964), 422. 16세기에는 한 개의 구조물로 만들고자 강대상이 읽기 전용 책상(lectern)과 합쳐졌다-"2층 구조." 읽기 전용 책상은 강대상의 아래층이었다(Middleton, New Wine in Old Wineskins, 77).

197) Senn, Christian Worship and Its Cultural Setting, 45.

198) Scott Gabrielson, "All Eyes to the Front: A Look at Pulpits Past and Present." Your Church, January/February 2002, 44)

199) James F. White, The Worldliness of Worship(New York: Oxford University Press, 1967), 43.

200) Cross and Livingstone, Oxford Dictionary of the Christian Church, 1271; Smith, Going to the Root, 81.

201) Davies, Secular Use of Church Buildings, 138. 경우에 따라서 나무나 돌로 된 벤치 몇 개를 노약자를 위해 비치해 놓았다.

202) Middleton, New Wine in Old Wineskins, 78.

203) Ibid, 74. 중세 말기에 이런 회중석은 성인들의 그림과 공상적 동물의 그림으로 정교하게 장식되었다.Norrington, To Preach or Not, 31; J. G. Davies, The Westminster Dictionary of Worship(Philadelphia: Westminster Press, 1972), 312.

204) Doug Adams, Meeting House to Camp Meeting(Austin: The Sharing Company, 1981), 14.

205) Clowney and Clowney, Exploring Churches, 28.

206) Senn, Christian Liturgy, 215; Clowney and Clowney, Exploring Churches, 28.

207) Davies, Secular Use of Church Buildings, 138.

208) White, Protestant Worship and Church Architecture, 101.

209) Clowney and Clowney, Exploring Churches, 28.

210) Ibid.;Davies, Secular Use of Church Buildings, 139. 어떤 성직자들은 회중석 장식의 남용을 공격했다. 회중석에 대해 한탄하는 설교로 잘 알려진 어느 설교자는 말하기를, 회중은 "오로지 침대에 누워서 하나님 말씀을 듣기 원한다"고 했다.

211) Middleton, New Wine in Old Wineskins, 74.

212) Adams, Meeting House to Camp Meeting, 14.

213) White, Protestant Worship and Church Architecture, 85, 107; Clowney and Clowney, Exploring Churches, 74.

214) White, Protestant Worship and Church Architecture, 118.

215) Clowney and Clowney, Exploring Churches, 17.

216) White, Protestant Worship and Church Architecture, 121ff.

217) Turner, From Temple to Meeting House, 237, 241.

218) White, Protestant Worship and Church Architecture, 140.

219) Ibid., 128, 133, 134. 어떤 교회들은 강대상과 성가대석 뒤에 붙박이 침례탕을 갖고 있다. 가톨릭 전통에서는, 11세기까지 제단 테이블 위에 촛불을 놓는 것은 일반화되지 않았다(Jungmann, Early Liturgy, 133).

220) White, Protestant Worship and Church Architecture, 120, 125, 129, 141.

221) J. G. Davies가 말했듯이, "오늘날엔 교회 건물에 관한 질문을 교회와 그 교회의 기능에 관한 질문과 떼어놓을 수 없다."(Secular Use of Church Buildings, 2108).

222) Leonard Sweet, "Church Architecture for the 21st Century,"Your Church, March/April 1999, 10. Sweet는 이 글에서, 수동적이 되게 하는 옛 건축방식과 결별한 포스트모던 교회 건물을 그리려 하고 있다. 아이러니한 것은, Sweet가 교회 건물을 신성한 공간으로 보는 옛 패러다임 쪽에서 쓰고 있다는 사실이다. 그는 "물론 당신은 교회를 지을 때 단지 건물만 세우는 것이 아니라, 신성한 공간을 건축하는 것이다."라고 했다. 이런 식의 생각은 꽤 심각하다.

223) Senn, Christian Liturgy, 212, 604. 고딕 스타일의 교회 건물이 회중을 길고 좁은 nave를 통해 분산시키거나 구석으로 모는 반면, 강당 스타일의 교회 건물은 회중을 수동적인 관객으로 만든다.

224) Gotthold Lessing의 Theological Writings에서 인용한 것.

225) White, Protestant Worship and Church Architecture, 5.

226) White, Worldliness of Worship, 79–83.

227) 플라톤은 청소년들이 특정한 부류의 음악에 노출되는 것을 두려워했다. 왜냐하면, 그런 음악이 잘못된 감정을 유발하기 때문이었다.

228) White, Protestant Worship and Church Architecture, 19.

229) 이런 통찰력은 프랭크 바이올라의 친구인 Hal Miller에게서 얻은 것이다.

230) Robert Sommer는 사람들이 상호 간에 개인적인 접촉을 피하는 경향이 있는 장소를 "사회적 분산의 공간(Sociofugal Space)"이라고 했다. 현대 교회 건물이 오히려 Sommer의 표현에 더 잘 들어맞을 것이다."Sociofugal Space,"American Journal of Sociology 72(1967): 655.

231) Davies, Secular Use of Church Buildings, 206.

232) Smith, Going to the Root, 95. George Barna의 연구에 따르면, 그리스도인들이 매년 교회에 500억에서 600억 달러를 헌금한다.

233) Howard Snyder는 그의 책에서 교회 건물이 "필요"하다고 주장하는 가장 일반적인 논쟁을 불식시킨다: Radical Renewal: The Problem of Wineskins Today(Houston: Touch Publications, 1996), 62–64.

234) 초기 그리스도인들이 왜 가정집에서 모였는지, 어떤 크기의 회중이 가정집 교회로 바뀔 수 있는지에 관한 것은 다음의 프랭크 바이올라 책을 참조할 것: Frank Viola, 『다시 그려보는 교회』(대장간, 2013)

235) 예루살렘 성전과 거기에서 행해졌던 희생 제사 제도는 예수 그리스도의 교회를 상징하는 것이고 또 그 그림자였다. 따라서 오늘날 양을 죽여 제사하는 것이 정당화될 수 없듯이, 교회 건물의 소유를 성전을 사용해서 정당화할 수 없다. 예루살렘에 있던 교회는 그들의 필요에 따라 특별한 경우에 성전의 지붕 아래서나 솔로몬 행각에서 모였다(행2:46; 5:12). 바울은 에베소에 있었을 때 그의 사도로서의 사역기지로 사용하고자 임시로 학원을 빌렸다(행19:1-10). 따라서 건물은 결코 본질적으로 틀리거나 나쁜 것이 아니다. 하나님의 영광을 위해 사용될 수 있다. 그렇지만, 이 장에서 다루는 "교회 건물"은 여기에서 밝혀진 이유에

의해 성서의 원리와는 동떨어진 것이다.

236) 한 영국의 기톨릭 저자는 이렇게 말했다: "만약 교회의 사명을 구해내는 한 가지 간단한 방법이 있다면, 그것은 아마 교회 건물을 다 포기해버리는 결정일 것이다. 왜냐하면, 그것이 기본적으로 자연스럽지 못한 장소이기 때문이다… 그리고 그것이 일상생활의 정상적인 어떤 것과도 일치하지 않기 때문이다"(Turner, From Temple to Meeting House, 323).

237) Richard Bushman, The Refinement of America(New York: Knopf, 1992), 338. 1820년과 1840년 사이에, 미국 교회들은 그리스 고전을 연상시키는 도리스식 기둥과 고대 로마를 연상시키는 아치와 함께 등장하기 시작했다.

238) Robert Banks, Paul's Idea of Community(Peabody, MA: Hendrickson, 1994), 35.

239) Rodney Stark, For the Glory of God: How Monotheism Led to Reformations, Science, Witch-Hunts, and the End of Slavery(Princeton, NJ: Princeton University Press, 2003), 33-34.

240) 여기에 예외적인 세 부류가 있다. The Plymouth Brethren(Open과 Closed 둘 다)에게는 예배 시작 때 회중 사이에 약간의 나눔을 갖는 의식이 있다. 그럼에도, 예배 순서는 매주 똑같다. 옛 퀘이커 교도들에겐 회중이 잠잠히 있다가 누군가에게 "영감이 생기면" 그것을 나누는 열린 모임이 있었다. 세 번째 예외적인 부류는 "high church" 개신교 교회이다, 이들은 기톨릭 미사의 "향과 종"을 그대로 사용한다-규정된 예배 순서를 포함해서.

241) Liturgy라는 말은 그리스 단어인 leitourgia에서 파생되었는데, 이 단어는 고대 아테네의 시민에게 요구된 공적 의무의 수행을 뜻하는 말이다. 즉, 그것은 법적인 책임을 이행하는 것이었다. 그리스도인들은 그것을 하나님을 향한 공적 사역을 뜻하는 것으로 받아들였다. 그러므로 liturgy는 단순히 예배 또는 규정된 예배 순서이다. White, Protestant Worship and Church Architecture, 22; Ferguson, Early Christians Speak, 83; J. D. Davies, The New Westminster Dictionary of Liturgy and Worshp(Philadelphia: Westminster Press, 1986), 314.

242) 설교의 뿌리에 대한 충분한 설명은 제4장을 참조할 것.

243) 전 세계의 개신교인 수는 어림잡아 345,855,000명이다: 북아메리카에 70,164,000명, 유럽에 77,497,000명. The World Almanac and Book of Facts 2003(New York: World Almanac Education Group, 2003), 638.

244) 어떤 학자는 전통을 다음과 같이 정의한다: "한 세대를 넘어 다음 세대로의 연속성을 보여주는, 물려받은 예배 관습과 신앙"(White, Protestant Worship and Church Architecture, 21).

245) 중세의 미사는 로마식과 갈리아식과 프랑크식 요소의 합성이다. 더 상세한 것은 다음을 참조할 것: Edmond Bishop's Essay "The Genius of the Roman Rite" in Studies in Ceremonial: Essays Illustrative of English Ceremonial, ed. Vernon Stanley(Oxford: A. R. Mowbray, 1901) and Louis Duchesne's Christian Worship: Its Origin and Evolution(New York: Society for Promoting Christian Knowledge, 1912), 86-227. 미사의 의식적인 요소, 즉 교회 건물의 향, 양초, 절차 같은 것들은 모두 다 로마 황제의 의전실에서 따온 것이다(Jungmann, Early Liturgy, 132-133, 291-292; Smith, From Christ to Constantine, 173).

246) 오늘날 신약성서적 교회 모임은 성장 추세에 있다. 기성 기독교는 종종 그런 모임들을 급진적이고 혁명적이라고 간주하지만, 신약성서적 교회에 비하면 전혀 급진적이거나 혁명적이지 않다. 초대교회의 모임에 대한 학술적 토론은 다음을 참조할 것: Banks, Paul's Idea

of Community, ch. 9-11; Banks and Banks, Church Comes Home, ch. 2; Eduard Schweizer, Church Order in the New Testament(Chatham, UK: W. & J. Mackay,1961), 1-136.

247) Banks, Paul's Idea of Community, 106-108, 112-117; Bradshaw, Origins of Christian Worship, 13-15, 27-29, 159-160, 186. Bradshaw는 1세기 기독교가 유대교에서 그 예법을 물려받았다는 주장을 일축한다. 그는 이런 개념이 17세기쯤 시작되었다고 지적했다. David Norrington은 이렇게 피력했다: "최초의 그리스도인들이 회당의 방식을 영구화하려고 시도했다고 제안하기에는 우리에게 증거가 거의 없다."(To Preach or Not, 48). 더구나, 유대 회당은 인간이 고안해 낸 것이다. 어떤 학자들은 그것이 예루살렘 성전에서 제사할 수 없었던 바벨론 포로생활 때(주전 6세기) 생겨났다고 믿는다; 또 어떤 사람들은 그것이 바리새인들이 등장했던 주전 3세기 또는 2세기 산물이라고 믿는다. 70년에 예루살렘 성전이 파괴되고 회당이 유대인들 삶의 중심이 되었다 할지라도, 그런 제도의 전례는 구약에서(또는 하나님에게서) 찾아볼 수 없다. Joel B. Green, ed., Dictionary of Jesus and the Gospels(Downers Grove, IL: InterVarsity, 1992), 781-782; Alfred Edersheim, The Life and Times of Jesus the Messiah(Mclean, VA: MacDonald Publishing Company, 1883), 431. 더 나아가서, 회당의 건축은 이교에서 영감을 받았다(Norrington, To Preach or Not, 28).

248) 미사(mass)라는 말은 회중을 "해산"시킨다는(mission, dismissio) 뜻으로서, 4세기 말에 성찬(Eucharist)을 거행하는 예배 의식을 지칭하는 말이 되었다(Schaff, History of the Christian Church 3:505).

249) 미사의 기원에 관한 이야기는 이 책의 범위를 한참 벗어난 것이다. 미사가 본질적으로 4세기 때 이방인에 의해 부활한 회당에 관한 관심과 이교의 영향이 합성된 것이라고만 말해두자(Senn, Christian Liturgy, 54; Jungmann, Early Liturgy, 123, 130-144).

250) Durant, Caesar and Christ, 599.

251) Gregory의 주요 개혁은 종교개혁 전까지의 중세 전 기간에 기톨릭 미사의 틀을 잡았다. Schaff, History of the Christian Church, 4:387-388.

252) Durant, Age of Faith, 521-524.

253) Philip Schaff는 Gregory의 의식에서 극치인 여러 기톨릭 의식의 윤곽을 그리고 있다. Gregory의 의식은 수세기 동안 라틴 교회를 지배했고, 트렌트 종교회의에서 공인되었다(Schaff, History of the Christian Church, 3:531-535). Gregory는 또한 어거스틴의 몇몇 불확실한 견해들에서 추출한 기톨릭의 "연옥" 교리를 만들어 일반화시킨 장본인이다(Gonzalez, Story of Christianity, 247). 사실상, Gregory는 어거스틴(Augustine)의 가르침을 서구교회의 기초신학이 되게 한 사람이다. Paul Johnson은 이렇게 말했다: "어거스틴은 제국 기독교의 암울한 천재였고, 제정일치를 창시한 몽상가였고, 중세 사고방식의 날조자였다. 그는 기초 신학을 제공했던 바울을 제외하고는 그 어떤 사람보다 더 기독교의 틀을 잡는데 일조했다"(History of Christianity, 112). Durant는 어거스틴의 신학이 13세기까지 기톨릭 철학을 지배했다고 말했다. 어거스틴은 또한 기톨릭 철학에 신플라톤주의 색깔을 가미했다(Durant, Age of Faith, 74).

254) Durant, Caesar and Christ, 599-600, 618-619, 671-672; Durant, Age of Faith, 1027.

255) Durant, Caesar and Christ, 595.

256) Ibid., 618-619.

257) 현대의 미사는 1500년대 이래로 거의 바뀌지 않았다(James F. White, Protestant Worship: Traditions in Transition(Louisville: Westminster/John Know Press, 1989), 17). 오늘날 사용되는 형식은 1970년의 Roman Missal, Sacramentary and Lectionary에서 제정되었다(Senn, Christian Liturgy, 639). 그것은 그렇더라도, 6세기 미사는 오늘날의 미사와 현저하게 닮았다(Jungmann, Early Liturgy, 298).

258) 이 캠페인은 루터의 혁신적 논문인 「교회의 바벨론 유수」(The Babylonian Captivity of the Church)에 명확하게 표현되어 있다. 이 책은 기톨릭 미사의 배후에 있는 핵심 신학에 도전하면서 로마 기톨릭 제도에 투하된 폭탄이었다. 루터는 The Babylonian Captivity에서 미사의 다음 세 가지 특징을 공격했다:(1) 평신도에게 잔을 주지 않는 것,(2) 화체설(떡과 포도주가 실제로 그리스도의 피와 살로 바뀐다는 믿음), 그리고(3) 미사가 그리스도의 희생으로서 하나님께 드려지는 인간의 행위라는 개념. 루터가 화체설은 거부했지만, 그럼에도 그리스도의 살과 피가 떡과 포도주의 성분 안에, 함께, 아래에 "실제로 임재" 한다고 믿었다. 이렇게 믿는 것을 "consubstantiation" 이라고 부른다. 루터는 또한 이 책에서 7성사(sacraments)를 부인하고 오직 세 가지만 받아들였다: 세례, 고해성사, 떡(Senn, Christian Liturgy, 268). 루터는 나중에 고해성사를 의식에서 제외했다.

259) 성찬(Eucharist)이라는 말은 "감사하다."라는 뜻의 헬라어 eucharisteo에서 파생된 단어이다. 이 단어가 고린도전서 11:23−24에 등장하는데, 예수님께서 "떡을 가지사 축사하시고 떼어"라고 기록되어 있다. 사도시대 이후의 그리스도인들은 주의 만찬을 "성찬" 이라고 일컬었다.

260) 루터는 Form of the Mass(Gonzalez, Story of Christianity, 247) 라는 논문에서 의식의 개정에 관해 기술했다. 지난 70년 동안, 대부분의 기톨릭 신학자들은 중세 기톨릭교회가 그랬던 것처럼 미사가 새로운 희생이 아닌, 한 번의 희생을 재현하는 것이라고 주장해왔음을 주목할 것.

261) Miters and staffs는 주교들이 착용하는 상징적인 장식으로써, 그들의 권위를 상징했고 또 그들이 평신도와 구별됨을 나타냈다.

262) 성찬은 3세기부터 5세기까지는 종종 "봉헌" 또는 "희생"으로 일컬어졌다. James Hastings Nichols, Corporate Worship in the Reformed Tradition(Philadelphia: Westminster Press, 1968), 25. Senn, Christian Liturgy, 270−275. Loraine Boettner는 그의 책 Roman Catholicism(Phillipsburg, NJ: The Presbyterian and Reformed Publishing Company, 1962)의 제8단원에서 중세 기톨릭 미사를 비평했다.

263) 미사의 라틴어 이름은 Formula Missae이다.

264) White, Protestant Worship, 36−37.

265) Ibid., 41−42. 루터가 성찬에 대해 아주 high view를 갖고 있었지만, 성찬 자체만 그대로 놔두고 미사에서 모든 제사 용어를 제해버렸다. 그는 말씀과 의식 둘 다에 굳은 믿음을 갖고 있었다. 그래서 그의 독일식 미사는 성만찬과 설교를 둘 다 포함하고 있다.

266) 개신교 전통의 어떤 "의식을 중시하는" 교회들에는 아직도 강대상 근처에 제단 테이블이 있다.

267) 중세 이전에는 설교와 성찬 둘 다 기독교 의식에서 중요한 위치를 차지했었다. 그렇지만, 설교는 중세 기간 한참 쇠퇴했다. 많은 사제가 문맹이어서 메시지를 전하기에는 역부족이었고, 또 예배가 다른 요소들로 꽉 차서 성서 말씀의 선포를 밀어냈다. Maxwell, An Outline of Christian Worship, 72. Gregory the Great가 미사에 설교의 위치를 회복하려 했지만, 그의 노력은 수포로 돌아갔다. 종교개혁 때 가서야 설교가 예배 의식에 중심적 위치

를 차지하게 되었다(Schaff, History of the Christian Church, 4:227, 399-402).

268) 루터의 말을 인용한 이것은 "Concerning the Order of Public Worship"에서 발췌한 것이다. Luther's Works, Llll, 11과 "The German Mass," Luther's Works, Llll, 68. 루터는 일요일 아침에 세 개의 예배를 만들었는데, 세 예배 모두에 설교를 포함했다(Schaff, History of the Christian Church, 7:488). Roland Bainton이 루터가 평생 설교한 것을 세어 보았더니 현존하는 루터의 설교가 2,300개나 되었다. Here I Stand: A Life of Martin Luther(Nashville: Abingdon Press, 1950), 348-349.

269) 사도행전 2:42에 "그들이 사도의 가르침을 받아 서로 교제하고 떡을 떼며 오로지 기도하기를 힘쓰니라"라고 했는데, 누가는 여기서 예루살렘교회의 기초를 놓으려고 4년 정도 걸린 사도들이 주관한 모임들을 묘사하고 있다. 교회가 아주 컸기 때문에 이 모임들은 성전의 뜰에서 열렸었다. 그렇지만, 믿는 사람들은 또 집에서 정기적인 열린 모임으로 모였다(행 2:46).

270) Schaff, History of the Christian Church, 7:490.

271) White, Protestant Worship, 20.

272) 루터는 여전히 역사적 Western Ordo를 따르고 있었다. 주된 차이점은 루터가 Santus(미사 때 감사송 다음에 부르는 노래) 후의 봉헌기도와 Canon 기도를 제외했다는 것이다. 요약하자면, 루터는 미사에서 "제사"의 냄새를 풍기는 모든 것을 공격했다. 루터는, 다른 개혁자들도 그랬지만, 쇠퇴해가는 많은 중세 말기의 요소를 미사에서 제거했다. 그들은 자국어로 된 의식을 행함으로 미사를 변화시켰는데, 이것은 회중 찬송(루터교회에서는 성가와 합창; 개혁교회에서는 운율로 된 시), 설교가 중심이 되는 것, 성찬에 회중의 참여를 허용하는 것을 포함한다(Senn, Christian Worship, 84, 102).

273) Schaff, History of the Christian Church, 7:486-487. 독일의 개혁자인 Carlstadt(1480-1541)는 루터보다 더 급진적이었다. 루터의 부재 시에 Carlstadt는 성화와 함께 제단을 없애버리는 등 미사 전체를 폐기해버렸다.

274) Frank Senn은 그의 책에서 초기 기톨릭 의식을 포함했다(Christian Liturgy, 139). 루터는 미사라는 말을 계속 유지해서 예배 의식 전체를 뜻하는 말이 되게 했다(p. 486).

275) 루터는 왕실에서 행하는 의전 절차를 하나님을 예배하는데 적용해야 한다고 믿었다(Senn, Christian Worship, 15). 콘스탄틴의 통치 때인 4세기에 황실의 의전 절차가 어떻게 기독교 의식에 흡수되었는지는 2장을 참조하라.

276) Senn, Christian Worship, 18-19.

277) 기톨릭 사제가 의식을 거행할 때, 그는 희생 제사를 시작하는 것이다.

278) White, Protestant Worship 41-42; Maxwell, Outline of Christian Worship, 75.

279) 루터는 촛불, 향, 제복 등을 포함한 중세 미사의 기초적인 절차를 그대로 유지했다.(Maxwell, Outline of Christian Worship, 77)

280) Luther, Luther's Works, Llll, 20.

281) 아이러니하게도, 루터는 그의 독일 미사가 율법적으로 채택되어서는 안 되고, 만일 그것이 시대에 뒤떨어지면 폐기되어야 한다고 주장했다(Christian Worship and Its cultural Setting, 17). 하지만, 이것은 한 번도 시행된 적이 없었다.

282) 루터는 음악을 좋아했기 때문에 음악이 예배 의식의 중요한 위치를 차지하도록 했다(White, Protestant Worship 41; Hinson, "Worshiping Like Pagans?"Christian History 12, no. 1(1993): 16-19. 루터는 음악에 대해 천재적인 소질이 있었다. 그의 음악적 재주의 영향력이 얼마나 컸는지, 예수회 회원들은 루터의 찬송들이 "그의 글과 말보다 더 영

혼들을 파괴했다"고 했다. 교회사에서 가장 뛰어난 음악가 중의 하나가 루터교인인 것은
그리 놀랄 만한 일이 아니다. 요한 세바스천 바하가 바로 그 사람이다. 루터가 개신교의 예
배 의식에 음악적으로 공헌한 것을 상세하게 알기를 원하면 다음 책들을 참조할 것: Senn,
Christian Liturgy, 284-287; White, Protestant Worship, 41, 47-48; Will Durant,
Reformation(New York, Simon and Schuster, 1957), 778-779.

283) White, Protestant Worship, 41

284) "Concerning the Ministry,"Luther's Works, XL, 11.

285) 가톨릭 사제는 일곱 가지 성사를 집례하는 반면, 개신교 목사는 단 두 가지인 침례(세례)
와 성찬만 한다. 그렇지만, 사제와 목사 둘 다 하나님 말씀을 선포하는 권위를 독점하다시피
한다. 루터에게는, 성직자의 가운과 제단 촛불의 사용 및 성직자의 기도 자세가 관심 대상이
아니었다(Schaff, History of the Christian Church, 7:489). 그러나 그가 관심은 두지 않
았어도 그것들을 그대로 유지하라고 했다(Senn, Christian Liturgy, 282). 그래서 그것들
이 오늘날도 여전히 우리에게 남아 있는 것이다.

286) 이 예배 의식은 1526년에 발행된 그의 독일식 미사와 예배 순서(German Mass and Or-
der of Service)에 수록되었다.

287) Senn, Christian Liturgy, 282-283.

288) 설교 전에 찬송과 기도가 있고 설교 후에도 그것들이 있음을 주목하라. 루터는 설교를 찬
송들 사이에 끼워 넣는 것이 설교를 강화시키고 또 설교에 대한 경건한 반응을 일으킨다고
믿었다(Senn, Christian Liturgy, 306). 루터의 독일식 미사에서 불린 찬송들은 대부분 라
틴 의식의 성가와 신경을 개작한 것들이었다. 루터 자신은 36개의 찬송시를 썼다(Luther's
Works, LIII). 그리고 그는 유행가에 기독교 가사를 붙이는 데 있어 귀재였다. 그의 생각은
"왜 마귀가 그 좋은 곡조를 다 가지도록 해야 하는가?"였다. Marva J. Dawn, Reaching
Out without Dumbing Down: A Theology of Worship for the Turn-of-the-Century
Culture(Grand Rapids: Eerdmans, 1995), 189.(다른 사람들도 이 말을 했음을 참고할
것. 구세군의 William Booth도 그 중의 한 명임.)

289) Senn, Christian Liturgy, 300.

290) Hardman, History of Christian Worship, 161. 이 점에서, Frank Senn은 다음과 같이
피력했다: "개혁교회들에서는 강대상이 제단을 완전히 압도해서, 얼마 지나지 않아 제단은
사라지고 1년에 몇 번 정도 성만찬을 위해 사용되는 테이블로 대체되었다. 말씀의 선포가
예배를 지배하게 되었다. 이것은 소위 성서를 재발견한다는 결과로 온 것이다. 그러나 성서
의 재발견은 문화 현상인 인쇄술의 발명으로 말미암은 것이다"(Christian Worship, 45).

291) Senn, Christian Liturgy, 362; White, Protestant Worship, 62.

292) Jungmann, Early Liturgy, 132-1333, 291-292; Smith, From Christ to Constan-
tine, 173.

293) Senn, Christian Liturgy, 363.

294) White, Protestant Worship, 60.

295) 츠빙글리의 견해는 이것보다는 더 복잡하다. 그렇지만, 그가 갖고 있던 성찬의 개념은 캘
빈이나 루터처럼 "high" 하지는 않았다(Maxwell, Outline of Christian Worship, 81).
츠빙글리는 오늘날의 개신교가 가진 주의 만찬에 대한 견해의 아버지 격이다. 물론 그의 견
해는 말씀과 의식 둘 다를 매주 지키는 "의식적" 개신교 교회들을 대표하지는 않을 것이다.

296) 츠빙글리의 예배 순서는 다음에 수록되어 있다: Senn, Christian Liturgy, 362-364.

297) White, Protestant Worship, 61.

298) 이 예배 의식들은 독일의 Strasbourg(1537), 스위스의 Geneva(1542), 그리고 스코틀랜드(1562)에서 사용되었다.

299) 이 헌금은 가난한 사람들을 구제하려는 것이었다(Senn, Christian Liturgy, 365-366). 캘빈은 "교회는 말씀 선포, 기도, 주의 만찬, 그리고 구제 헌금의 수거가 없는 모임을 해서는 안 된다"고 기술했다(Nichlos, Corporate Worship, 29). 캘빈은 매주 한 번씩 주의 만찬을 거행하기를 바랐지만, 그의 개혁 교회는 츠빙글리를 따라 석 달에 한 번 하는 쪽을 택했다(White, Protestant Worship, 65,67).

300) Stanley M. Burgess and Gary B. McGee, eds., Dictionary of Pentecostal and Charismatic Movements(Grand Rapids: Zondervan, 1988), 904. 개혁 교회의 용어로 "말씀"은 성서와 성육신 된 말씀을 전달하는 선포된 말씀을 뜻한다. 설교와 성서 봉독은 둘 다 연결되어 있고 또 둘 다 "말씀"으로 간주하였다(Nichlos, Corporate Worship, 30). 성서를 설교하는 것 자체가 "하나님 말씀"이라는 개념은 1566년의 Confessio Helvetica Posterior에 등장한다.

301) 르네상스의 흉한 개인주의는 개혁자들의 메시지에 영향을 주었다. 그들은 그 시대의 산물이었다. 그들이 선포한 복음은 개인적인 필요와 개인적 성장에 집중되어 있었다. 그것은 1세기 그리스도인들의 메시지처럼 공동체적이지 않았다. 이처럼 개인을 중시하는 성향이 청교도들과 경건주의자들, 그리고 부흥운동가들에게로 옮겨졌고, 미국사회의 삶과 사상 전체에 깊이 파고들었다(Senn, Christian Worship, 100,104; Terry, Evangelism, 125).

302) White, Protestant Worship, 65.

303) Ibid., 66. 츠빙글리는 자신이 음악가였으면서도 음악과 성가대는 교회 예배의 일부분을 차지해서는 안 된다는 캘빈의 확신에 의견을 같이했다(p. 62).

304) Ibid., 76. 캘빈에게는 모든 노래에 구약성서의 말씀이 포함되어야 하기 때문에 찬송가들은 제외되었다(p.66).

305) Ibid., 126.

306) Ibid., 67. 이것은 캘빈 당대의 사람인 Martin Bucer의 관습이기도 했다(White, Protestant Worship and Church Architecture, 83).

307) 신약성서가 우리에게 여러 다른 부류의 모임을 제시하고 있음을 주목하라. 어떤 모임들은 회중에 말씀을 전하는 사도나 복음 전하는 자 같은 주요 강사로 특징지어진다. 그러나 이런 부류의 모임은 본질상 산발적이고 임시적이다. 그런 모임은 1세기 성도들의 일반적인 모임이 아니었다. 그렇지만, "교회 모임"은 그리스도인들의 정기적인 모임으로서 예수 그리스도의 머리 되심 아래 상호 간에 기능을 발휘하고, 모든 지체가 참여하도록 열려 있고, 자유롭고 자발적인 것이 돋보인다.

308) Horton Davies, Christian Worship: Its History and Meeting(New York: Abingdon Press, 1957), 56.

309) White, Protestant Worship, 74.

310) Alice Mores Earle, "Stretches of Life in Puritan New England,"Searching Together 11, no.4(1982), 38-39.

311) 중세 사람들은 엄숙한 것과 거룩한 것을, 그리고 침울한 것과 경건한 것을 동일시했다. 이와는 대조적으로, 초기 그리스도인들은 기쁘고 유쾌한 태도가 특징이었다. 행2:46, 8:8, 13:52, 15:3, 벧전1:8을 참조할 것.

312) 이와는 대조적으로, 시편은 기쁨과 찬송과 감사함으로 하나님의 전에 들어갈 것을 하나님의 백성에게 권하고 있다(시편 100편을 참조할 것).

313) Senn, Christian Worship, 26-27. 이와 같은 소위 "입장 예식"에는 성가 영창(Intorit), 탄원 기도(Kyrie), 그리고 찬송(Gloria)이 포함되었다. 그것은 황실 예식에서 빌려온 것이 었다(Jungmann, Early Liturgy, 292, 296). 콘스탄틴이 자신을 지상에 있는 하나님의 대리자라고 여겼기 때문에, 하나님은 하늘의 황제로 간주하였다. 따라서 미사는 하나님 앞과 하나님을 대표하는 감독 앞에서 거행되는 의식으로 바뀌었다-마치 황제와 그의 대신 앞에서 거행되는 예식처럼. 고위 대신의 복장을 한 감독은 엄숙한 촛불 행진 후에 교회 건물로 들어갔다. 그다음 그는 로마 대신의 sella curulis, 즉 그의 특별한 보좌에 앉았다. 4세기 교회는 예배에 로마 관료사회의 의식과 분위기 둘 다를 빌려왔다(Krautheimer, Early Christian and Byzantine Architecture, 184).

314) Geneva 예배 의식은 "변경할 수도 없고 예외도 있을 수 없이 사용된, 고정된 개혁 예배 의식이었다-의식을 거행할 때뿐만 아니라 일반 주일 예배에서도"(White, Protestant Worship, 69).

315) James Mackinnon, Calvin and the Reformation(New York: Russell and Russell, 1962), 83-84. Geneva 예배 의식의 더 상세한 버전은 다음을 참조할 것: Senn, Christian Liturgy, 365-366.

316) Hughes Oliphant Old, The Patristic Roots of Reformed Worship(Zurich: Theologischer Veriag, 1970), 141-155. 캘빈은 또한 사도시대 이후의 교부들을 교회 정치의 모델로 삼았다. 따라서 그는 단일 목사제도를 받아들였다. Calvin and the Reformation, 81).

317) Nichols, Corporate Worship, 14.

318) 교부들은 그리스와 로마식 문화에 큰 영향을 받았다. 사실 그들 중 상당수는 그리스도인이 되기 전에 철학자나 연설가였다. 앞에서 언급했듯이 이것이 그들의 교회 예배가 왜 이교 문화와 유대교 회당 절차의 혼합물임을 반영하는지 그 이유를 설명해준다. 더 나아가서, 최근 학계의 동향은 예배에 관해 교부들이 쓴 기록들이 생각보다 후기의 작품이며 여러 층의 전통에 의해 재정립된 것으로 본다(Bradshaw, Origins of Christian Worship, ch. 3).

319) 교부들은 이교사상과 신 플라톤주의의 영향을 크게 받았다. Will Durant, Caesar and Christ, 610-619, 650-651; Durant, Age of Faith, 63, 74, 521-524.

320) 이 책이 개혁자들의 비성서적인 영향에 초점을 맞추고 있기 때문에, 그들의 긍정적인 업적을 열거하는 것은 이 책 밖의 영역이다. 그럼에도, 루터, 츠빙글리, 캘빈 등 개혁자들이 기독교 신앙의 많은 긍정적인 믿음과 관습에 이바지했음을 저자들이 인정하고 있음이 밝혀졌으면 한다. 동시에, 그들은 완벽한 개혁을 우리에게 남겨주는 데는 실패했다.

321) 개신교의 개혁은 주로 지적인 운동이었다(White, Protestant Worship, 37). 신학은 로마 기톨릭의 것에 비해 급진적이었으나 교회의 관습에는 거의 손을 대지 못했다. 교회의 관습에 칼을 들이대며 개혁에 더 앞장서서 나아갔던 사람들을 가리켜 "급진적 개혁(Radical Reformation)"이라고 부른다. 급진적 개혁자들에 관한 것은 다음을 참조할 것: The Pilgrim Church by E. H. Broadbent(Grand Rapids: Gospel Folio Press, 1999); The Reformers and Their Stepchildren by Leonard Verduin(Grand Rapids: Eerdmans, 1964); The Radical Reformation by George H. Williams(Philadelphia: Westminster Press, 1962); The Torch of the Testimony by John Kennedy(Bombay: Gospel Literature Service, 1965).

322) Old, Patristic Roots of reformed Worship, 12.

323) Senn, Christian Liturgy, 510.

후주 379

324) White, Protestant Worship, 118.

325) White, Protestant Worship, 119, 125; Senn, Christian Liturgy, 512. 청교도들은 또한 설교가 끝나고 목사가 성서 본문을 다룬 것에 대해 회중이 질문하는 것을 허용했다. White, Protestant Worship, 129.

326) Cassandra Niemczyk, "Did You Know? Little-Known Facts about the American Puritans,"Christian History 13, no. 1(1994): 2.

327) 한 청교도 지도자는 "말씀의 선포는 그리스도 왕국의 왕권이요, 국가의 영광이요, 또한 영생과 구원을 싣고 오는 병거이다"라고 섰다. 청교도 한 명이 평생 15,000시간에 해당하는 설교를 들었을 것으로 추정된다.

328) Niemczyk, "Did You Know?" 2; Guelzo, "Where the Sermon Reigned,"Christian History 13, no. 1(1994): 23.

329) White, Protestant Worship, 126, 130; Adams, Meeting House to Camp Meeting, 13, 14.

330) White, Protestant Worship, 120, 127.

331) Senn, Christian Liturgy, 514-515. 청교도의 기초 예배 의식은 1644년에 기록된 A Directory of the Public Worship of God 이라는 책에 수록되어 있다(White, Protestant Worship, 127). 이것은 1549년에 상세하게 기록된 Anglican Book of Common Prayer 의 개정판이었다. 이 Directory는 영국(스코틀랜드를 제외한)의 장로교회와 회중 교회에 의해 사용되었다.

332) 청교도의 후예는 침례교회, 장로교회, 그리고 회중교회이다(White, Protestant Worship, 129).

333) 소위 말하는 "자유 교회" 전통은 17세기와 18세기 청교도, 분리주의자, 침례교, 퀘이커, 18세기 후반의 감리교, 그리고 19세기 초반의 그리스도의 제자교회를 포함한다(Adams, Meeting House to Camp Meeting, 10).

334) White, Protestant Worship, 133.

335) Ibid., 153, 164.

336) Ibid., 183. "설교 전의 목회기도"는 Westminster Directory of Worship에 상세하게 수록되어 있다.

337) Horton Davies, Worship and Theology in England: 1690-1850(Princeton: Princeton University Press, 1961), 108. 저녁 기도예배는 4세기 이래로 기톨릭 교회에서 흔한 일이었다. 그리고 그것은 수 세기 동안 성당과 교구에서 의식 생활의 일부를 확고하게 차지하고 있었다. 그렇지만, 감리교인들은 주일 저녁예배를 개신교 신앙으로 도입한 장본인이었다.

338) White, Protestant Worship, 91,171; Iain H. Murray, Revival and Revivalism: The Making and Marring of American Evangelicalism(Carlisle, PA: Banner of Truth Trust, 1994).

339) 미국의 부흥운동은 18세기 말에 "missionary society"를 탄생시켰다. 이것은 Baptist Missionary Society(1792), London Missionary Society(1795), General Methodist Missionary Society(1796), 그리고 Church Missionary Society(1799)를 포함한다. Tan, Lost Heritage, 195.

340) 휫필드는 "미국 부흥운동의 아버지"라고 불리는 사람이다. 그의 중심 메시지는 그리스도인 개인의 "중생"이었다. 이것과 함께 그는 1740년대 초반에 뉴 잉글랜드에서 맹위를 떨

친 제1차 대 각성운동을 주도했다. 휫필드는 45일 동안 175번이나 설교를 했다. 탁월한 웅변가로서, 한 자리에 있던 3만 명이나 되는 사람들이 다 그의 음성을 들을 수 있을 정도였다. 5만 명이 한꺼번에 그의 설교를 들으러 모인 적도 있었다. 놀랍게도 휫필드의 음성은 확성기 없이도 1.6 km 반경 안에서 들을 수 있었다고 전해진다. 그리고 그의 웅변 실력이 얼마나 출중했는지, 말 몇 마디로 청중을 울릴 수 있었다. 긍정적인 것은 휫필드가 잊혔던 순회사역을 부활시킨 장본인이라는 점이다. 그는 또한 즉흥기도와 즉흥설교를 부활하는 데 있어 청교도 못지않은 공로가 있다. Yngve Brilioth, A Brief History of Preaching(Philadelphia: Fortress Press, 1965), 165; Christian History 12, no. 2(1993); "The Great Awakening,"Christian History 9, no. 4(1990): 46; J. D. Douglas, Who's Who in Christian History(Carol Stream, IL: Tyndale House, 1992), 716–717; Terry, Evangelism, 100, 110, 124–125.

341) Davies, Worship and Theology in England, 146; "The Great Awakening," Christian History 9, no. 4(1990); "George Whitefield,"Christian History 8, no. 3(1989): 17.

342) Mark A. Noll, "Father of Modern Evangelicals?" Interview in Christian History 12, no. 2(1993): 44; "The Second Vatican Council," Christian History 9, no. 4(1990): 47. 휫필드 아래서 일어난 대 영적 각성은 미국 개신교에 개인적인 부흥의 특색으로 도장을 찍었다. 그리고 이것은 전혀 회복된 적이 없다.

343) Senn, Christian Liturgy, 562–565; White, Protestant Worship and Church Architecture, 8, 19.

344) Finney는 Thomas Hastings를 썼고, 무디(Moody)는 Ira D. Sankey를 썼다. 빌리 그레이엄(Billy Graham)은 그 전통을 이어받아 Cliff Barrows와 George Beverly Shea를 썼다(Senn, Christian Liturgy, 600). 음악은 부흥운동의 목표 달성을 위해 대단히 유용한 수단이었다. 조지 휫필드와 존 웨슬리(John Wesley)는 죄를 자각하게 하고 복음을 받아들일 마음의 준비를 시키는 데에 음악을 최초로 도입한 사람들이다(Terry, Evangelism, 110).

345) White, Protestant Worship and Church Architecture, 11.

346) 하나님의 영원한 목적에 관한 논의는 다음을 참조할 것: Viola, 『영원에서 지상으로』 From Eternity to Here.(대장간, 2010)

347) White, Protestant Worship, 164–165, 184–185.

348) R. Alan Streett, The Effective Invitation(Old Tappan, NJ: Fleming H. Revell Co., 1984), 190. Charles Wesley는 6천 개가 넘는 찬송을 지었다. 그는 그리스도인 개인의 감정과 생각을 표출하는 회중찬송 스타일을 최초로 선보인 사람이었다.

349) 침례교인들은 잃은 영혼의 구원을 주일 아침 예배의 목표로 삼은 사람들로 가장 잘 알려졌다. 그리스도를 향한 "개인적인 결단"을 하라는 부흥운동의 부름은 미국 개인주의의 문화적 사상을 반영하고 또 그 사상에 호소했다. 마치 Charles Finney아래의 "new measures"가 미국 실용주의를 반영하고 또 그것에 호소했듯이 말이다(Terry, Evangelism, 170–171).

350) Murray, Revival and Revivalsism, 185–190.

351) Streett, The Effective Invitation, 94–95. James Taylor목사는 1785년 테네시 주에 있던 그의 교회 앞에 걸어나가 초청에 응한 최초의 사람 중에 있었다. 회중의 초청과 강단을 연계시킨 최초의 기록은 1799년 켄터키 주의 감리교 캠프에서였다. 또한, White, Protestant Worship, 174를 참조할 것.

352) 피니는 영혼을 구원하고 부흥을 일으키는 데 있어 혁신가였다. 그는 자신의 소위 "new measures"라는 것을 도입하면서 신약성서에는 예배 형태의 표준이 존재하지 않는다고 주장했다. 그러나 죄인들을 그리스도에게 인도하는 데 있어 성공적인 것은 무엇이든 승인되었다(Senn, Christian Liturgy, 564; White, Protestant Worship, 176-177).

353) Streett, Effective Invitation, 95. 피니는 1830년에 열렸던 그의 유명한 Rochester, New York 대 전도집회 이후 오로지 이 방식을 사용하기 시작했다. 추적할 수 있는 역사상 최초로 "anxious seat"라는 문구를 사용한 경우는 찰즈 웨슬리의 "Oh, that blessed anxious seat"이다. Anxious bench에 대한 포괄적인 비평은 다음을 참조할 것: J. W. Nevin, The Anxious Bench(Chambersburg, PA: Wipf & Stock, 1843).

354) White, Protestant Worship, 181; James E. Johnson, "Charles Grandison Finney: Father of American Revivalism,"Christian History 7, no. 4(1988): 7; "Glossary of Terms,"Christian History 7, no. 4(1988): 19.

355) "The Return of the Spirit: The Second Great Awakening,"Christian History 8, no. 3(1989): 30; Johnson, "Charles Grandison Finney," 7; Senn, Christian Liturgy, 566.

356) Murray, Revival and Revivalsism, 226, 241-243, 277.

357) Streett, Effective Invitation, 96.

358) Burgess and McGee, Dictionary of Pentecostals, 904. 심층 연구를 원하면 다음을 참조할 것: Gordon L. Hall, Sawdust Trail: The Story of American Evangelism(Philadelphia: Macrae Smith Sompany, 1964). "Sawdust trail"은 나중에 전도자의 천막 가운데에 있는 통로와 동일시되었다."Hit the sawdust trail"이라는 말의 사용이 빌리 선데이(Billy Sunday, 1862-1935)의 사역에 의해 대중화되었다. Terry, Evangelism, 161.

359) White, Protestant Worship, 177.

360) Pastor's Notes: A Companion Publication to Glimpses 4, no. 2(Worcester, PA: Christian History Institute, 1992), 6.

361) White, Protestant Worship and Church Architecture, 7.

362) 이 차이에 대해 잘 설명해주는 책이 두 가지가 있다: Watchman Nee, The Normal Christian Life(Carol Stream, IL: Tyndale House, 1977); The Release of the Spirit(Indianapolis: Sure Foundation, 1965). 비 기독교 성격의 실용주의에 관한 논의는 다음을 참조할 것: Ronald Rolheiser, The Shattered Lantern: Rediscovering God's Presence in Everyday Life(London: Hodder & Stoughton, 1994), 31-35.

363) White, Protestant Worship, 176; Pastor's Notes 4, no. 2: 6. Ian Murray는 감리교의 캠프 모임이 피니의 조직적 복음전도 테크닉의 전신이었다고 지적했다(Revival and Revivalism, 184-185).

364) 제대로 이해한다면, 말씀을 전하는 목표는 영혼 구원이 아니라 교회를 탄생시키는 것이다. 어떤 학자가 말하기를 "회심은 단지 수단일 뿐이고 목표는 눈에 보이는 교회를 넓히는 것이다."라고 했다. Karl Muller, ed., Dictionary fo Mission: Theology, History, Perspectives(Maryknoll, NY: Orbis Brooks, 1997), 431. D. J. Tidball이라는 학자도 똑같은 생각을 피력했다: "바울의 우선적인 관심은 개인의 회심에 있었던 것이 아니라 그리스도인 공동체들을 설립하는데 있었다."Dictionary of Paul and His Letter(Downers Grove, IL: InterVarsity, 1993), 885. 프런티어 부흥운동가들은 에클레시아의 개념에 무지했다.

365) White, Protestant Worship and Church Architecture, 121-124.

366) 고린도전서 12-14장과 에베소서 1-3장을 참조할 것.

367) John Wesley, "Sermon on the Mount IV,"Sermons on Several Occasions(London: Epworth Press, 1956), 237.

368) Ibid., 132. Dick의 등사기 발명에 관한 상세한 내용은 다음을 참조할 것: http://www. officemuseum.com/copy_machines.htm.

369) Ferguson, Early Christians Speak, 84. 기록된 예배 의식은 4세기에 최초로 등장했다. 그러나 그것은 19세기까지는 주보 형식으로 만들어지지 않았다.

370) Christian History 9, no. 1(1990); Douglas, Who's Who in Christian History, 483–485; Terry, Evangelism, 151–152; H. Richard Niebuhr and Daniel D. Williams, The Ministry in Historical Perspectives(San Francisco: Harper & Row Publishers, 1956), 256. 하나님께서는 분명히 그리스도에 의해 영혼이 구속되기를 바라시지만, 그것은 단지 하나님께서 궁극적으로 목적하신 것의 첫 단계에 불과하다. 우리는 복음전도를 반대하는 것이 아니다. 그러나 우리가 복음전도에만 초점을 맞춘다면, 복음전도가 그리스도인들이 그리스도에 사로잡힐 때 자연적으로 일어나는 것이 아닌 의무가 되고 만다. 초대교회의 신자들은 그리스도에게만 완전히 초점을 맞추었는데, 이것이 바로 우리의 복음전도 방식과 관점이 그들과 왜 그렇게 다른지의 이유이다. 하나님의 영원한 목적에 관한 논의는 다음을 참조할 것: Viola, 『영원에서 지상으로』(대장간, 2010)

371) Streett, Effective Invitation, 193–194, 197.

372) Terry, Evangelism, 153–154, 185.

373) David P. Appleby, History of Church Music(Chicago: Moody Press, 1965), 142.

374) Streett, Effective Invitation, 97. "앞으로 걸어나온 각 사람은 그리스도인의 삶을 살겠다는 서약의 표시로, 또 교회의 선택을 위해 카드에 서명했다. 카드의 반쪽은 안내위원이 걸어서 다음에 도움을 줄 수 있도록 했다. 카드의 다른 반쪽은 그리스도인의 삶을 위한 안내서로 사용하도록 새 신자에게 주어졌다."(pages 97–98).

375) Ibid., 98. "죄인의 기도"에 관한 내용은 9장을 참조할 것.

376) Ibid., 112–113. 빌리 그레이엄은 그의 사역 45주년 때까지 85개국에서 1억 명에게 복음을 선포했다(Pastor's Notes 4, no. 2: 7).

377) Ian H. Murray, The Invitational System(Edinburgh: Banner of Truth Trust, 1967). Murray는 "부흥"과 "부흥운동"을 다음과 같이 구분한다: 부흥은 성령의 순수하고 자연스러운 역사이고, 부흥운동은 확신과 회개와 중생의 증거(적어도 겉에서 보이는)를 얻는 인간적인 방법이다. 회심자들을 얻으려고 심리적이고 사회적인 압력을 사용하는 것은 "부흥운동"에 속한다(pp. xvi–xix). 또한, 다음을 참조할 것: Jim Ehrhard, "The Dangers of the Invitation System"(Parkville, MO: Christian Communicatior's Worldwide, 1999), http://www. Gracesermons.com/hisbygrace/invitation.html.

378) Niebuhr and Williams, The Ministry in Historical Perspectives, 256.

379) Sandra Sizer, Gospel Hymns and Social Religion(Philadelphia: Temple University Press, 1978), 134.

380) George Whitefield 같은 대각성운동의 설교자들과 마찬가지로 무디도 강하게 감정에 호소했다. 그들은 생각이 의지와 감정을 자극한다는 낭만주의 철학의 영향을 받았다. 이것은 계몽주의 영향을 받은 그전의 기독교 사상(이성을 강조하는 것)에 대한 반작용이었다 (David W. Bebbington, "How Moody Changed Revivalism,"Christian History 9, no. 1(1990): 23). 대각성 설교자들이 강조한 것은 하나님에 대해 개인의 심령이 움직여서 반응해야 한다는 것이었다. 그들은 회심을 하나님 역사의 최우선 목표로 여겼다. J Stephen

Lang과 Mark A. Noll이 지적한 대로 "대각성운동가들의 설교 때문에 종교적 자아의 관념만 강해졌다. 개인적 선택의 원리가 미국 개신교에 영구히 뿌리박게 되어 오늘날 아직도 복음주의와 많은 다른 세력에 만연되어 있다"(J. Stephen Lang and Mark A. Noll, "Colonial New England: An Old Order, A New Awakening,"Christian History 4, no. 4(1985): 9–10).

381) John Nelson Darby가 이 이론을 널리 퍼지게 한 장본인이다. Darby의 원조 전천년설 교리는 흥미롭다. Dave MacPherson, the Incredible Cover-Up(Medford, OR: Omega Publications, 1975).

382) Bebbington, "How Moody Changed Revivalism," 23–24.

383) Daniel G. Reid, Concise Dictionary of Christianity in America(Downers Grove, IL: InterVarsity, 1995), 330.

384) 예: The AD 2000 and Beyond movement 등

385) 사도들은 예수님의 말씀대로 "땅끝까지 이르러" 증인이 되기 전에 수년간을 예루살렘에 머물렀다. 그들은 세계 복음화에 그리 급하지 않았다. 마찬가지로 예루살렘교회 사람들은 적어도 처음 4년 동안 나가서 복음을 전하지 않았다. 그들 또한 세계 복음화가 그리 급하지 않았다. 마지막으로 신약성서의 서신 그 어디에도, 사도들이 교회들에 "때가 늦었고 남은 시간이 얼마 안 되니까" 빨리 세계 복음화를 위해 뛰어야 한다고 권면 한 말의 그림자도 찾아볼 수 없다. 요컨대, 그리스도인들이 특정한 기간 안에 될 수 있는 한 많은 사람을 구원코자 하는 부담을 갖는 것은 아무런 하자가 없다. 그러나 이런 특별한 부담을 모든 하나님의 사람에게 안겨주는 것에 대한 성서적인 정당성이나 선례가 없다.

386) 우리가 "pinched"라고 할 때 그것은 아주 제한적이라는 뜻이다. 회중으로 하여금 아무런 제한 없이 자유롭게 모임을 하고 나눌 수 있도록 완전히 열려 있는 예배를 하는 오순절 교회와 은사주의 교회는 오늘날 아주 드물다.

387) White, Protestant Worship, 204.

388) White, Protestant Worship and Church Architecture, 129.

389) 18세기 대각성 운동은 1세기 교회와는 동떨어진 개인주의적인 신앙을 확립해 놓았다. 미국은 급속도로 몹쓸 개인주의자들의 나라로 변모해갔다. 따라서 이런 새로운 경향이 전국에 만연되어 있다(Terry, Evangelism, 122–123).

390) Frank Senn의 Christian Liturgy는 수세기에 걸쳐 내려오는 수많은 예배의식을 비교하고 있다. 그것들을 비교하는 사람은 누구든지 그들의 공통 요소들을 쉽게 알아차릴 수 있다.

391) Senn은 현대 예배의식 다섯 개를 나란히 비교하고 있다. Roman Catholic Missal, Lutheran Book of Worship, Book of Common Prayer, the Methodist order of worship, 그리고 Book of Common Worship. 그것들은 놀랄 정도로 유사하다.(Christian Liturgy, 646–647).

392) 어떤 학자들은 모든 교회에 의해 지켜지는 획일적으로 통일된 예배 의식이 교부들이 쓴 문서에서 나왔다고 조롱하곤 했다. 그러나 근래에 들어와서, 학계는 교부들이 쓴 문서 중 특정한 시대에 모든 교회에서 일어났던 것을 대표하여 보편화할 수 있는 내용이 없음을 보여 주었다.(Bradshaw, Origins of Christian Worship, 67–73, 158–183). 더구나 고고학적 발견은 신학자였던 교부들의 문서들이 그 시대의 일반적인 신조나 관습에 대한 정확한 견해를 제공하지 못함을 드러내 주었다. 신약학 교수 Graydon F. Snyder의 Ante Pacem은 교부들이 제공한 콘스탄틴 이전 교회생활의 모습과 상반된 고고학적 증거에 관한 연구이다. 한 신학교 교수가 쓴 글에 의하면, "Snyder는 의문을 제기하고 있다. 초기 기독교의 지

식인들에 의해 기록된 문서들이 우리에게 당대의 교회 모습을 적절하게 알려주고 있는가? 이 질문은 우리 입에서 오직 '아니다'라는 명백한 대답을 이끌어내기에 충분하다. 그 어떤 시대의 지식인들이 서재에 틀어박혀서 일상의 모습을 그대로 말해 줄 수 있는가? Barth와 Tillich 또는 Nieburs라고 20세기 미국 일반 기독교의 모습이 어땠는지를 제대로 묘사하고 있는가? 우리는 모두 그들이 그렇게 하지 못한다는 것을 알고 있다. 그런데도 우리는, 신약성서와 소위 '교부' 신학자들이 처음 3세기 동안의 기독교를 우리에게 정확하게 묘사해주고 있다고 추측해왔다. 부분적으로는, 물론 그 문서들이 우리가 가진 유일한 자료라고 생각해왔기 때문에 이렇게 가정했었다. 문서들로만 본다면, 대부분은 이런 가정이 맞을 것이다"(Robin Scroggs, Chicago Theological Seminary Register 75, no. 3 Fall 1985) : 26).

393) Nichols, Corporate Worship in the Reformed Tradition, 13.

394) Ibid., 13. "많은 전통적인 [예를 들면, 기톨릭] 신학적 용어와 개념은 로마 기톨릭의 방식이었을 뿐 아니라 진정 루터교 방식의 일부이다." Kenan B. Osborne, Priesthood: A History of the Ordained Ministry in the Roman Catholic Church(New York: Paulist Press, 1988), 223.

395) Banks, Paul's Idea of Community, 108; Hatch, Influence of Greek Ideas and Usages, 308−309.

396) 2장은 4세기 교회의 건축양식이 능동적인 성직자와 수동적인 회중에 끼친 영향에 대해 다루고 있다. 이런 맥락에서, Horton Davies는 다음과 같이 피력했다: "3세기 또는 4세기가 지나는 동안 기독교 예배에 큰 변화가 일어났다… 4세기에 예배는 개인 가정집에서가 아닌 장엄한 대성당과 웅장한 교회 건물에서, 자유롭고 단순한 형태가 아닌 획일적이고 정해진 순서의 예배로 거행되었다."(Christian Worship: History and Meeting, 26).

397) Nichols, Corporate Worship, 155.

398) 성공회의 Gregory Dix 같은 의식적 학자들은 신약성서에 미사의 초기 모델이 등장한다는 주장을 펼치려 했다. 그렇지만, 그들의 주장을 주의 깊게 살펴보면 자신들이 지금 따르는 전통의 눈으로 성서 본문을 본다는 것을 알 수 있다.(Bradshaw, Origins of Christian Worship, ch. 2).

399) 가장 최초라고 알려진 의자는 이집트에서 만들어졌다. 의자는 수천 년 동안 오직 왕족, 귀족, 제사장, 부자들에 의해서만 사용되었다. 의자는 16세기 때까지는 일반 평민들에 의해 보편적으로 사용되지 않았다. Encarta Encyclopedia, 1999 ed., s.v."Chairs." 카펫은 11세기에 인도에서 만들어졌고 동방 전역에 널리 퍼졌다. Encarta Encyclopedia, 1998 ed., s.v. "Floor and Floor Coverings."

400) 일주일이 7일로 된 것은 고대 메소포타미아에서 유래하였고, 321년에 로마 달력의 일부가 되었다. January는 로마의 신 Janus의 이름에서, March는 로마의 신 Mars의 이름에서, April은 Venus의 신성한 달인 Aprills의 이름에서, May는 여신 Maia의 이름에서, June은 여신 Juno의 이름에서 각각 유래하였다. Sunday는 태양신(sun)의 축제일이고, Monday는 여신 moon의 날이다. Tuesday는 전사(warrior)의 신 Tiw의 이름에서, Wednesday는 게르만족의 신 Wotan의 이름에서, Thursday는 스칸디나비아의 신 Thor의 이름에서, Friday는 스칸디나비아의 여신 Frigg의 이름에서, Saturday는 로마 농사의 신 Saturn의 이름에서 각각 따왔다(www.ernie. cummings.net/calendar.htm의 Months of the Year를 참조할 것).

401) 이 책에서 크리스마스와 부활절(Easter), 그리고 기독교의 일요일 예배에 대해 다루지 않

는 것을 이상하게 생각하는 사람들은http://www.ptmin.org/answers.htm에 있는 프랭크 바이올라의 자세한 설명을 참조할 것.

402) David Norrington은 다음과 같이 지적했다: 교회가 주위 문화에서 어떤 개념을 받아들이는 것이 본질적으로 틀리지는 않지만, 그 개념이 이교사상이기 때문에 종종 성서적 신앙과 배치된다. 따라서 혼합주의와 문화적 동화는 교회에 자주 해를 끼친다(To Preach or Not, 23).

403) 고린도전서 14:26. 신약성서는 모든 그리스도인이 자신의 역할을 하는 제사장으로서, 그들이 모였을 때 상호 간에 덕을 세우려고 은사들을 사용할 것을 가르치고 있다(롬12:3−8; 고전12:7; 엡4:7; 히10:24−25, 13:15−16; 벧전2:5, 9).

404) Arthur Wallis의 말을 빌리면, "예배 의식은, 그것이 고대든지 현대든지, 기록되었든지 아니든지, 성령의 임재와 역사를 믿는 대신 관행의 반복을 통해 종교적인 바퀴를 계속 돌리려고 인간이 고안해 낸 것이다."

405) 자세한 것은 다음을 참조할 것: Gary Gilley, This Little Chruch Went to Market: The Church in the Age of Entertainment(Webster, NY: Evangelical Press, 2005).

406) 이 주제에 관한 것은 프랭크 바이올라의 책『다시 그려보는 교회』를 참조할 것.

407) 1세기 교회 모임의 목적은 복음전도나 설교나 예배 혹은 교제가 아니었다. 그것은 오히려 그리스도를 공동체적으로 드러내는 것을 통해 서로 덕을 세우기 위함이었다(Viola, 『다시 그려보는 교회』 2장)

408) Senn, Christian Worship and Its Cultural Setting, 38, 40.

409) 막7:9. 아울러 마15:2−6; 막7:9−13; 골2:8도 참조할 것.

410) John McNeil, "'Denatured' Church Facing Extinction," ASSIST News Service, February 19, 2006.

411) 아울러 다음을 참조할 것: Stanley Grenz, Created for Community(Grank Rapids: Baker Books, 1998).

412) F. F. Bruce, The Epistles to the Colossians, to Philemon, and to the Ephesians(Grand Rapids: Eerdmans, 1984), 68−69, 274−275; Francis Foulkes, Ephesians(Grand Rapids: Eerdmans, 1989), 73−74.

413) "개신교의 특성 중 설교에 결부된 것보다 더 중요한 것은 없다." Niebuhr and Williams, Ministry in Historical Perspective, 110.

414) 프랑스에서는 개신교 교회 예배가 "설교에 간다"(aller a sermon)라고 불린다.(White, Protestant Worship, 20).

415) Norrington, To Preach or Not, 3.

416) 선지자들은 특정한 이벤트에 대한 응답으로 외쳤다(신1:1, 5:1, 27:1, 9; 수23:1−24:15; 이사야; 예레미야; 에스겔; 다니엘; 아모스; 학개; 스가랴; 등). Norrington, To Preach or Not, 3.

417) Norrington, To Preach or Not, 4. 회당 설교에서의 유일한 차이점은 정기적으로 성서 본문을 사용해서 메시지를 전했다는 점이다. 그런 상황에도 대부분 회당에서는 설교하기 원하는 사람은 누구든지 할 수 있도록 허용되었다. 물론 이것은 오직 종교 "전문가들"에게만 회중에 말씀 전하는 것이 허용된 현대 교회의 설교에 정면으로 배치되는 것이다.

418) 어거스틴(Augustine)은 마태복음 5−7장에 최초로 제목을 붙인 사람이다. 그것은 392년에서 396년 사이에 기록된 그의 책 The Lord's Sermon on the Mount에 등장한다. 그러나 그 말씀은 16세기까지는 일반적으로 산상수훈(Sermon on the Mount)라고 불리지

않았다(Green, Dictionary of Jesus and the Gospels, 736; Douglas, Who's Who in Christian History, 48). 제목에 설교(sermon)이라고 되어 있지만, 산상수훈은 스타일과 문체에서 오늘날의 설교와는 판이하다.

419) Norrington, To Preach or Not, 7-12. Norrington은 신약성서에 나오는 메시지들을 분석해서 그것들을 오늘날의 설교와 대조시킨다.

420) 행2:14-35, 15:13-21, 32, 20:7-12, 17-35, 26:24-29. Norrington, To Preach or Not, 5-7.

421) 사도행전을 자세히 살펴보면, 사도들이 즉석에서 전한 메시지, 즉 수사학적이 아닌 메시지의 특징이 명백하다. 예를 들면, 행2:14-35, 7:1-53, 17:22-34.

422) Jeremy Thomson, Preaching As Dialogue: Is the Sermon a Sacred Cow?(Cambridge: Grove Books, 1996), 3-8. 1세기 설교와 가르침을 묘사하는 데 종종 사용되는 헬라어 단어는 dialegomai였다(행17:2, 17, 18:4, 19, 19:8-9; 20:7, 9; 24:25). 이 단어는 대화의 쌍방통행을 뜻한다. 영어의 dialogue가 바로 이 단어에서 유래한 것이다. 요컨대, 사도들의 사역은 일방적인 설교라기보다는 대화체 방식이었다. William Barclay, Communicating the Gospel(Sterling: The Drummond Press, 1968). 34-35.

423) 고전14:26, 31; 롬12:4이하; 4:11이하; 히10:25.

424) Kreider, Worship and Evangelism in Pre-Christendom, 37.

425) Norrington, To Preach or Not, 12.

426) Ibid., 13. 최초로 기록된 기독교 설교는 100년와 150년사이로 추정되는 소위 Second Letter of Clement에 포함되어 있다. Brilioth, Brief History of Preaching, 19-20.

427) Norrington, To Preach or Not, 13.

428) Hatch, Influence of Greek Ideas and Usages, 109.

429) Douglas J. Soccio, Archetypes of Wisdom: An Introduction to Philosophy(Belmont, CA: Wadsworth/ITP Publishing, 1998), 56-57.

430) Ibid.

431) 소피스트라는 말에서 "궤변"(sophistry)과 "궤변적인"(sophistical)이라는 말이 파생되었다. Sophistry는 설득고자 사용되는 그럴 듯하고 그릇된(엉터리의) 변론을 가리키는 말이다(Soccio, Archetypes of Wisdom, 57). 그리스인들은 연설 내용의 정확도보다 연설가의 스타일과 형식을 더 중요시했다. 따라서 유능한 연설가는 스스로 보기에도 사실이 아닌 것을 청중으로 하여금 믿게 하는 데에 그의 연설을 사용했다. 그리스 사상에서는, 토론에서 이기는 것이 진리를 밝히는 것보다 더 큰 미덕에 속했다. 유감스럽게도 sophistry의 요소가 기독교 울타리를 결코 떠난 적이 없다.

432) Hatch, Influence of Greek Ideas and Usages, 113.

433) Ibid., 54, 56, 91-92, 96, 97-98, 112.

434) Aristotle, On Poetics, ch.7. 아리스토텔레스가 "Plot" 또는 "Fable"을 쓰는 것에 관해 말하고 있지만, 그럼에도 그의 원칙은 연설하는데도 적용되었다.

435) 연설에 대한 사랑은 그리스인들에게 있어 제2의 천성이었다. "그들은 말쟁이의 나라였다"(Hatch, Influence of Greek Ideas and Usages, 27).

436) Norrington, To Preach or Not, 21.

437) Hatch, Influence of Greek Ideas and Usages, 40.

438) Brilioth, Brief History of Preaching, 26.

439) Robert A. Krupp, "Golden Tongue and Iron Will,"Christian History 13, no.

4(1994): 7.

440) Norrington, To Preach or Not, 24.

441) Hatch, Influence of Greek Ideas and Usages, 106-107, 109.

442) Norrington, To Preach or Not, 24-25.

443) Ibid.; 이 책의 제5장을 참조할 것.

444) Ibid., 25.

445) Ibid., 22; Smith, From Christ to Constantine, 115.

446) 그들 중 Tertullian, Cyprian, Arnobius, Lactantius, Augustine 등이 있다(Norrington, To Preach or Not, 22); Hatch, Influence of Greek Ideas and Usages, 7-9, 109; Richard Hanson, Christian Priesthood Examined(Guidford, UK: Lutterworth Press, 1979), 53.

447) F. F. Bruce, Paul: Apostle of the Heart Set Free(Grand Rapids: Eerdmans, 1977), 220. 저명한 유대교 랍비인 힐렐(Hillel)은 다음과 같이 말했다: "토라(Torah)를 세상적인 면류관으로 만드는 사람은 쇠퇴할 것이다"(107-109).

448) Hatch, Influence of Greek Ideas and Usages, 110.

449) Norrington, To Preach or Not, 22. Exegesis는 성서 본문에 대한 해석과 설명이다.

450) Hatch, Influence of Greek Ideas and Usages, 110.

451) 수사학을 공부하는 학생은 그에게 주어진 어떤 주제라 할지라도 그것에 관해 자유자재로 말할 수 있을 때 비로소 그의 학업이 완성되었다. 논쟁의 형식으로 된 논리는 수사학 연구에 널리 유행했었다. 학생들은 누구나 논쟁 잘하는 법을 배웠다. 그리스 사상에서는 논리가 자연스러웠다. 그러나 그것은 실천과 관계없이 이론적인 주장에만 기초한 그런 논리였다. 이런 사고방식 전체가 일찍이 기독교 신앙에 스며들었다(Hatch, Influence of Greek Ideas and Usages, 32-33).

452) Ibid., 108. Hatch는 다음과 같이 피력했다: "조직의 성장과 함께, 또한 가르침과 권면이 혼합되었을 뿐 아니라 공동체에 말할 자유가 점점 지도자 계급에 국한되어갔다."

453) Wayne E. Oates, Protestant Pastoral Counseling(Philadelphia: Westminster Press, 1962), 162.

454) Ibid., 107.

455) Briloth, Brief History of Preaching, 26, 27.

456) Hatch, Influence of Greek Ideas and Usages, 109; Briloth, Brief History of Preaching, 18.

457) J. D. Douglas, New Twentieth Century Encyclopedia of Religious Knowledge(Grand Rapids: Baker Book House, 1991), 405.

458) Libanius(크리소스톰의 이교 스승)는 임종 직전에 "만일 그리스도인들이 크리소스톰을 도적질하지 않았다면," 그가 자신의 가장 훌륭한 후계자가 되었을 것이라고 했다(Hatch, Influence of Greek Ideas and Usages, 109).

459) Tony Castle, Lives of Famous Christians(Ann Arbor, MI: Servant Books, 1988); Hatch, Influence of Greek Ideas and Usages, 6. John은 그의 유창하고 타협하지 않는 설교 때문에 golden-mouth(Chrysostomos) 라는 별명을 얻었다(Krupp, "Golden Tongue and Iron Will,"Christian History, 7).

460) Durant, Age of faith, 63.

461) Kevin Dale Miller, "Did You Know? Little-Known Facts about John

Chrysostom,"Christian History 13, no. 4(1994): 3. 크리소스톰이 설교한 것 중 600 개 이상이 남아있다.

462) Krupp, "Golden Tongue and Iron Will,"Christian History, 7; Schaff, History of the Christian Church, 3:933-941; Durant, Age of faith, 9. 크리소스톰은 Libanius 에서 수사학을 받아들였지만, 그 자신 또한 이교철학과 문학에 심취했었다(Durant, Age of faith, 63).

463) 소피스트의 연설을 들은 청중에게서 나온 열광적인 박수갈채는 그리스의 관습이었다.

464) Schaff, History of the Christian Church, 3:938.

465) Durant, Age of faith, 65.

466) Norrington, To Preach or Not, 23.

467) Niebuhr and Williams, Ministry in Historical Perspectives, 71.

468) Briloth, Brief History of Preaching, 31, 42.

469) Senn, Christian Liturgy, 366. 루터와 개혁교회의 설교는 둘 다 구절을 한 절씩 해석 하는 경향이 있었다. 이것은 크리소스톰과 어거스틴 같은 교부들의 특징이었다.

470) Union Theological Seminary의 초기 교회사 교수인 John McGuckin이 Frank Viola에게 보낸 email message, 2002년 9월 29일.

471) 471) Norrington, To Preach or Not, 23.

472) White, Protestant Worship, 46-47.

473) Niebuhr and Williams, Ministry in Historical Perspectives, 114.

474) Thomson, Preaching as Dialogue, 9-10

475) Old, Patristic Roots of Reformed Worship, 79ff.

476) 종교개혁에서 오늘에 이르기까지의 설교 내용의 진화를 추적하는 것은 이 책의 범위를 벗어난 것이다. 계몽운동시대의 설교는 인간사회를 발전시키기 위한 쓸모없는 도덕적인 이야기들로 전락해버렸다고 결론짓기에 충분하다. 청교도들은 교부들에 의해 시작되었 던 구절 하나씩 강해하는 설교를 회복시켰다. 19세기 감리교회에서는 사회정의를 위한 주제들이 우위를 차지했다. 그리고 프런티어 부흥운동의 도래와 함께, 복음주의 교회에 서의 설교는 구원으로의 초청이 주를 이루었다. 청교도들은 또한 현대 설교의 수사법에 이바지했다. 그들은 상세한 구조를 가진 네 개의 작은 개요들(성서 봉독, 신학적 설명, 교 리의 증명과 실례, 적용)을 미리 작성해서 설교를 기록했다(White, Protestant Worship, 53, 121, 126, 166, 183; Allen C. Guelzo, "When the Sermon Reigned,"Christian History 13, no. 1(1994): 24-25.

477) Meic Pearse and Christ Matthews, We Must Stop Meeting Like This(E. Sussex, UK: Kingsway Publications, 1999), 92-95.

478) White, Protestant Worship, 53, 121, 126, 166, 183; Guelzo, "When the Sermon Reigned," 24-25. 청교도 설교의 망령이 오늘날 아직도 우리 곁을 떠나지 않고 있다. 개신교 목사가 설교할 때마다, 당신은 그 설교에서 이교의 수사학에 뿌리를 둔 청교도 설 교 스타일을 발견하게 될 것이다.

479) Pearse and Matthews, We Must Stop Meeting Like This, 95.

480) Briloth, Brief History of Preaching, 22.

481) 19세기 역사가인 Edwin Hatch가 설교에 대해 최초로 도전한 사람 중 하나이다.

482) 설교가 그리스도인의 신앙성장에 주도적 역할을 한다고 하는데, 이런 생각은 오해를 불러 일으키고 또 잘못 짚은 것이다.

483) 이 주제에 관한 상세한 내용은 다음을 참조할 것: Viola, 『다시 그려보는 교회』.

484) 이 본문은 또한 기능의 발휘가 영적 성숙에 필수임을 말하고 있다.

485) 이 본문에서 묘사하는 모임은 교회 모임임이 분명하다.

486) 어떤 목사들은 "양이 하는 일은 그저 '매애' 하고 울며 풀을 뜯어 먹는 것뿐이다."라는 얼빠진 논리를 펴기도 한다.

487) Reuel L. Howe, Partners in Preaching: Clergy and Laity in Dialogue(New York: Seabury Press, 1967), 36.

488) Geroge W. Swank, Dialogical Style in Preaching(Valley Forge: Hudson Press, 1981), 24.

489) Kevin Craig, "Is the Sermon Concept Biblical?"Searching Together 15(1986), 22.

490) 많은 목사가 "성도를 온전케 하는 것"과 "평신도를 해방하는 것"에 관해 말을 하지만, 무기력한 평신도들을 해방하겠다는 약속과 사역을 위해 교회를 준비시킨다는 것은 사실상 언제나 공허한 말에 불과하다는 것이 증명되고 있다. 목사가 설교로 교회 예배를 독점하는 한, 하나님의 사람들은 모임에서 제 기능을 발휘하기에 자유로울 수 없다. 그러므로 "성도를 온전케 하는 것"은 전형적인 공허한 말장난에 그칠 뿐이다.

491) 설교를 견디기 어려울 정도로 지루한 것이라고 여기는 사람들의 "설교 듣다가 죽을 뻔했다"는 느낌을 우리는 이해한다. 19세기 영국의 작가요 성직자였던 Sydney Smith가 인용한 말에 그런 정서가 담겨 있다: "그는 야생마 같은 보좌신부들에게서 초주검 될 정도로 설교를 들어야 마땅하다."

492) 신생 교회에 말씀을 전하고 떠난 후 오랫동안 그 교회를 홀로 놔두었던 바울의 방법을 고찰해보라. 더 상세한 것은 다음을 참조할 것: Frank Viola, 『유기적 교회 세우기』 Finding Organic Church (대장간, 2010).

493) Craig, "Is the Sermon Concept Biblical?" 25.

494) Norrington, To Preach or Not, 23.

495) Clyde H. Reid, The Empty Pulpit(New York: Harper & Row Publishers, 1967), 47-49.

496) Alexander R. hay.The New Testament Order for Church and Missionary(Audubon, NJ: New Testament Missionary union, 1947), 292-293, 414.

497) 우리는 영광 중에 아니면 고통 중에 그리스도를 만날 수 있다(고후3:18; 히12:1 이하).

498) 행3:20, 5:42, 8:5, 9:20; 갈1:6; 골1:27-28. 불신자에게 말씀을 전하든지(kerygma) 혹은 신자들을 가르치든지(『디다케-이방인들에게 주는 12사도를 통한 주님의 가르침』didache(엘도론, 2009)), 메시지는 불신자에게나 신자에게나 항상 예수 그리스도여야 한다. C. H. Dodd, The Apostolic Preaching and Its Developments(London: Hodder and Stoughton, 1963), 7ff. Michael Green은 초대교회에 관해 말하면서 다음과 같이 피력했다: "그들은 인격적인 존재에 관해 말씀을 전했다. 그들의 메시지는 철저하게 그리스도 중심이었다. 실로, 복음이란 단순히 예수 또는 그리스도를 일컫는 것이다: '그는 예수님을 전했다… 사람이신 예수님, 십자가에 달리신 예수님, 부활하신 예수님, 만유를 다스리는 권세의 자리로 높임 받으심 예수님… 지금 성령으로 그의 사람 중에 임재하신 예수님… 부활하신 그리스도가 분명히 그들이 전한 메시지의 중심이었다." Green, Evangelism in the Early Church(London: Hodder and Stoughton, 1970), 150.

499) 이 주제에 관한 상세한 내용은 다음을 참조할 것: Viola, 『다시 그려보는 교회』.

500) 히3:12-13, 10:24-26. 이 구절들에 "피차" 또는 "서로"라는 말이 강조되었음을 주목하라. 히브리서 기자는 상호 권면에 역점을 두었다.

501) Craig A. Evans, "Preacher and Preaching: Some Lexical Observations,"Journal of the Evangelical Theological Society 24, no. 4(December 1981), 315-322.

502) Norrington, To Preach or Not, 69.

503) Ibid.

504) George T. Purves, "The Influence of Paganism on Post-Apostolic Christianity,"The Presbyterian Review 36(October 1988), 529-554.

505) 아울러 5장을 참조할 것.

506) Norrington, To Preach or Not, 102, 104.

507) 오늘날 자신이 지역교회의 사역으로 부르심 받았다고 생각하는 사람들은 보통 그들의 선택이 목사나 예배 인도자로 섬기는 데 국한되어 있다고 믿는다. 주님의 일로 부르심을 받는 것은 분명히 진실한 경험이지만, 1세기에는 이런 자리들이 존재하지 않았다. 그럼에도, 목사라는 직책에 성서적 근거는 없지만, 그들은 종종 사람들을 도와준다. 그러나 그들의 직책 때문이 아니라, 그들의 직책에도 불구하고 도와주는 것이다.

508) poimen이라는 말에서 파생된단 어가 사도행전 20:28과 베드로전서 5:2-3에서 사용되었다.

509) 계1:6, 5:10, 20:6. R. Paul Stevens, The Other Six Days: Vocation, Work, and Ministry in Biblical Perspective(Grand Rapids: Eerdmans, 1999), 173-181.

510) Banks, Paul's Idea of Community, 131-135. 신약성서는 교회의 사역자들을 묘사하는 데 있어 공공기관의 관리나 종교의 직책을 일컫는 세속적인 그리스 단어들을 사용한 적이 한 번도 없다. 더구나 대부분의 신약성서 저자들이 구약성서의 유대교 제사장 제도에 밝은 사람들이었지만, 기독교 사역자들을 hiereus(priest)로 지칭한 적이 한 번도 없다. 직책을 임명(안수)하는 것은 사도 시대 교회들에서는 존재한 적이 없던, 고정되고 한정된 교회 지도자상을 전제로 한다. Marjorie Warkentin, Ordination: A Biblical-Historical View(Grand Rapids: Eerdmans, 1982), 160-161, 166.

511) 욥이 한 말이 떠오른다: "나는 결코 사람의 낯을 보지 아니하며 사람에게 영광을 돌리지 아니하리니"(욥32:21).

512) Hanson, Christian Periesthood Examined, 34-35.

513) 이 단어는 그리스 원어의 영어적 표현인 'elders'(presbuteros)가 되었다.

514) Overseers와 servants라는 단어가 교회에 들어와서 bishops(감독)와 deacons(집사)라는 말로 바뀌었다(Smith, From Christ to Constantine, 32).

515) Christian Smith, Going to the Root, ch. 2-3; Jon Zens, The Pastor(St. Croix Falls, WI: Searching Together 23, no. 4(1981); Jon Zens, "The 'Clergy/Laity' Distinction: A Help or a Hindrance to the Body of Christ,"Searching Together 23, no. 4(1994).

516) "기독교는… 이교도들의 예에서 다음과 같은 사실을 배웠다: 하나님을 위하고 하나님을 대변하는 사람, 즉 이런 대리 사역을 위해 자신을 바치라는 부르심을 받았다고 느끼는 사람의 도움 없이 하나님을 이해하거나 하나님께 가까이 가는 것을 대부분 사람은 힘들어한다"(Hanson, Christian Periesthood Examined, 100).

517) Walter Klassen, "New Presbyter Is Old Priest Writ Large,"Concern 17(1969):

5; W. Klassen, J. L. Burkholder, and Joh Yoder, The Relation of Elders to the Priesthood of Believers(Washington, DC: Sojourners Book Service, 1969).

518) F. W. Grant, Nicolaitanism or the Rise and Growth of Clerisy(Bedford, PA: MWTB, n. d.) 3-6. 그리스어로 nicolaitane은 "사람들을 정복하다."라는 뜻이다. Nikos는 "정복하다."라는 뜻이고, laos는 "사람들"이라는 뜻이다. Grant는 니골라당이 "성직자"를 일으켜서 하나님의 사람들을 "평신도"로 만들어 지배하려 했던 사람들이라고 믿는다. 아울러 다음의 책도 참조할 것: Alexander Hay, What Is Wrong in the Church?(Audubon, NJ: New Testament Missionary Union, n. d.) 54.

519) Banks의 Paul's Idea of Community를 참조할 것. 이런 자료들은 신약성서에는 기독교 지도자들을 일컬을 때 "직책"과 유사한 것도 없음을 분명하게 보여주고 있다. 우리는 이런 사회조직의 관습에 숙달된 눈으로 신약성서를 읽고 있다.

520) James D. G. Dunn, New Testament Theology in Dialogue(Philadelphia: Westminster Press, 1987), 123, 127-129.

521) 초기 교부들의 글에서도 신약성서에서처럼 목사나 관리자나 감독 같은 단어들은 항상 혼용되었다. F. F. Bruce는 다음과 같이 피력했다: '감독'(episkopos)과 '장로'(presbyteros)라고 번역된 그리스 단어들 사이를 억지로 구분하는 것을 신약성서가 허용하지 않는다는 사실은 길게 논할 필요가 없다. 바울은 에베소교회의 장로들이 모인 자리에서 그들을 성령이 감독들로 삼으신 사람들로 여기고 말할 수 있었다. 나중에, 목회서신들(디모데와 디도에게 보낸)에서는 이 두 단어가 등장하여 여전히 혼용되고 있다"(The Spreading Flame(Grand Rapids: Eerdmans, 1958) 65). 사실, 감독들, 장로들, 그리고 목자들(언제나 복수로 사용됨)은 1 Clement의 글들, the Didache『디다케-이방인들에게 주는 12사도를 통한 주님의 가르침』(엘도론, 2009, 240~247쪽), 그리고 The Shepherd of Hermas에서도 계속 같이 취급되고 있다. 그것들은 2세기 초까지 같은 것으로 여겨졌었다. 또한, 다음을 참조할 것: Mackinnon, Calvin and the Reformation, 80-81; Ferguson, Early Christians Speak, 169-173.

522) 상세한 것은 Viola의 『다시 그려보는 교회』를 참조할 것.

523) 고전11:1; 살후3:9; 딤전4:12; 벧전5:3.

524) Ferguson, Early Christians Speak, 172.

525) David Norrington은 그의 책 To Preach or Not to Preach에서 계급구조와 교회 전문가들이 어떻게 교회 안에 출현하기 시작했는지를 상세하게 논하고 있다(pp. 24-25).

526) Ferguson, Early Christians Speak, 173.

527) Bruce,Spreding Flame, 203-204.

528) Epistle to the Ephesians, 6:1; Epistle to the Smyrnaeans, 8:1-2; Epistle to the Philadelphians, 7:1; Epistle to the Magnesians, 7:1; Epistle to the Trallians, 3:1. 이그나티우스의 편지들은 이런 부류의 언어들로 가득 차 있다. Early Christian Writings: The Apostolic Fathers(New York: Dorset Press, 1968), 75-130.

529) Edwin Hatch, The Organization of the Early Christian Churches(London: Longmans, Green, and Co., 1895), 106, 185; Early Christian Writings, 88. Hatch의 책은 교회 조직의 점진적 진화과정과 그 조직의 여러 요소가 그리스와 로마 사회에서 빌려온 것임을 보여주고 있다.

530) Robert M. Grant, The Apostolic Fathers: A New Translation and Commentary, vol. 11(New York: Thomas Nelson & Sons, 1964), 58, 171.

531) R. Alastair Campbell, The Elders: Seniority within Earliest Christianity(Edinburgh: T. & t. Clark, 1994), 229.

532) Hatch, The Organization of the Early Christian Churches, 124.

533) Ibid., 100.

534) Kenneth Strand, "The Rise of the Monarchical Episcopate," in Three Essays on early Church History(Ann Arbor, MI: Braun-Brumfield, 1967); Warkentin, Ordination: A Biblical-Historical View, 175.

535) Hanson, Christian Priesthood Examined, 69; Early Christian Writings, 63-72.

536) Bruce, Spreading Flame, 66-69. Niebuhr and Williams, Ministry in Historical Perspectives, 23-25. 이그나티우스가 편지들을 썼을 때, 단일 감독체제는 에베소, 빌라델비아, 마그네시아, 서머나 같은 소아시아 교회들에서 시행되고 있었다. 아직 그리스나 제국의 로마 같은 서쪽 도시들에는 도달하지 않았었다. 단일 감독체제는 시리아에서 시작해서 로마제국의 서쪽으로 퍼져 나간 것으로 보인다.

537) Hanson, Christian Priesthood Examined, 67; Bruce, Spreading Flame, 69. 프랭크 바이올라의 의견에는, J. B. Lightfoot의 "The Christian Ministry" in Saint Paul's Epistle to the Philippians(Wheaton, IL: Crossway, 1994)가 어떻게 감독이 장로체제에서 서서히 발전하였는지에 대한 가장 만족스러운 역사적 증거를 제시하고 있다.

538) Niebuhr and Williams, Ministry in Historical Perspectives, 25.

539) S. L. Greenslade, Shepherding the Flock(London: SCM Press, 1967), 8.

540) Hanson, Christian Priesthood Examined, 68.

541) Hatch, Growth of Church Institutions, 35.

542) White, Protestant Worship and Church Architecture, 65-66.

543) 1 Clement 40:5; Ferguson, Early Christians Speak, 168; R. Paul Stevens, The Abolition of the Laity(Carlisle, UK: Paternoster Press, 1999), 5.

544) Warkentin, Ordination: A Biblical-Historical View, 38.

545) Tertullian, On Nomogamy, 12.

546) Stevens, Abolition of the Laity, 28.

547) Laity라는 용어는 그리스 단어인 laos에서 파생된 말로서, "사람들"이라는 뜻이다(벧전2:9-10을 참조할 것). Clergy라는 용어는 "분깃, 나눔, 상속"의 뜻을 가진 그리스 단어 kleros에서 파생되었다. 신약성서는 결코 지도자들을 kleros로 지칭해서 사용한 적이 없다. 오히려 신약성서는 하나님의 사람들 전체를 뜻하는 말로 그것을 사용한다. 왜냐하면, 하나님의 상속자가 곧 하나님의 사람들이기 때문이다(엡1:1; 갈3:20; 골1:12; 벧전5:3을 참조할 것). 이런 면에서, 베드로가 베드로전서 5:3에서 교회의 장로들에게 kleros("clergy") 위에 주장하는 자세를 갖지 말라고 권면 한 것은 아이러니이다! 재차 강조하지만, kleros와 laos는 둘 다 하나님의 양떼 전체를 가리킨다.

548) J. D. Davies, The Early Christian Church: A History of Its First Five Centuries(Grand Rapids: Baker Books, 1965), 92. 성직자제도가 어떻게 발전하였는지에 관한 간략한 개요는 다음을 참조할 것: Stevens, Other Six Days, 39-48.

549) "Come and See" Icons, Books, and Art, "St. Cyprian of Carthage,"http://www.comeandseeicons.com/c/phm12.htm.

550) Nichols, Corporate Worship, 25.

551) Ferguson, Early Christians Speak, 168. 시프리안은 기본적으로 감독을 "priest"

의 라틴어 단어인 sacerdos라고 불렸다. 교회 직책들을 정의하려고 구약성서에서 가져온 성직 용어가 급속히 유행하기 시작했다(Warkentin, Ordination: A Biblical-Historical View, 177); Smith, From Christ to Constantine, 136). J. B. Lightfoot는 다음과 같이 피력했다: "사역을 성직으로 보는 견해는 교회사에서 가장 충격적이고 중요한 현상 중 하나이다.""Christian Ministry," 144.

552) Hanson, Christian Priesthood Examined, 35, 95. 200년까지는 누구도 기독교 사역자를 사제(priest)로 생각했다는 증거가 없다. 터툴리안이 감독들과 장로들에게 제사장 이라는 용어를 적용한 최초의 인물이다. 그는 그가 쓴 글들 전체에서 감독과 장로들을 sacerdos(priest)라고 불렀고, 감독은 sacerdos summus(high priest)라고 불렀다. 그는 아무런 설명도 없이 그렇게 불렀는데, 이것은 그의 독자들이 이런 직위들에 익숙했음을 암시해준다(p. 38). 또한, 다음을 참조할 것: Hans von Campenhausen, Tradition and Life in the Church(Philadelphia: Fortress Press, 1968), 220. 또 시프리안은 감독이 구약성서의 대제사장과 동등하다고 말한 장본인이다(Smith, From Christ to Constantine, 136). 역사가 Eusebius는 그의 많은 글에서 항상 성직자를 "사제"라고 불렀다(Hanson, Christian Priesthood Examined, 61).

553) "따라서 지역교회의 우두머리 목사로서 사역 전체를 대표하게 된 존재가 감독이었다. 그는 예배의식에서는 선지자이자 교사이자 수석 주관자였고, 기독교 "회당"의 감독위원회 의장이었다."(Niebuhr and Williams, Ministry in Historical Perspectives, 28). Gregory the Great가 591년에 쓴 저작 The Book of Pastoral Rule은 감독 직책의 임무에 관한 논문이다. Gregory에게는 감독이 목사이고, 설교가 감독의 가장 중요한 임무 중 하나였다. Gregory의 책은 기독교 고전으로서 오늘날 개신교 신학대학원들에서 목사들을 훈련하는 데 여전히 사용되고 있다. 아울러 다음을 참조할 것: Philip Culbertson and Arthur Bradford shippee, The Pastor: Readings from the Patristic Period(Minneapolis: Fortress Press, 1990).

554) 이것에 관한 논문은 다음을 참조할 것: Ferguson, Early Christians Speak, 13-14.

555) Niebuhr and Williams, Ministry in Historical Perspectives, 28.

556) 이 교리와 그것을 논박한 논문은 다음을 참조할 것: Viola, 『다시 그려보는 교회』.

557) Stevens, Other Six Days, 41-42.

558) 시프리안은 "양떼 일부는 목사 개인에게 각각 할당되었다. 그것은 맡은 일을 주님 앞에서 회계할 자로서 그가 양떼를 주관하고 다스리는 분깃이다"라고 했다(Letter to Cornelius of Rome, LIV, 14). 또한, 다음을 참조할 것: Hatch, Organization of the Early Christian Churches, 171.

559) Niebuhr and Williams, Ministry in Historical Perspectives, 28-29.

560) Campbell, Elders, 231; Niebuhr and Williams, Ministry in Historical Perspectives, 29.

561) Davies, Early Christian Church, 131; The Apostolic Tradition of Hippolytus, trans. Burton S. Easton(Cambridge: Cambridge University Press, 1934). Hyppolytus는 감독의 권위와 장로들의 권위를 날카롭게 구별했다. 그의 저작들은 감독이 죄를 사하는 것과 고해성사를 주관하는 것에 힘을 실어줬다(Hanson, Christian Priesthood Examined, 39-40). 장로들과 집사들은 오직 감독의 권위 아래서만 침례(세례)를 줄 수 있었다(Campbell, Elders, 233).

562) Davies, Early Christian Church, 187. 콘스탄틴은 318년에 감독의 담당구역을 인정했

다. 333년에는 감독들이 로마 행정장관들과 동등한 지위를 차지했다(p. 188).

563) Hans Lietzmann, A History of the Early Church, vol. 2(New York: The World Publishing Company, 1953), 247.

564) 니케아 종교회의의 규범에 의하면, 알렉산드리아와 로마와 안디옥은 그 주위 지역들 위에 특정한 권위를 가진다고 되어 있다(Smith, From Christ to Constantine, 95).

565) Hanson, Christian Priesthood Examined, 72. Hanson은 5세기에 있었던 로마제국의 멸망이 어떻게 감독의 직책을 강화시켰는지를 설명한다(pages 72~77).

566) Ann Fremantle, ed., A Treasury of Early Christianity(New York: Viking Press, 1953), 301.

567) 사도권의 계승은 로마의 클레멘트(Clement of Rome)와 이레니우스(Irenaeus)의 저작들에 최초로 등장한다. 또한, 그것은 Hyppolytus에도 등장한다. 그러나 시프리안은 그것을 확고한 교리로 정착시켰다. Grant, Early Christianity and Society, 38; Norman Sykes, Old Priest and New Presbyter(London: Cambridge University Press, 1956), 240.

568) G. S. M. Walker, The Churchmanship of St. Cyprian(London: Lutterworth Press, 1968), 38. 많은 교부가 구약성서를 교회의 표준규범이 포함된 책으로 취급했다. 교회 직분을 위해 구약성서의 제사장 용어를 사용한 것은 이미 2세기 때부터 흔한 일이었다(Warkentin, Ordination: A Biblical-Historical View, 50, 161); Hanson, Christian Priesthood Examined, 46, 51).

569) Hanson, Christian Priesthood Examined, 59; Warkentin, Ordination: A Biblical-Historical View, 39.

570) Hanson, Christian Priesthood Examined, 54.

571) Ibid., 58. Didache(『디다케-이방인들에게 주는 12사도를 통한 주님의 가르침』didache(엘도론, 2009, 150~161쪽))와 1 Clement에서 성찬은 감독들에 의해 거행되는 "희생"과 "제사"라고 일컬어진다(von Campenhausen, Tradition and Life in the Church, 220).

572) 예배의식 용어로서 사용된 희생(sacrifice)이라는 말은 『디다케』에 최초로 등장한다(von Campenhausen, Tradition and Life in the Church, 220).

573) 성찬을 통해 사제가 그리스도의 희생을 바친다는 사상은 성직주의(sacerdotalism)이다. 이런 이유에서 Richard Hanson은 신랄하게 비평한다: "제사장제도를 성직주의로 보는 개념은 전신자 제사장 교리(the doctrine of the priesthood of all believers)를 흐리게 하려고(아예 철폐하지 못한다면) 등장했다. 그것은 신자의 제사장주의를 빼앗아서 전부 성직자 제사장주 속으로 묻혀버리게 한다."(Hanson, Christian Priesthood Examined, 98).

574) Ibid., 79.

575) 3세기에는 사제 각 사람이 자신이 수행하는 역할을 감독하고 조정해주는 감독을 선택했다. 4세기에는 더 복잡해져서 감독들이 지도받을 필요가 생겼다. 그래서 한 지역의 교회들을 관리하는 대주교와 대교구가 생겨났다(Durant, Age of Faith, 45, 756-760).

576) Concerning the Mysteries, 9:52, 54. 동방의 교회들에서는 성령이 마술을 일으키도록 기도를 했다. 서방교회들에서는 기도가 생략되고 그 말 자체가 요술을 일으켰다(Dix, Shape of the Liturgy, 240-241, 275; Josef A. Jungmann, The Mass of the Roman Rite, vol. 1 (New York: Benziger, 1951), 52).

577) Campbell, Elders, 234-235. Priest라는 말은 어원학적으로 "presbyter"의 축약형이

다. 옛날식 영어시대가 지나가고, 영어의 priest가 "presbyter"와 "sacerdos"의 현대식 단어가 되었다(Cross and Livingstone, Oxford Dictionary of the Christian Church, 1325).

578) Hatch, Organization of the Early Christian Churches, 30−31.

579) Hanson, Christian Priesthood Examined, 71.

580) Robert E. Evans, One and Holy: The Church in Latin and Patristic Thought(London: S. P. C. K., 1972), 48.

581) 콘스탄틴 이전에는, 로마 감독이 로마 밖으로는 관할권을 행사하지 않았다. 그가 높임을 받았지만, 그런 부류의 교회적 권위는 가지지 않았었다(Bruce Shelley, Church History in Plain Language (Waco, TX: Word, 1982), 151). Pope(교황)라는 말은 papa라는 지위에서 온 것인데, 이 단어는 아버지처럼 돌보는 감독을 표현하려고 사용되었다. 이 단어가 6세기에 가서 오직 로마의 감독을 일컫는 데 사용되기 시작했다. 여기에 로마 기톨릭 교황의 유래를 간략하게 소개한다. 2세기 말에 로마 감독들은 크게 존중을 받았다. Stephen 1세(257년경)가 로마 감독의 우위를 지지하려고 최초로 Petrine Text(마16:18)를 사용한 인물이었다. 그러나 이것이 제국의 모든 지역에서 받아들여지지는 않았다. 현대 교황의 출현은 440년에서 461년 까지 로마 감독을 지낸 Leo the Great에게서 추적될 수 있다. Leo는 로마 감독의 우월성을 신학적으로나 성서적으로 주장한 최초의 사람이었다. 그 아래서, 로마의 우월성이 마침내 확립되었다. Gregory the Great(540−604)의 등장으로, "교황의 자리"(papal chair)는 확장되고 강화되었다.(우연히, Gregory는 이탈리아에서 가장 큰 땅의 소유주가 되었는데, 이것이 그 뒤의 부유하고 강한 교황들을 위해 전례로 남게 되었다.) 3세기 중반에 가서, 로마교회에는 3만 명의 교인에 성직자수가 150명이었고, 1,500명의 과부들과 가난한 자들이 있었다(Gonzalez, Story of Christianity, 1:242; Schaff, History of the Christian Church, vol:212, 218−219; Shelley, Church History in Plain Language, 150−151; Davies, Early Christian Church, 135−136, 250; Durant, Age of Faith, 521; Hanson, Christian Priesthood Examined, 76ff.). Gregory는 또한 servant of the sevants of God이라는 말을 최초로 사용한 사람이었다(Schaff, History of the Christian Church, 3:534, 4:329).

582) Durant, Caesar and Christ, 670−671.

583) D. C. Trueman, The Pageant of the Past: The Origins of Civlization(Toronto: Ryerson, 1965), 105.

584) Grant, Early Christianity and Society, 11−12. "교회의 조직은 제국의 정치적, 지리적 구분을 따랐다"(Schaff, History of the Christian Church, 3:7).

585) Hatch, Organization of the Early Christian Churches, 185, 213. Bruce Shelley가 말한 바와 같이 "교회가 자라나면서 아주 자연스럽게 제국의 구조를 도입했다"Church History in Plain Language, 152.

586) Caesar and Christ, 575, 618. Durant는 이렇게 말했다: "로마교회는 로마 정부의 발자취를 따랐다"(p. 618).

587) Stevens, Other Six Days, 44; Trueman, Pageant of the Past, 311; Fox, Pagans and Christians, 573; Cross and Livingstone, Oxford Dictionary of the Christian Church, 482.

588) Durant, Caesar and Christ, 671−672.

589) 마20:25−28, 23:8−12; 눅22: 25−27.

590) 바울은 자신을 대신할 여러 사람을 훈련했다. 그들 중에 디모데, 디도, 가이오, 드로비모, 두기고 등이 있었다. 상세한 것은 Viola의 『유기적 교회 세우기』Finding Organic Church (대장간, 2010)를 참조할 것.

591) Hanson, Christian Priesthood Examined, 62.

592) 이때 clergy라는 말이 확대되어 교회 안의 모든 직책을 포함하는 말이 되었다(Niebuhr and Williams, Ministry in Historical Perspectives, 29). 또한 Boggs의 Christian Saga, 206-207을 참조할 것.

593) Jungmann, Early Liturgy, 130-131.

594) Durant, Caesar and Christ, 618-619.

595) Hanson, Christian Priesthood Examined, 71

596) Duchesne, Early History of the Christian Church, 50; Johnson, History of Christianity, 77; Fox, Pagans and Christians, 667.

597) 그런 면제는 의사들과 교수들 같은 직업에 허락되었었다. David Andrew, Christi-Anarchy(Oxford: Lion Publications, 1999), 26.

598) Collins and Price, Story of Christianity, 74.

599) Johnson, History of Christianity, 77. 1세기가 지나고, 배교자 줄리안 황제(Julian the Apostate)는 이 똑같은 단어들(clerical, clerics)을 부정적인 의도로 사용했다.

600) Fox, Pagans and Christians, 667.

601) Hatch, Organization of the Early Christian Churches, 153-155, 163. 기독교시대의 처음 3세기에는 사제들에게 독신생활이 요구되지 않았었다. 서방에서는, 306년에 열린 Spanish Council of Elvira가 최초로 성직자의 독신주의를 의무화했다. 이것이 386년에 Siricius 교황에 의해 재확인되었다. 결혼했거나 계속해서 아내와 함께 사는 사제는 누구든지 성직을 몰수당했다. 동방에서는, 사제들과 집사들이 안수 받기 전에는 결혼할 수 있었지만, 안수 받고 나서는 금지되었다. 감독들은 독신이어야 했다. Gregory the Great는 독신 성직자 제도를 추진하는데 애썼다. 하지만, 많은 사람이 이것을 따르지 않았다. 독신 성직자 제도는 성직자와 소위 하나님의 "보통" 사람들 사이만 더 크게 갈라놓았다(Cross and Livingstone, Oxford Dictionary of the Christian Church, 310; Schaff, History of the Christian Church, 1:441-46; Durant, Age of Faith, 45).

602) 감독의 복장은 고대 로마 행정장관의 가운이었다. 성직자들은 이교 철학자들처럼 머리카락을 길게 놔두지 않아야 했다(Hatch, Organization of the Early Christian Churches, 164-165).

603) Collins and Price, Story of Christianity, 74.

604) Hanson, Christian Priesthood Examined, 62.

605) Niebuhr and Williams, Ministry in Historical Perspectives, 29.

606) Durant, Caesar and Christ, 657.

607) Senn, Christian Worship and Its Cultural Setting, 40-41.

608) Norrington, To Preach or Not, 25.

609) Karl Barth, Theologische Fragen und Antworten(1957), 183-184, quoted in R. J. Erler and R. Marquard, eds., A Karl Barth Reader, trans. G. W. Bromiley(Grand Rapids: Eerdmans, 1986), 8-9.

610) 모든 것을 하나님의 영광을 위해 해야 한다. 왜냐하면, 하나님께서 세속적인 것을 거룩하게 하셨기 때문이다(고전10:31). 신성한 것과 불경스러운 것 사이의 거짓된 이분법은 그

리스도 안에서 영원히 폐지되었다. 그런 생각은 이교사상과 고대 유대사상에 속한다. 그리스도인에게는 다음 성서구절이 적용된다: "무엇이든지 스스로 속된 것이 없고,'"하나님께서 깨끗하게 하신 것을 네가 속되다 하지 마라"(롬14:14; 행10:15). 성직자와 평신도를 구분하는 오류에 관한 상세한 논문은 다음을 참조할 것: Davies, Secular Use of Church Building, 222–237.

611) Schaff, History of the Christian Church, 3:125–126.

612) Dunn, New Testament Theology in Dialogue, 127.

613) Hanson, Christian Priesthood Examined, 64. Coryphaeus(Master of Ceremonies)와 hierophant(Grand Master of the Lodge) 같은 말도 이교에서 자유롭게 빌려와서 기독교 성직자를 위해 사용되었다. 터툴리안은 218년에 펴낸 그의 저서 On Chastity에서, 로마의 감독을 일컬어 최초로 감독 중의 감독(supreme pontiff)라는 호칭을 사용한 사람이다. 그렇지만, 터툴리안은 그 호칭을 비꼬아서 사용했다(Bruce, Spreading Flame, 322).

614) Hanson, Christian Priesthood Examined, 64.

615) Ibid., 65–66; von Campenhausen, Tradition and Life in the Church, 222–223.

616) Warkentin, Ordination:A Biblical–Historical View, 40, 167.

617) 사도행전 13–19장, 고린도전서 2장, 그리고 고린도후서 1장을 참조할 것. 사도들이 자신이 개척한 교회들을 언제 방문했고 또 언제 장로들을 세웠는지를 필자(프랭크 바이올라)가 추적한 내용은 다음을 참조할 것: Viola, The Untold Story of the New Testament Church:An Extraordinary Guide to Understanding the New Testament(Shippensburg, PA: Destiny Image, 2004).

618) 성서 주석가인 Alfred Plummer에 의하면, 신약성서에서 "안수하다"(ordain)라고 번역된 그리스 단어들은 교회적인 특별한 의미가 없다. 그 단어 중 어떤 것도 안수의식이나 특별한 의식을 내포하고 있지 않다. "The Pastoral Epistle," in W. Robertson Nicoll, ed., The Expositor's Bible(New York: Armstrong, 1903), 219–221.

619) 행16:2; 고전16:18; 고후8:22; 빌2:22; 살전1:5, 5:12; 딤전3:10.

620) Warkentin, Ordination:A Biblical–Historical View, 4. KJV(킹 제임즈 버전)의 번역자들은 21개의 각기 다른 히브리어와 그리스어 단어들을 ordain으로 번역했다. 17세기 교회의 오해가 이런 형편 없는 단어 선택에 영향을 끼쳤다.

621) 사도행전 14:23의 cheirotoneo라는 그리스 단어는 문자적으로 투표에서 "손을 뻗는다"는 뜻이다. 따라서 교회 안에서 이미 관리자로 역할 수행을 하고 있어 교회 대다수가 인정한 사람들에게 사도들이 손을 얹은 것으로 여겨진다.

622) Campbell, Elders, 169–170.

623) 행13:2; 딤전4:14. 노사역자인 바울은 젊은 일꾼인 디모데에게도 손을 얹었다(딤후1:6).

624) Warkentin, Ordination:A Biblical–Historical View, 104, 111, 127, 130. Warkentin은 그녀의 책 9–11 장에서 "손을 얹는 것"의 신약성서적 의미를 철저하게 고찰한다. 그녀의 결론은: "손을 얹는 것은 교회의 직책에 앉히는 절차와 아무런 상관이 없다. 그것이 장로든지, 집사든지, 목사든지, 선교사든지 말이다"(p. 156).

625) 안수식에 관한 최초의 기록은 Apostolic Tradition of Hippolytus(215년경)에 등장한다. 4세기에는 그것에 관한 언급이 넘쳐난다(Warkentin, Ordination:A Biblical–Historical View, 25, 41).

626) Warkentin, Ordination:A Biblical–Historical View, 104.

627) Hatch, Organization of the Early Christian Churches, 129–133. 일찍이 1세기 때 이

것과 똑같은 풍조가 유대교에 도입되었다. Torah와 구전의 해석에 능통한 유대 서기관들은 공회의 직책을 맡을 사람들을 안수했다. 이 사람들은 하나님의 뜻을 이스라엘 모든 백성에게 전하는 중재자로 여겨졌다. 공회에서 "안수 받은" 사람들의 세력이 너무 커지게 되자, 2세기 초에는 로마인들이 유대인의 안수를 하는 사람들을 다 사형시켰다! Warkentin, Ordination:A Biblical-Historical View, 16, 21-23, 25.

628) Warkentin, Ordination:A Biblical-Historical View, 35. 이것은 Apostolic Constitutions (350-375년)에 뚜렷이 드러나 있다.

629) Ibid., 45.

630) Niebuhr and Williams, Ministry in Historical Perspectives, 75.

631) von Campenhausen, Tradition and Life in the Church, 224.

632) Ibid., 227.

633) Ibid., 228.

634) Niebuhr and Williams, Ministry in Historical Perspectives, 71, 128.

635) von Campenhausen, Tradition and Life in the Church, 229.

636) On the Baptism of Christ: A Sermon for the Day of Lights by St. Gregory of Nyssa; Niebuhr and Williams, Ministry in Historical Perspectives, 75. 안수는 받는 사람에게 character indelibilis를 부여한다고 믿어졌다. 즉, 뭔가 신성한 것이 그에게 들어갔다는 것이다(Warkentin, Ordination:A Biblical-Historical View, 42; Schaff, History of the Christian Church, 3:489).

637) Apostolic Constitutions II.4.26

638) David D. Hall, The Faithful Shepherd(Chapel Hill: The University of North Carolina Press, 1972), 6.

639) Schweizer, Church Order in the New Testament, 207.

640) Dunn, New Testament Theology in Dialogue, 1238ff., 126-129.

641) Warkentin, Ordination:A Biblical-Historical View, 45, 51; Hatch, Organization of the Early Christian Churches, 126-131. 안수는 성직자의 권세를 통합하는 도구로 발전하였다. 안수를 통해 성직자들은 세상의 권력가들뿐만 아니라 하나님의 사람들 위에 군림할 수 있었다. 그 결과로 오늘날의 안수가 그리스도인들 사이에 인위적인 장벽을 세워서 상호 간의 사역을 방해하게 된 것이다.

642) Hanson, Christian Priesthood Examined, 82.

643) 루터는 안수가 안수 받은 사람의 인격을 변화시킨다는 것을 부정했지만, 그럼에도 그 중요성은 그대로 간직했다. 루터의 생각에는, 안수가 교회의 의식이었다. 그리고 특별한 의식은 목사의 임무를 수행하기 위해 꼭 필요했다(Senn, Christian Liturgy, 297).

644) "전신자 제사장주의는 루터의 주장처럼 각 사람과 하나님과의 관계, 그리고 이웃과의 관계뿐만 아니라, 또한 공적인 역할 수행에서 기독교 공동체 안의 모든 사람이 동등하다는 것을 의미한다." John Dillenberger and Claude Welch, Protestant Christianity: Interpreted through Its Development(New York: The Macmillan Company, 1988), 61.

645) Hall, Faithful Shepherd, 8. 아나뱁티스트 이야기를 읽고 싶게끔 취급한 다음의 책을 참조할 것: Peter Hoover, The Secret of the Strength: What would the Anabaptists Tell This Generation?(Shippensburg, PA: Benchmark Press, 1998).

646) J. L. Ainslie, The Doctrines of Ministerial Order in the Reformed Churches of the 16th and 17th Centuries(Edinburgh: T. & T. Clark, 1940), 2, 5.

647) Warkentin, Ordination:A Biblical-Historical View, 57-58, 61-62.

648) 아나뱁티스트들은 고린도전서 14:26, 30-31에 있는 바울의 지침을 믿고 실천했다 - 즉, 모든 믿는 자가 교회 모임에서 언제든지 기능을 발휘할 권리가 있다는 것. 루터의 시대에는 이것이 Sitzrecht("the sitter's right")로 알려졌다(Hoover, The Secret of the Strength, 58-59).

649) 루터는 다음과 같이 공표했다: "Sitzrecht 는 지옥의 구덩이에서 나왔다." 그리고 "그것은 공공질서의 왜곡이다… 권위에 대한 존경심을 손상하는 것이다." 20년 내에 독일지역에서 유럽 전역에 이르기까지 이 "아나뱁티스트 이단"을 주요 범죄로 정하는 116개 이상의 법이 통과되었다(Hoover, The Secret of the Strength, 59, 198). 더 나아가서, 루터는 만일 교회 전체가 공개적으로 주의 만찬을 거행하면 "비참한 혼란"에 빠지게 되리라 생각했다. 루터의 생각엔, 한 사람 곧 목사가 이 임무를 맡아야 했다. Paul Althaus, The Theology of Martin Luther(Philadelphia: Fortress Press, 1966), 323.

650) Warkentin, Ordination:A Biblical-Historical View, 105.

651) Ibid. 오늘날 개신교는 "사역"에 대해 말할 때 모든 사람이 공유하는 기능이 아닌, 더 큰 그리스도의 몸 안에 있는 중재하는 몸(mediatorial body)이라고 한다.

652) 로마 기톨릭 성직자가 구원의 문지기로 여겨지듯이, 개신교의 성직자도 신적 계시의 관리인으로 간주된다. 1530년의 Augsburg Confession에 의하면, 교회의 최고 직책은 설교하는 직책이었다. 고대 유대교에서는 랍비가 사람들에게 Torah를 해석했는데, 개신교 교회에서는 목사가 하나님의 신비를 나르는 관리자로 여겨진다(Warkentin, Ordination:A Biblical-Historical View, 168).

653) John Owen, The True Nature of a Gospel Church and Its Government, ed. John Huxtable(London: James Clarke, 1947), 41, 55, 68, 99; Ainslie, Doctrine of Ministerial Order, 37, 49, 56, 59, 61-69. Thomas Goodwin, Works, 11:309.

654) John Zens, "Building Up the Body: One Man or One Another,"Baptist Reformation Review 10, no. 2(1981): 21-22.

655) Hall, Faithful Shepherd, 28-29.

656) John Calvin, Institutes of the Christian Religion(Philadelphia: Westminster Press, 1960), bk. 4, ch. 8, no. 14.

657) Pastor는 라틴어에서 유래했는데, 그것은 "목자"(shepherd)를 번역하는 데 사용되었다. William Tyndale은 그의 성서 번역에 pastor라는 말을 선호했다. Tyndale은 pastor와 priest의 이슈를 놓고 Thomas Moore경과 논쟁을 했다. 개신교인이었던 Tyndale은 "pastor"가 성서 해석학적으로 정당하다는 태도를 견지했다(이 논쟁에 관한 것은 다음을 참조할 것: The Parker Society Series on the English Reformers).

658) Hall, Faithful Shepherd, 16.

659) Sykes, Old Priest and New Presbyter, 111.

660) Luther, "Concerning the Ministry,"Luther's Works, 35, 40.

661) 종교개혁 때 가장 큰 영향을 끼친 책 중 하나는 Bucer의 Pastorale이었다. 츠빙글리도 같은 맥락에서 The Pastor라는 제목의 소책자를 출판했다.

662) Geneva에서 캘빈이 정한 목사와 당회의 교회정관은 종교개혁 때 가장 큰 영향을 끼친 모델이 되었다. 그것은 영국의 청교도와 그 후예 중에서뿐만 아니라, 프랑스, 네덜란드, 헝가리, 그리고 스코틀랜드에서도 개신교 교회들의 본보기가 되었다(Niebuhr and Williams, Ministry in Historical Perspectives, 115-117, 131). 캘빈은 또한 목사와 교사가 교회에

서 영속되어야 할 에베소서 4:11-12의 단 두 가지 "정상적인" 직책뿐이라는 사상을 일으켰다(Hall, Faithful Shepherd, 28). 17세기 때 청교도들은 pastor라는 말을 그들의 출판물에 사용했다. 17세기 성공회와 청교도의 목회학에 관한 출판물들은 교구(지역) 성직자들을 "parsons(교구 목사들)" 또는 "pastors"라고 일컬었다. George Herbert, The country Parsons and the Temple(Mahwah, NJ: Pavlist Press, 1981); Richard Baxter, The Reformed Pastor(Lafayette, IN: Soverign Grace Trust Fund, 2000).

663) Niebuhr and Williams, Ministry in Historical Perspectives, 116. "독일 개혁자들도 중세 때 사용했던 것을 고수해서 설교자를 Pfarrer 곧 parson(교구 목사)이라고 불렀다(parochial에서 파생됨-parish 와 parochus-parson). 루터교의 설교자들은 미국에서 pastors라고 불리지만, 독일에서는 아직도 Pfarrer(교구의 총수)라고 불리고 있다. 기톨릭 사제에서 개신교 목사로의 점진적인 변천으로 볼 때, 사람들이 새로 등장한 개신교의 설교자들을 여전히 이전의 사제 같은 기톨릭의 직분으로 부르는 것은 흔한 일이었다.

664) Pastor(목사)라는 말은 교부시대부터 신학적 문서에 항상 등장해왔다. 용어의 선택은 각기 강조하고 싶은 역할을 따랐다: 도덕과 영적인 삶을 안내하는 목사, 성사를 주관하는 사제 등등. 그건 그렇더라도, pastor라는 말은 종교개혁 후까지는 일반 신자들의 입에 오르내리지 않았다.

665) Niebuhr and Williams, Ministry in Historical Perspectives, 116. Priest라는 말은 기톨릭/성공회 전통에 속하고, minister라는 말은 개혁교회 전통에 속하고, pastor라는 말은 루터교와 복음주의 전통에 속한다(p. viii). 개혁자들은 그들의 사역자를 pastor로 부르지 않고, 주로 preacher라고 불렀다. Pastor라는 말은 나중에 기독교에서 이 직책을 지칭하는 가장 유력한 용어로 발전했다. 이것은 "high church" 용어와 거리를 두었던 이 그룹들이 주류 기독교가 된 데서 기인했다. Minister라는 말은 비국교도들(nonconformists)과 분리주의자들(dissenters)에 의해 영어권에 서서히 소개되었다. 그들은 성공회 성직자들에게서 개신교의 "사역(ministry)"을 구분하고자 했다.

666) Calvin, Institute of the Christian Religion, IV: 3:2, p. 1055.

667) Niebuhr and Williams, Ministry in Historical Perspectives, 138.

668) "왜냐하면, 그의(캘빈의) 사역 모델이 정확하게 사도 시대로 거슬러 올라가지 않고 2세기 초의 교회로 갔기 때문이다. 사도 시대에는 지역 그리스도인 공동체가 단일 목사의 주관 아래 있지 않고, 그가 주지시킨 바, 장로들 또는 감독들로 알려진 여러 기능의 인도 아래 있었다. 그리스도인 공동체에 단일 감독 또는 목사가 존재하게 된 것은, 이그나티우스의 서신들에 있는 것처럼, 2세기 때 가서였다… 캘빈이 모델로 삼은 것은 2세기 초기의 교회에서 사역을 위한 직책을 발전시켰던 이 시점이었다"(Mackinnon, Calvin and the Reformation, 81-82).

669) James H. Nichols는 다음과 같이 썼다: "개혁자들도 일반적으로 예배에서 평신도들을 인도하는 목사나 감독에게 속한 제도권 사역의 2세기 제도를 받아들였다… 그들은 사도 시대로 돌아가려고 시도하지 않았다."(Corporate Worship, 21).

670) Niebuhr and Williams, Ministry in Historical Perspectives, 111.

671) Calvin, Institute of the Christian Religion, IV: 1:9, p. 1023.

672) John H. Yoder. "The Fulness of Christ,"Concern 17(1969): 71.

673) Niebuhr and Williams, Ministry in Historical Perspectives, 131, 133, 135; "Powerful Preaching: A Sample of How Luther Could Bring Bible Characters to Life,"Christian History 12, no. 3(1993): 27. 루터는 귀를 자극했고, 능력이 있었고, 극적

이었다. 그는 메시지에 자신을 겹쳐놓는 일 없이, 설교에서 자기 자신을 전달했다. 그는 어림잡아 4천 개의 설교를 한 열정적인 설교자였다. 그의 메시지는 경이롭고, 시적이며, 창조적이었다. 츠빙글리는 단도직입적이고 자연스럽게 설교했지만, 너무 지적이라고 여겨졌다. 캘빈은 한결같이 본문을 철저하게 해설했지만, 항상 비인격적이었다. 부처(Bucer)는 길고 산만한 경향이 있었다. 그렇더라도, 초기 개신교 설교는 매우 이론적이고, "정확하고 순수한 교리'에 사로잡혀 있었다. 이런 이유로, 종교개혁 설교자들은 주로 성서교사였다.

674) Hall, Faithful Shepherd, 8.

675) Niebuhr and Williams, Ministry in Historical Perspectives, 112. 개혁자들은 사제(priest) 대신 사역자(minister) 라는 말을 사용했다. Jones, Historical Approach to Evangelical Worship, 141.

676) B. A. Gerrish, "Priesthood and Ministry in the Theology of Luther,"Church History 34(1965), 404−422.

677) Niebuhr and Williams, Ministry in Historical Perspectives, 114−115.

678) Althaus, Theology of Martin Luther, 326.

679) "Concerning the Ordering of Divine Worship in the Congregation,"Works of Martin Luther, C. M. Jacobs, ed.(Philadelphia: Muhlenberg Press, 1932), VI, 60.

680) Niebuhr and Williams, Ministry in Historical Perspectives, 114.

681) Luther's Works, 29:224.

682) John T. McNeil, A History of the Cure of Souls(New York: Harper and Row, 1951).

683) Gregory of Nazianzus, 크리소스톰, 어거스틴, 그리고 Gregory the Great는 "영혼의 치유"의 주제로 상당한 분량을 집필했다(McNeil, A History of the Cure of Souls, 100). 591년에 Gregory the Great는 The Book of Pastoral Rule이라는 제목의 목사들을 위한 논문을 집필했다. 이 논문이 오늘날의 신학대학원에서 아직도 사용되고 있고, 그 논문은 Gregory of Nazianzus에게 상당한 빚을 지고 있다(p. 109). Gregory the Great는 서방 교회들에게는 다른 어떤 교황들보다 더 목사였다.

684) McNeil, A History of the Cure of Souls, 108. Gregory of Nazianzus는 362년에 집필한 그의 Second Oration에서 이것들을 분명히 밝혔다.

685) Ibid., 177.

686) Niebuhr and Williams, Ministry in Historical Perspectives, 136. 1550년에는 사역자들이 적어도 일 년에 한 번은 각 가정을 방문하도록 하는 지침이 하달되었다.

687) 이 책은 독일어와 라틴어 버전으로 나왔다(McNeil, A History of the Cure of Souls, 177).

688) 다음을 참조할 것:Viola, 『다시 그려보는 교회』. 인간의 치유는 그리스도인 공동체 안의 연결고리를 통해서 온다. 다음을 참조할 것: Larry Crabb, Connecting: Healing Ourselves and Our Relationship(Nashville: W Publishing, 2004).

689) 많은 개혁 교회가 "가르치는" 장로들과 "다스리는" 장로들을 구분한다. 가르치는 장로들은 전통적인 감독 또는 사역자의 역할을 감당하고, 다스리는 장로들은 행정과 징계를 다룬다. 이런 형식의 교회 정치구조가 유럽에서 New England로 건너왔다(Hall, Faithful Shepherd, 95). 궁극적으로, 다스리는 장로직은 별로 빛을 보지 못했으므로 없어졌고, 가르치는 장로직은 그대로 유지되었다. 이것은 또한 18세기와 19세기 침례교회들에서도 마찬가지였다. 이 교회들은 종종 "사역자" 한 명을 재정적으로 지원하는 것도 힘들었다. 이렇

게 해서, 19세기 말에 가서 복음주의 교회들은 "단일 목사" 전통을 도입했다. Mark Dever, A Display of God's Glory(Washington DC: Center for Church Reform, 2001), 20; R. E. H. Uprichard, "The Eldership in Martin Bucer and John Calvin,"Irish Biblical Studies Journal(June 18, 1996): 149, 154. 그래서 복음주의 교회들의 단일 목사제도는 개혁교회 전통의 장로직의 대중성에서 발전하였다.

690) Niebuhr and Williams, Ministry in Historical Perspectives, 114. 소위 "평신도 설교자"라는 것이 18세기 복음주의 부흥운동에서 생겨났다(p. 206).

691) Kevin Giles, Patterns of Ministry among the First Christians(New York: Harper-Collins, 1991), 195-196.

692) 이런 비극을 성서에 있는 질문 형식으로 표현해보자: "만일 다 한 지체뿐이면 몸은 어디냐"(고전12:19).

693) Davies, New Westminster Dictionary of Liturgy, 292.

694) 이 점에서(그리고 대중적인 견해와는 대조적으로), 목사는 "작은골(cerebellum), 즉 머리와 몸 사이에서 메시지를 전달하고, 기능을 조정하고, 반응을 일으키는 센터"가 아니다. 그는 "진리를 머리에서 몸으로 권위 있게 전달하라고" 부르심 받지 않았다. 그리고 그는 "몸의 필요를 머리에 정확히 전달하는 존재"가 아니다. 다음의 책에 목사가 이렇게 부풀어진 말들로 묘사되어 있다: David L. McKenna, "The Ministry's Gordian Knot,"Leadership(Winter 1980) 50-51.

695) 에베소서 3:8-11을 참조할 것. 이 목적에 관한 상세한 논의는 Frank Viola의 『영원에서 지상으로』From Eternity to Here.(대장간, 2010)를 참조할 것.

696) The Barna Group, "A Profile of Protestant Pastors,"The Barna Update(September 25, 2001),(http://www.barna.org). 이 교회들의 절반은 활동적인 교인 수가 100명 이하이다(Larry Witham, "Flocks in Need of Shepherds,"The Washington Times(July 2, 2001).

697) H. B. London and Neil B. Wiseman, Pastors at Risk(Wheaton, IL: Victor Books, 1993); "Is the Pastor's Family Safe at Home?"Leadership(Fall 1992); Physician Magazine(September/October 1999), 22; The Barna Group, "Pastors Feel Confident in Ministry, but Many Struggle in Their Interaction with Others," The Barna Update(July 10, 2006). http://www.barna.org.

698) Compilation of surveys from Focus on the Family Pastors Gathering.

699) Fuller Institute of Church Growth(Pasadena: Fuller Theological Seminary, 1991).

700) Witham, "Flocks in Need of Shepherds."

701) Vantage Point, Denver Seminary(June 1998), 2.

702) The Barna Group, "A Profile of Protestant Pastors," The Barna Update(September 25, 2001). 이 임무들은 다음을 포함한다: 비전 캐스팅, 지도자의 확인 및 훈련, 설교와 가르침, 재정확보, 약한 자 돕기, 작전과 계획수립, 교회활동 및 프로그램 편성, 모든 행정의 감독, 스태프와 자원봉사자 관리, 갈등의 해결, 지역사회에 교회를 대표함, 회중을 위한 돌봄과 상담 제공, 불신자의 복음화, 의식의 거행, 그리고 제자훈련.

703) The Christian Citizen(November 2000)은 1,440명의 목사가 매달 목회를 떠난다고 보고했다. 같은 맥락에서, The Washington Times는 미국을 휩쓰는 "성직자의 위기"에 대해 Larry Witham이 쓴 다섯 개의 기사를 시리즈로 실었다. 다음은 Witham의 보고서이다: 미국에 있는 성직자 중 젊은 사람이 드물다. 35세 이하의 성직자는 단 8퍼센트밖에 되

지 않는다. 237개의 정규 신학대학원에 재학중인 7만 명의 학생 중 목사가 되어 교회를 이끌기 원하는 사람은 3분의 1뿐이다. 목회가 나이 많은 후보자들을 잔뜩 끌어들이고 있다. 이와 마찬가지로, 성직자의 결핍이 캐나다의 주류 개신교 교회들도 강타했다. "목양을 하는 것이 개인적으로는 풍성하게 하지만, 그 정도 수입으로 신학자, 상담자, 설교자, 그리고 행정 관리와 지역사회 관여 등 한꺼번에 그 모든 기대에 부응하기엔 주춤할 수밖에 없다."(Douglas Todd, "Canada's Congregations Facing Slergy Shortage,"Christian Century (October 10, 2001), 13).

704) 이 자료는 1984년부터 2006년까지 The Barna Group이 실시한 PastorPoll 설문조사에서 발췌한 것임.

705) 나(프랭크 바이올라)는 언젠가 목사들의 참고 자료책을 위한 다음과 같은 선전 문구를 읽은 적이 있다: "사람은 해 뜰 때부터 해질 때까지 일하지만, 목사의 일은 한도 끝도 없습니다. 그것은 목사가 끊임없이 변신을 해야 하기 때문입니다: 설교자, 교사, 상담자, 행정가, 예배 인도자, 그리고 때로는 가구 고치는 사람도 해야 됩니다! 이런 상황에서 도움이 필요한 목사들이여, 우리가… 여러분을 위해 꼭 필요한 자료를 갖고 있습니다."

706) 현대 목사들의 심리적 압박감에 관한 직접적인 기록은 다음을 참조할 것: C. Welton Gaddy, A Soul Under Siege: Surviving Clergy Depression(Philadelphia: Westminster, 1991).

707) Larry Burkett, "First-Class Christians, Second-Class Citizens,"East Hillsborough Christian Voice(February 2002), 3.

708) 모든 목사가 이런 역할을 하는 것은 아니다. 그러나 이런 엄청난 압박을 견뎌내는 소수는 극히 예외적인 것으로 보인다.

709) 놀랍게도, 개신교 성직자의 23퍼센트가 적어도 한 번은 해고를 당했고, 교회의 41퍼센트는 적어도 두 명의 목사를 해고했다. Leadership에서 벌인 설문조사의 통계가 다음 G. Lloyd Rediger의 책에 수록되어 있다: Clergy Killers: Guidance for Pastors and Congregations Under Attack(Philadelphia: Westminster/John Knox, 1997).

710) J. Grant Swank, "Preventing Clergy Burnout,"Ministry(November 1998), 20.

711) Larry Yeagley, "The Lonely Pastor,"Ministry(September 2001), 28; Michael L. Hill and Sharon P. Hill, The Healing of a Warrior: A Protocol for the Prevention and Restoration of Ministers Engaging in Destructive Behavior(Cyberbook, 2000).

712) 예를 들면, 피차 사랑의 빚 외에는 아무에게든지 아무 빚도 지지 말라(롬13:8); 서로 같이 돌보게(고전12:25); 사랑으로 서로 종노릇 하라(갈5:13); 서로 덕을 세우는 일을 힘쓰나니(롬14:19); 사랑 가운데서 서로 용납하고(엡4:2); 피차 권면하여(히3:13), 등.

713) Searching Together 23, no. 4(Winter 1995)는 이 이슈를 논하는데 많은 지면을 할애했다.

714) Johann Gerhard in Church Ministry by Eugene F. A. King(St. Louis: Concordia Publishing House, 1993), 181.

715) Milton이 1653년에 지은 다음의 시에서 인용했음: "On the New Forcers of Conscience under the Long Parliament."

716) 빈야드(Vineyard)같은 교단은 예외이다. 그런 신종 교단은 보통 예배 전에 커피와 도넛을 제공하는 격식 없는 예배 형식을 취한다. 반바지와 티셔츠는 빈야드교회 예배에선 흔한 옷차림이다. 320,000개의 미국 개신교 교회들에 속한 대부분 교인은 일요일 아침 예배를 위해 "정장을 한다." 예배를 위해 정장을 하는 비 개신교 그리스도인들까지 합치면, 그 수

는 천문학적일 것이다.

717) 교회 예배를 위해 "적절하게" 옷을 입는 것은 3세기경으로 거슬러 올라간다. Clement of Alexandria(150-215)는 그것을 이렇게 표현했다: "여자와 남자는 적절하게 옷을 입고, 자연스런 걸음걸이로, 침묵을 지키며 교회에 가야 한다… 여자는 이것을 더욱 지키게 하라. 여자는 집에 있지 않을 때는 몸을 완전히 가려야 한다."(Going to Church,"The Instructor, bk. 3. Ch. 11.)

718) Max Barsis, The Common Man through the Centuries(New York: Unger, 1973).

719) Leigh Eric Schmidt, "A Church Going People Is a Dress-Loving People,"Church History(58), 38-39.

720) Ibid.

721) James Hargreaves는 1764년에 "방적기'(spinning jenny)를 발명해서 대중이 감당할 수 있는 섬세하고 더 다채로운 옷을 만들었다. Elizabeth Ewing, Everyday Dress 1650-1900(London: Batsford, 1984), 56-57.

722) Bushman, Refinement of America, 313.

723) Henry Warner Bowden and P. C. Kemeny, eds., American Church History: A Reader(Nashville: Abingdon Press, 1971), 87-89. 옷과 계급은 식민지인 아메리카에서 밀접하게 연결되어 있었다. 1722년에 Philadelphia에서 출간된 The Miraculous Power of Clothes, and Dignity of the Taylors: Being an Essay on the Words, Clothes Make Men이라는 제목의 소책자는 다음과 같이 암시했다: 사회적 신분, 계급, 권력은 옷을 통해 전시되고, 표현되고, 유지된다. 식민지 사회에서 옷과 계급 사이의 연관성은 옷에 상징적인 권력을 부여했다. 이런 사고방식이 궁극적으로 기독교 교회 속으로 스며들었다.

724) Rupert Davies, A History of the Methodist Church in Great Britain(London: Epworth Press, 1965), 193. Nehemiah Curnock, ed., Journals of Wesley(London: Epworth Press, 1965), 193. 웨슬리의 옷에 관한 가르침은 "평범의 복음"(a gospel of plainness)이라 불려왔다. 그의 주요 메시지는 그리스도인들이 평범하고, 깔끔하고, 단순하게 옷을 입어야 한다는 것이었다. 그가 이 주제에 관해 얼마나 자주 말했던지 "청결함은 경건함과 견줄 만하다"는 문구를 만든 장본인이 웨슬리라고 알려졌다. 그렇지만, 그는 그것을 어느 랍비에게서 빌려왔다(Phinehas Ben-Yair, Song of Songs, Midrash Rabbah, 11:9).

725) Davies, A History of the Methodist Church, 197.

726) Schmidt, "A Church Going People Is a Dress-Loving People," 40.

727) Bushman, Refinement of America, 335, 352.

728) Ibid., 350. 부유한 교인들을 보유한 교단들(성공회, 유니태리언 등)은 공들인 교회 건축 프로그램의 재정확충을 위해 부유층 가족들에게 회중석을 팔기 시작했다. "회중석에 들어가는 비용 말고도, 예배자들은 교회 건물의 화려함에 걸맞은 의상을 입어야 했으므로, 회중의 스타일은 많은 사람에게 넘을 수 없는 벽이 되었다. 1세기 전에는 일반 농부가 예배에 올 때 남색 체크무늬 셔츠를 입을 수 있었다. 새로 화려하게 꾸민 교회 건물의 품위있는 분위기에서는, 더 많은 것이 요구되었다."

729) Ibid., 328, 331.

730) Ibid., 350.

731) Schmidt, "A Church Going People Is a Dress-Loving People," 36.

732) Bushman, Refinement of America, 319. "초기 감리교인들은 화려한 옷을 원수로 알

앉는데, 이제는 그 원수가 승리했다." Schmidt는 다음과 같이 피력했다: "사람들은 안식일에 최고 의상을 입는 것을 걱정했다; 주일 최고라는 말은 이미 속담이 되어버렸다. 평범한 옷을 강조했던 경건주의자들과 복음주의자들조차도 그들의 몸에 점잖고 품위있는 옷을 걸쳤는지를 확인했다(Schmidt, "A Church Going People Is a Dress-Loving People," 45).

733) 하나님은 마음을 보시지, 우리가 입는 옷에 의해 감명받으시지 않는다(삼상16:7; 눅 11:39; 벧전3:3-5). 우리는 영으로 예배하고 겉의 육적인 형식으로 하지 않는다(요4:20-24).

734) Christian Smith, "Our Dressed Up Selves,"Voices in the Wilderness(September/October, 1987), 2.

735) Graydon Snyder는 그의 책 Ante Pacem: Archaeological Evidence of Church Life Before Constantine에서 콘스탄틴 황제 이전에 그리스도인들이 쓴 편지 30통이 현존한다고 했다. 이 편지들에 의하면, 그리스도인들은 통상적으로 그들의 사회적 신분을 나타내는 일반적인 가족 이름을 버렸다. 그들은 또한 서로 "형제"와 "자매"로 불렀다. Graydon Snyder, e-mail messages to Frank Viola, October 12 and 14, 2001, and July 10, 2007.

736) 초기 그리스도인들은 자신들을 모든 자연적인 차별과 장벽을 초월하는 새로운 창조세계, 새로운 인류, 그리고 새로운 종족으로 보았다(고전10:32; 고후5:17; 갈3:28; 엡2:15; 골 3:11).

737) 약2:1-5. 이 본문은 또한 교회 모임에 화려한 옷을 입고 오는 사람이 표준이 아닌 예외였음을 암시한다.

738) 신4:2; 잠30:6; 계22:18

739) The Catholic Encyclopedia 1913 On-Line Edition, s. v. "Vestments,"http://www.newadvent.org/cathen/15388a.htm; Encyclopedia Britannica Online, s. v. "Sacred Rights Ceremonies: The Concept and Forms of Ritual: Christianity"(1994-1998). 콘스탄틴 바로 전에는 성직자들이 성찬을 집전할 때 좋은 재료로 만든 망토를 걸쳤다.

740) The Catholic Encyclopedia, s. v. "Vestments.""Origin" 밑의 서두는 다음과 같이 쓰여 있다: "그리스도인의 복장은 구약성서에 나오는 제사장의 복장에서 유래하지 않았고, 오히려 그리스와 로마의 세속적인 의상에서 발전하였다." 또한 Jane Mayo의 A History of Ecclesiastical Dress(New York: Holmes & Meier Publishers, 1984), 11-12를 참조할 것. Mayo는 다음과 같이 썼다: "Ecclesiastical Vestments에 관한 연구는 그것이 세속적인 로마의 옷에서 유래했음을 드러낼 것이다. 그 복장이 레위족에서 유래했고 유대 제사장의 복장에서 왔다는 견해는 나중에 생긴 사상이다." 종교의상의 보기 드문 역사는 다음을 참조할 것: Amelia Mott Gummere, The Quaker: A Study in Costume(Philadelphia: Ferris and Leach, 1901). 구약성서에 나오는 제사장의 복장은 그리스도인들이 예수 그리스도 안에서 입게 된 영적 의복의 표상이고 그림자임을 주지하라(히10:1; 골2:16-17, 3:10-14; 엡4:24; 벧전5:5; 계19:8).

741) "On Clothes,"The Instructor, bk. 3, ch. 11.

742) Ibid., bk 2, ch. 11; Mayo, A History of Ecclesiastical Dress, 15.

743) Mayo, A History of Ecclesiastical Dress, 14-15.

744) Ibid., Latourette, A History of Christianity, 211; Brauer, The Westminster Dictionary of Church History(Philadelphia: The Westminster Press, 1971), 284.

745) "감독의 복장은 고대 로마 행정장관의 가운이었다."Hatch, Organization of the Early Christian Churches, 164. 감독의 복장은 특별 계급구조를 나타냈다. 그것엔 흰색 술이 달린 천(mappula), 납작한 검정 슬리퍼(campagi), 그리고 흰색의 긴 양말(udones)이 포함되었다. 이것은 로마 행정장관의 복장이었다. Johnson, History of Christianity, 133.

746) Senn, Christian Worship and Its Cultural Setting, 41; "Sacred Rights Ceremonies,"Encyclopedia Britannica Online.

747) Eugene TeSelle, professor of church history and theology, Vanderbilt University, in e-mail message to Frank Viola, January 18, 2000.

748) Mayo, A History of Ecclesiastical Dress, 15; Jones, Historical Approach to Evangelical Worship, 117.

749) 제롬은 감독이 흰색 짧은 윗도리를 보통보다 더 단정하게 입으면 하나님께서 높임 받으실 것이라고 했다. Frank Senn, liturgical scholar, in e-mail message to Frank Viola, July 18, 2000. 또한, 다음을 참조할 것: Jerome, "Against Jovinianus" bk. 2.34(Nicene and Post-Nicene Fathers, series 2, vol. 6) and "Lives of Illustrious Men," ch. 2(Nicene and Post-Nicene Fathers, series 2, vol. 3).

750) Collins and Price, Story of Christianity, 25, 65.

751) Jones, Historical Approach to Evangelical Worship, 116-117. Mayo의 A History of Ecclesiastical Dress는 각기 다른 전통의 각 단계를 통한 각기 다른 성직자 예복의 발달과정을 상세하게 다루고 있다. 처음 천년 동안엔 특이한 머리장식은 하지 않았고, 거들(girdle)도 18세기까지는 알려지지 않았다. Elias Benjamin Sanford, ed., A Concise Cyclopedia of Religious Knowledge(New York: Charles L. Webster & Company, 1890), 943.

752) Mayo, A History of Ecclesiastical Dress, 27. Isidore of Pelusium(440년경)은 최초로 성직자 예복의 구성요소들에 상징적인 해석을 단 사람이다. 서방에서는 8세기 전후에, 동방에서는 9세기에 제사장의 가운 전부에 상징적 의미를 부여했다(Catholic Encyclopedia, s.v. "Vestments."). 중세 사람들은 상징과의 사랑에 빠졌기 때문에 성직자 예복 전부에 종교적이고 "영적"인 의미를 부여하지 않을 수 없었다. 이런 의미는 오늘날도 의식적인 교회들에 아직도 살아 있다.

753) Senn, Christian Worship and Its Cultural Setting, 41. 제구실 또는 성물실은 성직자 예복과 성물들을 보관하는 교회 건물 안의 특별한 방이었다.

754) Mayo, A History of Ecclesiastical Dress, 27.

755) Collins and Price, Story of Christianity, 25, 65.

756) Mayo, A History of Ecclesiastical Dress, 64. 츠빙글리와 루터는 기톨릭 사제의 옷을 신속하게 폐기했다. Hall, Faithful Shepherd, 6.

757) 츠빙글리는 1523년 가을, 취리히Zurich에서 학자의 가운을 최초로 소개한 사람이다. 루터는 그것을 1524년 10월 9일 오후에 입기 시작했다(Niebuhr and Williams, Ministry in Historical Perspectives, 147). 또한, 다음을 참조할 것: George Marsden, The Soul of the American University: From Protestant Establishment to Established Nonbelief(New York: Oxford University Press, 1994), 37.

758) H. I. Marrou, A History of Education in Antiquity(New York: Sheed and Ward, 1956), 206. 철학자는 짧고 어둡고 거친 옷감으로 만든 그의 외투로 식별될 수 있었다." 아울러 다음을 참조할 것: Smith, From Christ to Constantine, 105.

759) Niebuhr and Williams, Ministry in Historical Perspectives, 147. 검정 가운은 16세기에 "성직자의 평상복"이었다(Senn, Christian Worship and Its Cultural Setting, 42).

760) Chadwick, Reformation, 422-423.

761) Mayo, A History of Ecclesiastical Dress, 66.

762) Bowden and Kemeny, American Church History, 89.

763) Mayo, A History of Ecclesiastical Dress, 77-78.

764) Ibid., 118.

765) Ibid., 94.

766) Ibid.,94, 118.

767) Niebuhr and Williams, Ministry in Historical Perspectives, 164. The London Times(2002년 3월 14일 자)에 의하면, 성직자용 옷깃은 Glasgow의 Rev. Dr. Donald McLeod에 의해 고안되었다. 일반적으로 알려지기는, 개신교 목사들이 두르는 큰 옷깃을 사제들이 사용하지 못하게 하려고 가톨릭의 반종교개혁 세력이 성직자용 옷깃을 고안해냈다고 한다(Chadwick, Reformation, 423) 그러나 그것은 종교개혁 한참 뒤에 생긴 것으로 보인다.

768) 눅7:25; 고후8:9. 예수님께서 지상에 계실 때 소유하셨던 가장 좋은 옷은 조롱 당하실 때 강제로 입혀진 옷일 것이다-눅23:11. 하나님의 아들이 이 땅에 오실 때 왕의 의복이 아닌 강보에 싸였음을 상기하라(눅2:7). 옷으로 하나님을 감동시키려 하지 않은 사람들의 가장 극단적인 경우가 침례자(세례자) 요한임을 주지하라(마3:4).

769) 마23:5; 막12:38.

770) 엡5:19; 골3:16. 이 본문들의 "너희의 마음으로"와 "서로(피차)"라는 말을 주목할 것.

771) Liemohn, The Organ and Choir in Protestant Worship, 8.

772) 그리스 사람들은 그들의 이교 예배에 필요한 합창단을 육성했다(H. W. Parke, The Oracles of Apollo in Asia Minor (London: Croom Helm, 1985) , 102-103). 그리스 연극은, 비극과 희극 둘 다, 오케스트라를 동반했다(Marion Bauer and Ethel Peyser, How Music Grew (New York: G. P. Putnam's Sons, 1939) , 36, 45; Elizabeth Rogers, Music through the Ages(New York: G. P. Putnam's Sons, 1967) , 87; Carl Shaulk, Key Words in Church Music(St. Louis: Concordia Publishing House, 1978) , 64; Quasten, Music and Worship in Pagan and Christian Antiquity, 76; Alfred Sendrey, Music in the Social and Religious Life of Antiquity Rutherford (NJ: Fairleigh Dickinson University Press, 1974) , 327, 412). 그리스 합창단은 보통 15명에서 24명 사이로 구성되었다(Claude Calame, Choruses of Young Women in Ancient Greece(Lanham, MD: Rowman & Littlefield, 2001) , 21). 어떤 사람들은 그리스도인들이 유대인 회당에서 성가대와 성가를 빌려왔다고 주장해왔다. 그러나 이것은 전혀 그렇지 않은데, 그 이유는 3세기와 4세기 그리스도인들이 유대인들에게서 빌려온 것이 전혀 없다시피 하기 때문이다. 그 대신, 그들은 그들 주위의 그리스와 로마 문화에서 엄청나게 퍼왔다. 흥미로운 것은 그리스 음악이 동양과 소아시아에 그 기원을 두고 있다는 사실이다(Rogers, Music through the Ages, 95).

773) Durant, Age of Faith, 1027.

774) Liemohn, The Organ and Choir in Protestant Worship, 8-9. 4세기까지는, 회중 찬송이 그리스도인의 예배를 특징짓는 요소였다.

775) Edward Dickinson, The Study of the History of Music(New York: Charles Scrib-

ner's Sons, 1905), 16, 24.

776) Bauer and Peyser, How Music Grew, 71-72.

777) Rogers, Music through the Ages, 108. 라오디게아 종교회의(367년경)는 정통 성악가들을 제외한 다른 모든 사람이 교회에서 노래하는 것을 금했다. 이것은 예배를 주도하는 사람들에 의해 음질이 더 동일해지고 또 조절할 수 있도록 확실하게 하기 위함이었다(Davies, New Westminster Dictionary of Liturgy, 131; Arthur Mees, Choirs and Choral Music(New York: Greenwood Press, 1969), 25-26.

778) Ambrose의 찬송들은 정통이었다. 아리우스파 사람들은 예수님에 관한 그들의 이단적 가르침을 조장하기 위해 찬송을 많이 사용했다.(아리우스파 사람들은 예수님이 하나님의 피조물이라고 믿었다.)

779) Bauer and Peyser, How Music Grew, 71."그리스 음악체계는 초기 기독교 교회 음악 체계의 선구자였고, 그것은 그리스에서, 로마를 거쳐, 중세와 현대에 이르기까지 끊어지지 않고 이어져 내려오고 있다"(Dickinson, The Study of the History of Music, 9). 사실, 가사 전체가 보존된 가장 오래된 기독교 찬송은 200년 전후의 것이다. Ambrose는 그저 찬송 가사 쓰는 것을 교회에서 일반화시켰을 뿐이다. Barry Leisch, The New Worship: Straight Talk on Music and the Church(Grand Rapids: Baker Book House, 1996), 35.

780) Rogers, Music through the Ages, 106.

781) Bauer and Peyser, How Music Grew, 70; Rogers, Music through the Ages, 61."전해 내려오는 이야기에 의하면, 모든 Sumerian 신전은 독창과 응창(제사장과 합창단 사이에)과 antiphony(합창단에서 합창단으로)의 기법으로 성가를 부르는 잘 짜인 의식을 거행했다. 아울러 다음을 참조할 것: Dickinson, The Study of the History of Music, 25.

782) Dickinson, The Study of the History of Music, 18.

783) Rogers, Music through the Ages, 109; Andrew Wilson-Dickson, The Story of Christian Music(Oxford: Lion Publications, 1992), 43; Appleby, History of Church Music, 28.

784) Bauer and Peyser, How Music Grew, 73-75; Rogers, Music through the Ages, 109. 이때의 모든 노래는 악기 반주 없이 불렸다.

785) Dickinson, The Study of the History of Music, 14.

786) The Catholic Encyclopedia, s. v. "Choir,"http://www.newadvent.org/cathen/03693b.htm; Shaulk, Key Words in Church Music, 64-65; Iris V. Cully and Kendig Brubaker Cully, eds., Harper's Encyclopedia of Religious Education, s. v. "Choir"(San Francisco: Harper & Row Publishers, 1971).

787) http://.bach-cantas.com/Bio/Wiener-Sangerknaben.htm. 여성 성가대의 이교적 기원에 대한 논문은 다음을 참조할 것: Quasten, Music and Worship in Pagan and Christian Antiquity, 77-86.

788) Parke, The Oracles of Apollo in Asia Minor, 102-103; Quasten, Music and Worship, 87ff. "이교도들은 그들의 제사에 소년 합창단을 자주 사용했는데, 특별히 잔치 시즌에 사용했다."

789) Quasten, Music and Worship, 87.

790) Ibid., 86, 160ff.

791) Senn, Christian Worship and Its Cultural Setting, 41. Senn은 또한 로마의 정혼 예법

이 어떻게 기독교 결혼식에 편입되었는지를 설명한다.

792) 제3장을 참조할 것.

793) Quasten, Music and Worship, 163.

794) Ibid., 164-165.

795) MacMullen, Christianizing the Roman Empire, 11-13.

796) Jones, Historical Approach to Evangelical Worship, 257. 후스파 사람들은 1505년 에 프라하에서 최초의 개신교 찬송집을 발간했다. 또한, 다음을 참조할 것: Terry, Evangelism: A Concise History, 68.

797) Jones, Historical Approach to Evangelical Worship, 257. 루터의 시대에는, 약 60개 의 찬송집이 발간되었다. 더 자세히 말하자면, 루터가 회중 찬송을 의식 일부분으로 확대했 다. 그는 도시와 대학들에서 성가대가 노래를 불렀던 라틴 미사를 남겼고, 또 마을과 시골에 서 회중이 노래를 불렀던 독일식 미사를 남겼다. 이 두 모델이 16세기에서 18세기에 루터 교의 관습에 합병되었다. 개혁교회는 성가 음악과 회중 찬송 둘 다를 반대했다. 그들은 오 직 운율이 있는(작시된) 시편과 다른 성서적인 성가들만 허용했다. 그들의 시각으로는 성 가대와 찬송은 로마식이었다. 따라서 그것들을 사용하는 루터교는 반쪽짜리 개혁밖에 하지 못했음을 증명한다고 여겼다(Frank Senn, e-mail message to Frank Viola, November, 18, 2000).

798) Jones, Historical Approach to Evangelical Worship, 257. Isaac Watts, John Wesley, 그리고 Charles Wesley의 찬송들은 널리 사용되었다. 그 시대에 찬송가를 작사하는 것과 찬송을 부르는 것이 두 대륙의 모든 자유 교회들을 휩쓸었다.

799) Liemohn, The Organ and Choir in Protestant Worship, 15. John F. White은 다음 과 같이 피력했다: "오늘날까지 개신교 예배에서 성가대의 역할이 정확히 무엇인지가 적지 않은 혼란을 일으켜왔다. 그리고 개신교에서 성가대의 존재에 대한 정당성은 단 하나도 없 다"(White, Protestant Worship and Church Architecture, 186).

800) Liemohn, The Organ and Choir in Protestant Worship, 15-16.

801) Ibid., 19. 17세기에는 오르간이 회중의 제창을 압도해서 사람들의 노랫소리는 잘 들리 지 않았다. Geneva 교회들은 사람들에게서 예배를 도둑맞기를 원치 않았으므로 교회 건물 에서 오르간을 뜯어냈다(Wilson-Dickson, The Story of Christian Music, 62, 76-77). 복음주의 교회들은 뾰족탑과 다른 장식들의 경우처럼 경쟁에 뒤지지 않으려고 궁극적으로 성공회에서 오르간을 끌어들였다. Bushman, Refinement of America, 336-337.

802) Ferguson, Early Christians Speak, 157.

803) 3세기 Alexandria의 Clement 그리고 4세기와 5세기 Ambrose, Augustine, Jerome 같 은 교부들은 모두 예배에서의 악기 사용을 반대했다. 그들도 나중의 캘빈처럼 악기를 이 교 잔치와 로마의 연극과 연결했다. Liemohn, The Organ and Choir in Protestant Worship, 64.

804) Ferguson, Early Christians Speak, 157.

805) Jones, Historical Approach to Evangelical Worship, 255-256. 1522년에 발행된 Geneva Psalter는 200년 이상 유럽과 미국의 개혁교회들을 위한 표준 찬송집이었다.

806) Ibid., 256.

807) Liemohn, The Organ and Choir in Protestant Worship, 4.

808) Ibid., 3.

809) Ibid., 3.32-33. Wesleyan들은 1796년에 오르간을 금지하고 예배의 유일한 합법적 악

기로 bass viol을 선호했다. 그러나 오르간은 12년 뒤에 Wesleyan 교회들에 설치되었다. 루터교의 오르간은 루터교의 예배에서 없어서는 안 될 특징이 되었다. 아이러니한 것은 루터교의 오르간 음악 전통이 17세기 초에 Jan Pieterszoon 이라는 네덜란드 캘빈주의자에 의해 시작되었다는 사실이다(Senn, Christian Liturgy, 534).

810) 그 교회는 New York에 있는 Trinity Church였다. 미국에서 사용된 최초의 오르간에 대한 논문은 다음을 참조할 것: Liemohn, The Organ and Choir in Protestant Worship, 110-111.

811) Ibid., 113. White, Protestant Worship and Church Architecture, 110.

812) Liemohn, The Organ and Choir in Protestant Worship, 115.

813) Ibid., 125. New Jersey주의 Flemington에 있는 First Presbyterian Church가 어린이 성가대를 최초로 조직한 것으로 알려져 있다.

814) Ibid.

815) Senn, Christian Liturgy, 490.

816) Liemohn, The Organ and Choir in Protestant Worship, 137.

817) Senn, Christian Worship and Its Cultural Setting, 49.

818) A. Madeley Richardson, Church Music(London: Longmans, Green, & Co., 1910), 57.

819) The Vineyard, Calvary Chapel, 그리고 Hope Chapel 같은 교단들이 이런 부류의 교회들 대부분을 차지하고 있다. 그렇지만, 많은 교단에 속한 교회들과 초교파 교회들이 같은 방식의 예배를 도입했다.

820) 성서구절의 찬양 코러스는 1970년대에 Jesus movement에 의해 회복되었다. David Kopp, Praying the Bible for Your Life(Colorado Springs: Waterbrook Press, 1999), 6-7.

821) 이것은 baby boomer들이 자신에게 초점 맞추는 것과 완벽하게 일치한다.

822) 현대 기독교 음악이 등장한 이래로, 교회들을 "옛날 스타일의 전통적인 음악 애호가들" 과 "새로운 스타일의 현대 음악 애호가들"로 분리시키며 불화를 가져오는 "예배의 전쟁"이 시작되었다. 예배 중에 어떤 형태의 음악이 사용되어야 하나를 놓고 정중앙에서 산산이 조각나지 않은 교회가 드물다. 현대 음악 대 전통적인 음악의 대결은 현대 교회에 재앙을 가져온 새로운 분리주의 즉 기독교 종파주의의 뿌리와 줄기와 가지가 되었다.

823) Michael S. Hamilton, "The Triumph of Praise Songs: How Guitars Beat Out the Organ in the Worship Wars,"Christianity Today(July 12, 1999).

824) Donald E. Miller, Reinventing American Protestantism(Berkeley: University of Berkeley Press, 1997), 65, 83.

825) Ibid., 19, 46-52, 84.

826) 재능있는 음악인들이 청중을 격려하고, 가르치고, 영감을 주고, 심지어 엔터테인을 해도 나는 아무런 문제가 없다. 그렇지만, 이것을 교회 전체에 속한 찬양 및 예배음악 사역과 혼동해서는 안 된다.

827) 나(Frank Viola)는 나의 책 『유기적 교회 세우기』Finding Organic Church (대장간, 2010)에서 그리스도인 그룹이 어떻게 자신의 노래들을 인도하고 또 작사를 하는지를 설명한다.

828) 엡5:19과 골3:16은 1세기 기독교 음악의 공동체적 본질의 맛을 보여준다.

829) 구약성서에서 "십일조"의 히브리 단어는 maaser인데 그것은 십 분의 일이라는 뜻이다.

신약성서에 나오는 그리스 단어 dekate도 역시 십 분의 일이라는 뜻이다. 그 말은 종교적 단어에서 온 것이 아니고, 수학과 금융 쪽에서 온 것이다.

830) 레27:30-33; 민18:21-31.

831) 신 14:22-27. 이것은 때로 "절기 십일조"라고 불린다.

832) 신 14:28-29, 26:12-13. 유대인 역사가 Josephus와 다른 학자들은 이것이 두 번째와 는 다르게 사용된 세 번째 십일조라고 믿는다. Stuart Murray, Beyond Tithing(Carlisle, UK: Paternoster Press, 2000), 76. 90; "What is a Tithe?"Questions about Tithing, Generous Giving, http://www.generousgiving.org/page.asp?sec=43&page=589.

833) 매년 20퍼센트 + 3년마다 10퍼센트 = 매년 23.3 퍼센트. 하나님께서 세 종류의 십일조를 전부 다 명하셨다(느12:44; 말3:8-12; 히7:5).

834) 골2:13-14, 16-17; 히6-10장도 참조할 것.

835) 이것은 고후8:3-12, 9:5-13에 보면 아주 분명하다. 헌금에 관해 바울이 한 말은 이것이 다: 하나님께서 너희에게 주신만큼 헌금하라-당신의 능력과 방법에 의해.

836) Gough, Early Christians, 86.

837) "How We Christians Worship,"Christian History 12, no. 1(1993): 15.

838) 야곱도 마찬가지이다. 창28:20-22에 의하면, 야곱이 하나님께 십일조를 드리기로 맹세 했는데, 그러나 야곱의 십일조도 아브라함의 십일조처럼 철저하게 자발적이었다. 그리고 우리가 아는 한, 그것은 평생 지속한 것이 아니었다. 만일 야곱이 정기적으로 십일조를 하기 시작했다면(이것은 증명될 수 없다), 20년 후에나 가능한 일이었다! Stuart Murray의 말을 인용하자면, "십일조는(아브라함과 야곱의) 이야기에 거의 우연히 등장하고 있고, 저자는 이것에 대한 신학적 중요성을 부여하지 않고 있다."

839) 세금 내기를 거부하는 것이 합법적이라고 믿는 그리스도인들이 있음을 나는 알고 있다. 그렇지만, 그중에 이런 믿음대로 행한 다음 지금 교도소에 가 있는 사람들은 그리 많지 않 다!

840) 느12:44, 13:12-13; 신14:28-29, 26:12.

841) 다른 성도들 돕기: 행6:1-7, 11:27-30, 24:17; 롬15:25-28; 고전16:1-4; 고후8:1-15, 9:1-12; 딤전5:3-16. 교회 개척자들 돕기: 행15:3; 롬15:23-24; 고전9:1-14, 16:5-11; 고후1:16; 빌4:14-18; 딛3:13-14; 요삼1:5-8. 지갑과 마음 사이에 밀접한 관계가 있다. 마태복음, 마가복음, 누가복음의 여섯 절 중 하나가 돈과 관련이 있다. 신약성서에 나오는 38개의 비유 중 12개가 돈과 관련 있는 비유이다.

842) 3세기와 4세기 그리스도인들의 관대함에 관한 인상적이고 감동적인 역사적 기록은 다음 을 참조할 것: Kreider, Worship and Evangelism in Pre-Christendom, 20. 또한, 그리 스도인들의 자선에 관한 터툴리안의 증언을 참조할 것: Johnson, History of Christianity, 75; Tan, Lost Heritage, 51-56.

843) Tertullian, Apology 39:7; Robert Wilken, The Christians as the Romans Saw Them(New Haven, CT: University Press, 1984), 79-82.

844) Cyprian, Epistle 65:1; Murray, Beyond Tithing, 104.

845) Murray, Beyond Tithing, 104-105; Ferguson, Early Christians Speak, 86.

846) Murray, Beyond Tithing, 118. 크리소스톰(Chrysostom)은 그의 몇몇 저서에서 가난 한 사람들을 위한 십일조를 옹호했다(pp. 112-117).

847) Ibid., 107. The Apostolic Constitutions(약 380년)은 구약의 레위 제도를 주장하며 성 직자를 재정적으로 지원하는 십일조를 지지했다(pp 113-116). 어거스틴(Augustine)이

십일조를 주장하기는 했지만, 그것을 표준으로 제시하지는 않았다. 사실, 어거스틴은 십일조를 지지할 때 그가 교회의 역사적 견해를 대변하지 않음을 알고 있었다. 십일조가 5세기에 몇몇 경건한 그리스도인에 의해 행하여졌지만, 결코 널리 퍼진 관습은 아니었다(pp 117-121).

848) Hatch, Growth of Church Institutions, 102-112.

849) Ibid., 102.

850) Murray는 Beyond Tithing의 4-6장에서 그것의 역사 전체를 추적한다.

851) Hatch, Growth of Church Institutions, 103. The pseudo-Isodorian Decretals는 십일조가 교회 토지 사용의 임대료에서 발전하였음을 증명한다. 855년에 열린 Valence 종교회의는 다음과 같이 기술하고 있다: 이 "칙령은 교회 토지를 빌린 사람 중 얼마가 체납하는 데 관한 것으로써 임대로서의 십일조 납부를 다루고 있고, 그래서 모든 그리스도인의 일반적인 납부를 촉구하고 있다."(pp. 104-105). 아울러 Murray의 Beyond Tithing, 138을 참조할 것.

852) Beyond Tithing, 137. Murray는 다음과 같이 피력했다: "기독교의 많은 특징은 성서적 요소와 세속적 요소, 즉 구약의 특색과 관습이 로마와 이교의 제도와 사상과 합쳐진 그런 혼합물에서 생겨났다."

853) Ibid., 134. 샤를마뉴(Charlemagne)는 779년과 794년에 확장된 그의 왕국 전체에서 십일조를 법으로 제정하고 의무화시켰다(p. 139); Durant, Age of Faith, 764.

854) Murray, Beyond Tithing, 111, 140.

855) 이것의 예외는 6세기 Gaul이었다. 567년에 열린 The Synod of Tours는 그 지역에서 십일조를 의무화시켰다. 585년에 열린 The Synod of Macon은 십일조를 거부한 사람들을 출교하겠다고 협박했다. 교부시대의 교회에서 행해졌던 기독교 헌금에 관한 짧지만 상세한 논문은 다음을 참조할 것:Kreider, Worship and Evangelism in Pre-Christendom, 34-35.

856) Murray, Beyond Tithing, 2, 140. 신학자들과 법률가들이 십일조 제도의 세부사항을 만들어냈다.

857) 놀라운 것은, 영국 국교회가 1930년대까지만 해도 법적 의무로서의 십일조를 폐지했었다는 사실이다.

858) C. B. Hassell, History of the Church of God, from Creation to 1885년(Middletown, NY: Gilbert Beebe's Sons Publishers, 1886), 374-392, 472; Smith, From Christ to Constantine, 123. 2세기의 몬타니우스파(Montanists)가 지도자들에게 사례비를 지급한 최초였다. 그러나 이 관습은 콘스탄틴이 등장하기 전까지는 널리 퍼지지 않았었다(Smith, From Christ to Constantine, 193).

859) 성직자(목사) 사례비를 옹호하기 위해 사용되어온 성서 구절에 대한 반론은 다음을 참조할 것: Viola, 『다시 그려보는 교회』.

860) 간과된 십일조의 복잡성은 말할 필요도 없을 것이다. 다음을 숙고해보라: 십일조를 총수입에서 하는가 아니면 세금을 제한 순수입에서 하는가? 세금공제는 어떻게 적용되는가? Murray는 고대 이스라엘에서 행해진 관습을 오늘날의 우리 문화로 가져와서 성서적 제도로서의 십일조를 도입하려고 노력하는 무지한 복잡성에 관해 상세히 기술하고 있다. 희년 제도, 안식년, 이삭줍기 그리고 첫 열매의 제도에서는 십일조가 말이 되고 또 그것이 국가의 부를 분배하는 데 도움이 되었다. 오늘날엔, 그것이 종종 엄청난 불공평을 가져온다(Beyond Tithing, ch. 2를 참조할 것).

861) Murray는 십일조가 결국 가난한 사람들에게 상처를 입히게 됨을 강력하게 제시하고 있다(Beyond Tithing, 8-10, 35-38).

862) 마11:5; 눅4:18, 7:22; 고전1:26-29; 약2:5-6.

863) 바울은 약 열네 개의 교회를 개척했는데, 그 교회들의 구성원은 거의 다 이방인이었다. 바울은 절대로 그들에게 율법을 강요하지 않았다(갈라디아서를 참조할 것). 바울이 개척한 이방인 교회들이 십일조를 했다고 말하는 것은 침묵의 논증(argument from silence)이고, 그것은 율법에서 자유로운 바울 복음의 전체적인 특성에 어긋난다. 바울의 생각에는, 만일 누가 십일조를 한다면 그것이 그를 할례를 포함한 율법 전체를 행해야 하는 채무자로 만드는 것이다(갈 5:3).

864) 사도행전 20:17-38을 참조할 것. 이 본문이 다시는 에베소 장로들을 보지 못할 것으로 생각한 바울이 그들에게 마지막으로 당부한 말임을 주지하라–그래서 그것은 중요하다(살전2:9; 벧전5:1-2).

865) 다음을 참조할 것: F. F. Bruce, The New International Commentary of the New Testament(Grand Rapids: Eerdmans, 1986), 418; Simon J. Kistemacher, New Testamenat Commentary: Acts(Grand Rapids: Baker Book House, 1990), 737, 740; Rolland Allen, Missionary Methods: St. Paul's or Ours?(Grand Rapids: Eerdmans, 1962), 50; Watchman Nee, The Normal Christian Church Life(Anaheim, CA: Living Stream Ministry, 1980), 62-63, 139-143; R. C. H. Lenski, Commentary on St. Paul's Epistle to Timothy(Minneapolis: Augsburg Publishing House, 1937), 683; and R. C. H. Lenski, Commentary on St. Paul's Epistle to the Galatians(Minneapolis: Augsburg Publishing House, 1961), 303-304.

866) 장로들에 관해 신약성서에 언급된 것들이 이것을 분명히 보여준다. 덧붙여서, 디모데전서 3:7은 감독이 외인에게서도 선한 증거를 얻은 자라야 한다고 말하고 있다. 이것에 자연스럽게 내포된 의미는 그가 세속 직장에서 정식으로 일한다는 것이다.

867) Elton Trueblood에 의하면, "크게 도약하기 위한 우리의 기회는 평범한 그리스도인의 사역이 열리는데 달렸다. 우리 선조가 평범한 그리스도인들에게 성서 읽기를 열어준 것과 똑같은 방식으로 말이다. 한편으론 이것을 행하는 것이 새로운 개혁의 시작이라는 뜻이고, 다른 한편으론 이전의 개혁(선택한 견해가 내포한 것을 온전히 이해하지 못했거나 충성스럽게 따르지 못했던)을 논리적으로 완성한다는 뜻이다"(Your Other Vocation New York: Harper & Brothers, 1952)).

868) 예수님의 말씀이 떠오른다: "화 있을진저 너희 율법 교사여 너희가 지식의 열쇠를 가져가서…"(눅11:52).

869) 그리스 사람들은 돈을 받고 공개적인 연설을 했다. 유대인 랍비들은 기술을 연마했고 종교적인 사역을 위해 돈을 받을 수 없었다. 이렇게 해서, 현대 설교자는 다소 사람 바울이 그리스도인이 되어서도 따랐던 유대인 관습을 멀리 하고 그리스 사람들의 관습을 받아들였다.

870) 나는 제5장에서 "목사는 어떻게 자신에게 해를 끼치는가"라는 제목 아래 이것의 여러 가지 영향에 대해 상세히 기술했다.

871) 많은 목사가 전문적인 사역을 시작할 때 어디에 발을 들여놓을지에 대해 철저하게 무지하다. 나에게 젊은 친구가 있는데, 그는 최근에 감리교 목사를 사임했다. 그가 나에게 말하기를, "나는 발을 들여놓을 때까지 어디에 발을 들여놓는지를 알지 못했습니다. 그것은 내 아내에게 깊은 상처를 주었습니다. 그것이 내가 상상한 것과는 아주 딴판이었습니다." 이

런 말을 내가 처음 듣는 게 아니다. Eugene Peterson의 의하면, "미국 목사들이 곳곳에서 놀랄만한 속도로 자신의 직분을 포기하고 있다. 그들이 교회를 떠나 다른 직업을 구하는 게 아니다. 교인들은 계속해서 그들의 봉급을 지급하고 있다… 그러나 [이 목사들은] 그들의 부르심을 포기하고 있다."Working the Angels: The Shape of Pastoral Integrity(Grand Rapids: Eerdmans, 1987), 1.

872) James Gilchrist, Anglican Church Plate(London: The Connoisseur, 1967), 98–101. 초기 헌금 접시는 "구제헌금 접시"(alms dishes)라 불렸다. 은으로 된 구제헌금 접시는 종교개혁 이후까지 교회의 일반적인 가구에 속하지 않았었다(Michael Clayton, The Collector's Dictionary of the Silver and Gold of Great Britain and North America (New York: The Word Publishing Company, 1971) , 11). Charles Cox와 Alfred Harvey에 의하면, 구제헌금 상자와 헌금 상자와 구제헌금 접시의 사용은 거의 전부 종교개혁 이후의 관습이다. 중세 때는, 교회당 안에 뚜껑에 구멍을 낸 구제 헌금함이 있었다. 14세기에는, 구제헌금 접시가 등장했다. 17세기에는, 집사들이나 교회관리장들이 헌금 쟁반을 돌리기 시작했다. J. G. Davies, ed., A New Dictionary of Liturgy and Worship(London: SCM Press, 1986), 5–6; Charles Oman, English Church Plate 597–1830(London: Oxford University Press, 1957); J. Charles Cox and Alfred Harvery, English Church Furniture(EP Publishing Limited, 1973), 240–245; David C. Norrington, "Fund–Raising: The Method Used in the Early Church Compared with Those Used in English Churches Today,"EQ 70, no. 2(1998): 130. Norrington의 논문 전체는 읽을 가치가 있다. 그는 오늘날 교회에서 행해지는 "도움을 촉구하는" 방법과 유사한 것도 신약성서에는 없음을 보여준다(pages 115–134).

873) The Catholic Encyclopedia, s. v. "porter, doorkeeper," http://www.newadvent. org/ cathen/12284b.htm.

874) Professor John McGuckin, e–mail message to Frank Viola, September 23, 2002. 봉사위원(Usher)라는 단어는 Anglo–Saxon에서 왔는데, 사람들을 법정이나 교회로 안내하는 사람을 일컫는다. Professor Eugene A. teselle, e–mail message to Frank Viola, September 22, 2002.

875) Cox and Harvey, English Church Furniture, 245.

876) 마태복음 23:23에서 예수님은 바리새인들과 율법사들의 외식을 책망하셨다. 주님께서 제자들을 위한 지침을 규정하신 것이 아니다.

877) Murray는 이 네 경우에 '본문을 증빙자료로 사용하기'(proof–text)로 그리스도인들의 십일조를 증명할 수 없음을 제시하며 상세하게 다루고 있다. 아울러 십일조가 본받기 위한 모델이 아닌 율법주의와 자기 의에 연결되어 있음이 예수님에 의해 밝혀졌음을 그는 보여주고 있다(Beyond Tithing, ch. 3을 참조할 것).

878) 이 장에서 우리는 성서가 가르치는 침례(세례)에 관해 자세하게 다룰 수는 없지만, 신학적인 관점에서 볼 때 유아세례는 성서가 끊임없이 함께 연결하는 두 가지와 동떨어져 있다: (1) 믿음과 회개, 그리고 (2) 물 침례(세례).

879) 그리스어(baptizo)로 침례(세례)를 직역하면 침수라는 뜻이다. 만일 물을 뿌리는 것이 시행되었다면, 요한복음 3:23은 설명하기가 매우 곤란하다. 서구에서 중세 말까지는 침수가 기독교 교회의 일반적인 관습이었다.

880) 행2:37–41; 8:12ff., 27–38; 9:18; 10:44–48; 16:14–15, 31–33; 18:8; 19:1–5; 22:16.

881) Green, Evangelism in the Early Church, 153.

882) David F. Wright, The Lion Handbook of the History of Christianity(Oxford: Lion Publications, 1990), "Beginnings,""Instruction for Baptism"에 관한 부분을 볼 것.

883) 어거스틴(Augustine)은 침례(세례)를 "눈에 보이는 말"(visible word)이라고 불렀다 (Tractates on the Gospel According to Saint John, LXXX, 3).

884) 막16:16; 행2:38; 행22:16; 그리고 벧전3:21이 그 예이다.

885) 그리스도인의 신앙에서 물 침례(세례)의 중요성은 초기 기독교 미술 작품에 나타나 있다 (Andre Grabar, Christian Iconography Princeton: Princeton University Press, 1968)).

886) Ferguson, Early Christians Speak, 33.

887) Wright, Lion Handbook of the History of Christianity, "Beginnings," section on "Instruction for Baptism." Wright는 다음과 같이 지적했다: 4세기에 가서는 성직자들이 회심자 교육을 맡았고 감독이 침례(세례) 받기 전의 교육과 훈련에 개인적으로 책임을 졌다. 이것이 많은 현대 개신교 교회에서 목사가 맡은 침례(세례) 교육 클래스의 전신이다. 2세기 이후로 침례식(세례식)은 일반적으로 부활절에 거행되었다. 이것이 Lent(사순절)의 기원이다(Smith, From Christ to Constantine, 151).

888) Ferguson, Early Christians Speak, 35.

889) Ibid., 35–36; W. R. Halliday, The Pagan Background of Early Christianity(New York: Cooper Square Publishers, 1970), 313. 우유와 꿀을 먹이는 것은 이교에서 도입한 것이다. 새로운 회심자(그들은 "입문자catechumens"로 불렸음. 요리문답(catechism)에서 파생된 말임)는 일반적으로 유월절 일요일이나 오순절에 침례(세례)를 받았다. 바로 전 목요일에는 후보자가 목욕을 해야 했다. 금요일과 토요일엔 금식한 다음 감독에 의해 귀신을 내쫓기 위한 의식이 거행되었다. 2세기 말에 가서는 이것이 서방에서 거의 일정한 침례(세례) 의식이었다. Gregory Dix는 기독교에서 신경에 관한 교훈이 침례(세례) 신경과 함께 2세기 전반부에 시작되었다고 지적했다. 신경은 삼위일체의 세 인격을 각각 다루는 세 가지 질문의 시리즈로 구성되었다. 325년의 니케아종교회의는 신경을 한 단계 더 승화시켰다. 신경이 교회 밖의 사람들을 위한 믿음의 테스트가 아닌 교회 안의 사람들을 위한 교제의 테스트로 발전하였다(Dix, The Shape of the Liturgy, 485; Norrington, To Preach or Not, 59).

890) Ferguson, Early Christians Speak, 60.

891) Green, Evangelism in the Early Church, 156.

892) C. L. Thompson, Times of Refreshing, Being a History of American Revivals with Their Philosophy and Methods(Rockford: Golden Censer Co. Publishers, 1878); Paul H. Chitwood, "The Sinner's Prayer: An Historical and Theological Analysis"(Dissertation, Southern Baptist Theological Seminary, Louisville, KY, 2001).

893) Four Spiritual Laws(사영리) 소책자에 등장하는 전형적인 "죄인의 기도"는 다음과 같다: "주 예수님, 저는 당신이 필요합니다. 저의 죄를 위해 십자가에서 돌아가신 것을 감사합니다. 제가 제 인생의 문을 열고 당신을 나의 구주와 주님으로 영접합니다. 저의 죄를 사하시고 영생을 주신 것을 감사합니다. 제 인생의 보좌에 앉아 다스려 주시옵소서. 주님께서 원하시는 사람으로 만들어 주시옵소서." 1세기에는, 물 침례(세례)가 이 기도의 중심을 공개적으로 드러내는 눈에 보이는 간증이었다.

894) Finney, Moody, 그리고 다른 사람들의 영향을 다룬 3장을 참조할 것.

895) 이 표현이 1800-1857년의 "Making of America" 데이터베이스에는 빠져 있다. 그것이 1800년대 중반에 감리교 성공회 교회에 의해 발간된 정기간행물인 "Ladies Repository"에 1858년에 등장하기 시작한다. 흥미로운 것은 1858년이 Charles Finney가 그의 기도부흥회(오늘날엔 아주 유명한)를 완성한 해라는 사실이다.

896) 다음을 참조할 것: http://www.answers.com/topic/charles-e-fuller.

897) 요17:23, 20:21; 롬8:15; 갈4:6; 엡1:4-6. 이 주제에 관한 더 충분한 토론을 위해 다음을 참조할 것: Bill Freeman, The Church Is Christ(Scottsdale, AZ: Ministry Publications, 1993), ch. 3.

898) 주의 만찬에 대한 견해로 말미암아 죽임당한 잘 알려진 인물 중 하나가 Thomas Cranmer였다. Cranmer는 헨리 8세에 의해 캔터베리 대주교에 임명되었는데, 그가 가장 크게 영향을 끼친 때는 헨리의 아들 에드워즈 6세의 짧은 통치 기간 때였다. 그 후 메리 여왕(Queen Mary)의 통치 때 Cranmer는 개신교 의식 신학(Protestant Sacramental Theology)을 옹호하는 선동죄로 기소되었다. 결국, 1556년 3월에 화형 당하고 말았다(Douglas, Who's Who in Christian History, 179-180).

899) Eric Svendsen, The Table of the Lord(Atlanta: NTRF, 1996); F. F. Bruce, First and Second Corinthians, NCB(London: Oliphant, 1971), 110. White, The Worldliness of Worship, 85; William Barclay, The Lord's Supper(Philadelphia: Westminster Press, 1967), 100-107; I. Howard Marshall, LastSupper and Lord's Supper(Grand Rapids: Eerdmans, 1980); Vernard Eller, In Place of Sacraments(Grand Rapids: Eerdmans, 1972), 9-15.

900) Barclay, Lord's Supper, 102-103. 주의 만찬이 한때는 '평신도'가 주도했지만, 결국 제사장급의 특별한 임무로 탈바꿈해버렸다.

901) 그것은 Agape라고 불렸다. 유1:12.

902) Dix, The Shape of the Liturgy, 23; Ferguson, Early Christians Speak, 82-84, 96-97, 127-130. 1세기와 2세기 초에는 주의 만찬이 저녁에 하는 식사였던 것으로 보인다. 2세기 자료들은 그것이 오직 일요일에만 거행되었음을 보여준다. 『디다케-이방인들에게 주는 12사도를 통한 주님의 가르침』(엘도론, 2010, 150~180쪽)에는 성찬이 여전히 Agape 식사(사랑의 향연)와 함께 거행되었음이 나와 있다. 아울러 다음을 참조할 것: Davies, Secular Use of Church Buildings, 22.

903) Svendsen, The Table of the Lord, 57-63.

904) 진화된 기독교 미사에 끼친 이교의 영향은 Edmond Bishop의 essay "The Genius of the Roman Rite"을 참조할 것; Duchesne, Christian Worship, 86-227; Jungmann, Early Liturgy, 123, 130-144, 291-292; Smith, From Christ to Constantine, 173; Durant, Caesar and Christ, 599-600, 618-619, 671-672.

905) 그것은 397년에 열린 카르타고 종교회의(the Counsel of Carthage)에 의해 금지되었다. Barclay, Lord's Supper, 60; Charles Hodge, First Corinthians(Wheaton, IL: Crossway Books, 1995), 219; R. C. H. Lenski, The Interpretation of 1 and 2 Corinthians(Minneapolis: Augsburg Publishing House, 1963), 488.

906) Gough, Early Christians, 100.

907) Ibid., 93. Eucharist는 "감사를 드림"이라는 뜻이다.

908) Tad W. Guzie, Jesus and the Eucharist(New York: Paulist Press, 1974), 120.

909) Ibid.

910) 일찍이 Clement of Alexandria, Tertullian, 그리고 Hyppolytus(3세기 초) 같은 저자들은 떡과 잔에 대개 그리스도께서 임재하신다는 투의 말을 사용하기 시작했다. 그러나 그런 초기에는 떡과 잔이 몸과 피로 "변화된다"는 물리적 실재론을 주장하려는 시도는 아직 없었다. 나중에, 몇몇 동방의 저자들(Cyril of Jerusalem; Thmuis의 감독인 Serapion, 그리고 Athanasius)이 떡과 잔을 몸과 피로 변화시켜달라고 성령님께 구하는 기도를 소개했다. 그러나 the words of institution을 말하는 것에서 신성한 능력을 찾아내기 시작한 사람은 밀라노의 Ambrose(4세기 말)였다. "이것은 내 몸이다"라는 말(라틴어로 hoc est corpus meum) 안에 떡과 잔을 변화시키는 능력이 포함되어 있다고 믿었다(Jungmann, The Mass of the Roman Rite, 52, 203-204; Dix, The Shape of the Liturgy, 239, 240-245). 말하자면, 라틴어가 100년대 말에 북아프리카에서 시작되어 300년대 말에 가서 일반화될 때까지 로마를 향해 서서히 퍼져 나갔다. Bard Thompson, Liturgies of the Western Church(Cleveland: Meridian Books, 1961), 27.

911) 이 변화는 또한 기독교 미술에 반영되어 있다. 4세기 전까지는 예수님의 어두운 모습은 없었다(Graydon Snyder, e-mail message to Frank Viola, October 12, 2001; 아울러 그의 책 Ante Pacem을 참조할 것.

912) Guzie, Jesus and the Eucharist, 121.

913) 이것은 9세기에 시작되었다. 그전까지, 신성시되었던 것은 성찬에 참여하는 행위였다. 그러나 830년에 Radbert라는 이름을 가진 사람이 떡과 잔 자체에 초점을 맞추어 성찬에 접근한 첫 번째 논문을 썼다. Radbert 이전의 모든 기독교 저자는 그리스도인들이 떡과 잔에 참여할 때 무엇을 했는지를 묘사했다. 그들은 떡과 포도주를 먹는 행위를 묘사했다. Radbert는 떡과 잔 자체에만 초점을 맞춘 최초의 인물이었다-제단 테이블 위에 놓여 있는 떡과 잔에만(Guzie, Jesus and the Eucharist, 60-61, 121-123).

914) Dunn, New Testament Theology in Dialogue, 125-135.

915) 이것은 4세기 전후에 시작되었다.

916) Hanson, Christian Priesthood Examined, 80.

917) Guzie, Jesus and the Eucharist, 125-127.

918) 노예들이나 가난한 사람들에게는 주의 만찬이 그들의 유일한 정식 식사였다. 흥미로운 것은 주의 만찬을 거르는 금식의 개념이 393년에 열린 Synod of Hippo 이전엔 생기지 않았다는 사실이다(Barclay, Lord's Supper, 100).

919) Gough, Early Christians, 111-112. 화체설의 무르익은 교리는 Thomas Aquinas가 원조이다. 이런 점에서, 마틴 루터는 "토마스의 견해"(Opinion of Thomas)가 하나의 견해에 머물러야지 교회의 도그마가 되어서는 안 된다고 믿었다(Senn, Christian Liturgy, 307).

920) Hatch, Growth of Church Institutions, 216. 화체설은 서방에서 350년간의 교리논쟁 끝에 1215년에 열린 Lateran 종교회의에서 교리로 규정되었다(Dix, The Shape of the Liturgy, 630; Hanson, Christian Priesthood Examined, 79; Philip Schaff, History of the Christian Church, 7 (Grand Rapids: Eerdmans, 1994), 614).

921) Jones, Historical Approach to Evangelical Worship, 143.

922) White, Protestant Worship, 66. 고린도전서 11:27-33은 개인의 죄에 관해 자신을 살펴보라는 권면이 아니다. 오히려 그것은 "합당하게" 만찬에 참여하는지 스스로 살펴보라는 권면이다. 고린도 교인들은 만찬을 멸시했다. 왜냐하면, 그들이 가난한 형제들을 기다리지 않고 먼저 먹었고, 또 포도주에 취했기 때문이다.

923) 마26:25-27; 막14:21-23; 눅22:18-20.

924) 행2:38-40; 고전10:1-2.

925) 롬6:3-5; 골2:11-12.

926) 벧전3:20-21.

927) 행22:16; 엡5:26.

928) Eduard Schweizer, The Church As the Body of Christ(Richmond, VA: John Knox Press, 1964), 26, 36-37.

929) Barclay, Lord's Supper, 99-102.

930) 신약성서는 예수 그리스도와 사도들에 의해 교회에 주어진 사도적 전통을 굳게 지키라고 반복해서 우리에게 권면하고 있다(고전11:2, 16; 살후2:15, 3:6). 자세한 것은 Viola의 『다시 그려보는 교회』를 참조할 것.

931) John Owen, Hebrews, Alister McGrath and J. I. Packer, eds.(Wheaton, IL: Crossway Books, 1998), 131.

932) P\R. Paul Stevens, Liberating the Laity(Downers Grove, IL: InterVarsity Press, 1985), 46. 현대 제도권 교회를 두고 이렇게 말할 수 없음을 주지하라. 오히려 이 말은 모든 1세기 교회에 적용된다.

933) 그것 중 다음과 같은 책들이 있다: Viola, 『유기적 교회 세우기』Finding Organic Church (대장간, 2010);Robert E. Coleman, The Master Plan of Evangelism(Grand Rapids: Fleming H. Revell, 1993); A. B. Bruce, The Training of the Twelve(New Canaan, CT: Keats, 1979); Gene Edwards, Overlooked Christianity(Sargent, GA: Seedsowers, 1997). 아울러 다음 Watchman Nee의 책들도 주목할 만하다. 이 책들은 Nee가 일꾼을 훈련할 때 젊은 동역자들을 향해 전한 메시지들이다: The Character of God's Workman, The Ministry of God's Word, The Release of the Spirit. 디모데후서 2:2은 복음서와 사도행전에 예시된 기독교 일꾼을 위한 훈련의 개념을 다루고 있다.

934) 세상 제도로서의 교육적 측면에 관한 통찰력 있는 논문은 다음을 참조할 것: Watchman Nee, Love Not the World(Carol Stream, IL: Tyndale House Publishers, 1978).

935) Robinson, New Reformation, 60-65. Robinson은 교부 신학이 감독들에 의해, 중세 신학이 대학 교수들에 의해, 개혁 신학이 목사들에 의해 기록되었고, "새로운 종교개혁" 신학은 하나님의 사람들 전체에 의해, 그리고 그들을 위해 기록될 것이라고 주장한다. "하나님 사람들 전체를 위한 신학"(theology for the whole people of God)은 특별한 직책을 수행하는 특별한 그룹(성직자들)의 관심과 경험이 아닌, 모든 그리스도인의 관심과 경험에 초점을 맞춘다. Abolition of the Laity and Other Six Days의 R. Paul Stevens와 Reenvisioning Theological Education(Grand Rapids: Eerdmans, 1999)의 Robert Banks 같은 현대 학자들은 신학의 이런 계통에 관해 많이 저술해왔다. 또한, Harold H. Rowdon 의 논문 "Theological Education in Historical Perspective,"Vox Evangelica 7(Carlisle, UK: Paternoster Press, 1971), 75-87은 역사를 통틀어 신학 교육의 개관을 제공해 준다.

936) 어거스틴(Augustine)이 그런 인물 중 하나였다. 5세기 때 한 무리의 성직자가 훈련을 받으려고 어거스틴 주위에 모였다(Rowdon, "Theological Education in Historical Perspective," 75).

937) 감독학교들은 6세기 때까지 성직자들을 훈련하기 위한 학문적 특성을 띠지 않았다. 그전에는 유망한 사제들이 감독들의 지도로 의식을 거행하고 예법을 시행하는 방법을 배워야

했다. Edward J. Power, A Legacy of Learning: A History of Western Education(Albany: State University of New York Press, 1991), 98, 108.

938) 12세기 전에는, 서방의 유일한 교육이 수도원과 대성당 학교들에 의해 제공되었다.

939) Marrou, History of Education in Antiquity, 329.

940) Douglas Farrow는 그의 책 Ascension and Ecclesia(Grand Rapids: Eerdmans, 1999)에서 그리스 사상이 오리겐(Origen)에서 어거스틴(Augustine)까지의 신학을 어떻게 사로잡았으며, 또 그것이 교회생활의 여러 부분에 필연적으로 어떤 영향을 끼쳤는지를 드러냈다.

941) Eusebius, The History of the Church, IV, 11, 8.

942) Boggs, Christian Saga, 151; Hatch, Influence of Greek Ideas and Usages, 126–127.

943) 어떤 사람들은 그 학교가 Clement of Alexandria의 스승인 Pantaenus에 의해 세워졌다고 말한다. 또 어떤 사람들은 그 학교가 Demetrius에 의해 세워졌다고 한다. B. H. Streeter, The Primitive Church(New York: The Macmillan Company, 1929), 57; James Bowen, A History of Western Education 1(New York: St. Martin's Press, 1972), 240; Rowdon, "Theological Education in Historical Perspective," 76.

944) Bowen, A History of Western Education 1:240; Collins and Price, Story of Christianity, 25.

945) Durant, Caesar and Christ, 610. 신 플라톤주의는 245년에서 529년 사이에 번성했고, 그것이 오리겐, Clement of Alexandria, 어거스틴, 그리고 Pseudo–Dionysius를 통해 기독교 사상에 직접적인 영향을 끼쳤다. 그런 사상이 아직도 기톨릭 사상에 만연되어 있다. 다음을 참조할 것: Philip S. Watson, Neoplatonism and Christianity: 928 Ordinary General Meeting of the Victoria Institute, vol. 87(Surrey, UK: The Victoria Institute), 1955.

946) Pastor's Notes 5, no. 2:7.

947) Durant, Caesar and Christ, 671–672

948) Hatch, Influence of Greek Ideas and Usages, 125.

949) Marrou, History of Education in Antiquity, 329.

950) Schaff, History of the Christian Church, 4:400.

951) Gregory의 저작인 Book of Pastoral Rule은 591년에 저술되었다. 그것은 감독 직책의 임무에 관한 논문이다.

952) Douglas, New Twentieth Century Encyclopedia of Religious Knowledge, 289. Notre Dame이 최초의 대성당 학교 중 하나였다. The University of Paris는 대성당 학교에서 자라 나왔다. Bowen, History of Western Education 2:111. 1100년 이후, 대성당 학교들이 확장되어 소년들을 위한 "grammar schools(초급 학교)"와 고등교육을 위한 고급 학교로 나뉘었다.

953) University라는 말은 중세 라틴어인 universitas에서 왔는데, 그것은 중세의 수공업 상인 조합에서 사용되던 용어였다(Bowen, History of Western Education 2:109).

954) William Boyd, The History of Western Education(New York: Barnes & Noble, 1967), 128. 대학교 제도의 기원에 관한 논문은 다음을 참조할 것: Helen Wieruszowski, The Medieval University(Princeton: Van Nostrand, 1966).

955) Bowen, History of Western Education, 1:110.

956) Seminary(신학대학원)라는 단어는 라틴어의 seminarium에서 왔는데, "모판(seed-bed)"이라는 뜻이다(Reid, Concise Dictionary of Christianity in America, 1071).

957) Collins and Price, Story of Christianity, 112.

958) Rowdon, "Theological Education in Historical Perspective," 79. 1215년에 열린 The Lateran Council은 모든 대도시의 감독들에게 모든 대성당에서 신학이 가르쳐져야 함을 분명히 밝히라고 권고했다.

959) Ibid.

960) Power, Legacy of Learning, 149. 대학교 학위의 역사는 꽤 흥미롭다. 학문적 기준을 통과한 사람들은 masters이라고 불렸고, 법률가는 처음에 doctors로 불렸다. Doctor는 "가르치는 사람"이라는 뜻이다. 그것은 "배움"이라는 뜻이 있는 doctrina에서 파생되었다. 따라서 doctor는 가르치는 master이다. 인정받기 원하는 열성적인 학생들은 bachelors이라고 불렸다(p. 153). 성당의 chancellor가 궁극적으로 대학교를 관리했다. Masters는 bachelors가 처음에 세를 들어 살던 개인 집에서 그들에게 강의했고, 나중엔 masters가 bachelors에게 빌려준 넓은 방(halls)에서 강의를 했다(Rowdon, "Theological Education in Historical Perspective," 79). "힘, 능력, 그리고 자질"의 뜻이 있는 faculty라는 단어는 1270년 전후에 등장했다. 그것은 중세 상인조합(guild)에 있던 여러 개의 주된 부서를 대표했다. Faculty라는 말이 궁극적으로 guild를 대체했고, 각 부서에 있는 학자들의 그룹을 일컫게 되었다. Bowen, History of Western Education, 2:111; Charles Homer Haskins, The Rise of Universities(New York: H. Holt, 1923), 17.

961) Stevens, Other Six Days, 12-13; and Stevens, Abolition of the Laity, 10-22.

962) D. W. Robertson, Abelard and Heloise(New York: The Dial Press, 1972), xiv.

963) Bowen, History of Western Education, 2:109.

964) Abelard는 당대의 많은 사람에게 혐오감을 주면서까지 그의 책 중 하나에 Christian Theology라는 제목을 붙였다(Robertson, Abelard and Heloise, xii-xiii).

965) 이것을 사도 바울이 접근한 방법과 혼동해서는 안 된다. 바울이 그리스 사람들과 논쟁을 하려고 그리스의 논리를 사용했고 또 그들과 소통하기 위해 수사학을 사용했겠지만, 성서를 이해하거나 해석하기 위해 변증법(그리스의 논리)을 사용하지는 않았다.

966) Marsden, Soul of the American University, 34

967) Ibid., 35.

968) Ibid., 36. 교육에 대한 루터의 사상은 다음을 참조할 것: Boyd, The History of Western Education, 188ff. 아이러니한 것은 루터의 동역자였던 Melanchthon이 북유럽의 교육에 인본주의(이교에 뿌리를 둔)와 개신교 사상을 결합시켰다는 사실이다.

969) Rowdon, "Theological Education in Historical Perspective," 79.

970) Barth, Theologische Fragen and Antworten, 175,183-184, quoted in Erler and Marquard, Karl Barth Reader, 8-9.

971) Durant, Age of Faith, 964.

972) 요4:23-24; 고전2:9-16.

973) Gems from Tozer(Camp Hill, PA: Christian Publications, 1969), 36-37.

974) 이 주제는 이 책의 범위를 한참 벗어난 것이다. 이 주제에 관하여 성서를 여는 훌륭한 자료 네 개를 소개한다: T. Austin-Sparks, What Is Man?(Pensacola, FL: Testimony Publications, n. d.); Watchman Nee, The Spiritual Man(New York: Christian Fellowship Publishers, 1977); Mary McDonough, God's Plan of Redemption(Ana-

heim: Living Stream Ministry, 1999); 그리고 Ruth Paxson, Life on the Highest Plane(Grand Rapids: Kregel, 1996).

975) Pensees #424. 인간의 이성과 지성의 한계를 넘어 어떻게 하나님을 만날 수 있는지에 관한 탁월한 논문은 다음을 참조할 것: Dr. Bruce Demarest의 Satisfy Your Soul: Restoring the Heart of Christian Spirituality(Colorado Springs: NavPress, 1999).

976) "Thomas Aquinas Concludes Work on Summa Theologiae,"Christian History 9, no. 4(1990): 23. Thomas는 그의 말년에 주님을 만나는 영적 경험을 했다. 그것은 그의 지성을 넘어 그의 영에 이르렀다. 그 경험이 얼마나 귀했던지 Thomas는 다음과 같이 선언했다: "내가 지금까지 저술한 모든 것은 나에게 지푸라기에 지나지 않는다… 나에게 계시된 것과 비교할 때." Thomas는 이 그리스도의 경험을 한 후에 상당량의 저작을 전부 다 포기해버렸다. 그의 대작인 Summa Theologica는 전혀 완성을 보지 못했다. 그는 1273년 12월 6일에 자신의 펜을 내려놓으면서 다음과 같이 말했다: "그리고 나는 이제 내 인생의 마지막을 기다리고 있다"(Summa Theologica, Great Books of the Western World, vol. 19, Thomas Aquinas l, vi; Collins and Price, Story of Christianity, 113).

977) Summa Theologica, vii.

978) Henry C. Thiessen,Lectures in Systematic Theology(Grand Rapids: Eerdmans, 1979), v.표준 개신교 조직신학 교과서는 다 이 똑같은 원형을 따르고 있다. 그 모든 것이 아퀴나스에게서 나온 것이다.

979) 아퀴나스의 신학체계는 계속 보강되고 있다. 예를 들면, 미국과 유럽에 있는 대부분 개신교 신학대학원은 신학교육의 Berlin Model로 알려진 모델을 따르고 있다. 이 모델은 1800년에 Berlin에서 시작되었다. 그것은 두뇌 활동으로 신학을 강화시키는 계몽주의 이성론의 산물이었다. 오늘날 대부분 현대 신학대학원은 이 모델을 사용하고 있다(Vantage Point: The Newsletter of Denver Seminary, June 1998, 4). Dr. Bruce Demarest에 의하면, "18세기 계몽주의 유산으로서, 복음주의자들은 종종 '이성'을 하나님의 지식을 여는 열쇠라고 격찬한다. 그렇다면, 신학은 지적인 작업이 되어버린다−정신의 활동과 정신을 위한 활동. Morton Kelsey는 다음과 같이 관찰했다: "개신교 사상에서 하나님은 경험에 의해 알게 되는 실체가 아닌, 추론에 의해 알게 되는 신학적 개념이 되었다." '좌뇌'가 믿음으로 접근하는 것에 의해 하나님은 실제로 터득한 경험에서 제거된 추상적 개념이 되기 쉽다. A. W. Tozer는 이것에 주목했다: "수많은 과학자가 하나님의 세계에서(in His world) 하나님을 잃어버리는 것처럼(예를 들어, Carl Sagan), 너무나도 많은 신학자가 하나님의 말씀에서(in His Word) 하나님을 잃어버린다"(Satisfy Your Soul, 95−96).

980) 개혁교회(Francis Turretin)와 루터교(Martin Chemnitz) 이 두 사람이 개신교의 선두 스콜라 학자였다.

981) Logic chopping이라는 용어는 특정한 사상에 맞추기 위한 어떤 주장의 논리를 강요하기 위해 많은 노력을 기울이는 것을 의미한다.

982) Durant, Story of Philosophy(New York: Washington Square Press, 1952), 104;Durant, Age of Faith, 962. 파리에 있는 프랑스 철학계의 회장은 아퀴나스를 이교 철학을 가지고 기독교 신학을 손상한 사람이라고 호되게 비난했다.

983) 아퀴나스는 그의 Summa Theologica에서 신플라톤주의자인 Pseudo−Dionysius를 100번 이상이나 인용한다. 아퀴나스는 그가 인용한 Dionysius가 바울이 아테네에 있을 때(행17:34) 그리스도께 회심시켰던 사람이라고 생각한 것이 틀림없다. 그러나 그렇지 않다. Pseudo−Dionysius는 아레오바고 관원 Dionysius보다 훨씬 나중에 살았던 신플라톤주의

자였다.

984) "평신도 신학" 또는 "하나님의 사람들 전체를 위한 신학"이라고 불리는 신학의 다섯 번째 단계가 현대 학자들에 의해 옹호되고 있다. 후주 935번을 참조할 것.

985) 예외가 있다면 아마 "수도원 신학" 형태일 것이다. 어떤 수도원 신학 학교들은 아리스토텔레스와 플라톤과 함께 기독교 신비주의 문서들을 공부했다.

986) Marrou, History of Education in Antiquity, 343; Marsden, Soul of the American University, 38.

987) 다음에 인용한 것을 곰곰이 생각해보라: "그리스도께서는 교수들을 임명하신 것이 아니라 제자들을 임명하셨다. 만일 기독교가… 그것을 해석하는 사람의 인생에서 다시 반복되지 않는다면, 그 사람은 기독교를 해석하지 못한다. 왜냐하면, 기독교가 삶을 살아가는 것에 관한 메시지이고, 또 오직 사람들의 인생에서 깨달아 가는 것에 의해서만 해석될 수 있기 때문이다."(쇠렌 키에르케고르).

988) Marsden, Soul of the American University, 38.

989) Niebuhr and Williams, Ministry in Historical Perspectives, 133.

990) Ibid., 144.

991) Ibid., 142.

992) Marsden, Soul of the American University, 37.

993) Ibid., 37.

994) Reid, Concise Dictionary of Christianity in America, 309. 트렌트 종교회의는 각 지역 교구(diocese)마다 한 개의 신학대학원을 제공하기로 했다. A. G. Dickens, Reformation and Society in Sixteeth-Century Europe(London: Hartcourt, Brace, & World, Inc., 1966), 189; Collins and Price, Story of Christianity, 149.

995) Rowdon, "Theological Education in Historical Perspective," 81.

996) Reid, Concise Dictionary of Christianity in America, 113. 존 칼빈이 1559년에 the Geneva Academy를 설립했지만, 이것은 전문적으로 볼 때 신학대학원이라고 보기는 어렵다. 그 Academy가 신학자들을 양성하고자 사용되었지만, 그것이 원래는 신학을 위한 학교로 탄생한 것은 아니었다. 그것은 성직자가 아닌 사람들에게도 철저한 교육을 했다. 흥미로운 것은 Theodore Beza(칼빈의 오른팔)는 the Geneva Academy의 학문적 혈통을 이집트인들에게서 그들의 "참된 철학"을 교환한 그리스 사람들에게 두었다(Robert W. Henderson, The Teaching Office in the Reformed Tradition (Philadelphia: Westminster Press, 1962), 51-61).

997) John Morgan, Godly Learning(New York: Cambridge University Press, 1986), 107. 미국 신학대학원 교육도 Thomas Reid의 스코틀랜드식 "상식" 철학에 의해 점령당했다. 나중에, 보수 신학대학원들은 Reid를 고수했지만, 자유주의 신학대학원들은 G. W. F. Hegel을 선호하게 되었다.

998) Reid, Concise Dictionary of Christianity in America, 113.

999) Ibid., 113.

1000) Warkentin, Ordination: A Biblical-Historical View, 75.

1001) 일신론은 삼위일체, 예수님의 신성, 그리고 다른 정통 기독교 신앙을 부정한다.

1002) 미국땅에 발을 디딘 최초의 기톨릭 신학대학원은 1791년 Baltimore에 설립되었다. Reid, Concise Dictionary of Christianity in America, 1071.

1003) The Moody Bible Institute는 1889년에 정식으로 설립되었다(Virginia Brereton,

"The Popular Educator,"Christian History 9, no. 1 (1990) : 28).
1004) Reid, Concise Dictionary of Christianity in America, 42-43; Harper's Encyclopedia of Religious Education, 61.
1005) Harper's Encyclopedia of Religious Education, 61.
1006) "Bible College Movement,"The Evangelical Dictionary of Christian Education(Grand Rapids: Baker Book House, 2001).
1007) Harper's Encyclopedia of Religious Education, 625. 대부분 역사책은 주일학교의 아버지로 Raikes를 꼽는다. 그러나 Raikes와 더불어 다른 사람들도 설립자로 거론되고 있는데, 그들 중 Hannah More와 Sarah Trimmer가 있다(Thomas W. Laqueur, Religion and Respectability: Sunday Schools and Working Class Culture, 1780-1850 (New Haven, CT: Yale University Press, 1976) , 21). 아울러 Gloucester의 Thomas Stock 목사가 주일 교육에 관한 아이디어를 Raikes에게 제공했다고도 전해진다(p. 22).
1008) Harper's Encyclopedia of Religious Education, 625. 주일학교는 1780년대와 1790년대에 복음주의 부흥의 일부분으로 자라났다(Laqueur, Religion and Respectability, 61). Reikes가 1811년에 세상을 떠났을 때, 영국에서 40만 명의 어린이가 주일학교에 다니고 있었다. C. B. Eavey, History of Christian Education(Chicago: Moody Press, 1964), 225-227.
1009) Terry, Evangelism: A Concise History, 180.
1010) Harper's Encyclopedia of Religious Education, 625.
1011) Terry, Evangelism: A Concise History, 181.
1012) Brereton, "The Popular Educator," 28; Collins and Price, Story of Christianity, 187. 무디의 주일학교 사역은 1,500명이 넘는 아이들을 보살폈다.
1013) Anne M. Boylan, Sunday School: The Formation of an American Institution 1790-1880(New Haven, CT: Yale University Press, 1988), 167. 이것이 1880년까지의 추세였다. Arthur Flake는 남침례교단 안에 주일학교 프로그램을 만들었다. 그는 또한 다른 교단들이 도입한 주일학교 성장원리를 일반화시켰다(Terry, Evangelism: A Concise History, 181). 아울러 다음을 참조할 것: Elmer Towns, "Sunday School Movement,"New Twentieth Century Encyclopedia of Religious Knowledge, 796-798.
1014) Ibid., 170;Reid, Concise Dictionary of Christianity in America, 331.
1015) Pastor's Notes 4, no. 1(Worcester: Christian History Institute, 1991), 6.
1016) Boylan, Sunday School, 1.
1017) 1824년에 미국에서 the American Sunday School Union에 가입된 주일학교 어린이들이 48,681명이었다. 1832년에는 그 수가 301,358명으로 늘었다(Boylan, Sunday School, 11). The American Sunday School Union은 1824년에 설립되었는데, Philadelphia의 68개 학교를 포함한 724개의 학교로 구성되었다. 1970년에 그 연맹은 the American Missionary Society로 이름이 바뀌었다(Reid, Concise Dictionary of Christianity in America, 18).
1018) Bobby H. Welch, Evangelism through the Sunday School: A Journey of Faith(Nashville: Lifeway Press, 1997). 다른 연구들은 지난 십 년 동안엔 출석이 안정적임을 보여주고 있다.
1019) Norrington, To Preach or Not, 59.
1020) Warren Benson and Mark H. Senter III, The Complete Book of Youth Minis-

try(Chicago: Moody Press, 1987), 66.

1021) Mark Senter III, The Coming Revolution in Youth Ministry(Chicago: Victor Books, 1992), 93.

1022) Michael V. Uschan, The 1940s: Cultural History of the US through the Decades(San Diego: Lucent Books, 1999), 88; Mary Helen Dohan, Our Own Words(New York: Alfred Knopf, 1974), 289.

1023) Mark Senter III, The Youth for Christ Movement As an Educational Agency and Its Impact upon Protestant Churches: 1931-1979(Ann Arbor: University of Michigan, 1990), 7-8. Senter는 26쪽 이후에서 청소년 단체들이 우후죽순처럼 생겨난 사회적, 역사적 요인들을 분석한다. 빌리 그레이엄(Billy Graham)은 Yotuth for Christ(YFC)의 순회 전도자였다. YFC는 1950년대에 미국 전역에 성서클럽들을 설립했다(Reid, Concise Dictionary of Christianity in America, 377). 은사주의자 Lloyd Bryant가 Manhattan 에서 정기적인 청소년 집회를 최초로 조직한 것으로 여겨진다. Christopher Schlect, Critique of Modern Youth Ministry(Moscow, ID: Canon Press, 1995), 8.

1024) Manhattan의 Calvary Baptist Church(1932), North San Diego County의 Vista Community Church(1948), 그리고 Chicago의 Moody Memorial Church 모두 "청소 년 담당자"를 채용했다. 1930년대와 1940년대에 미국에서 Young Life와 YFC 클럽이 번성하면서, 작은 교회들은 청소년 사역자들을 채용하기 시작했다(Senter, The Coming Revolution in Youth Ministry, 142).

1025) Mark Senter, e-mail message to Frank Viola, September 22, 1999.

1026) Young Life(1941), Youth for Christ(1945), Fellowship of Christian Athletes(1954), Youth with a Mission(1960).Senter, The Coming Revolution in Youth Ministry, 27-28, 141; Mark Senter, "A Historical Framework for Doing Youth Ministry,"Reaching a Generation for Christ(Chicago: Moody Press, 1997).

1027) Schlect, Critique of Modern Youth Ministry, 6.

1028) Senter, The Coming Revolution in Youth Ministry, 142.

1029) William Boyd and Edmund King, The History of Western Education(Lanham, MD: Barnes & Noble Books, 1995), 28.

1030) Power, Legacy of Learning, 29-116.

1031) 두 나무의 의미를 설명하기엔 시간과 공간이 허용치 않을 것이다. 더 충분한 토론은 다음을 참조할 것: Watchman Nee, The Normal Christin Life, ch 7.

1032) Pedagogy는 가르침의 예술과 과학이다.

1033) 기독교의 핵심적인 문제 중 하나는 그것이 고대의 지적 표준을 물려받았다는 사실이다 (Marsden, Soul of the American University, 34).

1034) Joseph Stalin이 14세부터 19세까지 Tiflis Theological Seminary에 다녔다는 사실을 명심하라(Adam B. Ulam, Stalin the Man and His Era(New York: Viking Press, 1973), 18-22; Alan Bullock, Hitler and Stalin: Parallel Lives (New York: Knopf, 1992), 6, 13).

1035) 다소 사람 바울은 교육을 많이 받았고, 초기 그리스도교가 퍼져 나가는 데 있어 절대적으로 필요한 존재였다. 반면에, 베드로는 교육을 받지 못했다.

1036) 예수님과 열두 사도는 모두 배우지 못한 사람이었다: "유대인들이 놀랍게 여겨 이르되 이 사람 (예수)은 배우지 아니하였거늘 어떻게 글을 아느냐 하니"(요7:15); "그들이 베드

로와 요한이 담대하게 말함을 보고 그들을 본래 학문 없는 범인으로 알았다가 이상히 여기며 또 전에 예수와 함께 있던 줄도 알고"(행4:13). 하나님께 쓰임 받은 잘 알려진 그리스도인으로서 정식 신학교육을 전혀 받지 못한 사람 중 A. W. Tozer, C. Campbell Morgan, John Bunyan, C. H. Spurgeon, D. L. Moody, 그리고 A. W. Pink 같은 사람이 있다. 덧붙여서, 교회사에서 가장 탁월한 성서 해석가 중 Watchman Nee, Stephen Kaung, 그리고 T. Austin-Sparks 같은 사람은 신학대학원 교육을 받은 적이 없다.

1037) 이 연구는 41개 교단과 "faith groups"에 속한 14,000 이상의 회중을 기초로 했다. 그것은 26개의 각기 다른 설문조사를 사용했다. FACT 연구는 미국의 종교를 통틀어 가장 포괄적이라고 알려졌다. 그 결과는 다음에 게시되어 있다: http://www.fact.hartsem.edu

1038) FACT study, 67.

1039) 아이러니한 것은, 개신교인들이 교리에 대해 비판적인 반응을 일으키는 사람들로 알려졌다는 사실이다. 그러나 그들은 그 비판적인 반응을 그들의 교회생활에 적용시켜오지 않았다.

1040) Dr. Clyde McDowell, quoted in Vantage Point: The Newsletter of Denver Seminary, June 1998.

1041) 이 장은 프랭크 바이올라가 2000년 7월 29일, Georgia주 Atlanta의 Oglethorpe University에서 열린 house church conference에서 전한 메시지에 기초한 것이다.

1042) 개신교 스콜라철학에 관한 논의는 다음을 참조할 것: Walter Elwell, Evangelical Dictionary of Theology(Grand Rapids: Baker Book House, 1984), 984-985. Francis Turretin(개혁주의)와 Martin Chemnitz(루터교)가 개신교 스콜라철학에서 두 명의 주요 거물이었다(Elwell, Evangelical Dictionary of Theology, 1116 and 209 respectively).

1043) 세대주의(Dispensationalism)와 전천년 휴거설(pretribulational rapture)이 그것 중 두 가지이다. 절찬리에 판매되고 있는 Left Behind 시리즈가 이런 가르침에 기초하고 있다(Time, July 1, 2002, 41-48을 참조할 것). Darby의 전천년설 교리의 매력적인 기원에 관한 것은 다음을 참조할 것: MacPherson, Incredible Cover-Up.

1044) 다음을 참조할 것: Donald Guthrie, New Testament Introduction, revised edition (Downers Grove, IL: InterVarsity Press, 1990). 성서가 어떻게 우리에게 오게 되었는지에 관한 훌륭한 논문은 다음을 참조할 것: Christian History 12, no. 3, and Ronald Youngblood, "The Process: How We Got Our Bible,"Christianity Today(February 5, 1988), 23-28.

1045) Bruce, Paul: Apostle of the Heart Set Free, 465. 학자들은 바울의 정경을 "바울 전집"Pauline corpus이라고 일컫는다. 신약성서의 정경에 관한 역사에 대해 알기를 원하면, 다음을 참조할 것: F. F. Bruce, The Canon of Scripture(Downers Grove, IL: InterVarsity Press, 1988), ch 8-23.

1046) Jerome Murphy-O'Connor, Paul the Letter-Writer(Collegeville, MN: The Liturgical Press, 1995), 121, 120. 이 관습을 일컬어 stichometry라고한다.

1047) 바울 정경의 순서에 관한 논의는 다음을 참조할 것: Murphy-O'Connor, Paul the Letter-Writer, ch. 3.

1048) 히브리서는 바울의 것으로 보이지 않는다. 그래서 그것이 『바울 전집』(Pauline corpus)에 속하지 않았다.

1049) 에베소서가 실제로는 갈라디아서보다 조금 더 길지만, 그 책들은 『필사자의 주석』(scribal gloss)로 말미암아 잘못 배열되었다. 이것은 놀랄만한 일이 못된다. 왜냐하면, 길

이의 차이가 아주 미미하기 때문이다(Murphy-O'Connor, Paul the Letter-Writer, 124).

1050) 다음을 참조할 것:Guthrie, New Testament Introduction, revised edition; F. F. Bruce, The Letters of Paul: An Expanded Paraphrase(Grand Rapids: Eerdmans, 1965); F. F. Bruce, Paul: Apostle of the Heart Set Free.

1051) Norman Geisler and William Nix, A General Introduction of the Bible: Revised and Expanded(Chicago: Moody Press, 1986), 340-341, 451; Bruce Metzger and Michael Coogan, The Oxford Companion to the Bible(New York: Oxford University Press, 1993), 79.

1052) H. von Soden, Die Schriften des Newen Testamentes(Gottingen, Germany: Vandenhoek, 1912), 1, 484; Connolly, The Indestrutible Book, 154. 어떤 성서 역사가는 스테파노(Stephanus)가 신약성서의 절을 나눈 방법에 대해 이렇게 피력했다: "내 생각엔 그가 벽장에서 무릎을 꿇고 했다면 훨씬 더 나을 뻔했다."

1053) 히브리 성서에 절을 나눈 것은 1571년의 일이다. Theodore Beza가 그의 the Textus Receptus 버전에 스테파노가 절을 나눈 방법을 도입했는데(1565), 그것이 오늘날 요지부동의 자리를 차지하고 있다. Kurt Galling, ed., Die Religion in der Geschichte und der Gegenwart, 3rd ed(Tubingen, Germany: J. C. B. Mohr, 1957), 3:114.

1054) 많은 신학대학원과 성서대학에서 초대교회의 이야기는 "교회사" 과목에서 다루어지고, 신약성서의 책들은 "신약성서 연구" 과목에서 다루어지고 있다. 그리고 이 둘은 거의 만나는 경우가 없다. 만일 내 말이 믿어지지 않는다면, 이렇게 해보라: 다음에 당신이 신학대학원 학생(또는 졸업생)을 만나게 되면, 바울이 쓴 갈라디아서부터 로마서까지의 내용에 나오는 일련의 사건들을 연대순으로 정리해보라고 하라.

1055) 우리 중에는 성서의 역사적 배경에 관해 조금 배운 사람들이 있을 것이다. 그러나 그것은 우리가 더 연구해서 전체적인 이야기를 알 수 있도록 가까스로 접목시켜줄 뿐이다.

1056) F. F. Bruce, ed., The New International Bible Commentary(Grand Rapids: Zondervan, 1979), 1095.

1057) G. C. D. Howley in "The Letter of Paul,"New International Bible Commentary, 1095.

1058) Von Soden, Die Schriften des Newen Testamentes, 482.

1059) Viola의 『다시 그려보는 교회』를 참조할 것.

1060) Viola의 『유기적 교회 세우기』Finding Organic Church (대장간, 2010)를 참조할 것.

1061) Viola의 『다시 그려보는 교회』를 참조할 것.

1062) 우리가 알기에는, 시리아의 안디옥과 고린도에는 장로들이 없었다.

1063) 우리는 교회의 필요를 위해 정기적으로 바치는 헌금을 전적으로 지지한다(분명히 밝혀두지만, 목사의 사례비나 교회 건물 용도가 아닌). 그러나 당신은 이 구절을 주일 예배의 헌금을 위한 규례로 사용할 수 없다.

1064) Kenneth S. Wuest, The New Testament: An Expanded Translation(Grand Rapids: Eerdmans, 1961).

1065) 성서에 연대순으로 등장하는 이 원리를 보려면 다음을 참조할 것: Viola, The Untold Story of the New Testament Church.

1066) 다음을 참조할 것: Viola, 『유기적 교회 세우기』Finding Organic Church (대장간, 2010). 이 책은 1세기 네 가지 교회 개척 방식과 그 방식들을 좌우하는 영적 원리들에 관한

상세한 논문이다.

1067) F. F. Bruce, Answers to Questions(Grand Rapids: Zondervan, 1972), 93.

1068) 다음 구절들은 그리스도의 혁명적 특성을 밝혀준다; 마3:10-12, 10:34-38; 막2:21-22; 눅12:49; 요2:14-17, 4:21-24.

1069) 예수 그리스도의 교회는 유대인과 이방인의 혼합물이 아니다. 그것은 새로운 인류, 즉 유대인과 이방인을 초월하는 창조세계이다(엡2:15). 에클레시아는 생물학적으로 이 땅의 새로운 실체이다… 그것은 신적 생명을 소유한 사람들이다(고전10:32; 고후5:17; 갈3:28; 골3:1). 2세기 그리스도인들도 자신을 스스로 "새로운 종족"과 "제3의 종족"으로 불렀다. 다음을 참조할 것: Clement of Alxandria, Stomata, or Miscellanies, book 6, ch. 5. "We who worship God in a new way, as the third race, are Christians"; Epistle to Diognetus, ch.1, "this new race."

1070) Mishnah(유대인 구전 율법)에는 이런 말이 있다: "안식일에 소경을 고치고자 그의 눈에 포도주를 주입하는 것은 금한다. 아울러 뱉은 침으로 진흙을 만들어 눈에 바르는 것도 금한다."(Shabbat 108: 20).

1071) Mishnah에 의하면, "씻지 않은 손으로 먹는 것보다, 손을 씻으려고 물이 있는 곳까지 6.4킬로미터라도 갈 수 있어야 한다"(Sotah, 4b); "손 씻는 것을 소홀히 여기는 사람은 살인자와 같다."(Challah, J, 58:3).

1072) 영원한 목적에 관한 토론을 다음을 참조할 것: Viola, 『영원에서 지상으로』From Eternity to Here.(대장간, 2010).

1073) 유기적 교회의 주제는 매우 광범위해서 이 책에서는 다룰 수 없다. 프랭크 바이올라의 『다시 그려보는 교회』(대장간, 2013)가 신약성서적 교회의 유기적인 관습들에 관한 철저하고 성서에 기초한 그림을 제시한다.

1074) Radical이라는 말은 "뿌리"라는 뜻이 있는 라틴어의 radix에서 파생되었다. 그러므로 급진적인 사람은 어떤 것의 뿌리 또는 근원으로 가는 사람이다. 예수 그리스도는 급진파와 혁명가 둘 다였다. 이 장의 서두에 있는 두 가지 용어에 대한 A. T. Robinson의 정의를 참조할 것.

1075) 바나 그룹은 매년 사람들이 교회와 다른 비영리 단체들에 주는 기부금을 추적하고 있다. 최근의 기부금 현황은 "미국인들이 자선단체에는 수십조 원을 기부하지만, 교회에 헌금하는 액수는 줄어들었다"라는 보고서에 실려 있다. 이 보고서는 다음 웹사이트에서 볼 수 있다:
http://www.barna.org.

1076) 이 연구는 다음에 상세히 기술되어 있다: Think Like Jesus by George Barna(Nashville: Integrity Publishers, 2003).

1077) F. F. Bruce, A Mind for What Matters(Grand Rapids:Eerdmans, 1990), 247.

1078) Kevin Giles, Jesus and the Father(Grand Rapids: Zondervan, 2006); The Trinity & Subordinationism(Down Grove, IL: InterVarsity Press, 2002); Gilbert Bilezikian, Community 101(Grand Rapids: Zondervan, 1997), Appendix.

1079) John W. Kennedy, The Torch of the Testimony(Bombay: Gospel Literature Service, 1965); E. H. Broadbent, The Pilgrim Church(Chambersburg, PA: Wipft& Stock Publishers, 1998); Leonard Verduin, The Reformers and Their Stepchildren(Paris, AR: The Baptist Standard Bearer, 2001).